論道

易庸學通義

陈明 著

海峡出版发行集团
福建教育出版社

图书在版编目（CIP）数据

易庸学通义/陈明著. —福州：福建教育出版社，2024.2
ISBN 978-7-5334-9797-2

Ⅰ.①易… Ⅱ.①陈… Ⅲ.①《周易》—研究 ②《中庸》—研究 ③《大学》—研究 Ⅳ.①B221.5 ②B222.15

中国国家版本馆 CIP 数据核字（2023）第 219187 号

Yi Yong Xue Tongyi

易庸学通义

陈明 著

出版发行　**福建教育出版社**
　　　　　（福州市梦山路 27 号　邮编：350025　网址：www.fep.com.cn）
　　　　　编辑部电话：0591-83716932
　　　　　发行部电话：0591-83721876　87115073　010-62024258）
出 版 人　江金辉
印　　刷　福建省地质印刷厂
　　　　　（福州市金山工业区　邮编：350011）
开　　本　710 毫米×1000 毫米　1/16
印　　张　28.75
字　　数　426 千字
插　　页　2
版　　次　2024 年 2 月第 1 版　2024 年 2 月第 1 次印刷
书　　号　ISBN 978-7-5334-9797-2
定　　价　68.00 元

如发现本书印装质量问题，请向本社出版科（电话：0591-83726019）调换。

"论道书系"出版前言

论道者，何也？追论华夏圣贤之道也。以儒学为核心的华夏圣贤之道源远流长、包容广博，两千多年来，一直不乏问难与论辩，除百家争鸣外，儒家内部更有今文经学与古文经学、汉学与宋学以及更多细致而重要的论辩，这些论辩总体上说来，是在追论华夏圣贤之道。

论道者，何也？叩问中国前行之道也。近代以来，又有华夏之道与诸多外来之"道"的论争与冲突，华夏之道屡遭严重质疑与粗野对待，而暂居弱势；最近二十年来，华夏之道颇有复兴之势、广大之兆，而中西论辩、百家争鸣、儒门各派之问难，更显现出了许多新意，这几大类论辩，总体而言，是在叩问中国前行之道。

《中庸》曰："万物并育而不相害，道并行而不相悖。""论道书系"对论辩各方的观点不做评判和取舍，而是兼收并蓄，并相信继续进行这些论辩，对找回中华思想与中华文明的自觉性与创新能力，有积极的深远的意义。各家各派著述，无论义理派、考据派，传统派、现代派，民族派、普世派，左派、自由派、中间派，凡能够自圆其说、有根有据的，均在考虑之内，尤其欢迎对中华传统思想与传统文明有"温情与敬意"之各类优秀著述。

时值中日甲午海战一百二十周年，吾人所写所编，或有助于吾国走出两个甲子轮回的困顿与悲情，树立中华思想与中华文明的主体性，实现中华民族的伟大复兴。《诗》曰："周虽旧邦，其命维新"，此其时乎？

福建教育出版社
甲午年夏，福州

目　　录

敷赞圣旨　莫若注经（代序）…………………………………… 1

《周易》义解 ………………………………………………………… 13
《中庸》义解 ……………………………………………………… 361
《大学》义解 ……………………………………………………… 415

附录　埶："势"还是"艺"？
　　——《易传·坤·大象传》"地埶坤"新释 ……………… 444
后记 ………………………………………………………………… 453

敷赞圣旨　莫若注经（代序）

我是从儒教神学建构而非易学研究的角度撰写此书。

如果"每一伟大文明的背后都有一伟大的宗教为之支撑"的观点可以成立，如果承认中华文明的宇宙图景、存在秩序与人生规划以及对"我们是谁？从哪里来？到哪里去？"的系统论述是由儒家经典所呈现和提供，那么，在汉代即享有"群经之首""大道之源"地位和赞誉的《周易》及相关经典也就自然成为我们这一工作的起点和目标。

所谓易学，汉儒专言象数，王弼说以老庄，由此形成象数、义理二派。两派六宗之外，"旁及天文、地理、乐律、兵法、韵学、算术，以逮方外之炉火，皆可援易以为说，而好异者又援以入易，故易说愈繁"。（《四库全书总目提要·易类序》）这虽然在某种意义上可以说明"易道广大"，但必须指出，言卜筮的象数派和言老庄的义理派，其所赖以立说的基础文本主要是《易经》，在思想内容和品质上与《易传》从六十四卦系统创造性诠释而来的天道话语分属于不同体系，不可混为一谈。夫子晚年所定之《易传》与《春秋》的精华要义，乃是经由子夏传承至董仲舒而整合于《春秋繁露》者，经董氏"天人三策"由汉武帝采纳落实为经学政治，从而在两汉的实践中凝结成形并确立为中华文明的基本格局和精神。

《易传·说卦》的"乾称父，坤称母"在《春秋繁露》中被拓展为"天生、地长、人成"，到《白虎通》进一步具体化为"王者父天母地"。宋代则被张载拓展为"乾父坤母""民胞物与"的生命世界体系，并为从胡宏、张栻到王船山的湖湘学者所继承与坚持，而与所谓理学相区隔。到清雍正年间，这一渊源久远、基础深厚的思想观念和信仰形式被正式以"天地君亲师"的祭祀体系颁行全国并流行至今。

本书即是根据郭店楚简中"吾与史巫，同途而殊归者也"的夫子自道，在王充《论衡·超奇》"文王之文在孔子，孔子之文在仲舒"的思想脉络里，从人类文明的轴心时期这一大背景出发，廓清了易学史的种种繁芜遮蔽，揭示阐发了《周易》中塑造中华文明并且至今仍构成我们感知思考范畴和安身立命依据的概念命题与价值体系，为那些以各种形式弥散存在的思想理念勾勒出其相应的义理和逻辑结构。

如果说产生于巴比伦之囚的犹太教经典是作为被征服民族之复国意志的顽强表达，产生于雅利安人对印度北部之征服的婆罗门教经典是胜利者对其治理秩序的神圣论证，那么，作为儒教核心经典的《周易》则是华夏民族在其内部演进中完成的对自我生命与天地关系之体悟的精神升华。

《周易》包含《易经》与《易传》两个组成部分。《易经》六十四卦的组合系统是由文王编定而成。此前的六十四卦有着两个不同的编排系统，即以《艮卦》为始的《连山》和以《坤卦》为首的《归藏》。《周易》与它们一样均源于最原始的巫术占卜。这种巫术占卜可以理解为一种朴素的自然宗教形态，即预设有一种强大的支配性力量，可以对自身及世界产生影响作用，人们则可凭借某种具有神秘功能的媒介如蓍草之类打探其意志、好恶，从而调整行为以趋吉避凶。《连山》《归藏》就是这种巫术活动记录的不同版本。

考古成果及研究已经表明卦爻起源于揲蓍所得之数。这意味着"人更三圣"所包含的伏羲画卦说并非历史真实。这为我们理解《周易》、诠释其超越《连山》《归藏》而发展成为儒教圣典提供了历史支持：六十四卦本身并非因为伏羲圣人的参与而具有先天的普遍的神圣性，而《周易》之所以与《连山》《归藏》相区别而拉开距离，乃是因为文王羑里序卦所重组之《周易》的六十四卦系统，将世界表述为一个有机的生命整体，在为占卜活动提供更高效率和可靠性保障的同时，表达了一种对世界及自身生命性的直觉与认知。正是在这一文本属性的基础上，儒教思想获得了发展的起点和方向。

这一区别在卦系编排上的体现就是首之以《乾》，以《乾》《坤》为"易之门户""易之蕴"来"体天地之化"。这可以从以《屯卦》承接《乾》《坤》，以《坎》《离》为上经之末，以《既济》《未济》为全局终篇的安排得到证明。其所欲表达的是"天地交而万物通"，世界乃一以天地为起点、归宿和存在形式的大生命。《泰卦》象征天地相交，天地之交即阴阳相接，以三爻之经卦表达，就是《乾》《坤》两卦之中爻位置互换而成《坎》《离》。因此，由此而来之《坎》《离》二卦具有特殊的地位与意义。这能够解释为什么文王会分别以《坎》《离》二卦以及由《坎》《离》二经卦组成的《既济》《未济》二卦作为上经、下经的结尾。离下坎上的《既济》和坎下离上的《未济》之意涵需与乾下坤上的《泰卦》和坤下乾上的《否卦》对读，然后可得其确解：《否》《泰》标示天地交合之关系，《既济》《未济》则是在以《坎》《离》为体系的天地交合关系这一基础之上，标示天地交合之状态——《既济》表示交合业已完成，《未济》则表示天地之大生命生生不息，"终则有始，天行也"。至于《屯卦》，震下坎上为云中响雷、天地相接阴阳相交之象，而卦名之"屯"，意为草木萌芽，破土而出，是即"万物出乎震"，是即"天造草昧"。

周公所作之《大象》乃周朝王室贵族子弟的政治教科书。[①]"小邦周克大国殷"这一王朝更迭事件促成了中华文明的"伦理自觉"，其标志就是"皇天无亲，惟德是辅"命题的产生。"我生有命在天"的商纣被行善积德的文王、武王打败，为人们开启了对天意之伦理性的思考和信念，开始了对作为自然盲目力量存在的"血亲之天"的思想超越。体现在《周易》，就是《大象》的产生。以象说卦，意味着六十四卦自身被屏蔽虚化，仅仅是作为"能指"的符号，天、地、山、泽、风、雷、水、火诸自然存在才是具有实质内容的"所指"。于是，人与卦的占卜关系就被转换成为人与世界的意义关系。在这种关系中，人所寻找追求的不再是那种能够影响其吉凶祸福的神秘力量或意

---

① 彭鹏在罗列比较关于《大象》作者的五种说法后认为，"周公和周王室史官所作的观点，特别值得重视"。（彭鹏：《君子观象以进德修业：〈易大象〉导读》，第7页，北京：九州出版社，2019年）

敷赞圣旨　莫若注经（代序）　3

志，而是"修身、齐家、治国、平天下"的智慧启示，并且作者认为，古代君子、先王的成功经验都是来自这种启发或领悟。

这样一种期待，显然暗含着对天及其所象征之外部世界的伦理性预设。随着国人精神世界的转向，文本中对世界的伦理性建构进程也就此展开。对《周易》来说，这是一个全新的主题和意义维度，意味着中华文化将在新的方向上开始自己的生长。当然，传统的卜筮内容并未就此歇绝，依然在实践领域维持其存在，但它显然已不再是以《周易》为代表的思想界之主干内容。如果说文王建立起世界生命的整体性，周公开创其伦理的精神维度，那么，孔子则是这一事业的最终成就者。

文王所序之六十四卦系统的整体性与生命性是华夏先民之生活经验和生命体悟的朴素表达和总结。商代甲骨中干支纪年的甲乙丙丁即是以草木生长记录时间，换言之即是时间被理解为一种生命的存在。"皇天无亲"是负判断，不能作定义；"惟德是辅"之"德"所指是外在对象。转折虽已开始，但天本身尚处于晦暗不明的状态。刺破混沌、开启光明的工作，是孔子在《彖传》《文言》和《说卦》中完成的。它包含了一系列命题，如"天地合德""天地之心"以及"乾父坤母"等。经此点化，六十四卦的系统不再只是一个自在的自然生命呈现，而具有了伦理和仁爱的品质，"天生、地长、人成"，天地人三才因此整合升华为一个以生生为德的精神存在。

在帛书《周易》之《要》篇中，孔子对系统的卜筮性质和元素也给出了明确的高低分判和选择建议："君子德行焉求福，故祭祀而寡也；仁义焉求吉，故卜筮而希也。"《周易》与卜筮这种"同途而殊归"的关系，在《彖传》《文言》对卦辞"元亨利贞"的解释处理上表现得淋漓尽致：将四字分拆，彻底解构其本身的语义和语境，将分解后的断占之词用于对天地大生命之呈现描述；由此出发，始则以春夏秋冬为喻，将其作为生命形态之展开，继则以其为仁、义、礼、贞四德之源，使"天生万物"所蕴含的天人之联系，经由"君子体仁长物"而从人的角度加以复现与确认。由天而人，再由人而天，儒教系统的核心理论架构于焉底定。

德行、仁义与祭祀、卜筮的分判是明确的，也是含蓄的；仁、义、礼、贞四德的确立也是借助巫术文本而脱胎换骨①；对纣王"我生有命在天"之天，也只是加以伦理改造而并未彻底否定弃绝。这样一种思想的连续性发展是中国社会发展之连续性的反映。这种由连续性或常态性而来的特征及其文化思想意义，从与犹太教、婆罗门教的对照中可获得更为深刻的理解。

毋庸讳言，这里的论述是为了将传统《周易》文本"人更三圣"的叙事修正为从文王经周公到孔子儒教经典次第成形之三部曲。它的结论就是，《易经》文本虽然在文献学上居于"经"的位置，但从思想史和文明论的意义上说，《易传》才是真正的"经"，即儒教之核心，②《易经》的准确定位应该是《易传》的"前传"。

明乎此，然后就是对《易传》思想结构层次之厘定分判，即谁是《易传》的思想中心或者说哪一篇才是"大道之源"的渊源所在？如果将满足以下三个条件视为中心的标准，则讨论就可以理性展开了：第一，相对《易经》的思想具有创造性与系统性；第二，在与"十翼"其他诸篇关系中具有主导性——这又可以理解为主要作者与其他作者的关系问题；第三，在中华文明中占据重要之地位和影响力。

《易传》包括《彖》上下、《象》上下（即《大象》和《小象》）、《文言》、《系辞》上下、《说卦》、《序卦》、《杂卦》七种十篇。其中《文言》为"文饰《乾》《坤》两卦之言"，准确地说是根据《乾》《坤》两卦之《彖传》

---

① 四德说《左传》亦有记载，但这丝毫不能削减《易传》思想的创造性，它是一个完整的系统。

② 《周易》一直存在有关经传关系之性质和地位的争论，如《易经》作为巫术、卜筮是否具有哲学内容，《易传》是属于哲学还是宗教，经传一体还是经传分离，等等。总的来说，象数派和义理派基本都持经本传末的观点。象数派重占卜，自不待言。义理派因为要表达自己的个人理解，对《易传》中的孔子思想表现出否定或忽视的倾向。最主要的代表就是朱子，其《周易本义》就是以《周易》为卜筮之书，以文王否定孔子，以伏羲否定文王。以《周易》为卜筮之书，实质就是否定孔子在《易传》中所论证与阐述之思想的地位和意义，像朱子就是为了以理代天而强调"太极一理"一样。离开《易传》的工作，就无法对《易经》做出真正透彻的说明，因为没有《易传》的《易经》，终究只是一种自然宗教形态的文化表达，无关社会，也不具有德性的特征。所谓"天不生仲尼，万古如长夜"，也就失去了论据和基础。

思想，对《乾》《坤》两卦之卦爻辞作进一步阐释；《大象》作者为周公，是从八卦之象组合而成之卦象寻绎其道德和智慧上的意涵及启示；《小象》为对爻辞的一般性解释；《说卦》与《文言》颇类似，即都是以《乾》《坤》二卦之《彖传》思想为基础，讨论卦之产生、作用及意义，区别只在《文言》集中于《乾》《坤》二卦，全面深刻，《说卦》则遍说诸卦，精彩迭出却又良莠不齐（可见非完成于一人一时）；《序卦》则从"有天地，然后万物生焉"，"有天地然后有万物"这一《彖传》思想出发，力图为六十四卦之排列组合赋予一种形式上的系统性，以致被有些人以"目录"视之；《杂卦》与《序卦》一样，重点在于寻找卦与卦之间的结构规律和特征，以及对占卜意义上之卦德作定性总结。除了上述这些，剩下的就只有《彖传》和《系辞》了。

　　长期以来，《系辞》被视为《易传》的中心。但本书认为《彖传》才是《易传》的中心，甚至可说是"儒教的《创世记》"。①

　　《系辞》中心论的理据之一是认为《系辞》乃"通论《周易》之大义，不是如《彖》《象》那样，逐句解经"。② 欧阳修的《易童子问》虽质疑《史记》以来《易传》为孔子所作的观点，但他仍然肯定《彖传》《文言》《说卦》为"圣人之言"。至于《系辞》，则认为类似《尚书》《礼记》之"大传"。这应该即是"通论说"之所本。"大传说"渊源久远，但仅是就其在内容上涉及《易经》卦、爻、辞的各个方面这一点可以成立，而这并不能决定其思想史价值和地位的高低。《尚书大传》《礼记·大传》充其量只是他人编撰的"教学参考书"或"工具书"，岂有反客为主而成为思想典籍中心之理？何况有论者指出"系辞"之"系"乃"系捆"之意，《系辞》者，各种零碎片段系缚而成之

---

① 吴雷川先生在《基督教经与儒教经》的文章中曾将"《创世记》造人与《中庸》天命之谓性"对勘，认为"《创世记》与《中庸》所说的同是一回事"。"天命之谓性"以"大哉乾元，万物资始"为前提，因此，如果一定要对勘，并且将"创世记"视为关于世界的基础叙事，那么《彖传》在内容上显然比《中庸》更适合。

② 朱伯崑：《易学哲学史》，第39页，北京：北京大学出版社，1986年。

篇也。①

《易传》之为"经"，就因为它并非《易经》之传解，而是孔子自出机杼将一系列命题点化升华，"技而进乎道"。那么，《系辞》又有哪些命题思想意义独特，支撑起其中心想象呢？最著名的应该有三："易有太极，是生两仪，两仪生四象，四象生八卦，八卦定吉凶"；"一阴一阳之谓道"；"形而上者谓之道，形而下者谓之器"。

三者中最重要的无疑是"易有太极"说，因为它被认为是与"道生一，一生二，二生三，三生万物"并列的两大宇宙论之一。但这是一种想当然的误读和误判。首先，就其理论本质言，太极是一个外部概念，被引入进来是为解释"大衍之数"。太极即太乙、太一、泰一，它不仅有确定的内涵（为星宿名与神灵名），并且意味着一个系统，在郭店楚简的《太一生水》中被视为世界发生的起点。② 其与"易有太极，是生两仪，两仪生四象，四象生八卦"虽有变形有出入，但二者同根同源不难分辨。以此为媒介，其与"道生一，一生二，二生三，三生万物"的老子思想，亦可作如是观。其次，筮法所关涉者为卦之源起，这属于《易经》的范畴，其所欲证明或试图建构的，是卦的神圣性。而《易传》在《大象》的转折之后，其致思的对象业已转向卦符卦画所象征之天地万物，卦的产生方式自然也就不再重要；在"大哉乾元，万物资始"和"至哉坤元，万物资生"的理论提出之后，"太一生水"的世界发生论也不可能与之同时并存。因此，"易有太极"如果有什么意义，也仅仅限于对"大衍之数"的阐释，体现的是作者"天官书"的视角与立场。最后，"太极"仅仅于此突兀一现，可知它与其他篇章并无多少勾连。它在汉代的流行，实际是其自身所属之气化宇宙论主导地位的体现，与《周易》本身关系并不大。儒家对它的重视，与周敦颐反转道教炼丹图以建立伦理道德的宇宙

---

① 王化平：《论〈系辞〉为集录之书及相关问题》，《周易文化研究》第一辑，北京：东方出版社，2009年。

② 郭店楚简有《太一生水》篇："太一生水，水反辅太一，是以成天。天反辅太一，是以成地。天地相辅也，是以成神明；神明复相辅也，是以成阴阳；阴阳复相辅也，是以成四时。"其系统完整成熟，而"易有太极"与之相似。

论基础有关，而朱子以"太极一理"之说进一步将其推向极致，完成对"乾父坤母"之世界图景的替代。

至于"一阴一阳之谓道"，源自阴阳家，用于对"乾父坤母"的解释既有所彰显，也有所遮蔽，即有助于对生化及制作抽象化的理解，但这种抽象又存在对天（"乾父"）、地（"坤母"）之人格性和神圣性的解构危险。[①] 当然，因为社会背景的差异，如王权发育良好，神权功能被弱化，因而其人格性和权力也就受到限制，导致存在形态与犹太教中的至上神差别巨大。对于生生来说，重要的是其"大德"（意志与爱），而不是"道"（机制）。《彖传》的"云行雨施""含弘光大"已经表达足够充分，"一阴一阳"不能与此相脱离，更不能与此相背离。《系辞》中接下来的"继善成性"正是如此。

"形而上者谓之道，形而下者谓之器"也有同样的问题。对于"天生万物"来说，这是一种外部描述，并且基于一种"物"的视角。胡宏有鉴于此，提出"形而在上者谓之性，形而在下者谓之物"（《知言·释疑孟》）的命题，或可作为其修正。从《彖传》和《文言》对"元亨利贞"的处理诠释来看，这显然更接近圣人之旨。

需要指出的一点是，"天地之大德曰生"，它跟"生生之谓易"一样，可以视为对《乾》《坤》二卦之《彖传》《文言》思想的总结发展，是在吸纳《复卦·彖传》"复见天地心"思想的基础上，对"大人者与天地合其德"所作之创造性诠释。这一命题产生的时间节点虽然在后，其思想逻辑的位置却在最前。

凡此种种，均说明《系辞》作者之不一，思想之多元。

与此相对，《彖传》《文言》的论述就十分紧凑集中，系统严密。《说卦》

[①] 事实上道家道教正是这样做的，即以阴阳取代天地。周敦颐化用"水火匡廓图"而成的《太极图说》，更是以机械性的动静运动说坎离之交，天与生生的意义属性均被遮蔽抽空。天之"云行雨施"和地之"含弘光大"也许可以动静言之，但绝不能还原为动静，因为"天地之大德曰生"才是其本质要义。而到刘宗周《圣学宗要》的"一阴一阳之谓道即太极"，不仅太极阴阳合流，而且完成了对天生万物之起源论的替代及"乾父坤母"之世界图景的解构。

与《系辞》稍稍相似，是《象传》思想的展开与巫术史料的混合。六十四卦之《象传》，超过半数都包含天的概念，如统天、承天、天造、天位、应天、天道、天行、天文、天命、顺天以及天地感、天地交、天地之情、天地之义、天地之心等，极富思想深义，且互相关联，构成一有机系统。扬雄《法言·寡见篇》谓"说天者，莫辩乎《易》"。天，这一中国文化的最高概念，正是在《象传》中得到充分阐述。

《象传》作者为孔子，主题为天，其思想亦在其他诸篇中从不同角度在不同程度上得到发展演绎，这应该足以表明其作为《易传》"十翼"之中心的地位不可撼动已毋庸置疑。

圣人制《易》，"以通神明之德，以类万物之情"，"顺性命之理"，必然表现为一个完整的理论系统。所谓天地人三才之道，其实主要就是天人关系，地是从属于天的存在。《易传》虽然在"大德曰生"的前提下提出了"天地合德"的命题，但只是为天人之间的贯通连结提供了一个框架基础，其理论的重心在于天的生生之德以及由此而来的天与万物关系之论述。在这一前提下，对从人的角度如何实现其天命之性以完成人与天的连结之类并没有展开论述。

这些理论论述是通过《中庸》和《大学》完成的。如果说《易传》的主题是"天道"，提供了一个天人关系的理论架构，那么，《中庸》就是在这个架构内从人的角度对天与人或人与天之关系的理论阐述。具体来说，就是以"天命之谓性"为前提，以"慎独"为起点，以"中论"的"致中于和"为理论内核，以"诚论"的"成己成物"为践履方向，在"天地位焉""万物育焉"中"参赞化育"，实现人与天的再连结。

如果说《易传》的主题是"天道"，提供了一个天人关系的理论架构，《中庸》是在这个架构内从人的角度对天与人或人与天之关系的理论阐述，那么《大学》就是承接《中庸》的"诚论"，将"成己成物"的实践路径具体化为行动路线图。它的起点是"格物"，即于天所生之物上感通领悟上天的生生之德和万物一体之仁，将其内化于心——所谓"致知"者也。遵循这一正念指导，然后就是修身、齐家、治国、平天下。《大学》这一理论是经由历史经验的阐释完成的。当然，说作者是将古代圣贤的事业视为这一理论的验证呈现也同样成立。实践与阐释，或理论与实践，而非"纲领与条目"，才是"格物致知""正心诚意""修齐治平"与"明明德""亲民""止于至善"的真实关系。

"格物"跟"慎独"一样，是个体确立其与天之内在一致性的起点，"修齐治平"则是由这一内在一致性显发而成的实践行为。"平天下"的"平"是"成"的意思，本于《易传·文言》"云行雨施，天下平也"。"天下平（成）"即是"万物育焉"，即是"至善"。

《中庸》《大学》的作者一般认为是子思和曾子，但其内容应视为是对孔子思想的拓展。按照朱子《中庸章句》和《大学章句》对文本的经传结构分解，"经"为孔子所作，"传"为子思、曾子的注解诠释，那么"中论""诚论"以及朱子所说之"三纲领"和"八条目"从某种意义上可说均出自孔子之手。

这一理论系统或可以此图表示：

			天────→人────→天		
《易》	天──人（天道论述）	大德曰生 元亨利贞 （形上 乾坤，坎离）	与天合德 自强不息—正位凝命 （形下 时：帝出乎震、元亨利贞 物：屯、咸、未济）		保合太和 （飞龙在天）
《庸》	天⇌人	天命之谓性 诚者天之道 （慎独：起点）	致中于和—成己成物		万物育焉—与天地参
			中论 圣：率性之谓 道；自诚明 凡：修道之谓 教；自明诚	诚论 各正性命 成物 成己	
《学》	人──天（实践展开）	历史呈现：知止而后有定 人之活动：格物（起点）致知	明明德—亲民 正心—诚意—修身—齐家—治国		止于至善 云行雨施， 天下平也

10　　　　　　　　　　　　　　　　　　　　　　　　　　　　　　　　易庸学通义

这与孔子的思想逻辑一致。《论语·泰伯》说"唯天为大，唯尧则之"，并不只是对帝尧个人德性的一般性称道，而是对天道与人事内在一致性的强调。其删定《尚书》而"以尧为始"，显然即是"推天道以明人事"（《四库全书总目提要·易类序》）逻辑的实践操作。天道与人事的贯通就是天人的贯通，这不仅意味着儒教理论的完备，也意味着其实践维度的展开，意味着"为天地立心，为生民立命，为万世开太平"的思想统一。

而我们这里的工作，自然就是"为往圣继绝学"了。

是为序。

《周易》义解

本　经

乾第一

《序卦》：有天地，然后万物生焉。

　　《连山》以艮为首，《归藏》以坤为首，《周易》以乾为首。艮之象为山，坤之象为地，无论从象之大小、形之久暂，或者地位、神性，均不可与乾天之象相提并论。《序卦》"有天地，然后万物生焉"揭示了首之以乾而配之以地的意义所在，不仅赋予世间万物以整体性，而且指出了它们之间是一种生与被生的关系。文王编排六十四卦的深刻用心亦就在此得到直接明确的揭示，为后续的阐释展开铺平道路。一个文明之所以区别于其他文明就是因为它有着关于世界起源的独特论述，并据此对世界秩序、人生意义与历史方向给出说明，如基督教文明的"上帝创世说"，印度教文明的"原人生化说"。《乾》《坤》二卦及其论述对于中华文明就有这样的意义。

　　基于这样的理解，我们将乾坤单列为"本经"，以区别于传统上经下经分篇中将其划为上经的编排方式，以特殊地位彰显《乾》《坤》两卦的特殊意义。

　　《序卦》上下篇均以"有天地，然后……"开头，可见《乾》《坤》二卦既不同于其余六十二卦，也不只是属于上经。此外，《系辞上》有"乾坤，其《易》之缊邪"，"乾坤成列，而《易》立乎其中。乾坤毁，则无以见《易》"，《参同契》亦有"乾坤者，《易》之门户，众卦之父母"等，亦说明其为众卦之所本，不宜与诸卦混编。

《周易正义》以《乾卦》单列为卷一，显然也是基于其意义特殊的考虑。但其将《坤卦》排除而以之与《屯》《蒙》诸卦一同列入卷二，不仅忽视了《坤卦》跟《乾卦》一样享有《文言》专论的特殊地位与意义，割裂了其所论述的乾父坤母之整体性，同时也使《屯卦》作为"刚柔始交"而为初生之起点的地位被弱化遮蔽，导致整个卦系结构变得逻辑混乱、意义不明。

　　孔颖达以"乾坤者阴阳之根本，万物之祖宗"释乾坤为"上篇之始"而"尊之"。其实，加以单列远不只是一个"尊之"的问题。《乾》（☰）、《坤》（☷）二卦所喻指的天地，是抽象的绝对存在，类似 the Heaven（地附属于天）。以三爻卦形式出现于其他诸卦中的天与地，如《需卦》（☵）、《师卦》（☷）等，则更适合理解为 sky、earth，是《乾》（☰）、《坤》（☷）作为 the Heaven 之功能显现者、承担者以及作为天地物象之具体存在；二者在位格上即有差异，不可不察，亦不可不分。

☰ **乾：元亨，利贞。**

【今注】

乾：卦名。《乾》卦象天，名之以乾者，乾为天之德。乾，健也。乾字本意为"（日）上出"。《释名》："乾，进也，行不息也。"

元：大。

亨：通。

利：古作"称"，吉利、有利。

贞：贞占、卜问。

【今译】

乾：大大通顺，吉利之占。

【今解】

　　六十四卦中，只有《乾卦》是以"元亨利贞"四字为卦辞，应该是出于创造性诠释需要而做出的修改。《文言》将作为断占之词的"元亨，利贞"拆解为独立的"元亨利贞"四个字，用于隐喻生命诞生、成长、成熟和完成的周期，进而引申出四种德性，建立起与天相应的君子人格形态。《易经》由一个占卜的巫术系统,一个宇宙自然的描述框架,被改造转换为一个蕴含存在秩序、生命意义和历史目标的世界图景,这既是一个关键环节,也是一个生动例证。

卦辞及爻辞一般为断占之词,即揲蓍成卦之后,占卜之人根据卦象、卦德以及爻位等关系对问占之人及所占问之事所做判断、建议及分析。旧说认为卦爻辞出自文王、周公之手,实际应是古人在长期的实际运用过程中加工积累而成。

《大象》:天行,健;君子以自强不息。

【今注】

行:云行雨施之谓。"惟天之命,於穆不已",天以生生为德,其行即是行四时、生百物。

健:同"乾"。《周易·说卦》:"乾,健也,天也。坤,顺也,地也。"

【今译】

《大象》曰:上天行四时、生百物,终则有始,刚健;君子法此刚健之德,当自强不息。

【今解】

《大象》作者,按照《史记·孔子世家》的说法是孔子。但以《彖传》《文言》和《序卦》为代表的孔子思想有一个以生生为轴心的完整天道理论体系,而《大象》则基本是从卦之上下两象的结构关系中,基于一种直觉经验寻找政治和道德上的教诲启示。《彖传》《文言》《序卦》作为《易传》主干,它是以《易经》为材料展开自己的理论论述,《大象》则可说是将卦象从卦系中抽离出来,作为纯粹的自然图景,以君子或先王先公之名进行社会化解读,更像是一种培训贵族子弟的政治教科书。

但是,《乾》《坤》两卦之《大象》与此不同,它是从天与地的德性解释卦名,而这一德性,"云行雨施","含弘光大",亦即天生地养,乃是整个《易传》的理论基础或有机组成部分。所以,这与其说是阐释,不如说是建构。

《乾卦》六爻皆阳，而其象为天，说明天的生生之德无有止息。天行，就是云行雨施，就是乾知大始，就是天生百物。"惟天之命，於穆不已"，此所以为健，亦所以为《乾卦》之卦名。乾即健，健即乾，指的是天之行。因此，"天行，健；君子以自强不息"，是比"天行健，君子以自强不息"更准确的句读。首先，体现了其对卦名进行解释的功能意义；其次，在强调"行"之动词性的同时，天作为主词的地位与意义也更加清晰。孔颖达认为"行者运动之称"，王引之认为"行，道也"，动词名词皆可通，但思想上与"云行雨施"，"终则有始，天行也"很难勾连，不能很好地揭示"生生之谓易"的主题精神。

由"天行，健"而得出"君子以自强不息"的应然要求，意味着在天与人之间存在某种德性或精神联系的预设。周公在《尚书·蔡仲之命》提出了"皇天无亲，惟德是辅"的著名命题。这既是对商纣"我生不有命在天"（《尚书·西伯戡黎》）那种天人之间的血缘-权力联结关系的否定，也是以德性、德行为基础和内容之天人关系的重构。从易学史的角度说，《大象》得象忘数，以卦所取之象取代卦爻作为致思对象，在打开天人之意义思考的同时，也彻底扬弃了卦爻的占卜功能与属性。

虽然"皇天无亲，惟德是辅"之德尚只是就人而为言，但天的德性也因此被纳入思考和想象空间。《大象》可以视为这一可能的展开实现。《大象》文辞的结构二层次是：描述内外卦之物象结构关系，对卦名做出解释；从君子、先王之类的视角表述出其政治、道德寓意而予以肯定内化。

在帛书《周易》之《要》篇中，孔子说："赞而不达于数，则其为之巫；数而不达于德，则其为之史。……吾求其德而已。吾与史巫，同途而殊归者也。"正是经由这一转换过渡，《象传》《文言》在《易经》的自然生命系统中阐发或建构了天之德与义的精神品质，德义易，天道易，于焉以定。

《周易》传统编排一般都是将《大象》置于《象传》之后。文王之《易经》、周公之《大象》所作时间显然在孔子《象传》之前，并且其思想逻辑次第也是如此，《大象》超越卜筮，从政治道德角度对卦象进行解读，为《象传》的理论创造开辟了方向。

《彖》曰：大哉乾元，万物资始，乃统天。云行雨施，品物流形。大明终始，六位时成，时乘六龙以御天。乾道变化，各正性命。保合大和，乃利贞。首出庶物，万国咸宁。

【今注】

彖：断也，本指表示断定该卦之吉凶悔吝的卦辞。

品：类也。品物，各种物类。

大明：日月也。

六位时成：时，六爻既是天运行之位置空间，也是天运行之时间节点。成，定也。

宁：诸家均释"宁"为安宁。《尔雅·释宫》："门屏之间谓之宁。"《曲礼》："天子当宁而立。"注："门内屏外，人君视朝所宁立处。"《易传·屯·彖》之"宜建侯而不宁"，一般也是以安宁释之。但建侯显然是天子之事，相应地，"不宁"之"宁"显然当据"天子当宁而立"，作接受朝觐解，方与之相匹配。万国咸宁，语境、语意均与此接近，故这里根据"门内屏外，人君视朝所宁立处"的用法，解为万邦来朝，以成天下一家的理想。

【今译】

《彖传》曰：伟大啊乾元，世间万物由你而获得成长的生命，你是天的象征。云行雨施，德泽流布；花繁叶茂，鸢飞鱼跃，生机无限。日月递照，六龙飞御；古今昼夜，上下四方，宇宙是成。天道刚健，变化有常；人生于天，有性有命，尽之得正。生生不息，谓之太和；共存共荣，贞定于斯，吉无不利。圣贤出类拔萃，奉天理物；万邦来朝，天下一家。

【今解】

彖者断也，本指表示断定该卦之吉凶悔吝的卦辞。但实际上孔子所作《彖传》与此不同，虽然从名称看"彖传"应是对卦辞的解释。《周易正义》之《乾卦》释"彖曰"云："夫子所作《彖辞》，统论一卦之义，或说其卦之德，或说其卦之义，或说其卦之名。"孔颖达虽然指出《彖传》已远超卦辞解说范围，但这三点仍不足以反映《彖传》所带来的思想变化，因为事实上它已完全超出了《象辞》的占卜语境，乃是以一个完整的天道理论将其点化升华为全新的体系，即以生生之天为最高存在，为世界起源、存在秩序和历史方向提供解释的基础论述。因此，《汉书·艺文志》说"五常之道，相须而备，而《易》为之原"。

由《易经》的自然生命世界向《易传》的人文精神世界这一转进过程中，《大象》是一个重要的过渡环节。从相应文字可以看出，在《大象》中物象没有系统性，只是或山或水，或风或火之物的两两组合，其义蕴是经由人的领悟才得以呈现；而在《象传》中，有一个天道的系统，它是一个"显示者"（或据伊利亚德的概念叫作"显圣物"）。这一切下面可以清晰看到。

《乾卦》卦辞为"元亨，利贞"，卦象为天，卦德为刚健，但夫子落笔却是"大哉乾元，万物资始"，从天与万物的关系出发，赋予世界一种整体性：天是起点、是归宿，是万物的本质、本性。如果说对"我们是谁，从哪里来，到哪里去？"的论述是一个文明之为文明、一个文明区别于其他文明的关键之所在，如果说有儒教文明之称的中华文明这一论述主要是由儒家完成的，那么，《周易》之《易传》、《易传》之《象传》就是这一论述的核心文本。

也因此，虽然《易传》是以《易经》为文本基础，在文献学意义上孔子"十翼"是文王《易经》之"传"，即对"经"的解释，但二者的文化意义和历史地位，却完全不能如此理解定位。《易经》是文王在占卜之书基础上重新编排而呈现出的一个自然生命世界，《易传》则是孔子在对天之德性体会领悟的基础上将其赋予并贯通于整个卦系，从而将原来的自然世界点化升华为一个具有精神品质的生命存在。

《乾卦》之"元亨利贞"，文字简洁，为后人留下阐释空间，而天之形象、意义也正是以此为基础呈现展开。必然？偶然？不可思议。这是一个全新的伟大起点，所有的精彩都由此展开。

初九：潜龙，勿用。
《象》曰："潜龙勿用"，阳在下也。

【今注】

初九：爻之序号。阳爻称"九"，阴爻称"六"。序号自下往上，分别为初、二、三、四、五和上。第一爻为阳爻则称"初九"，第六爻为阴爻则称"上六"，以此类推。阳爻象龙，故以龙喻之，指代贤人、君子。

用：施行之意。

【今译】

初九：龙潜在下，不宜多动。

《象》曰："龙潜在下，不宜多动"，因为阳爻处于最底下的位置。（筮得此爻，当按兵不动。）

【今解】

爻辞是对筮得该爻时相关情势的描述，以及由此得出的相关判断建议，如吉凶悔吝和宜忌等等。

"《象》曰"之象，又称"小象"。解释六爻卦之上下两象的传文称"大象"，解释爻辞的传文称"小象"。虽然其来有自，但实际经不起推敲。它所解释的对象并非"象"，而是卦中爻辞，解说的依据也不是爻辞与爻位之类的巫术关系，而是爻辞语句本身所包含的事理逻辑。并且，跟《象传》一样，这种解释的背后隐隐存在着一种理论的系统，虽然展开的程度远远不及《象传》。而《大象》，则是根据构成六爻卦之三爻卦的物象关系，品味其寓意，进而寻求某种政治、道德等方面的教诲启示，天道、天德即 the Heaven 的基础意义系统则付之阙如。

九二：见龙在田，利见大人。

《象》曰："见龙在田"，德施普也。

【今注】

见：同"现"，出现。

田：可以理解为某种地面位置。初九的"潜"标示的是水下，"田"即田地；与后面的"渊""天"构成一个层次进阶的序列。

普：一说为"溥"，大也。

《周易》义解　21

【今译】

九二：龙现于田；筮得此爻，可以有所行动，如拜见大人之类。

《象》曰：见龙在田，表明大人君子已经普施德化。

【今解】

爻辞是从卦之爻位断吉凶宜忌，解释爻辞的"《象》曰"则是从爻辞意涵解读其对人之活动的影响关系。这可能也就是其之所以被称为"小象"，而与"大象"相对的原因吧。

九三：君子终日乾乾，夕惕若，厉，无咎。

《象》曰："终日乾乾"，反复道也。

【今注】

君子：《周易》中多指贵族或有德有位之人。

乾乾：勤勉貌。

惕：警惕。

厉：危殆（之境）。

咎：灾祸。

【今译】

九三：君子勤勉终日，入夜亦自我警策，虽处险境，终将无咎。

《象》曰："终日乾乾"，就是持守正道，不敢稍息。（言下之意，险境中须加倍小心，方能得免祸患。）

【今解】

"见龙在田"意味着某种君子得位行道的场景。这是机会，也意味着风险。尽忠职守的同时，也需时加反省，以远祸患。

九四：或跃在渊，无咎。

《象》曰："或跃在渊"，进，无咎也。

【今注】

或：有时。

渊：龙潭，龙的安处之所。

【今译】

九四：（龙）在渊面腾跃，无有祸患。

《象》曰："或跃在渊"，龙在深水，环境自在。（筮得此爻，有利进取，前程无忧。）

【今解】

龙在龙潭，或潜或跃，自在随心。九四是外卦的起始，所以龙的位置虽依然在下，却已不再是"潜"于水下，而是可跃渊面，境界已然有别。有了"终日乾乾，夕惕若"的基础，跟环境磨合良好，君子就可以有所进取了。

九五：飞龙在天，利见大人。

《象》曰："飞龙在天"，大人造也。

【今注】

九五：为尊位，故曰飞龙在天。

造：就也，为也。

【今译】

九五：龙飞在天上，利于出现大人。

《象》曰："飞龙在天"，表示大人就位。（筮得此爻，十分有利。）

【今解】

九五至尊，对于君子、大人可谓权位之极。至于此位自当专心以从事，"予造天役，遗大投艰于朕身"（《尚书·大诰》），即承担起天赋使命，替天下人办事。

上九：亢龙，有悔。

《象》曰："亢龙，有悔"，盈不可久也。

【今注】

亢：穷高曰亢。亢龙，飞得过高的龙，德不配位，知进不知退，都可以视为"过高"。

《周易》义解

盈：满也，与亏相对。

【今译】

上九：龙飞得超过适合自身的高度，（行动）将致悔吝。

《象》曰："龙飞得超过适合自身的高度，将致悔吝"，筮得此爻，当反思自己行为是否过当，防止后悔莫及。

【今解】

月盈则亏，水满则溢，物极必反。九五之尊已是位之极致，当知其所止。一味亢进，悔吝将至。

用九：见群龙，无首，吉。

《象》曰："用九"，天德，不可为首也。

【今注】

用九：九为可变阳数，称"用九"者，是因为易占筮法用九不用七，故于《乾卦》六爻之外，设用九文辞，以明"变易"之旨。

天德：天以生生为德，生生之德亦呈现为万物一体、大化流行的生命过程。

【今译】

用九：群龙升天，与云同飞，各遂其志，不见首尾，大吉。

《象》曰："用九"，天德流行，群龙共舞，无所谓首尾。（筮得此爻，性尽志遂，心想事成，吉无不利。）

【今解】

由"潜龙勿用"到"终日乾乾"，是生命孕育、成长而融入社会的阶段；由"或跃在渊"到"飞龙在天"再到"亢龙有悔"，则可理解为一个自我建构、承担使命终于盛极而衰的过程。

但这并不是生命的全部，作为生生不息之宇宙大生命一员，每个人的生命终将因自己尽心尽性的努力而与天地同流，永无止息。

《文言》：元者，善之长也；亨者，嘉之会也；利者，义之和也；贞者，

事之干也。君子体仁足以长人，嘉会足以合礼，利物足以和义，贞固足以干事。君子行此四德者，故曰："乾：元、亨、利、贞。"

【今注】

《文言》：刘瓛谓依文而言其理，故曰文言。《文言》是对《彖传》思想的拓展、发挥和运用。

善："惟皇上帝，降衷于下民"之"衷"，被注家解为"善"。(《尚书·汤诰》) 也有解"善"为"嬗"者，意为传递。二义合成，"元"的特殊性质可由"善"得到清晰表达：既本之于天，又显现于物；继善成性以此为基础。

嘉：善、美、乐，而美的色彩稍重。

义：仪也。仪，宜也。《〈诗经·小雅·由仪〉序》："《由仪》，万物之生，各得其宜也。"

干：繁体为"榦"，与桢一样为"筑墙端木"。《尔雅·释诂》曰："桢，榦也。""舍人曰：桢，正也。""贞"本有"止""定"及"正"诸义。《师卦·象》："贞，正也。"《尚书·太甲》："一人元良，万邦以贞。"疏："天子有大善，则天下得其正。"《说文》："正，是也。从止，一以止。"徐锴曰："守一以止也。"可知"正"即是"止于一"。据此，"贞者，事之干也"，借朱子语，今译为"生物之成"。与仁、礼、义并列的"正"，则可从"知其所止，止于至善"寻求理解。[①]

【今译】

元，是开春种子萌芽发育；亨，是夏季开枝散叶；利，是秋天瓜熟蒂落；贞，是冬日生物之成。

君子由生生之仁而体悟到成己成物是人的天赋使命，由枝繁叶茂浑然一体而意识到社会组织不能没有礼教秩序，由瓜熟蒂落各得其宜而明白物阜年丰社会正义才有根基；由生物之成、冬藏入库而领会到万物有时而终贞于一。

[①] 高亨《周易大传今注》云："四德：仁、礼、义、正也"，亦以贞为正。但其解"贞者，事之干也"，却"正是百事之主干"，以及"行正始能干事，是为贞"，"正"被字面化地理解为正邪之正。参见该书第44页，北京：清华大学出版社，2010年。《左传·襄公九年》直接以"贞"为德目，与此相似。

仁、礼、义、正四德本之于天，为君子所当遵奉施行。这就是《乾卦》以"元亨，利贞"为卦辞的原因。

【今解】

"元亨利贞"在《乾卦》中作为断占之词是以"元亨，利贞"的形式存在。在《彖传》中，虽然仍然维持着"元亨""利贞"的形式，但已经不再是"大大通顺""吉利之占"的语义。"元亨"之"元"，在天生万物的义理中与天相配，作为"乾元"成为万物所资之以生的根据。"利贞"也是在同一脉络里，从性命的角度表示万物作为天道运行之组成部分，发展成为其自己。显然，这也正是《文言》相关论述的基础。但与《彖传》不同，《文言》进一步将元、亨、利、贞单字拆分，以植物为例，以四时、四德呈现生命的形态与本质，进而展现天地大生命本身。

众所周知，《文言》这里与《左传·襄公九年》的一段文字"元，体之长也；亨，嘉之会也；利，义之和也；贞，事之干也"高度重合，人们便倾向于认为《文言》即由此而出。从思想史的角度说，当然无法否认二者之相关，但同时也要注意分辨二者间的区别。《左传·襄公九年》此语是释《随卦》卦辞"元亨，利贞，无咎"，可知以元亨利贞配春夏秋冬，并以元亨利贞为四德已是社会共识，而非始自《文言》。但是，这里看不到天道与人事之间的意义与逻辑关联，元亨利贞之四德的内涵也晦暗不清。其区别类似于《大象》与《彖传》。这从"元，体之长"和"元者，善之长"中"体"与"善"的一字之差，可以清晰看出。"善"与"衷"和"嬗"的勾连，从《说卦》的"帝出乎震""万物出乎震"可以看出意义的深刻性和理论的系统性。

"善之长""嘉之会""义之和""事之干"，属于一种隐喻修辞，表达的是《彖传》中天生万物以及万物与天的关系。同样借用《乾卦》卦辞，如果说《彖传》是从天之行的角度揭示天之生生德性，那么，作为这一思想之进一步拓展发挥的《文言》则是从物的角度描述这一生生德性的现实形态，并阐明人在这一过程中应有的体会与自觉，从而将天、物、人统一为一个有机整体。

四时行、百物生既是天德之显现，自然也就有启示和教化的深刻意涵。《礼记·孔子闲居》说："天有四时，春秋冬夏，风雨霜露，无非教也。地载神气，神气风霆，风霆流形，庶物露生，无非教也。"朱子《周易本义》："元者生物之始，天地之德，莫先于此，故于时为春，于人则为仁，而众善之长也。亨者生物之通，物至于此，莫不嘉美，故于时为夏，于人则为礼，而众美之会也。利者生物之遂，物各得其宜，不相妨害，故于时为秋，于人则为义，而得其分之和。贞者生物之成，实理具备，随在各足，故于时为冬，于人则为知，而为众事之干。"以仁、义、礼、智对应元、亨、利、贞，自是一说。但孟子基于恻隐之心、羞恶之心、辞让之心、是非之心的所谓四德说乃是一种心性之学，不能充分体现作为天之教化的内涵及其神圣性、系统性。到理学以理代天之后，甚至孟子处隐含的思想深度也被消解了。

《乾卦》卦辞元、亨、利、贞是作为"天行"的象征性显现，作为人所当领悟的必然首先是宇宙大生命生生之德的刚健有为，如"天行，健；君子以自强不息"，"大哉乾元，万物资始"所昭示者。这也是《文言》立论的基础。"元"，从"继之者善也"的角度说属于超验之"天"，从"成之者性也"的角度说它又属于现实之"物"。这种二元性可以麦粒为喻，从来源说它是一颗果实，就其现实而言它是一颗种子。作为果实，它属于一个"先在的生命"；作为种子，它又意味着一种有待实现的性分，一个有待完成的生命。可以说，"元"是"天生万物"形成的世界中天人贯通、连接的关键概念。天以此显现为世界，人以此成长为自身。世间万物均以此宇宙生命整体为其存在本质，所谓伦理秩序、道德责任等，也只能由此奠基。因此，孟子的"四心""四德"也只能以此为基础或来源，正如天生万物然后才有万物一体一样。

再如"贞"，虽是以冬天作为其象征，但四季之终、事物之成并非意味着生命真正的完结。《系辞下》有云"天下之动，贞夫一者也"。"贞"为止为正；"一"即天，即宇宙生命整体及其生生不息的运动。天下万物既以之为起点，也以之为归宿，四季轮回，万事万物永远都在天的怀抱。

如此，则"用九"的"群龙无首"、《象传》的"保合大和"互相呼应而成一有机整体。因着这一整体的存在，个体生命的四季才不再只是个体性的偶然，而有了永恒的意义。

最高存在是直觉的对象，直觉之启动则以相关思考如想象、信念为基础。

其丰富内容只有借助隐喻才能较好地传达。这个唯一能够克服人类精神之实在性焦虑的本体原本就只可意会而难以言传，不能字字而解句句而论。就此而言，得意忘象、得意忘言的玄学智慧颇有可取之处。毕竟，隐喻之所透露的一切，及其在我们生活和历史中的作用与意义才是更重要的。这需要智慧，也需要信念。

《文言》之思想承接《象传》，但爻辞亦是其阐释的对象或材料，所以其位置当在《小象》之后。

初九曰："潜龙勿用"，何谓也？

子曰："龙德而隐者也。不易乎世，不成乎名。遁世无闷，不见是而无闷。乐则行之，忧则违之。确乎其不可拔，潜龙也。"

【今注】

子曰：一般认为即是"孔子说"。

遁：隐退的意思。以遁、隐与"潜"相衔接，进行解释。其实，潜与遁、隐还是存在差异的，它主要是弱化时间轴线，将分析视角转向空间内的君子之行为选择。

违：避让。

确：坚定。

【今译】

初九说："潜龙勿用"，是什么意思？

孔夫子说："潜龙可谓君子之隐居者。不与世浮沉，不追求名声。自得其乐，不被世人认可也无所谓。喜欢做的事就去做，不喜欢的则远远避开。意志坚定，不可动摇，这就是潜龙。"

【今解】

《小象》解爻辞，《文言》这里又解一遍，区别何在？最关键的一点就是《小象》是从爻位出发，对其之所以如此给出说明；《文言》则是从《象传》以及作者对《象传》的理解出发，对爻辞之语义及其相关内容进行解析阐发。换言之，在《小象》中，爻辞是爻的"附属物"，人之所以当如此如彼行事是因为卦的规定；在《文言》中，爻辞已被纳入作者的思想框架进行处理——这意味着系统的转换，人之所以如此如彼行事是其德性本质的体现。经由这番阐释，君子在各种处境中的理想行为方式都得到某种程度的揭示。

《彖传》对卦辞的解释与此类似。不过，《彖传》主要是在六十四卦的基础上建构一个精神生命的系统，对卦辞本身却并不在乎，其对"元亨，利贞"的解释非常主观。《文言》作为对《彖传》思想的继承发展和运用，其思想框架显然源于《彖传》，但它作为前提和基础并不直接出场，而是一种隐性存在。

九二曰："见龙在田，利见大人"，何谓也？

子曰："龙德而正中者也。庸言之信，庸行之谨，闲邪存其诚。善世而不伐，德博而化。《易》曰'见龙在田，利见大人'，君德也。"

【今注】

庸：平常。

闲：限制，约束。

善：为善，亲善。

伐：自夸。

【今译】

九二说："见龙在田，利见大人"，是什么意思？

孔夫子说："这是指身处正位的君子之德。相信常识，重视细行，克除邪念，存养诚心。服务社会而不自我夸耀，美德众多而为世所效法。《周易》说'见龙在田，利见大人'，这简直就是君王之德。"

【今解】

全文围绕"正中"展开，"正中"则是来自九二之爻位。初居下，三居上，二为中，阳爻居中，可谓正中得位。孔子由此展开对正中之德的讨论，由正位而正行，由正行而正念，由正念之成己而"善世"之成物，成己成物，德比君王。

《中庸》被视为演《易》之书，这里也是重要线索。其中不只有"庸言之

《周易》义解　29

信，庸行之谨"的词句，也包括由正中之爻位到正中之德行的思维方式，其延伸至"致中和""发而皆中节"，可谓一脉相承。

九三曰："君子终日乾乾，夕惕若，厉，无咎"，何谓也？

子曰："君子进德修业。忠信，所以进德也；修辞立其诚，所以居业也。知至至之，可与言几也；知终终之，可与存义也。是故居上位而不骄，在下位而不忧。故乾乾因其时而惕，虽危无咎矣。"

【今注】

德：品德。与"业"相对，可见其为名词品德，近于品性，区别于美德（好的品德），如《论语·颜渊》"君子之德风，小人之德草"。

居：治理，经营。

【今译】

九三说："君子终日乾乾，夕惕若，厉，无咎"，是什么意思？

孔夫子说："君子应该进德修业。忠于职守、定身行事，不仅可以成事，也可以进德；存养诚心，言必由衷，既是修德之道，也是成事之方。知道什么目标可以追求便努力去追求，则智力足可以谈事业之几微；知道什么地方该终止便果断终止，则意志足可守事业之正义。因此，居上位而不骄傲，在下位而不忧虑。所以勤勉工作，时时反省，即使有什么危殆，也不会导致什么咎害。"

【今解】

进德与修业，虽为二途，实为一事，都是生命的展开形式。知所能至与知所当止，既关乎智慧，也关乎信念。君子之为君子，就是统一二者而互相发明促进之。

九四曰："或跃在渊，无咎"，何谓也？

子曰："上下无常，非为邪也；进退无恒，非离群也。君子进德修业，欲及时也，故无咎。"

【今注】

邪：怪诞，邪恶。

【今译】

九四说："龙在渊面腾跃，无有祸患"，是什么意思？

孔夫子说："或潜或跃，不是为非作歹；时进时退，不是离群索居。君子进德修业，要顺时而为。行为看似无端变化实际却符合时宜，所以不会有什么祸患。"

【今解】

从变化随时的角度解释"或跃在渊"。时，除了规律性的"天时"之时，还有情境性的"时势"之时。春夏秋冬是天时，这里作为出处进退选择依据的即是时势之时。《中庸》"君子而时中"的"时"，当为时势情境之时。

九五曰："飞龙在天，利见大人"，何谓也？

子曰："同声相应，同气相求。水流湿，火就燥。云从龙，风从虎。圣人作而万物睹。本乎天者亲上，本乎地者亲下，则各从其类也。"

【今注】

物：人、事，均可称物。

【今译】

九五说："飞龙在天，利见大人"，是什么意思？

孔夫子说："同声互相感应，同气互相求合。水流地先就低湿处，火燃薪先着干燥处。龙吟于水则云起，虎啸于谷则风生。圣人以大德就大位，则万物瞻睹而亲附。日月星辰本于天则亲附于上，鸟兽草木本于地则亲附于下，都是各从其类、感应相维。

【今解】

相应、相求、相感，各从其类。圣人以大德居大位，也许只能借《咸卦》和《乾卦》的《彖辞》来描述这种景况："天地感而万物化生，圣人感人心而天下和平"；"首出庶物，万国咸宁"。

上九曰："亢龙有悔"，何谓也？

子曰："贵而无位，高而无民，贤人在下位而无辅，是以动而有悔也。"

"潜龙勿用"，下也；"见龙在田"，时舍也；"终日乾乾"，行事也；"或跃在渊"，自试也；"飞龙在天"，上治也；"亢龙有悔"，穷之灾也。乾元"用九"，天下治也。

【今注】

舍：弃置。

灾：祸患。

【今译】

上九说："亢龙有悔"，是什么意思？

孔夫子说："爵品虽高贵却没有实际权位，礼遇虽尊荣却不统辖民众，即使手下也有当位的贤人，却另有职守，不能出手辅助，所以行动起来难免会有悔吝的麻烦。"

"潜龙勿用"，是不得于位；"见龙在田"，是不得于时；"终日乾乾"，是勤勉从事；"或跃在渊"，是准备进取；"飞龙在天"，是得位施治；"亢龙有悔"，是物极而反。乾元"用九"，则是天下大治。

【今解】

《文言》演绎《象传》思想，主要表现在将其天道理论向政治、社会以及人生方向落实延伸，最后则收归天道。这里对六爻爻辞的解说，即是如此。六爻爻位由初到上，象征事物发展过程中或上或下、或贵或贱的地位处境，而五为最尊。从这里可以看出，《乾卦》爻辞内容即是"龙"在不同处境时所表现的行为及性状。但是，夫子之言并不局限于此，其对六爻之外的用九之肯定与推崇，提醒人们：在卦爻的行程周期这一现实之上，还有一个更高的存在；它既是"龙"之行为的根基，也是其目标。

如果说龙所喻指的是有道君子，爻所象征的是某种时与位（情境），那么可以看出，孔子或《易传》最为推崇或追求的其实是作为这一切基础与归宿的天地，是即大化流行。所谓的天下大治，最好的表征乃是六爻之外的用九"群龙无首"，它象征的是奔放的生命、自由的精神——最高的本质，真正的永恒。

　　王弼也注意到了夫子以"乾元用九"言天下大治，但却是将其作为"全用刚直"之对立面或补充的角度来定位理解，表现出其思想深处的道家影子，即以无为本、贵柔守雌等。他说："全用刚直，放远善柔，非天下之至理，未之能也。"（《周易注》卷一）其实，"群龙无首"的本质并非"柔"或"无"，而是生生德溥、各尽其性、共存共荣。

　　"潜龙勿用"，阳气潜藏；"见龙在田"，天下文明；"终日乾乾"，与时偕行；"或跃在渊"，乾道乃革；"飞龙在天"，乃位乎天德；"亢龙有悔"，与时偕极；乾元"用九"，乃见天则。

　　【今注】

　　与时偕极：时势运转至极致，人亦随之而至于极致。注意，"亢龙有悔"，在此前被认为是"知进不知退"而为"亢"，这里则是时势本身到了极点，而"龙"只不过是与其偕行而到了极点。这个"时"显然属于"天时"之时，而不是前段文字中的"时势"之时。前面的"与时偕行"，是"与时消息"；这里的"与时偕极"，则应该是"先天而不违，后天而奉天时"。

　　【今译】

　　"潜龙勿用"，天之阳气隐而未发；"见龙在田"，天性显发，人文化成；"终日乾乾"，行止随时，不敢稍懈；"或跃在渊"，顺天应人，天道变矣；"飞龙在天"，得位九五，德与天同；"亢龙有悔"，是因为时势盛极而衰，并非自身有什么过错；乾元"用九"，"群龙无首"，才是天地大生命最高原则的象征体现。

　　【今解】

　　《乾卦》六条爻辞再次出现。如果说前面主要是以龙暗喻用世君子，以爻位为处境展示其如何通过努力以完成事业进阶，那么这里龙已不再是作为人之个体呈现的君子，而是作为某种天赋使命承担者的符号（譬如圣人），以六爻次第履行天职，天工人代。这说明，现实的人间事业实际也是天道生命的一种展开形态，是这个大生命的有机组成部分。

天与人的连接，就是经由这种"与天地合德"的"大人"实现完成的。

乾元者，始而亨者也；利贞者，性情也。乾始能以美利利天下，不言所利，大矣哉！大哉乾乎！刚健中正，纯粹精也；六爻发挥，旁通情也；时乘六龙，以御天也；云行雨施，天下平也。

【今注】
乾始：乾之始，即乾元。
美利：指"亨者，嘉之会"之嘉，与"利者，义之和"之利。
发挥：发越，挥散。
平：成也。

【今译】
乾元，是云行雨施的生物之始；利贞，是性落实为情的生物之成。乾元以美好的夏季、丰硕的秋季利益天下，无所偏私，多么伟大！真是伟大啊！刚健中正，生生不息；六爻发越挥散，成就万物；驾驭六龙，巡行天上；行云布雨，平成天下。

【今解】
此节再释"元亨利贞"。

《彖传》是以"乾元"为中心，讲天之生物；《文言》是以"元亨利贞"为主体，讲物之生成。这里，"乾元"与"利贞"对举，一为起点，一为终点，则是为了强调元的属天之义，以说明天与万物之成的关系。

"乾元"之"始而亨"，即是天之云行雨施，生物也。"利贞"为"性情"，则是"元"作为"善"（种子）经历春夏秋冬，其内在生机（本质、可能性）得以展现而成为成熟个体。"性"是抽象的，"情"是具体的，就像一颗麦粒，从种子萌芽到扬花吐穗，成为金灿灿的麦子。从这个意义上说，万物之生也就是一个由"性"而落实为"情"的过程。《系辞上》的"乾知大始，坤作成物"，"继之者善也，成之者性也"，以及《中庸》的"致中和，天地位焉，万物育焉"，都可以帮助我们获得及深化这样一种理解。

"六爻发挥"，"云行雨施"，正是成就万物之情、平成天下之性的具体过程与机制。这里的"天下平"之"利贞",不仅与《象传》"保合大和,乃利贞"一脉相承,也是《大学》"平天下"的"至善"目标之所本。《尔雅·释诂》:平,成也。成,乃是其内在本质之实现展开。"性情"即是如此,并且也是"天下平"的象征。

君子以成德为行,日可见之行也。"潜"之为言也,隐而未见,行而未成,是以君子弗用也。

君子学以聚之,问以辩之,宽以居之,仁以行之。《易》曰:"见龙在田,利见大人。"君德也。

九三重刚而不中,上不在天,下不在田,故乾乾因其时而惕,虽危无咎矣。

【今注】

潜:形之不见,行之不成,义近"不遂",异于此前隐居之"隐",而以"弗用"否定之,因为与此处"君子成德为行"强调行动的宗旨不合。

重刚:阴爻为柔,阳爻为刚。《易》之例,凡上下紧挨之二爻均为阳爻,谓之重刚。

【今译】

君子以遵循天命展开自己的人生,在伦常日用中实践完成。初九爻辞"潜龙勿用"的"潜",意味着隐而不见、行而未成,所以君子不以为训。

学以聚之,问以辩之,宽以居之,仁以行之,这才是君子可取的正行正道。《周易》说:"见龙在田,利见大人。"这些行为表现出来的君子之德,颇有君主之德的味道。

九三阳爻,相连之九二、九四亦为阳爻,属于重刚,但却又不在二、五之中位,也就是上不在天,下不在田,所以在这样的尴尬时局中能做到戒慎恐惧,虽有危险,却不会有什么祸患。

【今解】

这里的三段论述分别基于初九"潜龙勿用"、九二"见龙在田"和九三"终日乾乾"三段《乾卦》爻辞而阐发。

《乾卦》爻辞已经多次诠释，这次的特点是以"君子以成德为行"为统摄。虽然它是作为"潜龙勿用"的反对理由出现的，但考虑到前文以"性情"为内容的"利贞"思想，考虑到"德者得也。得也者，其谓所得以然也"（《管子·心术》）的思想传统，它应该得到普遍性、前提性理解。

从儒家的角度说，德就是得之于天的禀赋，就是"天降衷于民"的"衷"，就是"天命之性"的"性"。这样一种德，是待成的，性而落实为情才是"利贞"。

"君子以成德为行"，首先可以理解为君子是对自己的"天命之性"有自觉的仁，然后则是致力于"性"之实现完成，落实为由情转化为德的人。这一过程及法门，不是如道家的"返本归根"、清心寡欲，而是则天而行，即通过成己成物而参赞化育，汇入永恒。

君子的成己成物不是闭门苦修或遗世独立，而是于伦常日用中自我完善，己立立人，己达达人。因此，"君子弗用"——有从"成德为行"而对"潜龙勿用"本身予以否定的意思，显然不再把初九爻位象征的处境意义考虑在内，也不将"潜"视为隐的方略而加以表彰。"《易》无达占"，这就是隐喻修辞的特点，意在言外，得意忘言可也。

君子将自己的天赋本质在伦常日用中以实实在在的行动实现完成。《中庸》的"诚之者，人之道也"，或本于此。

九四重刚而不中，上不在天，下不在田，中不在人，故"或"之。或之者，疑之也。故"无咎"。

夫"大人"者，与天地合其德，与日月合其明，与四时合其序，与鬼神合其吉凶。先天而天弗违，后天而奉天时。天且弗违，况于人乎！况于鬼神乎！

"亢"之为言也，知进而不知退，知存而不知亡，知得而不知丧，其唯圣人乎！知进退存亡而不失其正者，其唯圣人乎！

【今注】

或：惑也，审慎、疑惧之意。

与天地合其德："天地之大德曰生"，"与天地合其德"即是代天牧民，绥理群生。

亢：此前是从"位"的外部关系言"亢"，这里将重心转换到人的主观认知，并由"进退"扩展到"存亡""得失"等问题。

【今译】

九四阳爻，相连之九三、九五亦为阳爻，属于重刚，但又不在二、五之中位，也就是上不在天，下不在田，中不在人，因而只能是"或跃在渊"。这个"或"，是疑惑之"惑"，即审慎疑惧。因此，能够免于祸患。

九五是"大人"以大德得大位，绥理群生，如天覆地载，惠及万物，如日月光照，政令有序，如四时递嬗，赏罚允当，如鬼神之福善祸淫。意念所虑，与道默契；其所从事，则天而行。得天之佑，自然"鬼神飨德，夷狄来宾"了。

"亢龙有悔"的"亢"，是知进不知退，知存不知亡，知得不知失，这是一般人很难做到的吧！能够做到知进退存亡而又能坚守自己目标的，只有圣人了吧！

【今解】

《易》之卦爻皆为象，卦爻辞则为文。象所隐喻之内涵丰富，而言辞往往只能道其一端，故有"得象忘言，得意忘象"之说。"或""亢"这里的解释都与此前有所不同，正是因为这一缘故。

"天且弗违，况于人乎！况于鬼神乎！"李道平以"鬼神飨德，夷狄来宾"解鬼神与人之"不违"，[①] 与《彖传》的"首出庶物，万国咸宁"，《文言》的"云行雨施，天下平也"呼应契合，可谓精彩迭出。

坤第二

☷ 坤：**元亨；利牝马之贞。君子有攸往，先迷，后得主；利。西南得**

---

① 〔清〕李道平：《周易集解纂疏》，第66页，北京：中华书局，1994年。

朋，东北丧朋；安贞，吉。

【今注】

牝马：母马。象征阴性事物。

【今译】

坤：十分顺畅；阴性事物之贞问均有利。君子出行，迷失方向，最后还是能抵达目的地；有利。西南方向觅得朋友，东北方向失去朋友；居家之贞，则为吉祥。

【今解】

坤于象为地，相对乾之天象，属阴，因此利于阴性事物之占问。故曰"元亨；利牝马之贞"。

"君子有攸往，先迷，后得主；利"，则是以该卦卦辞作为断占依据，这里描述的故事有惊无险，所以结果还是"利"。

"西南得朋，东北丧朋"之事则得失参半，如果不涉及出行的事项，则结果为"吉"。孔颖达疏谓西南为坤位，为阴，东北则与之相反，为阳，以此解释"得"与"丧"，可备一说。

"元亨；利牝马之贞"，是由《坤卦》之卦象与卦德决定的。坤于象为地，于德为柔顺，而马善走，牝马温驯，正相匹配。

相对《乾卦》，《坤卦》的卦辞保留着占卜之书的原始形态，十分复杂。不仅有以卦为占，也有以卦辞为占者——《易经》作为占卜之书，积累了许多占卜记录，其中的成功案例也被作为后来断占的依据。

《大象》：地埶，坤；君子以厚德载物。

【今注】

埶：秇、藝，种植，养育。"势"与"藝"古代同作"埶"。古人将《大象》"地埶，坤"之"埶"理解为"势"的义项，今人因循而作"势"，误。埶，从坴，土块；从丸，拿。埶之此义亦作"秇"，后繁化为"藝"。《说文》：藝，种也。可知"埶""秇""藝"在土地、植物、园艺这一意义范畴内，作为动词的意义可以统一，即均为"使……成长"。

坤：地也。《释名》：顺也。顺，《广韵》：从也。《释名》：循也。帛书《周易》作"巛"，即"顺"。

载：生也，成也。

【今译】

《大象》曰：大地承天之施，孕育百物，坤；君子法此柔顺之德，亦当以丰厚之德，发育万物。

【今解】

这里对"地埶，顺；君子以厚德载物"的理解，与传统存在巨大差别，需要给出说明，本书附录《埶："势"还是"艺"?》即是。① 虽然相关论证足可为"厚德载物"的新解提供支持，这里还是有必要从文字训诂的角度稍做补充。

《释名·释天》："唐虞曰：载。"注：载，始也，取物终更始。《白虎通·四时》："载之言成也。"《尚书·益稷》"乃赓载歌"，注："赓，续载成也。续帝歌以成其义也。"更始即（种子）重新开始生长，则"成"与"生"自然衔接。载的"生、成"诸义均读第三声 zǎi，"承载"义则读第四声 zài。地确实有承载之能，但却是在"天覆地载"对举时。

《坤·大象》这里的"地埶，顺；君子以厚德载物"，地所对应者是"云行雨施"之天，其功能定位是《坤卦·彖传》的"含弘光大"。这是一种如《益卦·彖传》所谓"天施地生"的关系，其内涵则是"天地絪缊""男女构精"（《系辞下》）。在这样的机制里，"施"与"生"的意义是不言而喻的。因此，在"厚德载物"中，从"载"的"生成"与"承载"二者之间选取"生成"这一义项，不仅文字、文句、文意都更通顺准确，而且与"天行，健"，"地埶，顺"以及《彖传》《文言》的思想也更加贴切，同时也对其整体思想构成有效支撑。

---

① 详细考论，见本书附录《埶："势"还是"艺"? ——〈易传·坤·大象传〉"地埶坤"新释》。

《象传》：至哉坤元，万物资生，乃顺承天。坤厚载物，德合无疆。含弘光大，品物咸亨。牝马地类，行地无疆，柔顺利贞。君子攸行，先迷失道，后顺得常。"西南得朋"，乃与类行；"东北丧朋"，乃终有庆。安贞之吉，应地无疆。

【今注】

至：极致。

承：《说文》：奉也，受也。

含弘光大："含"为容受，"弘"为扩充。光大，广而大之。

【今译】

承天之施而育成万物，坤元之德臻乎其极矣。大地丰饶，四季轮回，生生不息，终而更始。容受上天德泽而加以光大，群生庶类，条畅繁荣。牝马善走，行地无疆，性情更是温顺，岂不利贞！君子所行，不知所顺，则迷途失道，知其所顺，于是得其所归。西南属阴，行而得朋；东北属阳，友将离散。安居乐业，则无往不利。

【今解】

天生万物，是整个儒教的基本观点。《周易》主要以乾父坤母的主轴展开相关论述，《乾》《坤》两卦即以此为主要内容。《益卦·象传》所谓"天施地生"的关系，则是理解"天行，健"与"地势，顺"的管钥关键。这一层意思，体现在"至哉坤元，万物资生，乃顺承天。坤厚载物，德合无疆。含弘光大，品物咸亨"之中。与《乾卦·象传》相对照，可加深体悟。

柏拉图在讨论造物者及万物起源的著作《蒂迈欧篇》中有段这样的文字，可与《易传》天的"云行雨施"、地的"含弘光大"参照理解："我们要弄清这三种存在：首先，生成中的东西；其次，在其中生成的承载体；再次，被生成物所模仿的东西。打个比喻，我们把承载体称为母亲，生成物的来源称为父亲，合而为一则是孩子。"[1]

---

[1] ［古希腊］柏拉图著，谢文郁译：《蒂迈欧篇》，第38页，上海：东方出版中心，2021年。

其他段落则是对卦辞的解说。

由此可以看出《象传》文字是一个二元结构，一部分是建构自己的天道理论体系；一部分是对卦、卦辞等的各种解释，分属不同系统。二者有时也有交集，但主要是根据天道理论对卦及卦辞等进行解释，即用于对自己理论的论证或自己价值观的传播。

这才是《周易》的特点及其文化意义之所在。

初六：履霜，坚冰至。
《象》曰："履霜""坚冰"，阴始凝也。驯致其道，至坚冰也。

【今注】

履：踩，踏践。

驯：顺从，使……顺从。

【今译】

初六：秋霜及履，冬冰将至矣。

《象》曰："履霜""坚冰"，阴气凝结之征兆。霜降而冰结，发展之必然。

【今解】

霜降与冰结，是阴气随天地运转而由初起渐渐强盛的表现。六为阴爻，初为初始之爻位，《坤卦》六爻皆阴，乃取冰霜为象以喻其义。而由霜到冰，暗含一条时间轴线，意味着事物的发展、因果与规律以及背后可能的终极依据。

六二：直，方，大；不习，无不利。
《象》曰：六二之动，直以为方也。"不习，无不利"，地道光也。

【今注】

习：学习。此处或指修习、营造。

【今译】

六二：平直，方正，广大；无所经营，亦无不利。

《象》曰：六二升位，形显为德。筮得此爻，不事经营而无所损害，是因为地蕴坤德，光照于外。

【今解】

坤为地，与天相对，这是其为卦的基本义与根本义。直、方、大，既状其形，亦述其德。朱子《周易本义》："柔顺正固，坤之直也。赋形有定，坤之方也。德合无疆，坤之大也。"有德如此，何患何虑？

六三：含章可贞；或从王事，无成有终。

《象》曰："含章可贞"，以时发也。"或从王事"，知光大也。

【今注】

章：文采，比喻德行与才能。

【今译】

六三：文采天赋，内敛于心。辅佐王者，功成不言。

《象》曰："含章可贞"，可随时显发。"或从王事"，王有所托，不负使命。

【今解】

六三为内卦之最上位，内在德能已有贞验。即使有更多的使命，亦能不负所托。

《坤卦》整体断占之词为"元亨"，可谓吉卦，爻辞自然也要体现这点。虽然与《象传》有所不同，但《乾卦》及其所体现的天道理论系统，总是像磁极一样存在并影响着一切。"无成有终"可见一斑："终"指向的是事件之终了，"成"则还包含事件的内容与意义。为什么"无成有终"？《文言》的解释是，"阴虽有美，含之以从王事，弗敢成也"。——地从属于天，坤从属于天，此其所以为顺也。

六四：括囊；无咎，无誉。

《象》曰："括囊，无咎"，慎不害也。

【今注】

括：捆扎。

囊：口袋。

【今译】

六四：扎紧口袋，不会受责备，也不会得表扬。

《象》曰："扎紧口袋，不会受责备"，意思是谨言慎行，自然免遭祸患。

【今解】

扎紧口袋是一种比喻，主要指谨言慎行。在这里，则又多了一层"贵柔守雌"的坤德教义。

六五：黄裳；元吉。

《象》曰："黄裳，元吉"，文在中也。

【今注】

裳：裙、裤。《诗经·邶风·绿衣》毛传："上曰衣，下曰裳。"

文：文饰。古人上衣长，常常遮蔽下衣，故有"文在中"之说。

【今译】

六五：黄裳；大吉。

《象》曰："黄裳，元吉"，文饰在内也。

【今解】

"黄裳"比喻人之美德在内。五为爻位之正，阴爻居之，而能谦逊低调，表示谨守坤德，是以曰吉。

上六：龙战于野，其血玄黄。

《象》曰："龙战于野"，其道穷也。

【今注】

龙：比喻处于最上爻位的人。

【今译】

上六：二龙野地交战，鲜血淋漓，玄黄混杂。

《象》曰："龙战于野"，是因为都已陷入穷途末路。

【今解】

在超出五之正位以后已无路可走，只能与"阳""龙"相争于野。失其正道，必陷横暴险境。象征意义则是，坤失其德而与天斗，如玄黄二色所暗示者——玄者天，黄者地。但这只是一种需要提防的可能性，因为，还有"用六"。

用六：利永贞。

《象》曰：用六，永贞，以大终也。

【今注】

大：动词，使……大的意思。

【今译】

用六：对于长时段的贞问，十分有利。

《象》曰："用六，永贞"，不只是对一卦之终占表示肯定，也是对天地周而复始之大化生命的礼赞祝福。

【今解】

"终"，是就坤而言。就乾之生物而言，则为成，大功告成也。这里的"大终"要与《乾卦》上九爻辞"群龙无首"和《乾卦·象传》的"天下平也"结合在一起，才可以获得完整深刻的理解。

《文言》：坤至柔而动也刚，至静而德方。后得主而有常，含万物而化光。坤道其顺乎，承天而时行。

【今注】

(从略)

【今译】

《文言》曰：以柔顺为德，但随乾而动，生机之发至柔而不失刚健；虽沉默静谧，但孕育生命随物赋形，各有定则。与乾相配，四时恒常；藏含万物，茁壮成长。地之道就是顺承于天，承天之施，一岁一成。

【今解】

动,从爻辞来说对应于"利牝马之贞"。马善走,牝能生,正与地之坤德相应。"得主有常"则是将其纳入"天施地生"的关系架构。在此架构里,《坤卦·象传》"顺承天"与"厚德载物"的思想得到呼应与拓展。

积善之家,必有余庆。积不善之家,必有余殃。臣弑其君,子弑其父,非一朝一夕之故,其所由来者渐矣,由辩之不早辩也。《易》曰:"履霜,坚冰至",盖言顺也。

【今注】

辩:当为"辨",辨别、观察、警觉。

顺:慎,古字二者相通。

【今译】

行善积德之家,不仅一代得天福佑,还能福及子孙。反之,则不仅其自身必遭报应,还将殃及后人。家国弑逆之祸,也是长时间的点滴积累所致,非一朝一夕能成。因此,要注意及时发觉、警惕。《易》言"履霜,坚冰至",说的就是谨慎小心,防微杜渐。

【今解】

《文言》既是对《象传》思想的进一步展开,自然也跟《象传》一样呈现出一种二元结构形式。前面是对天道理论的阐述,这里则开始对爻辞做诠释。一般情况是,能够阐发天道就阐发天道,能够用天道理论阐释爻辞及相关事项就用天道理论阐释,否则,则按照常识、经验或理性对爻辞进行解释。①

这里就是由霜之凝到冰之结,讲事物的发展与因果。

"直",其正也;"方",其义也。君子敬以直内,义以方外,敬义立而德不孤。"直、方、大,不习,无不利",则不疑其所行也。

---

① 所谓的义理派,这应该是最早的源头。至于天道理论作为《易传》主体,则不在此义理范围之内,当然,更不在所谓象数派之内。这点本书序言有所阐述。

《周易》义解

【今注】

德不孤：德性、德行为众人所肯定认可。

【今译】

直即正，方即义。君子效此坤德，以敬正己，以义责人，做到此二者，则可以获得他人的道德认可，就不会孤独。"直、方、大，不习，无不利"，就是说做到这些，其行事就不会有什么人怀疑了。

【今解】

"直、方、大"三词可说是对地之形、坤之德的描述，《文言》以"直"为正，以"方"为义，强调其道德性，（不言"大"，以致有人认为其属"衍文"。）[①] 并据以展开论述，提出对爻辞的解释。

阴虽有美，"含"之以从王事，弗敢成也。地道也，妻道也，臣道也，地道"无成"而代"有终"也。

【今注】

阴：指《坤卦》卦爻以及所象征之地、妻、臣等，与阳及其所象征的天、夫、君等相对。

【今译】

坤阴虽自有其美，但只是以此德能配合王者行事，而不敢自矜成功。这是因坤阴是大地之道而非上天之道，妻子之道而非丈夫之道，臣子之道而非君主之道。大地之道只是承天之施而含弘光大，虽遂行其实，却不能说是自己的成功。

【今解】

这讨论的是《坤卦》六三爻辞。

"地道'无成'而代'有终'"是重点，被纳入《象传》的天道理论系统进行解释。而这个天道理论系统，天是唯一中心。可能的原因之一是，古人的经验中，精子是可以观察到的实在，卵子却不是，因而将天与父作为生命

[①] 高亨：《周易大传今注》，第57页。

的根源。当天地被想象为父母"絪缊""媾精"而生化万物，天与地分别被从"施"与"受"加以功能定位时，其主从关系也就确定了。《通书·顺化》认为"天以阳生万物，以阴成万物"。这说明，阴阳所象之天与地只是 sky 与 earth，二者之上还有一个类似于 the Heaven 的天之存在。

这种以男性为中心的思想在古代各文明中其实是普遍现象。如亚里士多德就认为男人提供"因式"（种子），女人则仅贡献"质料"（土壤）。在著名的"四因说"里，"形式因"是事物本质属性的决定者。

天地变化，草木蕃。天地闭，贤人隐。《易》曰："括囊，无咎，无誉"，盖言谨也。

君子黄中通理，正位居体。美在其中，而畅于四支，发于事业，美之至也。

【今注】

蕃：茂盛。

贤人：才德之士。

【今译】

四时有节，则草木繁茂。社会失序，则贤人隐遁。《易》言"括囊，无咎，无誉"，说的是谨言慎行以避祸患。

君子美德内敛，通达事理，居于正位，举止得体。这正是德性光辉的外在体现，如果能够畅流于四肢，发越于现实事业，对社会和个人应该都是一种最为美好的理想状态。

【今解】

《小象》解六四爻辞只是就"括囊"而言"慎不害"，这里将视域延伸至社会，延伸至才德之士的作用发挥，从个人关系述及理想的社会状态。物尽其用，人尽其才，不只是一个社会层面的效率、正义的问题，也是一种生命存在的形态与境界。

阴疑于阳必"战"，为其兼于阳也，故称"龙"焉。犹未离其类也，故称

"血"焉。夫"玄黄"者，天地之杂也。（"用六永贞"者，）天玄而地黄。

【今注】

疑：拟，模仿、相比的意思。

血：属性为阴，表示其并非真正的属阳之龙。

【今译】

上六之阴爻，以其位于卦之极致，乃以阴而自比为阳，这是爻辞称其为"龙战于野"的原因。又因为其本质上仍属于阴性之物，所以以作为阴性之物的"血"指代之。"玄黄"，是天地混合之色。（"用六利于长久之贞"，）是因为天苍苍，地茫茫，地久天长。

【今解】

这里对上六爻辞的解释，主要是字面上的，但象数与义理结合得很好：上六之阴自拟于阳，失去顺之德，而与龙交战于野。

最后一句"天玄而地黄"，独立出来似乎更好，可将其视为对"用六：利永贞"的解释——"永贞"，就是天尊地卑，天玄而地黄。

上　经

屯第三

《序卦》：盈天地之间者唯万物，故受之以屯。屯者，盈也。屯者，万物之始生也。

《序卦》为《易传》一篇，孔颖达《周易正义》认为这是"孔子就上下二经，各序其相次之义"。但将其视为孔门后学之作，更为合理。文王所序之卦自然有其寄寓用心，但这很难从"相次"之线性关系中获得充分表达。《序卦》根据孔子《象传》《文言》的思想，在《乾》《坤》二卦即天地的统摄下试图赋予六十四卦一种整体性，这是其根本意义之所在。

郑玄"合《彖》《象》于经"，是基于阅读之便捷。李鼎祚将《序卦》拆分，置于上下经相应诸卦之前，则是彰显为这一系统的整体性与有机性。

屯，有多种含义，草木之初生、难、囤积等，这里所取之"盈"并不是作为卦名的合适义项，但却可以"盈天地之间唯万物"而与乾坤（"有天地，然后万物生"）相承接。取义随时，不可执着，《易》之要也。

䷂　屯：元亨，利贞。勿用有攸往，利建侯。

【今注】

屯：象草木之初生，从屮贯一。一为地，会意为草之根部向下，芽头上出。

攸：所，助词。有攸往，办事出门之类。

建侯：（天子）封侯建国。这里指安顿外部事物，建立秩序基础。

【今译】

屯：大大通顺，有利之贞。不宜外出省方巡狩，利于封侯建国。

【今解】

《屯卦》断占之词为"元亨，利贞"，可知其为吉卦，而非凶卦、险卦。"屯"字之义为草木初生，向下生根，向上冒头，象征的是生命不可遏制的生机。

"勿用"的提醒，是因为草创之时，稳定第一。巡狩省方之行，当在封侯建国之后。

《大象》曰：云雷，屯；君子以经纶。

【今注】

经纶：整理丝绪，编织成物，由此引申出治理及治理才华、能力诸义。

【今译】

《大象》曰：云上雷下，其卦为屯；于此卦象，君子当有所筹划（安顿天下）。

【今解】

震下坎上，震为雷，坎为水。因其在上，以云言之，而与天相勾连。雷霆雨露，皆为春风，青青芳草，破土而出。天生万物，植物是最直接的见证。以《屯卦》作为上经之始，与《乾》《坤》二卦相衔接，可见文王序卦的用心与寓意。

这既是自然，也是必然。

出土甲骨上即有干支纪年的完整刻画，如甲乙丙丁：甲是种子破壳而出，乙是萌芽向下扎根，丙是主干挺立卓然可见，丁是身气强实已然茁壮……正是以植物的生命次第表示时间的刻度，时空于是成为生命存在的形式。

可知早在文王之前，华夏先民已经朦胧意识到了这一切，初步建构了世界的生命性与统一性。文王将其纳入六十四卦的系统，将人的行为方式嵌入其间，这个自然生命的系统不仅更加完整，并由此获得了文本的形式，对生活和生命的影响塑造功能进一步加强，而其自身也在此互动中不断积累丰富。

《易传》就是孔子完成的伟大升华。《屯卦》承接《乾》《坤》，开启上下经卦，其原因和意义也应该由此理解。

《彖》曰："屯"，刚柔始交而难生。动乎险中，大亨贞。雷雨之动满盈，天造草昧。宜建侯而不宁。

【今注】

天造草昧：草，纷乱。昧，昏冥。上天在纷乱昏冥中创生世界。

宁：《尔雅·释宫》："门屏之间谓之宁。"《礼记·曲礼》"天子当宁而立"，注云："门内屏外，人君视朝所宁立处。"伫立之伫，由此衍生。《说文》："佇（伫），久立也，从人，从宁。"

【今译】

《彖传》曰："屯"，刚柔始接，万物初生，艰难不易。雷雨交加，终得大顺。雷电风雨幕天席地，大千世界即于此玄冥纷杂中肇始生成。筮得此卦，（天子）应封侯建国安定天下，而不是当宁而立，例行公事。

【今解】

以草之初生象征生命之始，进而将时间推至"天造草昧"的原点，提示天子之所当为。这像是解释，也像是论述，从卦辞到《大象》，从《大象》到《彖传》，意义也就由散乱而系统，整个系统由占卜而至文化、文明的转进亦由此蜕变完成。

《彖传》中的屯之为"难"，是"难生"之"难"，即生长之不易，是修饰动词的副词，而不是作为名词的"灾难"之"难"，即应读为 nán，而不是 nàn。《说文》的"屯，难也"基于屯之字形，应支持此解。王弼注《易》，以之为"险难"之"难"。陆德明、孔颖达注疏的"屯，难也"仍之，来知德《周易集注》亦如是。从《屯卦》之为吉卦，以及卦辞、彖传文字意义来看，非是。"宜建侯而不宁"的"宁"字，亦有多个义项，一般均作"安宁"解。

本文非之，理据同上。

《说卦》说"帝出乎震""万物出乎震"，就是以《屯卦》为起点。

初九：盘桓，利居贞，利建侯。
《象》曰：虽盘桓，志行正也。以贵下贱，大得民也。
六二：屯如邅如，乘马班如。匪寇，婚媾。女子贞不字，十年乃字。
《象》曰：六二之难，乘刚也。"十年乃字"，反常也。
六三：即鹿无虞，惟入于林中。君子几，不如舍；往，吝。
《象》曰："即鹿无虞"，以从禽也；君子舍之，"往吝"穷也。

【今注】

盘桓：曲折环绕，草之初生艰难生根之象。

屯如邅如：缓缓而行的样子。邅，音 zhān。

班：回还。

匪：同"非"。

字：女子出嫁、生子。

虞：忧虑。

【今译】

初九：曲折环绕，利于居住之类的占问，利于封侯建国。

《象》曰：虽然曲折环绕，志与行都很正当。（阳爻）以尊贵之身居于下贱之位，大得民心。（因此利于居住之类的占问，利于封侯建国。）

六二：屯如邅如，一对人马缓缓而行。不会是什么盗匪吧？不是不是，原来是要来谈婚论嫁。女子性刚，不愿答应，过了十年才嫁为人妻。

《象》曰：（为什么这样？）六二之爻居于刚位的缘故。"十年乃字"，确实有点反常。

六三：逐鹿无羔，只是鹿遁入丛林。君子迫近，不如放弃；强行竞逐，悔吝将生。

《象》曰："即鹿无虞"，只是跟在鹿的后面而已；君子放弃，以避免不测，可谓明智。

【今解】

《象传》爻辞与卦的用意，与孔子的《象传》思想属于不同的系统。《象传》的解释试图将其理性化，一个是根据事理逻辑，一个是根据卦爻关系，如卦德、卦象、爻位等关系。我们的解读也同样只能如此。

这里"马""鹿"等动物的引入与描写，只能以"盘桓"二字加以勾连。而盘桓又只能从草根之性去解释。

六四：乘马班如，求婚媾；往，吉，无不利。
《象》曰："求"而"往"，明也。
九五：屯其膏；小贞吉，大贞凶。
《象》曰："屯其膏"，施未光也。
上六：乘马班如，泣血涟如。
《象》曰："泣血涟如"，何可长也？

【今注】

屯其膏：屯，囤也。膏，肥肉，这里指财富资源。

【今译】

六四：列队乘马，其行虽缓慢迟疑，却是去谈婚论嫁；去吧，好事，没什么不利。

《象》曰：求什么，去哪里，都十分清楚。（所以"吉，无不利"。）

九五：把财富资源屯藏起来；筮得此爻，问小事还吉利，问大事就凶险了。

《象》曰："把财富资源屯藏起来"，就是不能与天下共享。

上六：马行缓缓，血泪涟涟。

《象》曰："血泪涟涟"，如何长久？

【今解】

九五是尊位。如果只是一家之主，"屯其膏"属于省吃俭用；如果是一国之君，"屯其膏"就属于损天下以独肥，家国难保了。

九五"屯其膏"，上六位已失，所以，"马行缓缓，血泪涟涟"，何可长也?

蒙第四

《序卦》：物生必蒙，故受之以《蒙》。蒙者，蒙也，物之稚也。

蒙，幼小之貌。或曰蒙者，萌也。《说文》："萌，草生芽也。"而以之为稚，则转入人生之蒙矣。由乾坤天地而屯，由草木始生之蒙而至人生之稚，天生万物，万物一体的观念自然融入其中。

☷ **蒙：亨。匪我求童蒙，童蒙求我。初筮告，再三渎，渎则不告。利贞。**

【今注】

渎：轻慢。

【今译】

蒙：顺通。不是我求无知的儿童，是童蒙来求我咨询。第一次占卜的结果告诉他，再三卜问，有点渎神，因此不再说了。筮得此卦，有利。

【今解】

《蒙》卦辞主要为"亨，利贞"。其余部分似为后来加入，符合占卜之书的流传特征。"我"与"童蒙"的关系设置，使得卦名"蒙"由一种植物转换为一个人物，爻辞即是以此为基础设置而展开。

《大象》：山下出泉，蒙；君子以果行育德。

【今注】

果行：行为果断。

【今译】

《大象》曰：高山下流出泉水，蒙；君子当从泉水汩汩奔涌有所领悟，注意行为果决以提升自己思维、性格和意志的品质。

【今解】

《蒙卦》艮上坎下，艮为山，坎为水。泉水出山意味着冲破阻遏，一往无前。这是《大象》对泉之始达的观感意象，所以得出"君子以果行育德"的启示。

王弼注云："山下出泉，未知所适，《蒙》之象也"，可说是《象传》之外对卦名的另一种解释，但与"果行育德"的勾连太过曲折。

《彖》曰："蒙"，山下有险，险而止，蒙。"蒙，亨"，以亨行时中也。"匪我求童蒙，童蒙求我"，志应也。"初筮告"，以刚中也；"再三渎，渎则不告"，渎蒙也。蒙以养正，圣功也。

【今注】

时中：随时而中。占卜童蒙能够遇险而止，即根据情况调整选择。

志应：本指九二之阳爻与六五之阴爻相应，这里指一为占卜者，一为问卜者，二人需求对口。

【今译】

《象传》曰："蒙"，高山下有险阻，遇险而止，蒙。"蒙，亨"，因其行走尚知"时中"之道。"不是我求蒙童，是蒙童来求我咨询"，二人心志相应，供需配套。"告知初次卜筮结果"，是因为九二爻有所决断；"再而三者不告"，因为已经有点渎神不敬，跟他说对他也显得不够尊重。从小就要涵养正道，培育纯正无邪的品质，以成就至圣目标。

【今解】

第一句"山下有险，险而止，蒙"是对卦名的解释：望山而行，不知有险，可谓懵懂如童蒙。知险而止，则孺子可教。这也是《蒙卦》基调为"亨""利贞"的原因。

《礼记·祭义》说"祭不欲数，数则烦，烦则不敬"，跟"再三渎，渎则不告"异曲同工，都强调对神灵要有敬畏之心。这应该是结论"蒙以养正，圣功也"之由来与依据。显然，这已经由卦辞的占卜语境跳脱而出，进入了儒家教育、人生哲学的领域，并且是以对天的信仰为基础。

初六：发蒙；利用刑人，用说桎梏。以往，吝。
《象》曰："利用刑人"，以正法也。
九二：包蒙，吉；纳妇，吉；子克家。
《象》曰："子克家"，刚柔接也。
六三：勿用取女：见金夫，不有躬，无攸利。
《象》曰："勿用取女"，行不顺也。

【今注】

刑：成也。《礼记·学记》："教之不刑，其此之由乎。"

说：同"脱"，脱离、解除。

桎梏：脚镣手铐，也指约束妨碍身心的各种因素。

克：能。

取：同"娶"。

【今译】

初六：启发童蒙；筮得此爻，有利于教育成人，脱离蒙昧的桎梏。如果占问出行之事，则不利。

《象》曰："利用刑人"，因为是以正确的方法培养教育人。

九二：包容童蒙，吉；娶妻，吉；生子也能承担家事，足胜其任。

《象》曰："生子能承担家事"，因为九二以刚居中，阴爻匹配而呈刚柔相济之局。

六三：筮得此爻，不宜娶女；女子主动求男，有失谦恭，不够有利。

《象》曰："勿用取女"，因为与强势女子结合，所行不顺。

【今解】

对"利用刑人"的解读方式比较多，以"成"解"刑"是一种新尝试。

爻辞与《小象》，与爻位关联较紧密，今译实难以表达，事实上这种关系本身也很难说清。正是为了解决这些问题，才有变卦之类的解法出现。本文以《象传》思想为中心，以天道-德义之《易》为定位，所以详略取舍有所侧重，诸君识之！

六四：困蒙，吝。

《象》曰："困蒙"之"吝"，独远实也。

六五：童蒙，吉。

《象》曰："童蒙"之"吉"，顺以巽也。

上九：击蒙，不利为寇，利御寇。

《象》曰：利用"御寇"，上下顺也。

【今注】

实：指阳爻。

顺以巽："顺"是心服，"巽"是貌恭。

【今译】

六四：蒙昧不得解，可惜。

《象》曰："困于蒙昧"，是因为距离有识之士太远。

六五：少年懵懂，吉。

《象》曰："少年懵懂之所以吉"，是因为不自作主张，听从大人安排。

上九：以激烈的方式启蒙少年，这种棍棒手段或许可以用于抵御贼寇，但去进攻则不合适。

《象》曰：这种手段有利于"抵御贼寇"，形成上下纪律秩序。

【今解】

对这里爻辞意义的解释，很多都是基于象数系统的知识，从略。

需第五

《序卦》：物稚不可不养也，故受之以《需》；需者，饮食之道也。

需，卦名。从《序卦》"饮食之道"的语境，可以看出是需求的意思。但《彖传》谓"需，须也"，等待之意。也许因为《序卦》是以卦之前后衔接系统整合为考量，《彖传》则是以卦爻辞文义为基础对卦爻辞进行解释。系统不同，付之两行可也。

☰ **需：有孚，光亨，贞吉。利涉大川。**

【今注】

孚：信也。

【今译】

需：有诚信，有光则亨通，吉利之贞。有利于涉水过河者。

【今解】

如果"需"为等待，则守时之信变得十分重要；而有信，且有光照，自然一路通畅，因此为吉利之贞。对于有涉水过河之事的人来说，尤其如此。

《大象》：云上于天，需；君子以饮食宴乐。

【今注】

宴乐：饮宴作乐。

【今译】

《大象》：云在天空汇聚，需；君子见此，与人之相聚亦当珍惜，饮宴为欢。

【今解】

云聚于天，说明云尚淡风亦轻，雨水必至而未至，静候可矣。君子于此，可以领悟万物有时，凡事有节，人之聚散亦复如此，从容应对，方为人生。

这是六十四卦中唯一的超政治与道德的纯粹人生论，难能可贵，也让人耳目一新。

《彖》曰："需"，须也。险在前也，刚健而不陷，其义不困穷矣。"需，有孚，光亨，贞吉"，位乎天位，以正中也。"利涉大川"，往有功也。

【今注】

需：需要。亦通"须"，等待。

天位：六爻自下往上排列，各有其位，谓之爻位。《周易乾凿度》将其与社会身份对应，"初为元士，二为大夫，三为三公，四为诸侯，五为天子，上为宗庙"。天位即天子之位,是爻之第五位。

【今译】

《彖传》曰:"需"即须,等待。险在前面,勇毅前行而不陷于险境,因为天道生生终则有始,从来就没有困穷之说。"需,有孚,光亨,贞吉",是因为五之尊位为阳爻所居,足以中正诸事诸物。"利涉大川",意思是筮得此卦,对将要出行涉水过河的人来说十分有利。

【今解】

《彖传》或阐发其天道理论,或解释卦辞,或以天道理论解释卦辞。这里就是以天道义理解释卦辞意义及逻辑。但本卦表达的似乎是一种人生感受,伦理义淡薄,美学义盎然深厚,可谓难能可贵。

初九:需于郊,利用恒,无咎。

《象》曰:"需于郊",不犯难行也;"利用恒,无咎",未失常也。

九二:需于沙,小有言,终吉。

《象》曰:"需于沙",衍在中也。虽"小有言",以终吉也。

九三:需于泥,致寇至。

《象》曰:"需于泥",灾在外也;自我"致寇",敬慎不败也。

【今注】

犯难:冒险。

衍:水流。

敬:谨慎、警惕之义。《尔雅·释名》:"敬,警也。"

【今译】

初九:在郊区等待,利于恒常之事,无所咎害。

《象》曰:"需于郊",就是在远处等待,不冒险行进;"利用恒,无咎",因为这一行为正是正常选择。

九二:在沙滩等待,小有非议,终于吉祥平安。

《象》曰:"需于沙",有水浸渍。虽然因此而"小有非议",但终于吉祥平安。

《周易》义解 59

九三：在泥沼中等待，招来贼寇。

《象》曰："需于泥"，灾祸在外部；自己招致贼寇，若能提高警惕、慎重应对，则不会落败。

【今解】

坎为水，亦为险。爻位自下往上，爻辞意义也以此为内容展开。也许，占卜者确是以此为据向问卜者断卦，提供行动咨询。爻辞与卦、爻及其象数关系勾连较紧，《小象》则基本是根据事理对卦爻辞进行意义和逻辑的疏通。从这个角度说，《小象》跟《彖传》风格一致，而与《大象》旨趣迥异。

由此似乎也可以推断，《彖传》的二元结构中，卦辞的解释与天道论述很可能不是同出一人之手。前者跟《小象》一样是历代术士的经验记录，后者则是夫子的借用、加工和点化。

六四：需于血，出自穴。

《象》曰："需于血"，顺以听也。

九五：需于酒食，贞吉。

《象》曰："酒食贞吉"，以中正也。

上六：入于穴，有不速之客三人来，敬之，终吉。

《象》曰："不速之客来，敬之，终吉"，虽不当位，未大失也。

【今注】

血：《周易正义》谓凡称血者，阴阳相伤也，如"龙战于野，其血玄黄"。六四之爻前后皆阳，且为坎之始，而《坎卦》有血、穴之象（《说卦》：坎为险，陷则为穴），凶险与危险，均是命中注定。

不速之客：不请自来的客人。速，邀请的意思。

【今译】

六四：在血泊中等待，从洞穴中逃离。

《象》曰："需于血"，只能顺以听命。

九五：等待酒食，贞得大吉。

《象》曰："酒食贞吉"，因居于大位，诸事亨通，饮宴稍等，无事之事，自然贞吉。

上六：进入洞穴，有不请自来的三位客人，恭敬对待，终是吉祥。

《象》曰："不速之客来，敬之，终吉"，是因为虽没安排合适的位子，但也做到了待之以礼，没有差池。

【今解】

六十四卦是一个系统，但首先是一个占卜的系统，在这个层面中，每一卦都受到同等重视。文王、孔子利用这个系统植入了自己的思想。三者分属不同层次，每个卦、每段象辞被赋予的意义也不同，构成系统的有机环节。换言之，并不是每个卦、每段象辞都有同等重要的思想意义。《乾》《坤》之外，《坎》《离》《否》《泰》《屯》《咸》《既济》《未济》在文王的系统中是核心支撑，《贲卦》《观卦》《复卦》等在孔子的系统中则被赋予特殊意义。

《需卦》显得游离在这两个系统之外。其实很正常，下面的《讼》《小畜》《噬嗑》诸卦等等，都是如此，因为占卜系统乃是基础存在。

讼第六

《序卦》：饮食必有讼，故受之以《讼》。

讼，争也。《礼记·礼运》："饮食男女，人之大欲存焉。"资源有限而人欲无穷，争讼于是难免。

䷅ 讼：有孚，窒惕，中吉，终凶。利见大人，不利涉大川。

【今注】

窒惕：约束、警惕。

【今译】

讼：讲诚信，自我约束、警惕，一直都还平安无事，但最终凶险。筮得此卦，有利于拜见大人，不利于涉水过河之类的冒险活动。

【今解】

人生多欲，有余尚能让，不足则必争，争则讼起，凶多吉少。官司进行中,有贵人出面协调当然好,故"利见大人"。冒险侥幸之举,则大大不利。

《大象》:天与水违行,讼;君子以作事谋始。
【今注】
作:开创。
【今译】
《大象》:天与水相背而行,讼;君子行事一开始就要全面筹划,以避免事情在进程中发生矛盾分化而不可收拾。
【今解】
天道西行,水流东注,始或相交,渐行渐远。在开创事业的时候,要有动态眼光和思维,注意事情的发展趋势。

《彖》曰:"讼",上刚下险,险而健,讼。"讼,有孚,窒惕,中吉",刚来而得中也;"终凶",讼不可成也;"利见大人",尚中正也;"不利涉大川",入于渊也。
【今注】
讼不可成:可有两解,一是官司不宜打到底,二是官司失败。
【今译】
《彖传》曰:构成《讼卦》的《乾》《坎》二卦,一刚一险,并且乾德刚健,争讼故不可避免。"讼,讲诚信,自我约束、警惕,可以维持一段平安",是因为二五之位阳爻中正;"最后陷入凶险",因为官司打下去不会有好结果;"利见大人",还是求中正;"不利涉大川",坎为渊为险,远之为宜。
【今解】
此卦德、卦象可谓凶险。凶险之时,中正可贵,而诚信在心,戒慎恐惧,或可逢凶化吉。

初六:不永所事,小有言,终吉。
《象》曰:"不永所事",讼不可长也;虽"小有言",其辩明也。

九二：**不克讼，归而逋。其邑人三百户，无眚。**

《象》曰："不克讼"，归逋，窜也；自下讼上，患至掇也。

六三：**食旧德，贞厉，终吉。或从王事，无成。**

《象》曰："食旧德"，从上吉也。

【今注】

逋：逃亡。

眚：音 shěng。灾异、过失。

掇：拾取。

【今译】

初六：不是所有的事都一干到底，虽难免议论，最终结果却还不错。

《象》曰："不永所事"，因为官司不宜打到底；虽不免口舌之争，但辩论还是清楚的。

九二：官司不利，逃回家。采邑有人家三百户，幸得免灾。

《象》曰："不克讼"，归逋，就是逃窜的意思。以下讼上，涉嫌冒犯，祸患自招。

六三：享受祖上余荫，贞占不利，最终能保平安。有时也参与政事，无所成就。

《象》曰："食旧德"，遵守祖训，可以保持平安。

【今解】

爻辞以爻位比喻人与事，一个诉讼故事次第展开。揲蓍成卦，或以卦占，或以爻占，卦辞、爻辞于焉以成，如何会形成一个貌似完整的故事？积累、加工、阐释，不可思议！

九四：**不克讼，复即命，渝。安贞，吉。**

《象》曰："复即命，渝"，安贞不失也。

九五：**讼，元吉。**

《象》曰："讼，元吉"，以中正也。

上九：**或锡之鞶带，终朝三褫之。**

《象》曰：以讼受服，亦不足敬也。

【今注】

渝：改变。

鞶带：皮制的大带，为古代官员的服饰。鞶，音 pán。

褫：音 chǐ。依法剥夺。

【今译】

九四：官司不顺，认命，改变主意。安贞得吉。

《象》曰："复即命，渝"，回归本心，保其吉祥。

九五：发起诉讼，大吉。

《象》曰："讼，元吉"，因为处于九五中正之位，无往不利。

上九：也许会获得鞶带的赏赐，但不待终朝即三遭褫夺。

《象》曰：因诉讼而受赏赐，难以叫人敬重。

【今解】

讼，意味着争。争端的解决不只是断之以律，也衡之以礼，体之以情。孔子说："听讼，吾犹人也。必也使无讼乎！"这里的爻辞以及《小象》的解释，也与此暗相契合。可见儒家传统之源远流长。

"需"的饮食之义源自《大象》，在卦爻辞中都是等待之义。因为适合串联《蒙》《讼》两卦，《序卦》从《大象》，旨在建构六十四卦联系的有机性。六十四卦作为占卜系统的整体性不言而喻，而文王、孔子的系统，则并不与六十四卦一一对应。当然，《序卦》的努力值得肯定。

师第七

《序卦》：讼必有众起，故受之以《师》；师者，众也。

两造相争谓之讼，两国相争谓之师。讼与师在事情上有相通处，故《序卦》于听讼之后，继之以师。

䷆ 师：贞。丈人吉，无咎。

【今注】

贞：正也。

丈人：《子夏易传》作"大人"，与"师"之军队义似更匹配。

【今译】

师：正。丈人吉祥，无所咎责。

【今解】

王弼注："丈人，严庄之称也。为师之正，丈人乃吉也。"（《周易注》）此道理成立，但丈人之解颇迂曲。李道平认为辅嗣曲解大人为丈人，"学不师古"，"违于经旨"，当据《子夏易传》改为"大人"。①

《大象》：**地中有水，师；君子以容民畜众。**

【今注】

畜：同"蓄"，养育。

【今译】

《大象》曰：地中有水，师。君子因此容纳百姓，蓄养民众。

【今解】

此卦上坤下坎，坤为地，坎为水。地中有水，渊潭之象，水聚而成之者。君子于此卦象，得悟容民蓄众之道。水不外于地，兵不外于民，容蓄之义大矣哉！

《彖》曰：**师，众也；贞，正也。能以众正，可以王矣。刚中而应，行险而顺，以此毒天下，而民从之，吉又何咎矣！**

【今注】

毒：养育、役使、荼毒多义，各注本互见。这里似以役使为佳。

【今译】

《彖传》曰：师，众也；贞，正也。能使众人正道而行，可以天下为王。

---

① 〔清〕李道平：《周易集解纂疏》，第128页。

《周易》义解

《师卦》九二之刚得六五之柔呼应，以《坎卦》之险开拔而至于坤顺之地。如此兴师动众，而百姓听命，自然为吉，何来咎责？

【今解】

《象传》以卦名、卦辞的解释为定位，既得勾连卦体、卦德及诸象数，又需理顺卦辞之叙事，还要寻求天道理论的阐发及相关价值观的应用，可谓不易。纯粹阐发天道的是《乾·象》，纯粹以象数解释卦辞的是《需·象》，其他基本都是位于二者之间。

把握这点，对于理解《象传》大有帮助。而理解了《象传》，则对整个《周易》"思过半矣"。

初六：师出以律，否臧，凶。

《象》曰："师出以律"，失律凶也。

九二：在师中，吉，无咎。王三锡命。

《象》曰："在师中，吉"，承天宠也；"王三锡命"，怀万邦也。

六三：师或舆尸，凶。

《象》曰："师或舆尸"，大无功也。

【今注】

否臧：同"臧否"。否为否定批评，臧为肯定称赞。

王三锡命：三命，对功臣的奖赏。《礼记·曲礼》载："一命受爵，再命受服，三命受车马。"

舆：车厢。这里作动词用，"以车装载"之义。

【今译】

初六：出师行军，纪律第一。不管肯定否定，妄加议论，都是违反纪律，（因此）有凶险！

《象》曰："师出以律"，臧否妄议，破坏纪律，所以为凶。

九二：居中军之位，吉祥，无所咎责。王厚加赏赐，希望能够成就王业。

《象》曰："在军队之中位，吉祥"，是因为得到上天眷顾；"王厚加赏赐"，是因为王嘉奖其功，希望将军能够招怀万邦。

六三：车载尸体行于队伍，凶。

《象》曰："车载尸体行于队伍"，因为战事不利，进退两难。

【今解】

纪律，建功，受挫，对应初六、九二、六三爻位之辞，正所谓胜败乃兵家之常事。

六四：师左次，无咎。

《象》曰："左次，无咎"，未失常也。

六五：田有禽，利执言，无咎。长子帅师，弟子舆尸，贞凶。

《象》曰："长子帅师"，以中行也；"弟子舆尸"，使不当也。

上六：大君有命，开国承家，小人勿用。

《象》曰："大君有命"，以正功也；"小人勿用"，必乱邦也。

【今注】

左次：退避宿营。古代尚右，右为前为进，左为后为退。

长子：指九二之爻，居中军之位者。按照变卦说，《师卦》系《复卦》初九升至九二而成，而震为长子。下文弟子之名亦由此而来。

开国承家：天子分封天下，诸侯建国，大夫立家，都是实土实封，作为天子王畿之屏藩保障。

【今译】

六四：军队主动退避宿营，无有咎责。

《象》曰："左次，无咎"，因为虽退不乱，未失正道。

六五：田地里有飞禽走兽，捕而获之，理直气壮，有利于确立道义形象，无所咎责。长子帅师出征，子弟载尸败归，贞必为凶。

《象》曰："长子帅师"，因九二居中军之位；"弟子舆尸"，长子之外还有弟子参与军政，令出多门，属于安排不当。

上六：天子分封，建国立家，不能任用小人。

《象》曰："大君有命"，是论功行赏；"小人勿用"，因为小人成事不足，败事有余。

【今解】

《杂卦》谓"比乐师忧",历代有各种解说和体会。其根本原因应为兵者本就是不祥之器,圣人不得已而用之。《周易》作为儒教圣典,自然如此定位该卦,哀矜不喜。

但既然不得已而用,就有"师出以律""长子帅师"的用兵原则,并且还有一个"执信"的问题,即出师的道义基础。

比第八

《序卦》:众必有所比,故受之以《比》;比者,比也。

"方以类聚,物以群分",群群之间,必然存在某种联系,且表现为一种围绕中心形成的秩序结构,道义、力量和情感在这里有机统一。比,靠近,包含亲和、辅佐诸义。

☷ **比:吉。原筮,元,永贞,无咎。不宁方来,后夫凶。**

【今注】

原筮:原,《尔雅·释言》:"原,再也。"原筮即再卜之筮。

元:开始。

不宁方来:不接受迟到诸侯的朝觐。

【今译】

比:吉祥之卦。再卜之筮,新的起始,永守初心,无所咎责。不接受刚到的朝觐者,迟到,凶。

【今解】

亲和、靠近、辅佐,政治秩序组织建构的色彩十分浓厚。"元","永贞","不宁方来"在这一基础上可以组成一个意义链条。《比·大象》的"建万国,亲诸侯"更是将这一时刻的政治主题一语道破。

如果说在《屯·彖》"宜建侯而不宁",将"不宁"释为"不接受诸侯朝觐"还属于孤证难立的话,那么这里可说是为之提供了从语词到语境的全面支持。毫无疑问，这也使得前文将《乾·彖》"万国咸宁"释为"万邦来朝"变得更加令人信服。

《大象》：地上有水，比；先王以建万国，亲诸侯。

【今注】

（从略）

【今译】

《大象》曰：地上有水，比。先王观此象，以《比卦》亲润之德封侯建国，亲近天下。

【今解】

《比卦》坤下坎上，坤为地，坎为水。水曰润下，滋润大地，故亲润为《比卦》之德。"比乐师忧"，亲比自然得乐，兴师难免为忧。

《彖》曰：比，吉也；比，辅也，下顺从也。"原筮，元，永贞，无咎"，以刚中也；"不宁方来"，上下应也；"后夫凶"，其道穷也。

【今注】

（从略）

【今译】

《彖传》曰：比，吉也；因为比为辅助，下属服从，诸事顺遂；"原筮，元，永贞，无咎"，因为阳爻居五之尊位；"不宁方来"，上下本该相互应和，（他）却姗姗来迟，违天失人，自然不被待见；"后夫凶"，诚意缺乏，很难走远。

【今解】

《国语·鲁语》："昔禹致群神于会稽之山，防风氏后至，禹杀而戮之。"高亨以此与"不宁方来"对比，视为同类，可谓有见。但是，对作为迟到的"方来"与"不宁"是什么关系这一更重要的问题，高氏没有深思，甚至在已意识到迟到的来人乃是前来朝觐的时候，仍然以"不宁"之"宁"作为安宁之"宁",将"不宁"解为"不宁之国",可惜可叹![1]

初六：有孚比之，无咎；有孚盈缶，终来有它，吉。

《象》曰：《比》之初六，"有它吉"也。

六二：比之自内，贞，吉。

《象》曰："比之自内"，不自失也。

六三：比之匪人。

《象》曰："比之匪人"，不亦伤乎？

【今注】

盈缶：水罐盛满水。缶，陶制水罐。

【今译】

初六：真心来归附，虽然道阻且长，无所咎责；如果诚意满满，即使迟到，也能获得厚赐，吉。

《象》曰：《比卦》的初六爻，(距离最远，却因诚意满满，)独享厚赐。

六二：从内部亲比，既正且吉。

《象》曰："比之自内"，尽其本分。

六三：亲比非其人。

《象》曰："比之匪人"，不是很可悲的事吗？

【今解】

比的本义是并列，引申出接近、辅佐等义项。这里是以接近、辅佐为主要意涵，因此就有一个比的行为主体与比的对象客体之区分。二者之中，比之目标对象才是真正的主体，那就是九五之爻。

明乎此，则爻辞内容就很好理解了。初六距离最远，因而诚意可感，即使迟到也不影响赏赐；六二之中位，本就与九五相应；六三向上，离开内卦中位，却又与九五相隔，于是而受伤。

---

[1] 高亨：《周易大传今注》，第93页。

六四：外比之，贞，吉。

《象》曰："外比"于贤，以从上也。

九五：显比，王用三驱，失前禽，邑人不诫，吉。

《象》曰："显比"之吉，位正中也；舍逆取顺，"失前禽"也；"邑人不诫"，上使中也。

上六：比之无首，凶。

《象》曰："比之无首"，无所终也。

【今注】

显比："显"为明显，地位高贵，有影响力，存在感强。显比，即比之显者，指九五爻，为诸爻所欲亲比之对象、中心。

邑人不诫：即不诫邑人。诫，训诫、警敕。

【今译】

六四：向上亲比，正当，吉祥。

《象》曰："外比"于贤者，指跟随九五上位之主。

九五：王乃比之显者，以三面合围之制狩猎，没有擒获冲在前面的飞禽，却不斥责跟随的邑人，吉利。

《象》曰："显比"之所以大吉，因为居于中正之位；因为遵守古制，不从正面射杀，只从后面弋取，所以"失前禽"；"邑人不诫"，因为他们是按照君主指令行事。

上六：比无可比，凶险。

《象》曰："比之无首"，不知所终，故凶。

【今解】

整个《比卦》都是以比为行为内容，吉凶悔吝则以爻位而定，其解释则向事理、人情延伸。只有九五，作为诸爻所亲比的对象，爻辞叙述的是一个狩猎故事：三驱合围，网开一面，不仅遵循古制，显现好生仁德，而且指挥邑人参与……君主的亲民形象也就此得到确立。"建万国，亲诸侯"，文武之道，成周之治，良有以也。

小畜第九

《序卦》：比必有所畜，故受之以《小畜》。

上下亲比，有所积累，所谓畜也；这是事理。从卦体来说，《小畜》一阴爻为卦之主，居于四位，四位为阴，此其为小也。再从卦象来说，风在天上，若有若无，亦只能以小言矣。

☰ **小畜：亨。密云不雨，自我西郊。**

【今注】

畜：同"蓄"，有蓄聚、蓄养、蓄止诸义。

【今译】

小畜：通顺。云聚虽密，却不见雨点落下，还是自遥远的西郊而来。

【今解】

有的卦辞令人费解，但也是一种类型，就是很难与卦体、卦德等相勾连。这一特点应该与《周易》作为占卜之书是在长期、多人的运用过程中积累成形有关。

《大象》：风行天上，小畜；君子以懿文德。

【今注】

懿：美也。这里是美化的意思。

【今译】

《大象》：风行天上，小畜；君子观此，当进一步修美文德教化。

【今解】

君子之德风，小人之德草，风行草偃，比喻以德化民。但风行高天，密云不雨，可见难成其化。所以，君子于此象，当自加反省，进一步涵养提升自己的美德（以广布德泽，教化民众）。

《彖》曰："小畜"，柔得位而上下应之，曰小畜；健而巽，刚中而志行，乃亨；"密云不雨"，尚往也；"自我西郊"，施未行也。

【今注】

尚：同"上"。

施：施布，如云行雨施。

【今译】

《彖传》曰：该卦阴爻在适当位置，上下诸阳爻均与之相应，故名小畜；内卦乾，其德刚健，外卦巽，其德柔顺，阳居中位，进取有为而志在必得，故亨通；"密云不雨"，风吹还向上；"自我西郊"，德泽尚未施布。

【今解】

此卦以卦体、卦德释卦名、卦辞。

初九：复自道，何其咎？吉。

《象》曰："复自道"，其义吉也。

九二：牵复，吉。

《象》曰："牵复"在中，亦不自失也。

九三：舆说辐，夫妻反目。

《象》曰："夫妻反目"，不能正室也。

【今注】

牵：牵引，牵连。

舆说辐：舆，车厢。说，同"脱"。辐，车轮辐条。

【今译】

初九：复行其道，何来咎责？吉。

《象》曰："复其道"，其义当吉。

九二：被牵连复返上行之道，吉。

《象》曰：继续上复其道而居中位，没有自我迷失。

九三：车架脱离车轮，夫妻各行其是，分道扬镳。

《象》曰："夫妻反目"，夫权不济，无法管理家室。

【今解】

乾德刚健，终则有始，其行为复。初九、九二携手并进，九三因处内卦之巅，而外卦初爻为阴，故不得其复。爻辞"舆说辐"，象征出现分歧。

六四：有孚，血去惕出，无咎。
《象》曰："有孚惕出"，上合志也。
九五：有孚挛如，富以其邻。
《象》曰："有孚挛如"，不独富也。
上九：既雨既处，尚德载；妇贞，厉；月几望，君子征凶。
《象》曰："既雨既处"，德积载也；"君子征凶"，有所疑也。

【今注】

血：同"恤"，忧虑。

挛如：捆绑得很紧的样子。

处：隐退。

载：成也。

疑：拟也。

【今译】

六四：获得信任，出离忧惧，无所咎责。

《象》曰："有孚惕出"，以柔顺之德与上之九五同其志意，（故得无咎。）

九五：深获信任，自然不负所望，造福一方。

《象》曰："有孚挛如"，不独享其财（既是深获信任的结果，也是其原因）。

上九：雨已下，天又晴，上天之德已成；女子筮得此爻，凶险；月既望，君子出门，凶多吉少。

《象》曰："既雨既处"，天德已积而成功；"君子征凶"，上九已是穷极处，自然不宜多动。

【今解】

六四乃唯一阴爻，虽为一卦之主，但仍需戒慎恐惧，方能免于咎责。

据《坤·文言》，"地道无成"，其所含弘光大，乃是承天之施。所以，上九爻辞虽美，但妇贞为厉。

君子征亦凶，上九已过五之正位，不宜再做图谋，思出其位属于定位错误，自是凶多吉少。

履第十

《序卦》：**物畜然后有礼，故受之以《履》；履者，礼也。**

儒家政治，"先饮食而后教诲"。物既小蓄，礼教随之。

☰ 履：（履）**虎尾，不咥人，亨。**

【今注】

咥：音 dié。噬咬。

【今译】

履：踩到虎尾，未遭撕咬，大运亨通。

【今解】

自天佑之，吉无不利！

《大象》：**上天下泽，履；君子以辩上下，定民志。**

【今注】

履：《序卦》谓"履者，礼也"。本义为鞋，引申为踩、踏。

辩：同"辨"，分辨区别。

【今译】

《大象》：天在上，泽在下，履；君子观此象，当分辨确立上下秩序，正定涵泳民之情志。

【今解】

上天下泽，物之固然。礼者天地之序，名分于是以定，民之情志亦由此而得约束范导，归之于正。

《象》曰：履，柔履刚也，说而应乎乾，是以"（履）虎尾，不咥人，亨"。刚中正，履帝位而不疚，光明也。

【今注】

说：同"悦"。

【今译】

《象传》曰：履卦，内卦柔履刚，心愉悦而与乾相呼应，因此虽然踩到老虎尾巴也未被啮咬，仍为亨通之占。外卦阳爻居帝位，坦坦荡荡，正大光明。

【今解】

以卦德释卦名、卦辞。内卦为兑，一阴位于二阳之上，所谓柔履刚也。其象为泽，其德为悦，应乎其上之乾，得天之佑，有惊无险，这就是"（履）虎尾，不咥人"之顺利吧。

刚居五位，有九五之尊，自可称孤道寡，巍然焕然，正大光明也。

初九：素履，往，无咎。

《象》曰："素履之往"，独行愿也。

九二：履道坦坦，幽人贞吉。

《象》曰："幽人贞吉"，中不自乱也。

六三：眇能视，跛能履。履虎尾，咥人，凶；武人为于大君。

《象》曰："眇能视"，不足以有明也；"跛能履"，不足以与行也；"咥人之凶"，位不当也；武人为于大君，志刚也。

【今注】

素履：没有纹饰的鞋子。

眇：独眼。

【今译】

初九：穿朴素的鞋子出门，无有咎责。

《象》曰："素履上路"，但行所愿。

九二：大路平坦，眼神不好使的，占得此爻，吉利。

《象》曰："眼神不好使的占得吉利"，因为道路平坦，只要内心目标坚定即可到达，故为吉占。

六三：一只眼也能看，一条腿也能行。踩到老虎尾巴被咬，凶；武人欲登大位。

《象》曰："一只眼能看"，并不意味着能看清一切；"一条腿能行"，也不表明即可相伴远行；"遭遇虎噬之险"，是因为处位不当；"武人欲登大位"，太过雄心勃勃。

【今解】

"眇能视，不足以有明也；跛能履，不足以与行也"，善意提醒，充满智慧，永不过时。

九四：履虎尾，愬愬，终吉。

《象》曰："愬愬终吉"，志行也。

九五：夬履，贞厉。

《象》曰："夬履贞厉"，位正当也。

上九：视履考祥，其旋元吉。

《象》曰："元吉"在上，大有庆也。

【今注】

愬愬：小心恐惧的样子。

夬：音 guài。决断之意。

旋：回旋，转身。

【今译】

九四：踩到虎尾，恐惧小心，最终得吉。

《象》曰："恐惧小心，最终得吉"，因为内心坚定。

九五：果决前行，占卜显示结果为凶险。

《象》曰："夬履贞厉"，居于九五尊位，不得不如此决断，险不可避。

上九：检视所行之迹，评估祸福得失，知所转圜，大吉。

《象》曰："元吉"在上，就是大可庆贺也。

【今解】

《尔雅·释言》："履，礼也。"可能因为鞋可"饰足"。鞋，"草曰扉，麻曰屦，皮曰履"。《履卦》之履，《大象》《序卦》中的礼之义，在卦辞、爻辞中回归为鞋与踩踏之本义。

因为爻有六位，自下而上，如果是一个有机的叙事，则便于与这一结构进行勾连，呈现更多的时空环境，从而为占卜者打开更大阐释空间。也正是因为作为占卜之书，不可能是成于一时或一人之手，各种牵强矛盾难以避免。"变卦""互体"之类诠释方法或许可以使卦爻辞字面意义得到疏通，但不仅意义不大，而且将卦辞意义封闭内卷，与本书《易传》主导的写作思路相悖，故不予考虑。

例如九五爻辞，《小象》"夬履贞厉，位正当也"，"贞厉"与"位正当"就很难解释。以上勉强牵合化解，并不具有多少说服力，还望诸君见谅。

泰第十一

《序卦》：**履而泰，然后安，故受之以《泰》；泰者，通也。**

《礼记·坊记》："礼者，因人之情而为之节文，以为民坊者也。"所以，礼然后泰。但完成这一由《履》而《泰》的蒙太奇衔接后，《序卦》又补充一句"泰者，通也"，由人情之安顿，转换成为天地之交通。乾知大始，坤作成物，就是以天地之交通为内容，而万物之生，《易》之所以立，也以此为基础。

☷☰ **泰：小往大来，吉，亨。**

【今注】

（从略）

【今译】

泰：小往大来，吉祥，亨通。

【今解】

坤为地，乾为天；天在上，地在下，所谓天尊地卑，就如《履·大象》所说，"上天下泽，履；君子以辩上下，定民志"。为什么这里乾坤颠倒，卦辞却是"小往大来"？《泰·大象》提供了求解钥匙。小者坤，大者乾；小者往，就是《坤卦》的位置由内变成了外、由下变成了上，大者来，就是《乾卦》的位置由外变成了内、由上变成了下，一来一往就是天地交，就是泰。于是才有"云行雨施"，才有"含弘光大"，才有元亨利贞，才有甲乙丙丁，才有"屯"的"天造草昧"。

《大象》：天地交，泰；后以裁成天地之道，辅相天地之宜，以左右民。

【今注】

后：君主、诸侯。

裁：裁度以成。

左右：犹"佐佑"，帮助、支持。

【今译】

《大象》：天地相交，泰；君主当法天地之德，因时因地制宜，裁为物用，佐佑万民。

【今解】

"天地絪缊"，"万物化醇"。君主悟此生生之德而效法之，则当因时因地制宜，裁为物用，佐佑万民。

天生、地长、人成，乃是天地人三才在乾父坤母的世界图景中，在生生不息的大化流行中各安其位、各司其命。董仲舒言"天地人，万物之本。天生之，地养之，人成之"。故天地人有各自的使命与位置，即生之、养之、成之。如果说天生、地长的思想在六十四卦中已经得到充分彰显，那么人成的思想则是在《易传》才逐步发展起来。它们主要体现在《彖传》《文言》以及《贲卦》《鼎卦》《观卦》等文字之中，而《泰卦》之《大象》则可以说是最初的萌芽。

《彖》曰："泰，小往大来，吉，亨"，则是天地交而万物通也，上下交而其志同也。内阳而外阴，内健而外顺。内君子而外小人，君子道长，小人道消也。

【今注】

（从略）

【今译】

《彖传》曰："泰，小往大来，吉，亨"，这是说天地交合而万物条畅抒发，君臣上下交流而意志协同。内卦为乾为阳，外卦为坤为阴，乾德刚健，坤德柔顺。阳象君子，阴象小人，君子之道日渐生长，小人之道日渐消退。

【今解】

《乾》《坤》内外卦位交换，意味着"天地絪缊""男女构精"，于是而有四时之行、百物之生。此交为通，通则有生。《彖辞》这里既像是解释，更像是阐发，因为单纯从"小往大来"四个字是得不出这些结论的。但是，从《乾》《坤》之为首，《泰》《否》之为天地之通与闭，还有《坎》《离》之为《既济》《未济》终篇，这一切又是那么贴切自然：前者为后者奠定基础，后者为前者点染义蕴精神。《易经》与《易传》，文王之文与孔子之文，从自然生命的世界到精神生命的世界，圣贤事业就这样一脉相承。

初九：拔茅茹，以其汇；征吉。

《象》曰："拔茅征吉"，志在外也。

九二：包荒，用冯河，不遐遗朋，亡；得尚于中行。

《象》曰："包荒得尚于中行"，以光大也。

九三：无平不陂，无往不复；艰贞，无咎；勿恤，其孚，于食有福。

《象》曰："无往不复"，天地际也。

【今注】

茹：这里指茅草之根。

汇：类也。

包荒：大葫芦。包，假借为"匏"。荒，大也。帛书《周易》"包"作

"枹",可见"包"不应作动词解为包容。

冯河:冯,通"凭",音 píng。冯河,即涉水以渡。

恤:忧虑。

【今译】

初九:拔出茅草连着根,因为长在一起;占问行军打仗,吉。

《象》曰:"拔茅征吉",二者都是志存高远有所作为。

九二:抱着葫芦渡河,不忍遗弃朋友而与之共渡,不幸而亡;这也算是死得其所了。

《象》曰:"包荒得尚于中行",精神可嘉,有利群体凝聚而壮大。

九三:有平地即有坡坎,无所往岂能有所复?问事之艰难,无咎;不要担忧,诚信以待,必有后福。

《象》曰:"无往不复",日月之行,周而复始,天地相接,亦复如是。

【今解】

茅草丛生植物,拔一根出一串,根相牵连,故利于结阵行军。一个葫芦渡两人而遭遇不测,其情可嘉,其智可叹。帛书《周易》为"不遐遗,弗亡",叫人庆幸,也更合乎情理,因为后面一句是肯定性的"得尚于中行",即行为符合中正之道。

六四:翩翩不富以其邻;不戒,以孚。

《象》曰:"翩翩不富",皆失实也;"不戒以孚",中心愿也。

六五:帝乙归妹,以祉元吉。

《象》曰:"以祉元吉",中以行愿也。

上六:城复于隍,勿用师,自邑告命,贞吝。

《象》曰:"城复于隍",其命乱也。

【今注】

复:同"覆",倾倒。

隍:护城河渠。

【今译】

六四：来去翩翩，不与桑梓同致富；亦无所戒备，信心满满。

《象》曰："翩翩不富"，终将无所依靠；"不戒以孚"，本心如此，无怨无悔。

六五：帝乙嫁女，谋其福祉，大吉大利。

《象》曰："以祉元吉"，是居正位而行正事，得遂所愿。

上六：城墙倒塌在护城河，不动军队，从自己采邑调用资源解决，筮得此爻，将有不利之事。

《象》曰："城复于隍"，表明已是权力失序，政令不通。

【今解】

《泰卦》卦辞基于卦象，是天地之象的位置互换。《彖传》揭示强化或注入其交合化生之义，可视为其天道论述的自然展开。此外，又向交流之义延伸，"上下交而其志同"，进而由内阳外阴而得出"君子道长，小人道消"的结论，既像描述，又像提醒警示。爻辞则将重心转向人与人的关系，暗含对这种联系之稳定性、有序性的肯定。这些价值原则在作为爻占判断依据发挥作用的同时，对社会也发生影响。

否第十二

《序卦》：物不可以终通，故受之以《否》。

物极必反。"否"是相对"泰"而言，泰为通，则否为通之反，但并不意味着对往来不穷的否定。所以，不妨将其理解为生生不息、终则有始之过程中一种阶段性休歇状态。

☷ **（否）：否之匪人，不利君子贞；大往小来。**

【今注】

否：闭塞。《释文》：否，闭也，塞也。

【今译】

否：不该被闭塞的人被闭塞，占得此卦，对于君子很不利；大人远走，小人汇集。

【今解】

从《泰卦》看，《否卦》可说是乾坤位置颠倒。上天下地，其实是天地自然状态，但天生地长，乾坤二象交而通之，才能绸缊、媾精。《泰卦》正是基于这一天道理论，但《否卦》却不是这样：大往小来之大小，转换成了大人与小人。

《诗》无达诂，《易》无达占，《春秋》无达辞。移步换景，取义随时，有得于心，斯可也矣。

《大象》：天地不交，否；君子以俭德辟难，不可荣以禄。

【今注】

俭德：俭约之德，如谨言慎行、清心寡欲之类。

【今译】

《大象》：天地不交，否；于此闭塞之时，君子当以俭德自处避难保身，不可追名逐利招致危险。

【今解】

天地不交在这里不再只是天地自身的事，还意味着不正常的时局，对于君子来说自然非常不利。明智的选择就是谨言慎行、寡欲清心，如果仍然奋发亢进，很可能导致危险。这跟《论语·泰伯》说用行舍藏，"有道则见，无道则隐"的道理或主张是一样的。

《彖》曰："否之匪人，不利君子贞；大往小来"，则是天地不交而万物不通也，上下不交而天下无邦也。内阴而外阳，内柔而外刚，内小人而外君子，小人道长，君子道消也。

【今注】

（从略）

《周易》义解

【今译】

《彖传》曰:"否之匪人,不利君子贞,大往小来",讲的是天地不交而万物不通。天子与诸侯、诸侯与大夫不能正常交往,也就没有了邦国、公家,天下也就不再成其为天下了。这是因为内轻外重、干弱枝强,小人居中枢,君子失其位,总而言之是小人道长、君子道消啊!

【今解】

阴阳、刚柔、小人与君子都以阴爻阳爻为象征,内外、消长等则是以内卦外卦为基础。跟《大象》一样,这里的"天地不交而万物不通"已经不是在天道理论意义上的言说,而是以万物为中心,在现实层面上讲人与人交流管道不通,正常秩序被破坏的情形。将其概括为"小人道长,君子道消",则作者的观点立场也就得到了清晰表达。

初六:拔茅茹,以其汇;贞吉,亨。
《象》曰:"拔茅贞吉",志在君也。
六二:包承,小人吉,大人否,亨。
《象》曰:"大人否,亨",不乱群也。
六三:包羞。
《象》曰:"包羞",位不当也。

【今注】

包:这里作动词包裹、包容解。

承:顺也。

羞:羞辱。

【今译】

初六:拔出茅草连着根,因为长在一起;吉利之占,亨通。

《象》曰:"拔茅贞吉",因为是向上奔向君主。

六二:包容顺承闭塞之时局,小人得利,君子则否,亨通。

《象》曰:"大人否,亨",是因为君子虽所行不顺,但不会妨碍群体凝聚。

六三：为包容闭塞之时局而蒙羞。

《象》曰："包羞"，不在其位，难免有此羞辱。

【今解】

包、苞、枹，古可通。比较诸家注释，感觉作动词包裹、包容解，这里才能勉强说得通。也许其中文本本就有缺失，奈何。

九四：有命，无咎，畴离祉。

《象》曰："有命无咎"，志行也。

九五：休否，大人吉；其亡其亡，系于苞桑。

《象》曰："大人之吉"，位正当也。

上九：倾否，先否后喜。

《象》曰：**否终则倾，何可长也。**

【今注】

命：命者，天赋予人者也，指德行、才具以及福禄寿夭等。

休：止息。

苞桑：大桑树。

【今译】

九四：有命在天，则无灾祸，众人依附，亦蒙其福。

《象》曰："有命无咎"，志愿得以实行。

九五：闭塞之时，知所止息，大人筮得此爻，吉利；会有什么厄运么？常怀忧惧，则家国之固，树大根深。

《象》曰："大人之吉"，因为九五之位中正高贵。

上九：闭塞终将结束，否极泰来，先忧后喜。

《象》曰：闭塞的结果就是崩塌，长此以往，伊于胡底？

【今解】

否作为天地不通的闭塞状态，对万物来说意味着一种反常的处境。小人道长，君子道消，是六十四卦中真正的艰难时刻。但是，在天地大生命生生不息的过程中，这也只是一种暂时的休歇，物极必反，也意味着必将否极泰

《周易》义解　85

来。心永远憧憬着未来，生命终将繁荣生长。

同人第十三

《序卦》：物不可终否，故受之以《同人》。

天地不通，上下不交，长此以往，世界崩塌。所以，必须重建联系和秩序，聚合众人。"同人"在《序卦》中被解为"与人同"。同，在相同之外，还有合会、和同诸义。参酌用于爻辞解说，不仅文字更通顺，意义也更准确。

☰ **（同人）：同人于野，亨。利涉大川，利君子贞。**

【今注】

同：聚合。

野：都城曰国，国之外曰郊，郊之外曰野。

【今译】

同人：聚众于郊野之地，亨通。利于涉水渡河，利于君子占卜问事。

【今解】

人多力量大，人群被有效组织，对于打仗、渡河显然都属于亨通之象。君子承担公共事务，如有占问，自是吉祥。

《大象》：天与火，同人；君子以类族辨物。

【今注】

与：交往、交好。

类：动词，进行分类之意。

【今译】

《大象》：天与火，同人；君子观此象，当区分族群，辨别庶物，以成之为有机整体。

【今解】

从某种意义说，六爻卦都是由两种物象组合而成之画面。《同人卦》离下乾上，离为火，乾为天，火曰炎上，与天相与相即，画面生动。火的另一属性是热和光，"类族辨物"，显然是从光照得到启示和支持。

聚而同之，以类族辨物为前提，分而后能合、能和。物之不齐物之情，只有在正视差异、建立相应规则和秩序的基础上，同才是可能的，才是有意义的。

《彖》曰：同人，柔得位得中，而应乎乾，曰"同人"。《同人》曰："同人于野，亨。利涉大川"，乾行也。文明以健，中正而应，君子正也。唯君子为能通天下之志。

【今注】

（从略）

【今译】

《彖传》曰：《同人》卦，离下乾上，阴爻六二为一卦之主，可谓柔顺而居于正位，正与九五阳爻相应，卦之以此得名。《同人》说："同人于野，亨。利涉大川"，是说乾德刚健，一往无前，对于占问出行之事自然有利。离为火，火发光，光照一切；加上乾之刚健有为，阴爻六二阳爻九五中正相应，君子当领悟天命，成己成物。通天下之志，遂万物之情，而上同于天，是君子的使命。

【今解】

此《彖传》以卦体释卦名、卦辞，结合卦名，以卦德阐述天道理论及其落实。君子是联系卦辞、《大象》和《彖传》的关键词，实际它也是爻辞的主角。

这里值得关注的是以文明称《离卦》或表《离卦》之德。离为火，火光照物，物得光照以明，这是就物而言。从《离卦》自身来说，其为文明，是内之所蕴显现于外，光之为光源于火，火之为火则基于德，而德禀于天。于此，可以获得对《乾·彖传》"大明终始，六位时成"的深彻理解。而"天命之谓性，率性之谓道"，也可以视为对该思路的另一角度阐释。如果说有一分热发一分光是成己的话，那么光照他人与万物就是成人成物了。成人成物，就是在成己的基础上，通天下之志，遂万物之情。所谓大同，其此之谓也欤！

《易传》的思想特质相对于《易经》，是世界图景之精神、意志和伦理品格的呈现。如果说《乾》《坤》已经对天生万物做出了系统阐述，那么，从《同人》开始，随着三画卦《离》的出现，其所取之火象，因其光照的特征而被赋予文明的属性——天道理论向人之生活生命的论述就此展开。

《新约·约翰福音》说："万物是借着他造的；凡被造的，没有一样不是借着他造的。生命在他里头，这生命就是人的光。"以此参照，或可加深对离之火的理解。

初九：同人于门，无咎。

《象》曰："出门同人"，又谁咎也。

六二：同人于宗，吝。

《象》曰："同人于宗"，吝道也。

九三：伏戎于莽，升其高陵，三岁不兴。

《象》曰："伏戎于莽"，敌刚也；"三岁不兴"，安行也。

【今注】

门：宫廷之门。

宗：宗庙。

戎：部队。

【今译】

初九：与人聚于宫门之外，无所咎责。

《象》曰："出门与人相聚"，谁能指责？

六二：与人聚于宗庙，有点麻烦。

《象》曰："与人聚于宗庙"，会后悔。（宗庙为族人祭祖之地，人不宜杂。）

九三：潜伏于草丛，转移至高地，一直不敢下令出击。

《象》曰："伏戎于莽"，因为敌人太强大；"三岁不兴"，当以保存有生力量为第一。

【今解】

"同人于宗，吝"，另一种解释是与同族聚于祖庙，搞小团体而致悔吝。

可以明确的是，《周易》里的君子主要是指有身份地位的贵族。它与道德不是矛盾反对关系，相反，道德是其目标要求。而且，这种道德不是伦理原则，而是天命之性，是天德。

指出这点，很有必要。

九四：乘其墉，弗克攻，吉。

《象》曰："乘其墉"，义弗克也；其吉，则困而反则也。

九五：同人，先号咷而后笑，大师克相遇。

《象》曰："同人之先"，以中直也；"大师相遇"，言相克也。

上九：同人于郊，无悔。

《象》曰："同人于郊"，志未得也。

【今注】

乘：升也，登。

墉：城墙。

咷：音 táo。哭喊。

【今译】

九四：登上敌方城墙，但最终没将其拿下，吉。（知难而退，不失明智。）

《象》曰："登上敌方城墙"，发现此战不义，主动撤回；吉，是因为反省自己的不义而迷途知返。

九五：队伍先哭后笑，与友军会师。

《象》曰："能够笑到最后"，因为行为正直；"两军会师"，因为各自都战胜了自己的敌人。

上九：聚人于郊外，也没什么后悔。

《象》曰："聚人于郊"外，（而不是敌方城内，）最初目标没有达到。

【今解】

《大象》的"类族辨物"，与《彖传》的"通天下之志"，构成《同人》的基本结构。《爻辞》与《小象》则可视为这一结构的内容或体现形式。

合众同方，聚之以礼，聚之以义，则是基本原则。

大有第十四

《序卦》：与人同者，物必归焉，故受之以《大有》。

顺人之情，同其哀乐，人亦与同之，而天下归焉。人聚财富，事遂功成，可谓大有。

☲ **大有：元亨。**

【今注】

（从略）

【今译】

大有：大为亨通。

【今解】

《大有卦》卦辞在六十四卦中最简，比《乾卦》的四字还少一半。但可以对"元亨利贞"做更多的阐释发挥，如四德、四季等等，"元亨"二字，却难以为继，反衬出《乾》之地位确实特殊。或谓"大有"二字当重，意即"大有"二字既作卦名，亦兼卦辞。

其卦乾下离上，乾健离明，艳阳高照，天清气爽，岂不"元亨"？

《大象》：火在天上，大有；君子以遏恶扬善，顺天休命。

【今注】

休：《说文》："息，止也，从人依木。"歇息之义由此出，此处作皈依、顺应解。

【今译】

《大象》：火在天上，大有；君子观此象，当惩恶扬善，敬顺天命，安顿自身。

【今解】

在天之火，可能是什么？又应该是什么？太阳，闪电——雷击燃烧自然可视之为火。《象传》有"时行"语，似是以之为太阳。"遏恶扬善"四字，似暗示应该取闪电为象，有声有光、能诛殛大逆不道之人的应该是闪电雷鸣。《噬嗑·大象》"雷电噬嗑"即是以离为闪电。《尚书·汤誓》："有夏多罪，天命殛之"，应该也是闪电所为。

闪电之惩恶扬善，是天之力量、正义与威严的显现，令人心生敬畏。由敬畏而皈依，即"顺天休命"，是正常的义理逻辑与情感历程。

郑玄注"休"为美好，于文义、文法两失，不可取。

《彖》曰：大有，柔得尊位，大中而上下应之，曰大有。其德刚健而文明，应乎天而时行，是以元亨。

【今注】

时行：有节奏、合规律地运行。

【今译】

《彖传》曰：六五阴爻居于尊位，为一卦之主，诸阳爻或上或下，均为其应，可谓大有。内卦为乾天，其德刚而健；外卦为离火，其德文以明，仿佛太阳在天行四时成昼夜，是曰大为亨通。

【今解】

本卦以卦体、卦德释卦名、卦辞。阴爻居尊位而得五阳之应，当为卦以"大有"为名之缘由。

在《大象》中被设定为闪电的离火之象，这里被设定为太阳——与之相关的语词是"时行"，而不是雷殛之类。原因应该是，《大象》作为贵族子弟进德修业的培训手册，对《易》之象的观感是来自经验性直觉，而《彖传》作者已在此基础上建构起了系统的天道理论。

值得进一步探究的是离火作为文明这一论述的升级。六十四卦，两两相偶，非反即覆。《同人》与《大有》作为相对卦，其图都是天与火的组合。《同人》中，三画卦的《离》首次出现，《彖传》以离火为文明展开论述。在

《同人》离下乾上的结构中，火在天下只是火；而在《大有》乾下离上的结构中，火已不再只是一般所谓之火，而被想定为太阳（"大明"）。在对《同人·象传》的相关分析中，我们指出所谓文明是"光照使明"，这里，当火被想定为太阳，则《同人》中赖以"类族辨物"的"地上火光"，被替代想定为"天上阳光"，天由此被确立为文明的本体根据和终极源头，天与世界、与万物的联系变得更加丰富充实。

人在"顺天休命"之后，不仅自身得到安顿，其与世界的关系也变得更加紧密而深刻。

初九：无交害，匪咎；艰则无咎。
《象》曰：大有初九，无交害也。
九二：大车以载，有攸往，无咎。
《象》曰："大车以载"，积中不败也。
九三：公用亨于天子，小人弗克。
《象》曰："公用亨于天子"，小人害也。

【今注】

艰：父母之丧事。艰难当然是基本义，但很难与上下文搭配。"丁艰"之义或可差强人意。

积中：物载于车，堆积如山。

【今译】

初九：无交于凶险物事，没被咎责；正值丁艰，自然不被咎责。

《象》曰：大有初九，无涉损害物事，无所咎责。

九二：大车满载，将有所往，无所咎责。

《象》曰："大车载物"，堆积如山，颠簸无碍。

九三：功臣得到天子宴飨，小人则不能。

《象》曰："公用亨于天子"，小人成事不足败事有余，自然难以得到奖赏礼遇。

【今解】

有，本指好年成，意味着财富。《大有》爻辞基本关乎财物，用于卜筮断占。与《大象》《彖传》中的德性、天道关系疏离，就像前文所说，它们分属于不同的系统层次。

九四：匪其彭，无咎。
《象》曰："匪其彭无咎"，明辨晢也。
六五：厥孚交如威如，吉。
《象》曰："厥孚交如"，信以发志也；"威如之吉"，易而无备也。
上九：自天祐之，吉无不利。
《象》曰：大有上吉，自天祐也。

【今注】

匪：匪、非为古今字，可通。这里作排斥、反对解。

彭：鼓声，声势很大的样子。

备：疲惫忧虑。

【今译】

九四：偃旗息鼓，低调行事，无所咎责。

《象》曰："匪其彭无咎"，善于审时度势也。

六五：诚信昭然，威望日升，吉利。

《象》曰："厥孚交如"，诚信显示其志向高远；"威望日升"，众人心悦诚服，则前路坦荡，无需多虑。

上九：得到上天的庇佑，吉无不利。

《象》曰：大有上九大吉大利，是因为得到天的庇佑。

【今解】

本卦主旨，或以"有"为关键词，理解为庆丰年，或以"大"为关键词，理解为所有者大，但都倾向于将爻辞整合为一完整叙事。也许稿本整理者也有此意图，卦系爻位本身也具有某种形式上的系统性，但占卜手册的零散是先天的，仁者智者各有所见，读者根据自己的立场需要自行去取可也。

真正系统的是天道理论及其落实应用,这即是文王、孔子圣人制作之本意,也是《易》居群经之首的根本原因。

谦第十五

《序卦》：有大者不可以盈，故受之以《谦》。

日中则昃，月满则亏；满招损，谦受益。富贵而自遗其咎者所在皆有。谦，敬也，让也，可以远祸。

☷☶ 谦：亨，君子有终。

【今注】

谦：《释文》：谦，卑退为义，屈己下物也。

【今译】

谦：亨通，君子占得此卦，事得其成。

【今解】

终者成也。谦所包含的敬、让、虚诸义，既是品德，也是行事之智，处世之方。君子禀赋天命，志大才高，如果还能懂得这些，则事无不成。

《大象》：地中有山，谦；君子以裒多益寡，称物平施。

【今注】

裒：音 póu。减少。

【今译】

《大象》：地中有山，谦；君子观此象，当取多补少，根据物力与需求尽量平均分配。

【今解】

山为地之高处，从特殊的视角或在特殊的区域也许可以看到"地中有山"的景观，例如张家界。

《象》曰:"谦,亨",天道下济而光明,地道卑而上行。天道亏盈而益谦,地道变盈而流谦,鬼神害盈而福谦,人道恶盈而好谦。谦尊而光,卑而不可逾,君子之终也。

【今注】

逾:超过、越过。

【今译】

《象传》曰:"谦,亨通",日月在天普照,世界光明朗现。地气向上升腾,草木朝向苍穹。天上的月亮由亏转盈是对谦虚的补足,地上的水涨满之后总是会流向低卑的洼地,鬼神总是惩罚作恶的横骄之徒而福佑为善的谦敬之士,人类社会的道德也是鄙视张扬傲慢而赞美低调谦逊。谦让却获得尊敬光荣,谦卑却难以被超越,这就是君子人格事业的最高成就吧。

【今解】

山为地之高者而在地中,这样的景观象征着怎样的德性,启示着怎样的智慧,可能会因人因时而异。《大象》体会到的是"裒多益寡,称物平施",偏于治理智慧。也就是说,《大象》作者看到的其实不是"谦",而是"平"。《象传》面对的不是卦象,而是文本、文辞,焦点便落在"谦"上,并将其纳入自己的天道话语系统加以铺陈展开。谦之受益是全方位的:月盈则亏反转为月亏则盈("益谦"),水满则溢的润下被描述为对低洼的补偿("流谦"),鬼神祸福、道德臧否也莫不如是。一种由物象呈现的自然关系经由人的解读而成为德性,该德性被抽象化后又指向一种具有普遍性的至善,经由鬼神、社会的践行,其绝对性不言而喻。

在这个过程中,天的道德属性,人之秉性于天以及循此以行的道理都在论述中被强化。

初六:谦谦君子,用涉大川,吉。

《象》曰:"谦谦君子",卑以自牧也。

六二:鸣谦,贞吉。

《象》曰:"鸣谦贞吉",中心得也。

九三：劳谦君子，有终，吉。

《象》曰："劳谦君子"，万民服也。

【今注】

牧：养、治理、涵养诸义。

鸣：鸣者名也，声音发于外，自然名为人知。

劳：功劳。

【今译】

初六：谦而又谦的君子，筮得此爻，对涉水过河之类的事十分有利，吉。

《象》曰："谦谦君子"，放低身段，自我涵泳德性。（因此，对于需要谨慎从事的事情，筮得此爻十分有利。）

六二：谦逊之德广为人知，占得此爻，吉。

《象》曰："鸣谦贞吉"，因为名副其实。

九三：有功劳依然谦逊，事必成功，吉。

《象》曰："劳谦君子"，之所以事成能吉，因为百姓心悦诚服。

【今解】

谦的各种情形，或作为态度，或作为名声，或作为修养，都是能够有助君子事业成功的。

六四：无不利，挠谦。

《象》曰："无不利，挠谦"，不违则也。

六五：不富，以其邻。利用侵伐，无不利。

《象》曰："利用侵伐"，征不服也。

上六：鸣谦，利用行师征邑国。

《象》曰："鸣谦"，志未得也；"可用行师"，征邑国也。

【今注】

挠：同"挥"。

侵伐：讨伐。

【今译】

六四：发挥谦德，对做什么都有帮助，而不会有什么麻烦。

《象》曰："无不利，㧑谦"，因为肯定不会违反什么规则或冒犯什么人。

六五：因为邻居的侵略而财富匮乏。筮得此爻，对向外侵略讨伐有利，没什么危险。

《象》曰："利用侵伐"，因为征讨的是一些捣乱不服的恶邻。

上六：谦逊的名声在外，自然有利于兴师征伐不接受管制的地区。

《象》曰："谦逊的名声在外"，但实际目标并没实现；"可用行师"，去讨伐那些不服从管制的地区。

【今解】

《大象》从《谦卦》看到的是"平"，《象传》则以"谦"展开论述。一方面将谦之德提到很高的地位，尤其强调其对于君子成事的意义价值；另一方面也意识到谦敬、谦让、谦虚等并非一切，不能满足于"鸣谦"，而要思考自己的"志"是否得到施行或实现，因为君子是要做事的。

豫第十六

《序卦》：有大而能谦，必豫，故受之以《豫》。

郑玄注《序卦》："言国既大而能谦，则于政事恬豫。"《序卦》不只是将其与作为君子之德的《谦》勾连，还将《大有》纳入这一体系，确实有超出"谦"的个体德性范畴之意义。但《周易》中的君子、先王、大人等原本就不只是一般性个体，而兼有国家和个体的双重属性，并且也正是因此才得以将国政与天结合起来。

䷏　豫：利建侯行师。

【今注】

豫：有多解，如象之大者、犹豫、安逸、愉悦，等等。由象之大者，又可引申出傲慢自大、从容自得诸内涵。此外，还同"与"，有参与、跟随的

《周易》义解　97

意思。

【今译】

豫：适宜封建诸侯，兴师征讨不服。

【今解】

《豫》与《谦》是一对组合，从卦辞即可清楚看出，因此作为谦之反义词的豫，应该主要是傲慢自大之意。但郑注《序卦》显然择取的是谦之舒缓、愉悦义项。这也是有道理的，不仅能从《序卦》获得支持，也能从卦辞获得印证。这种错综复杂在《易》乃是常态，适应就好。

《大象》：雷出地奋，豫；先王以作乐崇德，殷荐之上帝，以配祖考。

【今注】

奋：震动。

作乐：创作音乐，奏乐。这里应是奏乐的意思。

崇：充实的意思。

殷：盛、大。

【今译】

《大象》：雷声炸裂，大地震动，豫；观此卦象，先王奏响音乐激发内心情感，盛礼祭祀上帝，以祖先配享。

【今解】

"雷出地奋"的"出"字似乎表明这在时间上应该是春天。"春祭曰祠"，特点是"品物少，多文辞"。但这里却是"殷荐之上帝，以配祖考"，不仅盛礼厚祭，而且祭祀的主神是上帝，祖先这个祭祀主角只是配享。可见这不是一般的四时之祭，（当然也不会是"迎长日之至"的"郊祭"，）而很有可能是由雷声巨大之异象才引起的特殊应对行为。

或许可以由此理解祭祀的发生学缘起。"雷出地奋"是天地相感，先王由天地相感而想到天人之间亦应有所感通，于是以祭祀的形式建构起天人之间的联系方式。祖先作为逝去的亲人，应该也是回到了天庭，于是配祀的制度也就相伴而生了。

《象》曰：刚应而志行，顺以动，豫。豫，顺以动，故天地如之，而况"建侯行师"乎？天地以顺动，故日月不过，而四时不忒；圣人以顺动，则刑罚清而民服。豫之时义大矣哉！

【今注】

忒：音 tè。差错。

【今译】

《象传》曰：《豫卦》，阳爻得五阴爻之应，震雷之志充分实现，地以坤德顺应雷声而震动，这就是卦以"豫"名的原因。豫，坤地随震雷而动，天地尚如此，何况"建侯行师"？天地有所顺而动之，故日月运行没有舛误，四时也就不会错乱；圣人有所顺而动之，则赏罚清明，老百姓也就顺服守法。《豫卦》的现实意义真是大得很呢！

【今解】

由应而顺，是《象传》这里的修辞关键。从卦体来说这是有根据的：坤下震上，坤为地，震为雷；九四为主爻，震雷动而坤地应之，所谓顺以动，即是地随雷振。于是，卦之德就由《序卦》那种既"大有"又具"谦"德而行成的"政事恬豫"之"豫"，被转换成为了有所顺的追随、参与之"豫"。"豫"同"与"，有参与、追随之义，见于《正韵》。

顺的主体是日月代表的天地，是行赏罚的圣人，那么其所顺的原则、对象又是什么？只能是天。借助基督教概念来理解，就是天（the Heaven），在天地对举之 sky 与 earth 之上的最高存在。梵（Brahman）高于梵天，三清为一气所化，与此同理。

初六：鸣豫，凶。

《象》曰：初六"鸣豫"，志穷，凶也。

六二：介于石，不终日，贞吉。

《象》曰："不终日贞吉"，以中正也。

六三：盱豫，悔；迟有悔。

《象》曰："盱豫有悔"，位不当也。

【今注】

介：坚定之意。

盱：音 xū。张目上视。

【今译】

初六：耽于安逸，名声在外，凶险。

《象》曰：初六"鸣豫"，意志消沉，所以凶险。

六二：坚定如石，虽难以维持很久，（但能守住中正原则，）筮得此爻，仍然为吉。

《象》曰："不终日贞吉"，因为能守住中正原则。

六三：眼高于顶，志得意满，迟早后悔。

《象》曰："盱豫有悔"，因为根本就不是在自己的位置上。

【今解】

"豫"在爻辞中主要是安逸、愉悦的意思。对于君子来说，安逸、愉悦虽不是生活中的否定对象，但对于使命在身的君子来说，却是需要节制的东西。"志""介"（意志坚定）和"中正"才是能够有助成事的德性、品质。

九四：由豫，大有得。勿疑，朋盍簪。

《象》曰："由豫大有得"，志大行也。

六五：贞疾，恒不死。

《象》曰：六五"贞疾"，乘刚也；"恒不死"，中未亡也。

上六：冥豫，成有渝，无咎。

《象》曰："冥豫"在上，何可长也？

【今注】

由豫：同"犹豫"。

盍：同"合"。

簪：连缀。

渝：改变。

【今译】

九四：犹犹豫豫，谨慎过头，却也可能颇有收获。但不能疑神疑鬼，否则怎么能交到朋友呢？

《象》曰："由豫大有得"，是因为志向还是挺大（才变得犹犹豫豫）。

六五：占问疾病，虽然体弱危险，但能活下来。

《象》曰：六五"占问疾病"，是因为此爻柔居大位，下面又是阳爻德刚，咄咄逼人；"最终能活下来"，是因为毕竟身处大位，享有众多优势。

上六：沉湎安逸，事有所成，或知改变，没有灾祸。

《象》曰："冥豫"在上六的位置，怎么可能维持很久？（必然改变。）

【今解】

"豫"是贯穿爻辞的关键词，但共有三种意思：安逸、犹豫、眼光向上。之所以如此，是因为一方面，爻决定了占卜结果，是一种神意的显现。爻辞作为后起者，首先要接受象数逻辑（以及变卦之类）的规定。另一方面，巫师作为这一手册的使用者，既希望提升其有效性（灵验性），也需要寻求更大的阐释空间，提升其使用便捷性，于是就有了爻辞的寓言化取向。二者的紧张、联系和分离的张力，使得后人的诠释很难同时兼顾二者。

我们知道，易学史有象数与义理二派的分野与争胜。这当然不足以表述这一问题，但它们之间显然也有着某种相关性，可以帮助我们了解二者的特点与长短。

随第十七

《序卦》：豫必有随，故受之以《随》。

随，从也、顺也，顺而从之之谓也。与"豫"之参与、配合义，颇相近。韩康伯曰"顺以动者，众之所随"，既是说豫，也是说随。这是从事理言。六爻之解，自下而上。这一先后顺序，常被当作事理的发展次第进程，而爻位卦德关系属性未必与之吻合。《随卦》爻辞与爻位卦德的横向勾连较为紧密，而事理的先后逻辑就很难兼顾。随之可矣。

☷ 随：**元亨，利贞；无咎。**

【今注】

（从略）

【今译】

随：大为通顺，吉利之贞；无有咎责。

【今解】

如不考虑卦名兼卦辞的情况，《大有》卦辞只有"元亨"二字，最短。《随卦》的"元亨，利贞；无咎"六个字也很有特点，与《乾卦》的"元亨，利贞"相比只是多出"无咎"二字。《大有卦》和《随卦》的"元亨，利贞"都维持其作为断占之词的用法，反证《乾》之《彖传》及《文言》的诠释完全是一种思想创造，以便建构其天道理论。

对于文献整理来说，原意是要尊重的；对于思想来说，创造的价值更具光辉。这一天道理论系统不仅是儒教的核心，也是中华文明的根基。从《连山》《归藏》到《周易》，从文王之文到孔子之文，再到董仲舒说动汉武帝立五经博士，《易》居群经之首，可谓长途漫漫。以上三相对照，其间小小差异作为一个解释学事件，却意味着一个重要转折，意义匪浅，值得深加体会玩味。

《大象》：泽中有雷，随；君子以向晦入宴息。

【今注】

向晦：日落入夜。

宴：同"晏"，安。

【今译】

《大象》：泽中有雷，随；君子于此当知动静随时，入夜即回家休息。

【今解】

《豫卦》之震在上，所谓"雷出地奋"；《屯卦》之震虽在下，是与坎云相配，寓意雷声隐隐风雨将至。这里，震下兑上，而兑象为泽，所以，《大象》

给出的表述是"泽中有雷",雷成为名词,栖息湖底波澜不兴。于是才有"君子以向晦入宴息"的启示。

《彖》曰:随,刚来而下柔,动而说,"随"。大亨,贞无咎,而天下随时。随时之义大矣哉!

【今注】

说:同"悦"。

【今译】

《彖传》曰:《随卦》,初九阳爻过来居于阴爻之下,以刚下柔;《震卦》健动,《兑卦》喜悦,这就是卦以"随"名的原因。大大通顺,贞占无咎,天下随时。随时之义真是很大很大啊!

【今解】

刚来而下柔,动而悦,是以卦体释卦名和卦辞。

雷为阳,兑为阴,阳息于阴,刚顺于柔,不是阴阳颠倒,而是随于时也。这一层意义在《大象》中是隐含状态,在《彖传》中才将其清晰揭示出来,并且普遍化为"天下随时"。"时"首先是指"四时",然后是特定的节点或情境,其内涵与意义随着卦系的演进也会逐步展开。

初九:官有渝,贞吉。出门交有功。

《象》曰:"官有渝",从正,吉也;"出门交有功",不失也。

六二:系小子,失丈夫。

《象》曰:"系小子",弗兼与也。

六三:系丈夫,失小子。随,求有得,利居贞。

《象》曰:"系丈夫",志舍下也。

【今注】

随,求有得:据上海博物馆藏楚竹书《周易》本改。通行本作"随有求得"。

【今译】

初九：主官做出改变，吉利之贞。应变随时，出门交接应对能获成功。

《象》曰："改变以正确的原则为依据"，故吉利；"出门交接应对能获成功"，也是因为外圆内方不丧失原则。

六二：系恋小伙子，失去大男人。

《象》曰："系恋小伙子"，是因为二者不能同时拥有。

六三：系恋大男人，失去小伙子。一番追求，终有所得，对于卜居安宅之类也算好签。

《象》曰："系恋大男人"，主意明确，放弃此前一切。

【今解】

"随"既是随从，也是追随，甚至追求。这里初九作为内卦震的主爻，被人格化为主官。二号爻位是阴爻，显然被视为一种"变"（"渝"）。到六二，就人格化为弱女子，因为向上走，就被想象为系恋小伙子。六三被六二所追，故人设为男人；作为六二的新目标，其相对于初九之阳——所谓大男子，又只能作为小伙子了。六三之上是九四，又是大男人了……

九四：随有获，贞凶；有孚，在道以明，何咎？

《象》曰："随有获"，其义凶也；"有孚在道"，明功也。

九五：孚于嘉，吉。

《象》曰："孚于嘉吉"，位正中也。

上六：拘系之，乃从维之。王用亨于西山。

《象》曰："拘系之"，上穷也。

【今注】

拘系之，乃从维之：上海博物馆藏楚竹书《周易》本作"系而拘之，纵乃愲之"。愲，有二心。

【今译】

九四：追随有所获，但却是凶兆（因为上面是九五大位）；如果心守诚信，途中即表达清楚，怎么会有咎责？

《象》曰："追随有所获"，在这个位置本就有点凶险；及时表明自己的诚信，消除误会，也就化险为夷。

九五：诚信得到嘉勉，吉。

《象》曰："孚于嘉吉"，因为位置摆放得中正合适。

上六：被拘而系之，释放后自然生出二心。王在西山祭享天地，联络诸侯。

《象》曰："拘系之"，位至上六，已无路前行。

【今解】

"随"作为卦名，应该是基于初九阳爻、六二阴爻而来。但爻辞中主要的动词却是"系"，系恋、捆缚，与"随"虽有意义交集，但主观、主动的色彩却很浓。这是一种改变，是一种叙事建构的努力。"王用亨于西山"用文王之事典，可见其用心良苦。其被引入，主要就是用得上"系"这个动词吧。

无论是随时之"随"，还是追随之"随"，其叙事都是比喻，是寓言。其基本观点是要知权通变，变要有原则；有所追求，必须要意志坚定，目标明确。

蛊第十八

《序卦》：以喜随人者必有事，故受之以《蛊》；蛊者，事也。

蛊，《说文》引《春秋传》曰"皿虫为蛊"。物腐生虫，而"蛊者，事也"之"事"，乃为变故之义，属坏事之列。王引之曰："蛊之言故也。……《尚书大传》曰：'乃命五史，以书五帝之蛊事'。蛊事，犹故事也。"《序卦》显然是从卦名出发，以前后卦之连缀为考量。从卦辞、卦德乃至爻辞来看，蛊之为事应取王引之之中性义，象征世袭之事业。

☴ 蛊：元亨。利涉大川，先甲三日，后甲三日。

【今注】

先甲三日，后甲三日：上古历法中，每月三十日分为三旬，每旬十天以甲乙丙丁戊己庚辛壬癸计数。每旬第一天为甲日，则先甲三日为辛日，后甲

《周易》义解　105

三日为丁日。

【今译】

蛊：大为亨通。筮得此卦，利于涉水过河，但需择日而行，最好是在辛日、丁日这样的吉利日子。

【今解】

蛊者事也，蛊者惑也。巽下艮上，何以为蛊？《周礼·秋官·庶氏》："庶氏掌除毒蛊。"郑玄注《周礼·秋官·庶氏》引《贼律》曰："敢蛊人及教令者，弃市。"《左传·昭公元年》："谷之飞，亦为蛊。"注曰："谷久积，则变为飞虫，名曰蛊。"从卦辞、爻辞和卦德来看，卦虽以"蛊"为名，讲的却是儿子与父辈之间的工作关系，蛊只是指代一般性的事。蛊非事，以事饬蛊，是以为事。

《大象》：山下有风，蛊。君子以振民育德。

【今注】

（从略）

【今译】

《大象》：山下有风，蛊。君子观此象，当提振民志，化育民德。

【今解】

山下有风，一眼望去，自然是风行草偃。作为治理者，君子得到的启发自然是提振民志，化育民德。《论语·颜渊》的"君子之德风，小人之德草，草上之风必偃"，或许就是孔夫子读《易》的体会吧。

《彖》曰：蛊，刚上而柔下，巽而止，"蛊"。"蛊，元亨"，而天下治也；"利涉大川"，往有事也；"先甲三日，后甲三日"，终则有始，天行也。

【今注】

往：前往。

【今译】

《彖传》曰：蛊，阳爻在上，阴爻在下，内卦为巽为风向上，外卦为艮为山而止，这就是《蛊卦》。"蛊，大为亨通"，是指天下大治；"利涉大川"，是要勇往直前，敢作敢为；"先甲三日，后甲三日"，则表示天行刚健，生生不息。

【今解】

风生谷底，升遇山阻，虫聚为蛊；《蛊卦》之名，或基于此。《彖传》以卦辞为中心，完全没有卦名为"蛊"的消极之义。天下大治，不仅是勇往直前敢于任事的结果，也是终则有始之天行的写照。与卦辞"先甲三日，后甲三日"指向辛日、丁日两个时间点不同，《彖传》作者以六爻之位为天之所行，始于一，终于六，而复于"七"，因而从艮止看到的是一个新的开始。

《复卦》卦辞"反复其道，七日来复"，也是这样一种天道理论的体现。

初六：干父之蛊，有子，考无咎；厉，终吉。

《象》曰："干父之蛊"，意承考也。

九二：干母之蛊，不可贞。

《象》曰："干母之蛊"，得中道也。

九三：干父之蛊，小有悔，无大咎。

《象》曰："干父之蛊"，终无咎也。

【今注】

考：父亲。

干：繁体为榦、幹，正也；同"贞者事之干"。一般作幹，二者通而混用，但细究其实存在意义差别。从干，主要是"枝幹"之幹；从木，即榦，方为"桢榦"之榦，即"筑墙端木"，匡正之义所从出者也。

【今译】

初六：修正父亲的事业，有儿如此，长辈无忧；开始有点惊险，结果很不错。

《象》曰："干父之蛊"，继承的是父亲的理想，调整的是做事方法。

九二：修正母亲的事业，筮得此爻，不顺。

《象》曰："干母之蛊"（不顺），是因为母亲居正位行中道（无须调整）。

九三：修正父亲的事业，小有不幸，但没有什么大的咎责。

《象》曰："干父之蛊"，没有什么大的咎责。

【今解】

如果蛊只是一般性地指代某种事业，那么这里可以看到下一代的传承与修正。是否得当，主要是根据爻位原则。初六为阴爻，而父为阳，对之调整就被肯定。九二是阳爻得位，母亲的事业就无须调整，"不宜动土"。到九三，因为是内卦之三，有得有失，所以得失参半。

六四：裕父之蛊，往，见吝。

《象》曰："裕父之蛊"，往未得也。

六五：干父之蛊，用誉。

《象》曰："干父用誉"，承以德也。

上九：不事王侯，高尚其事。

《象》曰："不事王侯"，志可则也。

【今注】

裕：宽纵，无原则接受包容。

用誉：因而获得赞誉。

高尚其事：事，亦有作"志"。

【今译】

六四：无原则接受父亲的事业及做法，时间长久，终将后悔。

《象》曰："裕父之蛊"，做不出什么成就。

六五：修正父亲的事业，因而获得赞誉。

《象》曰："干父用誉"，因为坚持的是父亲的道德原则。

上九：不受朝廷役使，确保自己事业高尚纯粹。

《象》曰："不事王侯"，志行高洁，值得效仿。

【今解】

上古制度，不仅官职世袭，工匠之子亦莫不继事。这其实是一种保存技艺、保证效率的理性制度。但是，代际传承之中也会有损益调整，这里的爻辞就可见一斑。简单说，事情本身基本都是可以修正调整的，不可变的是"意""德"，最被肯定赞誉的则是"志"。"不事王侯，高尚其事"，《小象》的"志可则也"，有一点点不合作主义的味道，值得注意琢磨。

临第十九

《序卦》：有事而后可大，故受之以《临》；临者，大也。

"蛊"为事之指代，这里再次得到印证。百事亨通，大业以成。"临"有诸多义项，如下视、靠近、治理等。以临为大，基于初九、九二阳爻之渐长，长而大，可以连贯《蛊》《临》二卦。对于《序卦》来说，这是十分自然的选择。

☷☱ **临：元亨，利贞。至于八月，有凶。**

【今注】

至于八月，有凶：按照十二消息卦，《复卦》一阳复始，对应冬至节气，《临卦》是二阳上长，对应大寒，而八月之后的《观卦》，对应秋分，此时已是二阳变退，盛不可久，故需注意趋吉避凶。

【今译】

临：大为亨通，有利之贞。到了八月以后，将有凶险。

【今解】

元亨、利贞的断占之词属性，在这里得到保持和尊重，或许因为"至于八月，有凶"的存在，无法截断众流而以四德说加以诠释。大为亨通，其贞有利，是因为阳气渐长。但天道循环，盛极必衰，按照十二消息卦，八月之后，即是拐点。

以爻位喻天行，消息卦聚焦阴阳消息，呈现的是作为气之存在的天地运行之规律性。这是卦辞作者对卦爻最早的开发利用，或许是为了增加卦的神圣性，为占卜活动提升可靠性与说服力，也可能是借助卦爻系统将天文观察时令感受文本化、系统化。孔子说自己与史巫同途而殊归，同途的意思之一就是以史巫的工作为基础。这是华夏文明之原生性的典型形态，也是其最好说明。

《大象》：泽上有地，临；君子以教思无穷，容保民无疆。
【今注】
（从略）
【今译】
《大象》：泽上有地水漫漫，临；君子观此象，当有教民、忧民之心，容民、保民之念，以期长治久安。
【今解】
泽上有地，应是地在水中为岛。在这种水与地的关系中，临既可以从岛的视角"下视"，也可以从水的视角"逼近"；无论哪种，关系都有点紧张。《大象》作者似乎二者都有感受："容"与"保"是基于水向岛逼近，"教"与"思"则是基于岛对水的下视。

《彖》曰：临，刚浸而长，说而顺；刚中而应，大亨以正，天之道也。"至于八月，有凶"，消不久也。
【今注】
浸：逐渐、漫延之义。
【今译】
《彖传》曰：《临卦》，初九阳气缓缓上升，喜悦而顺利；九二阳爻得位，又有六五与之相应，可谓大为亨通，堂堂正正。天道之行，正是如此。"至于八月，有凶"，是说八月之后，阳气消退，盛景难再。
【今解】
《临卦》兑下坤上，《兑卦》于象为泽，于义为悦，《说卦》"悦言乎兑"。《彖传》是基于对卦与卦辞、卦德的理解，而不是如《大象》完全只是基于卦象。并且总是不失时机地要引入天道话语，"大亨以正，天之道也"，"正"显然具有一种人格性，有意志品格和伦理品格。但同时，对以气为天道内容的消息卦理论也不排斥，所谓同途也。

初九：咸临，贞吉。
《象》曰："咸临贞吉"，志行正也。
九二：咸临，吉，无不利。
《象》曰："咸临吉无不利"，未顺命也。
六三：甘临，无攸利；既忧之，无咎。
《象》曰："甘临"，位不当也；"既忧之"，咎不长也。

【今注】

咸：刑杀。

临：治理。《国语·楚语下》："夫神以精明临民者也。"

【今译】

初九：以严刑峻法治理民众，得当的话，吉利。

《象》曰："咸临贞吉"，因为发心和措施都正当得宜。

九二：以严刑峻法治理民众，吉，没什么不利。

《象》曰："咸临吉无不利"，因为还不是在最高位置上。（所以虽吉无不利，但还不是大大亨通。）

六三：以花言巧语治理民众，收不到好效果；能够加以反思反省，无所咎责。

《象》曰："用花言巧语治理民众"，因为不在权位上；"能够加以反思反省"，咎责也不会太多。

【今解】

"咸"有许多义项。如王弼就将"咸临"解作"感以临"。考虑到"甘""知"以及"临"的治理义，从"咸"之原始杀伐义出发，解为"严刑峻法"似乎比较合适。

六四：至临，无咎。
《象》曰："至临无咎"，位当也。

《周易》义解　111

六五：知临，大君之宜，吉。

《象》曰："大君之宜"，行中之谓也。

上六：敦临，吉，无咎。

《象》曰："敦临之吉"，志在内也。

【今注】

至：诚挚。《中庸》："唯天下至诚，为能尽其性。"

知：智也，智慧。

【今译】

六四：以诚挚之情治理民众，必无咎害。

《象》曰："至临无咎"，德称其位。

六五：以智慧治理民众，帝王理应如此，吉。

《象》曰："大君之宜"，明智地履行中道。

上六：敦厚地治理民众，吉利，无所咎责。

《象》曰："敦临之吉"，宅心仁厚。

【今解】

《序卦》以"临"为大；《大象》释"临"兼有下视与靠近二义；《彖传》以"临"近似靠近义而引申为长与行，说以天道。爻辞之"临"，不同版本各有取义，甚至有通假为"霖"即下雨者。在这里，卦之象数是基础，卦辞、爻辞作为后起者，或者基于象数，或者再做引申，以及在引申的基础上进行叙事建构。诠释本身也属于这一工作范畴。本文选择"临"的治理之义，是因为它能够比较顺畅地将六爻辞的意义在一个主题下贯通起来。

观第二十

《序卦》：物大然后可观，故受之以《观》。

"观"，与"临"其实还有另一种关系：近视、下视曰"临"，远视、上视曰"观"。《说文》："观，谛视也。""谛"有了解的意思，所以，这里的远视、上视不只是指动作形体，还指观者与所观对象的内在关系。由此而又有"常事曰视，非常曰观"的说法。换言之，在观者与所观之间并不只是一种外部性认知关系，更是一种内部性存在关系与意义关系。

☷ 观：盥而不荐，有孚颙若。

【今注】

盥：《说文》："澡手也。""将祭而洁手也。"（朱熹《周易本义》）

颙若：肃静的样子。颙，音 yóng。

【今译】

观：参加禘祭观礼，主要观看盥礼环节，荐献之类则不那么重要，神灵的神圣和信仰的虔诚主要体现在这里。

【今解】

儒教的神灵，天神地祇人鬼，都是以灵的形式存在，可感而不可见。所以孔子说"祭如在，祭神如神在"（《论语·八佾》）。在这样的神圣空间、神圣时刻，最重要的是人神交流，人神之交流最主要的是情感和精神的汇聚与表达。这一情感和精神的过程本身其实也是不可见的，而只能通过"盥"之自洁（可能还有"灌"的迎神），才能表达出来。水不仅能涤除眼耳之尘、心舌之垢，还能在清凉刺激中让人心理为之一变，跨越俗世门槛，进入神圣空间，与神交接。

对于观礼者，最重要的当然是于此体会神的存在，体会祭祀的情感性和精神性。至于荐的环节，三牲之献之类都只是作为情感、精神关系之附属的礼数仪程，并非祭祀、信仰和宗教的本质内容。《论语·八佾》"子曰：'禘自既灌而往者，吾不欲观之矣'"，以及《论语·阳货》"礼云礼云，玉帛云乎哉！乐云乐云，钟鼓云乎哉！"都是如此，在祭品、礼乐的形式之外，还有一种精神形式，这是人神关系中更重要的本质。

卦辞显然时间在先，可见儒教传统所自来久矣。

《大象》：风行地上，观；先王以省方观民设教。

《周易》义解　113

【今注】

省方：视察地方。省，音 xǐng。

【今译】

《大象》：风行地上，观；先代君王观此卦象，因而外出巡视，了解民情民俗，修道教化之。

【今解】

观，在《大象》的物象世界里十分简单，就是其省视之本义。卦体结构坤下巽上，坤为地，巽为风。风行草偃，教行俗成，而了解民风民俗状况则是化民成俗的前提。这种教化不能简单理解为儒家政治偏好道德，而是因为古代社会简单，"正家而天下定"不仅成为可能，而且是一种治理捷径。

《彖》曰：大观在上，顺而巽，中正以观天下，观。"盥而不荐，有孚颙若"，下观而化也。观天之神道，而四时不忒；圣人以神道设教，而天下服矣。

【今注】

忒：音 tè。错乱。

【今译】

《彖传》曰：坤德柔顺，巽风飞扬，阳爻居正位而观天下，蔚为大观。"盥而不荐，有孚颙若"，观礼之人观此有感而与之同化。有司掌观天象，制定历法，而四时运行不差，生活有序；圣人观此神道创制立教，天下无不尊仰，心悦诚服。

【今解】

《大象》的"先王以省方观民设教"，所观的是民风民情，所设之教应该主要是男女有别、长幼有序。《彖传》这里，主辞由先王转换成为了圣人，圣人未必无位，但主要是其德通天，所谓"与天地合其德"者。所以，其神道设教既区别于先王，也区别于有司天官，究竟是什么，应该不外乎天的生生之德、福善祸淫之能，以及诗书礼义成人之道。

下面如《贲卦》，就会看到。

初六：童观，小人无咎，君子吝。
《象》曰：初六"童观"，小人道也。
六二：窥观，利女贞。
《象》曰："窥观女贞"，亦可丑也。
六三：观我生，进退。
《象》曰："观我生进退"，未失道也。

【今注】

窥：从门缝或小洞看。

丑：惭愧。

【今译】

初六：以稚童的眼光观察，小民无所谓，大人物则于事难成。
《象》曰：初六"以稚童的眼光看问题"，说的是小人物思维。
六二：从门缝里看问题，对于女子贞问还算有利。
《象》曰："从门缝里看问题，即使是女性占问"，也属于见识短浅。
六三：看自己的生平行事，有进有退。
《象》曰："观我生进退"，应该是进退有据，不失中道。

【今解】

可观，表示物之长大。大观指九五、九六高位阳爻。《大象》是由风行草偃而联想到"省方观民设教"，《彖传》是观天之神道以设教，《彖传》与《大象》十分少见地达成了意义逻辑的贯通。爻辞虽然是以"观"作为关键词串联，但由于爻辞要服从爻位的定义，很难做到有机整合。《小象》这里的解释则尽量事理化、道德化，表现出脱离巫术而诉诸理性的倾向。

六四：观国之光，利用宾于王。
《象》曰："观国之光"，尚宾也。
九五：观我生，君子无咎。
《象》曰："观我生"，观民也。

《周易》义解

上九：观其生，君子无咎。

《象》曰："观其生"，志未平也。

【今注】

宾：服从，做客。

生：苍生。

【今译】

六四：看到国家大礼仪的壮观场面，筮得此爻，对上交权贵十分有利。

《象》曰："观国之光"，君主有开门迎客的气象。

九五：体察所属百官庶众，君主无过错。

《象》曰："观我生"，就是体察自己的百官庶众。

上九：考察其他部落生民，君子无过错。

《象》曰："观其生"，因为君主（平章百姓的）生平志向没能实现完成。

【今解】

六四在九五之下，所以这里的君主还没有升登大位，只能是憧憬着成为入幕之宾。到九五之爻，"观"就意味着体察下属。上九已不在其位，不谋其政，从个体角度向内转换而自"观其生"，可谓明智。这里的《小象》之解，是基于一种共同体视角，即对"身"作整体理解，与百官庶众勾连，而得出"志未平"的结论。爻辞与《小象》的区别，十分微妙。

噬嗑第二十一

《序卦》：可观而有所合，故受之以《噬嗑》；嗑者，合也。

《观卦》卦辞言观礼，爻辞以观言行政。可观之有所合者，一是合乎天之神道，一是合乎行事之中道。礼乐刑政四达不悖，方为王道。《观》讲礼乐较多，《噬嗑》所讲则是以刑罚为主。

䷔ 噬嗑：亨，利用狱。

【今注】

噬嗑：噬者咬，嗑者合，咬合之意。

【今译】

噬嗑：亨通，占问听讼断狱之事有利。

【今解】

《噬嗑卦》之卦爻组合，颇似饕餮纹，颇疑"噬嗑"之名即源于此。《吕氏春秋·先识》："周鼎著饕餮，有首无身，食人未咽……"不仅形相合，而且卦辞"利用狱"与鼎之狞厉场景氛围亦十分匹配，《象传》文字"颐中有物"更是神形契合。

《大象》：雷电，噬嗑；先王以明罚敕法。

【今注】

敕：皇帝的诏令，自上命下之词。

【今译】

《大象》：震雷其下，离火其上，雷电交加，噬嗑；先王观此卦象，乃颁行法律赏善罚恶。

【今解】

此处不妨与《大有·大象》对照：离火都指闪电，但那里"火在天上"是天威之自我显现，所以"君子以遏恶扬善，顺天休命"，主体是君子，并且最终落实在"顺天休命"这一种人与天的关系上；这里的雷鸣电闪，乃是天之能量的在地释放，赫赫之威、烨烨之明，其所启示的是先王当有所作为，而"明罚敕法"正是治理责任角色之所为。

《彖》曰：颐中有物，曰噬嗑，噬嗑而亨。刚柔分，动而明，雷电合而章。柔得中而上行，虽不当位，"利用狱"也。

【今注】

颐：腮颊部位，这里指嘴及口腔。

《周易》义解　117

【今译】

《象传》曰：嘴里含着东西，就是噬嗑，大快朵颐，自然亨通。阴阳、刚柔、动静都区分清楚，初九依性而动，相得益彰，震雷离电上下呼应，法度森严。六二阴爻得位奋进，直至五之大位，虽然名分不正，但对于听讼问狱还是有利。

【今解】

此传以卦体、卦德、内外卦之卦象组合来阐释卦名、卦辞。噬嗑的咬合是上下配合，震离的雷鸣电闪，乃至六二上行至六五，也具有某种关联。《象传》主要是从配合、协调和呼应的角度来理解卦名以及卦辞之"亨"。

初九：屦校灭趾，无咎。

《象》曰："屦校灭趾"，不行也。

六二：噬肤，灭鼻，无咎。

《象》曰："噬肤灭鼻"，乘刚也。

六三：噬腊肉，遇毒，小吝，无咎。

《象》曰："遇毒"，位不当也。

【今注】

屦：音 jù。鞋子，这里作动词用，意为给脚穿上鞋子之类。

校：刑具，枷锁之类，如桎梏。

灭：使不存在。

【今译】

初九：脚被戴上枷锁，脚趾也被剁掉，没有大的祸患。

《象》曰："屦校灭趾"，走不动了。

六二：啃咬带皮的肉，鼻子被割，没有大的祸患。

《象》曰："噬肤灭鼻"，没有遵守名分。（六二之阴凌驾于初九之阳上面，是以柔克刚。）

六三：食腊肉，吃到毒物，小麻烦，没什么大的祸患。

《象》曰："遇毒"，还是因为处位不当。

【今解】

初九、六二爻辞中的剁脚趾和割鼻，在当时也许不算是特别重的刑罚，所以断占之词都还是"无咎"。也有人根据"无咎"反推"灭"应该作"淹没"解，即被挡住了脚趾；但说吃肉把鼻子也挤得看不见了，语境又与整个爻辞的"用狱"相脱离。

九四：噬干胏，得金矢；利艰贞，吉。
《象》曰："利艰贞吉"，未光也。
六五：噬干肉，得黄金；贞厉，无咎。
《象》曰："贞厉无咎"，得当也。
上九：何校灭耳，凶。
《象》曰："何校灭耳"，聪不明也。

【今注】

胏：音 zǐ。带骨的干肉或肉脯。
何：同"荷"，负荷、承受之意。

【今译】

九四：吃带骨的干肉，得到箭头；筮得此爻，对做困难的事有利，吉。
《象》曰："利艰贞吉"，虽然光明就在前面，但现在还处于黎明前的黑暗。
六五：吃干肉，得到黄金；筮得此爻，相当凶险，最终无所咎责。
《象》曰："贞厉无咎"，处置得当，有惊无险。
上九：枷锁加重，以致伤及耳，凶多吉少。
《象》曰："何校灭耳"，耳朵听不见（他人忠告，故导致如今结局）。

【今解】

"噬"为咬，为吃食，爻辞即以此为中心积累建构，以事为占。从剁脚趾、割鼻、割耳之事仍为"无咎"可知，当时的刑罚十分严酷。当然，也许此处纪实的意义十分稀少，作者只是为了引出诸断占之词，其根本的依据还是卦爻之象数本身。但爻辞中的教化意图，仍然时时可感。

贲第二十二

《序卦》：物不可以苟合而已，故受之以《贲》；贲者，饰也。

《噬嗑》讲刑罚的规范作用，近似一种行为主义。但人非动物，禀赋着天命之性而与天合德。因此，在刑罚由外而内的约束规训之外，还有一个基于天性的自内而外的表达抒发，华章之美、礼仪之大于焉以成。"贲"作为文饰，就是"缘情制礼""称情立文"，就是圣贤教化，也就是文化与文明。

☲ **贲：亨；小利有攸往。**

【今注】

贲：音 bì。装饰、修饰。

【今译】

贲：亨通；筮得此卦，对于要出行的人来说，还算有利。

【今解】

"贲"是装饰，或装饰得比较漂亮。对于出门来说，确实有一定必要性，因此也有一点好处。但过分的话，就未必了。所以，其断占之词是"小利"，拿捏得很好。

《大象》：山下有火，贲；君子以明庶政，无敢折狱。

【今注】

庶政：一般行政事务。

【今译】

《大象》：山下有火，就是《贲卦》之象；君子观此象，当料理例行公事，但不要听讼断狱。

【今解】

山下之火，其光不远，所照有限，因此只适合处理一般行政事务；至于听讼断狱之类的大事情，还是要另择合适时机，以免出错。

《彖》曰：贲，亨，柔来而文刚，故亨；分刚上而文柔，故"小利有攸往"。刚柔交错，天文也；文明以止，人文也。观乎天文，以察时变；观乎人文，以化成天下。

【今注】

柔来而文刚：文，文饰，动词。

天文：文，文饰，名词，指日月星辰。

人文：文，文饰，名词，指诗书礼乐。

【今译】

《彖传》曰：贲，文饰而亨通，是因为离火之阴柔文饰艮山之阳刚，所以亨通；而外卦艮山也以其阳刚文饰内卦离火之阴柔，所以"外出还算有利"。（但艮山同时也有"止"的意思，小有利就是远行还是不宜。）日升日落，昼夜相替，这是在天之文；圣人创制礼乐，使人各尽其分，这是在人之文。圣人观察日月星辰，制定历法，以掌握时序变化；根据礼乐之精神治理社会，以化成天下。

【今解】

"刚柔交错，天文也"，今本原无"刚柔交错"四字，"天文"二字悬空无着。王弼注云"刚柔交错而成文焉，天之文也"，孔颖达疏云"刚柔交错成文，是天文也"，如果不是另有版本根据，也说明在义理逻辑认知上古今一致。《系辞上》"刚柔相推而生变化……刚柔者，昼夜之象也"，也支持这一补充说明。日为刚，月为柔，以日月相继说刚柔交错之天文，比荀爽以乾为昼、坤为夜的阐释显然更为切实允当。

从《同人》三爻《离卦》出现开始，《彖传》展开以离火为文明的论述，"文明以健"。到《大有》，其象由一般意义之火指向太阳，进而自然地由太阳过渡为阳光照亮，即"刚健而文明"。这里的飞跃是，将"文"与"明"加以区分，"文"由文饰之义的动词转换为名词，即作为某种饰物之"文"（纹）。再然后，分别与天、人对应，将三才世界视为同一根源本质的呈现，以其为某种最高存在的所现之象，即"文"之显明者。水怀珠而川媚，石蕴玉而山辉，"媚""辉"之外，"文"正是"珠""玉"之内质的显现。"'见龙在田'，天下文明"，在这样的脉络里可以获得充分理解，并且可以说，它是这一话语的基础和证明：正如川水所怀之珠、山石所蕴之玉，"龙"象征着作为世界之光源的天。

黑格尔认为"现象即本质"，《论语·颜渊》也说"文犹质也，质犹文也"，但毕竟存在隐与显、内与外的区别。日月星辰为天文，诗书礼乐为人文，那么，天文和人文共同的本质与根源，也就是既显现为日月星辰，又显现为诗书礼乐的最高存在究竟是什么？答案就是作为 the Heaven 的绝对之天。

《观卦·象传》讲的是"观天之神道，而四时不忒；圣人以神道设教，而天下服矣"，天文与人文尚未清晰区分，神道设教的结果是"天下服"。到这里，不仅天文、人文有了区别，而且目标是"化成天下"，与《乾卦·文言》的"天下平"相呼应。

《周易》中的文王之文建构起了一个自然生命的世界图景，孔子之文则赋予了这个自然生命的世界以精神和伦理的品质，并且对这个大生命与人的关系做出系统说明，前者不仅是来源和归宿，同时也是完成其生命形态的动力、依据。

初九：贲其趾，舍车而徒。
《象》曰："舍车而徒"，义弗乘也。
六二：贲其须。
《象》曰："贲其须"，与上兴也。
九三：贲如濡如，永贞吉。
《象》曰："永贞之吉"，终莫之陵也。

【今注】
趾：足也。
徒：步行。
兴：动。

陵：同"凌"，侵凌之意。

【今译】

初九：修饰他的脚，下车改步行。

《象》曰："舍车而徒"，（脚修饰得很美或者穿上了漂亮的鞋子，）想徒步炫耀也算是人之常情。

六二：修饰他的胡须。

《象》曰："贲其须"，是为了与上面联动。

九三：（整张脸）修饰得鲜艳华丽，润泽饱满，对于贞问长久的事项很有利。

《象》曰："永贞之吉"，是因为没有谁能破坏它。

【今解】

卦气自下而上，叙事近取诸身者，常常从足开始，如此卦和《咸卦》等。

六四：贲如皤如，白马翰如；匪寇，婚媾。

《象》曰：六四当位，疑也；"匪寇婚媾"，终无尤也。

六五：贲于丘园，束帛戋戋；吝，终吉。

《象》曰：六五之吉，有喜也。

上九：白贲，无咎。

《象》曰："白贲无咎"，上得志也。

【今注】

皤：音 pó。白色。

戋戋：戋，音 jiān。戋戋，少貌。孔疏谓"众多也"，于此无关宏旨。

【今译】

六四：全身修饰素白，白马鬃毛飘飘；不是强盗，是迎亲的来了。

《象》曰：六四处内卦之巅，怀疑为盗匪是出于谨慎；确认是迎亲队伍，所以最终没什么可担忧的。

六五：装饰自家庭院，用了一些丝帛；虽小有遗憾，最终还吉利。

《象》曰：六五爻的吉利，是婚嫁之喜。

上九：以素白为饰，无所咎责。

《象》曰："白贲无咎"，所有的心愿都达成后，回归朴素。

【今解】

由动词之"贲"文饰之义，到《大象》之卜筮语境的疏离，再到《彖传》关于天道论述之发挥引申，又重回爻辞对象数关系的占卜意义表达，这里的内在逻辑及阅读体验具有普遍意义。这样的曲折起伏与经传的编排方式有关——爻辞原本就是与卦辞同属于"经"，而《大象》《彖传》等则为后起的解经之"传"。到郑玄、王弼才确定将"传"分割，分别插入与所解之"经"相应的位置。

我们认为，《易传》固然有解经功能（尤其是《小象》），但其对天道理论的论述表达却不能仅以解"经"之"传"来定位限制，而属于对"经"的点化升华，在文化和文明的意义上已经将"经"逆向整合于自身体系之内（以《彖传》《文言》《序卦》为代表）。换言之，《周易》是以"传"统"经"的儒教文本，其所以被称为"群经之首""大道之源"，文王的《易经》只是基础，其理论的精义以及整个系统的完成，乃是在孔子的《易传》。

孔子曾为自筮得《贲》而愀然不平。子贡问："夫《贲》亦好矣，何谓不吉乎？"夫子说："夫白而白，黑而黑。夫贲又何好乎？"可能是为自己不遇于时而感慨。但同时，夫子又以斯文自任，"文王既没，文不在兹乎"，删诗书，订礼乐，贲于万世，贤于尧舜，其为贲也大矣哉！

剥第二十三

《序卦》：致饰然后亨则尽矣，故受之以《剥》；剥者，剥也。

追求文饰，虽然可以使本性、本质得到更好的呈现、表达，但超过一定程度也可能走向反面，即文饰、仪节给本性、本质带来遮蔽和抑制。由质到文，由文到质，是某种理论张力的表现，现实中则可能会表现为历史的循环往复。在这样的过程中，《剥》的出现就自然而必要了。

☷ **剥：不利有攸往。**

【今注】

剥：剥落、剥蚀。

【今译】

剥：筮得此卦，不利出门远行。

【今解】

《剥卦》坤下艮上，坤代表大地，艮代表高山。大地广阔，意味着诗与远方；山势险峻，岩石剥落，意味着危险多多。出门可以，有些地方最好还是避之为吉。

《大象》：山附于地，剥；上以厚下安宅。

【今注】

附：附着。

厚：厚待。

【今译】

《大象》：高山附着于大地，剥；观此卦象，君主官员应当厚待下民，帮助他们修缮房屋以避免灾害。

【今解】

此卦跟《谦卦》一样，也是山和地的组合，《谦卦》是艮下坤上，《大象》作者描述为"地中有山"，此卦坤下艮上，则是"山附于地"，属正常现象。可堪参详的是"附"字，它的意思是附着，这意味着它把山视为一个相对独立的个体，而不是视为地之高处。如此，剥的对象才特别指向山，而与地无关。并且，剥之又剥，最后是山归于大地。

《彖》曰：剥，剥也，柔变刚也。"不利有攸往"，小人长也。顺而止之，观象也。君子尚消息盈虚，天行也。

【今注】

尚：尊崇、注重。

【今译】

《彖传》曰：《剥卦》之"剥"就是剥落的意思。六爻中一阳在上，气数将尽，五阴紧随，欲取而代之。"不利有攸往"，是因为阴爻象征的小人势力正盛。坤德柔顺，至艮而止，这就是观象所得。君子之行，遵循日月盈虚、事物盛衰的客观规律，这是天行之定数。

【今解】

天行在《乾卦·彖传》中突显的是其刚健、生生之德，"行"也应当从云行雨施之行去理解，但行本身也要遵循日月盈虚之天文现象及万物所同的盛衰节律。君子法天之德，首先自然是要自强不息，但同时也要有时中智慧，时行则行，时止则止，二者并不矛盾。

初六：剥床以足，蔑；贞凶。
《象》曰："剥床以足"，以灭下也。
六二：剥床以辨，蔑；贞凶。
《象》曰："剥床以辨"，未有与也。
六三：剥，无咎。
《象》曰："剥之无咎"，失上下也。

【今注】

蔑：削也。

辨：有"床之干"，即床板或床帮多种说法。《韵会》："床脞足笫间也。"

未有与也：与，参与、组合。床为组合结构，"辨"遭剥蚀，床的结构不再完整。

【今译】

初六：床足开始剥蚀，床被削弱；筮得此爻，凶。

《象》曰："剥床以足"，从下面开始削弱。

六二：床腿开始剥蚀，床被削弱；筮得此爻，凶。

《象》曰："剥床以辨"，床的结构也坏了。

六三：继续剥蚀，无所咎害。

《象》曰："剥之无咎"，上下都已坏掉，还会有什么别的咎害？

【今解】

《剥》本是指文的弱化，体现在卦德上是阳的式微。有云"床"通"壮"，壮为阳，或是。但阳为抽象概念，床为具体实物，以床之坏说阳之剥，显然更为生动方便。

六四：剥床以肤，凶。

《象》曰："剥床以肤"，切近灾也。

六五：贯鱼以宫人宠，无不利。

《象》曰："以宫人宠"，终无尤也。

上九：硕果不食；君子得舆，小人剥庐。

《象》曰："君子得舆"，民所载也；"小人剥庐"，终不可用也。

【今注】

肤：床上草席。

贯鱼：犹"鱼贯"。

【今译】

六四：床上的草席也坏蚀了，筮得此爻，凶。

《象》曰："剥床以肤"，灾祸已近身。

六五：阴爻成串如穿鱼，宫中近习均获宠，筮得此爻，没有什么不利。

《象》曰："以宫人宠"，虽谈不上什么好，但最终也没什么怨尤。

上九：硕果得存；君子获得车马，小人在房子里也寻获些零碎物事。

《象》曰："君子得舆"，表示民众拥戴认可；"小人剥庐"，表示这些人和所获之物最终难堪大用。

【今解】

本卦以床之坏喻阳之剥。阳之剥是在文与质的相互关系中形成的话题，文过于质、质过于文都不好，所谓"文质彬彬，然后君子"，有助于理解二者的均衡统一。剥只是做减法，不是要否定文饰与文。上九爻辞对阳的肯定十分明确，作为唯一阳爻，即所谓硕果，象征着有生命力的种子。（"不食"之

《周易》义解

食,"食""蚀"双关,是以"果"喻阳的起兴之因。)"君子得舆"的乐观,小人难堪大用的轻蔑,昭示着剥去尘埃之后的"文"与"阳"必将再次莅临——太阳每天都是新的。

复第二十四

《序卦》:物不可以终尽,《剥》穷上反下,故受之以《复》也。

天道生生不息,天行终则有始。"硕果"不"蚀",仁在其中,即是天心永在。于是,《复卦》之复就在物极必反、易穷则变的各种盈虚消息之外,有了另一层深意。

☷ 复:亨。出入无疾,朋来无咎。反复其道,七日来复。利有攸往。
【今注】
复:返也。返者,重复其道也。
疾:灾害、祸患。
【今译】
复:亨通顺畅。无论进出都顺利平安,朋友走动也没任何麻烦。天行有常,六位时成之后又是一阳来复。筮得此卦,出门远行十分有利。
【今解】
《剥卦》五阴一阳,阳位在上,似气数将尽;《复卦》五阴一阳,阳位在初,一元复始,大地回春。

这里争论较多的是"七日来复"之七日。《乾卦·象传》的"六位时成"表明,六爻在《易》中既象征世界呈现的舞台,也象征天所运行之时空。在这种想象里,日行一位,六日六爻六位,然后第七日一阳来复。

《大象》:雷在地中,复;先王以至日闭关,商旅不行,后不省方。
【今注】
至日:夏至、冬至二日。

关：城门。

【今译】

《大象》：雷在地中，复；先王据此卦象定下规矩：夏至、冬至二日关闭城门，商旅不出门，官员也不去外地视察。

【今解】

《复卦》震下坤上，震为雷，如何蛰伏于地？这里可能是将雷视为某种有神力的精灵而自作比附，也可能是冬至、夏至二日为阴阳消长之时间端点，而具有节令的意义。所谓冬至大如年之类，需要留在家里从事敬宗收族之类的活动。

《象》曰：复，亨。刚反，动而以顺行，是以"出入无疾，朋来无咎"。"反复其道，七日来复"，天行也。"利有攸往"，刚长也。复，其见天地之心乎！

【今注】

反：同"返"。

【今译】

《象传》曰：复，亨通。一阳来复，震德动，坤德顺，因此"出入无疾，朋来无咎"。"反复其道，七日来复"，正是天行之周期。"利有攸往"，因为初九阳爻向上生长。天地生物之心，就体现在这一阳来复之中吧！

【今解】

"七日来复"，终则有始，是天的刚健之德。以震为"复"，四时之行，百物之生，春天的生机不言而喻。以"复"说天地之心，天与所生万物关系的情感维度就此得到揭示。"天地之大德曰生"，这个德固然可以从爱与善的角度去讲，也可以从中性的性质（nature）去讲。有了"复，其见天地之心"的"心"，才可以将"大德曰生"之"德"的情感性、神圣性彻底落实与确证。而天有了"心"，其人格形象也就被进一步确立起来。

道家也讲生，"道生一，一生二，二生三，三生万物"，但却认为"天地不仁，以万物为刍狗"；道家也讲复，"夫物芸芸，各复归其根。归根曰静，

《周易》义解　129

是谓复命"(《老子·第十六章》);也讲反,"反者道之动"(《老子·第四十章》),但却是一种单向的回归。比较不是为了褒贬,只为彰显二者的差异,只为指出王弼所注"复者,返本之谓"的著名命题,以初九阳爻为"动息地中,乃天地之心见也"("寂然至无,是其本矣")等,不仅其释义有悖文本,思想更是属于异端。

复见天心,天心仁也。"硕果"之仁,随之生长。

初九:不远复,无祇悔,元吉。

《象》曰:"不远之复",以修身也。

六二:休复,吉。

《象》曰:"休复之吉",以下仁也。

六三:频复,厉,无咎。

《象》曰:"频复之厉",义无咎也。

【今注】

祇:音 zhī。大也。

休:美也。

频:颦,皱眉或蹙眉。

【今译】

初九:迷途速知返,没有大的悔吝,大吉。

《象》曰:"迷途速知返",适合修身(之类的占问)。

六二:完美回头,吉。

《象》曰:"完美回头得吉",因为见贤思齐。

六三:皱着眉头回返,筮得此爻,危险,但最终没有祸患。

《象》曰:"皱着眉头回返虽然危险",但毕竟是回头了,所以不会遭到咎责。

【今解】

揲蓍成卦是要贞问吉凶祸福,卦与爻都要给出结论和根据。于是,以"复"为关键词展开的叙事,就被想象为一个近似浪子回头的故事。"复",是改邪归正之复，主体则是一个迷途知返的浪子。

此处与《序卦》的整体性论述、《象传》的天道理论阐述存在巨大落差，《易传》的建构性、独立性可见一斑。

六四：中行，独复。

《象》曰："中行独复"，以从道也。

六五：敦复，无悔。

《象》曰："敦复无悔"，中以自考也。

上六：迷复，凶，有灾眚。用行师，终有大败；以其国君，凶，至于十年不克征。

《象》曰："迷复之凶"，反君道也。

【今注】

中行：犹中道、中途。

敦：诚心诚意。

中：内心。

考：审察。

【今译】

六四：行至中途，独自返回。

《象》曰："中行独复"，突然意识到了道义之所在而毅然回归。

六五：诚心诚意回归，毫不后悔。

《象》曰："敦复无悔"，内心对自己的行为进行了审察（知道自己错在哪里）。

上六：欲复无门，筮得此爻，凶，有灾祸。如果关系到行军打仗，终将失败；凶在国君自身，以致征战十年也不能胜利。

《象》曰："迷复之凶"，是因为国君之行为违背为君之道。

【今解】

过而能改，善莫大焉。这里描述了浪子回头的六种情形，除了上六的"迷复"，其他都比较有利。《小象》作者对此则做进一步的强化，教化的色彩很重。最后一爻结果凶险，但原因则被归咎到国君身上，因为其所行非道。

无妄第二十五

《序卦》：复则不安矣，故受之以《无妄》。

《复卦》初九一阳之复既是上天生生不息之乾健的体现，也是上天生物以德、育物以仁的情感表达。这种德与仁是这个世界的根源、基础与本质，因而也决定了这个世界必然是"无妄"的。

☰ 无妄：元亨，利贞。其匪正，有眚，不利有攸往。

【今注】

妄：《说文》："乱也，从女亡声。"

眚：灾祸。

【今译】

无妄：大为亨通，有利之贞。如果发心不正，则有祸殃，不利出门有所往。

【今解】

此卦卦象不错，卦辞尤佳，但是发心才是关键。这样的卦辞，除了有教化的意义，还为巫师解卦提供了回旋余地。

《大象》：天下雷行，物与，无妄；先王以茂对时，育万物。

【今注】

与：舒展。《汉书·礼乐志》："朱明盛长，敷与万物。"虞翻以"与"为"举"，意为"向上抬"，与舒展相近。

茂：同"懋"，勤勉之意。

对时：对，应对。时，当为夏日。《尸子》卷上："春为青阳，夏为朱明，秋为白藏，冬为玄英。"《汉书·礼乐志》"朱明盛长，敷与万物"的"与"，用法与"物与无妄"同，正是"亨者嘉之会"的意境。

【今译】

《大象》：天下雷声震响，百物茁壮向上，无妄；先王于是勤勉工作，奉天理物，参赞化育。

【今解】

无妄之"妄"有多解，"乱"之外，还有"望""亡"及"虚妄"诸说。"无所期望而有得"不能呈现天与万物之内在关系，"无亡"（春去春回，故物不死）语义肤浅，"虚妄"（天威之下万物不敢虚妄）又太过玄虚。故解无妄为"不乱"，虽嫌抽象，却能包含较多意义，既可指天行有常，也可指万物有时，还可指世界整体的和谐有致。

《周易程氏传》亦以妄为"乱"，但解为"天道生万物，各正其性命而不妄；王者体天之道，养育人民以至昆虫草木，使各得其宜"，义虽可通，却不能与"物与"的意义规定相衔接。且在理学视域，其"不乱"所相对的是一种道德秩序，内涵难免偏枯。

"天下雷声震响，百物茁壮向上，无妄；先王勤勉工作，奉天理物，参赞化育"，这才是《大易》的元气淋漓。

《彖》曰：无妄，刚自外来，而为主于内。动而健，刚中而应，大亨以正，天之命也。"其匪正，有眚，不利有攸往"，"无妄"之往，何之矣？天命不祐，行矣哉？

【今注】

"无妄"之往：指《无妄卦》中"匪正有眚"的出行计划。

天命不祐，行矣哉：反问，表示否定。

【今译】

《彖传》曰：《无妄卦》，初九阳爻自外来而成为内卦之主。震为雷，雷行乾天之下，得九五至尊之应，名正言顺，亨通无限，是得天命而行。"其匪正，有眚，不利有攸往"，是说发心不正则所行不顺，这样的规划究竟要去向何方？天命不予佑助，又如何得行？

【今解】

《彖传》是体现孔子之文的主要篇章。这一节的重要性就是提出了"天命"的概念。第一个"天之命",是对"刚自外来,而为主于内"以及"大亨以正"的总结。表面说的是《无妄卦》,所比喻象征的则是人,说明天与人之"命"或"性"的关系。《中庸》作为"演《易》之书",其"天命之谓性,率性之谓道"以及"致中和,天地位焉,万物育焉"等思想,均本于此。

第二个"天命不祐"的"天命",则是指天之意志与人之行为的关系,"大亨以正"则得其助佑,"匪正"则"有眚"。由《诗经·皇矣》"皇矣上帝,临下有赫"亦可知此点,但文学的表达与思想的表达还是存在区别的。天生、天心、天命在《易传》中的整合,意味着这一思想的系统成形。当然,这里还只能说是一个步骤阶段,而非全部。

初九:无妄,往,吉。

《象》曰:"无妄之往",得志也。

六二:不耕获,不菑畬,则利有攸往。

《象》曰:"不耕获",未富也。

六三:无妄之灾,或系之牛。行人之得,邑人之灾。

《象》曰:"行人得牛",邑人灾也。

【今注】

菑:音 zī。荒田,或开垦荒田。

畬:音 yú。熟田。

【今译】

初九:没有什么混乱的念头,出行,吉利。

《象》曰:"无妄之往",如愿以偿。

六二:不播种而能有所收获,不开荒而能拥有熟田,(经济和时间都有保障,)则出行有利。

《象》曰:"不耕获",还不够富。

六三:无缘无故遭受灾祸,可能是因一头牛引起。系在树上的牛被路人顺手牵走，乡里人却要蒙受不白之冤。

《象》曰："行人得牛"，乡党莫名罹祸。

【今解】

六二《小象》"'不耕获'，未富也"，不知所云。或许从爻位与变卦之类可以曲说以通，但意义不大，不取。

九四：可贞，无咎。

《象》曰："可贞无咎"，固有之也。

九五：无妄之疾，勿药，有喜。

《象》曰："无妄之药"，不可试也。

上九：无妄行，有眚，无攸利。

《象》曰："无妄之行"，穷之灾也。

【今注】

穷：竟也，极点、终极之意。

【今译】

九四：可以开卦问占，没有咎害。

《象》曰："可贞无咎"，这种情况本就不少。

九五：莫名其妙的病，不要乱用药，或许自然就痊愈了。

《象》曰："无妄之药"，不可乱试。

上九：并非胡来，却惹灾祸，诸事不利。

《象》曰："无妄之行"，是因为穷途末路，本就走不通。

【今解】

无妄在爻辞中主要指没有过错。与"行""药"或疾病、灾祸等结合，成为占卜时拟就的某种情境——毕竟正是有困惑才要求签问卜，以便于巫帅做出贞断、提供建议。

在这点上，爻辞与《小象》和卦辞属于同一序列，而与《大象》《彖传》迥然不同。

大畜第二十六

《序卦》：有无妄然后可畜，故受之以《大畜》。

无妄者天之行也。春生夏长，秋收冬藏，生生不息，终则有始。年丰物阜，然后可畜。畜者，积也，藏也。

☰ 大畜：利贞。不家食，吉。利涉大川。

【今注】

（从略）

【今译】

大畜：筮得此卦，十分有利。食不在家，吉。对于涉江渡河以及远行之类的事，尤其有利。

【今解】

不家食，就是不吃家里的。不吃家里的，意味着在朝廷任事，或者货殖有方，都是好事。生活在别处，自然也"利涉大川"。

《大象》：天在山中，大畜；君子以多识前言往行，以畜其德。

【今注】

前言往行：指古圣先贤的嘉言懿行。

【今译】

《大象》：天在山中，所畜何其大；君子观此象，当多识先贤之嘉言懿行，厚植德性，以成大业。

【今解】

"天在山中"之为象，观之当得意忘象：天为超越之神圣存在，山为现实中具体之物；天之在山，如性之在人，"中心藏之"，勉以行之。

《无妄卦》震下乾上，《大畜卦》乾下艮上。李道平案云："乾为天命，震以动之为《无妄》。《中庸》曰'天命之谓性'是也。乾为天德，艮以止之为

《大畜》。《大学》谓'明德，止于至善'是也。"① 贯通《易》《庸》《学》，堪称卓见。

《象》曰：大畜，刚健笃实，辉光日新。其德刚上而尚贤。能健止，大正也。"不家食，吉"，养贤也；"利涉大川"，应乎天也。

【今注】

日新：每一天都有更新。

大正：正者止于一。

【今译】

《象传》曰：《大畜卦》下乾上艮，乾之刚健，艮之笃实，内蕴光辉，日新又日新。其德向上，尊崇贤能（六五阴爻居尊位）。刚健却能知其所止，其道至正。"不家食，吉"，是朝廷尊贤而养之；"利涉大川"，是因为九二之阳得六五之应，内外卦浑然一体，顺应天道。

【今解】

乾德刚健向上，日新其德，是《大畜》的主旨。外卦为艮，阴爻居尊位，是为"尚贤"。而《艮卦》为山为止，乾健向上而后止于所当止，是为"大正"。

"大正"的内涵深意，《大学》在"知止而后有定"的命题下做出了系统阐述。而"天下平"的"至善"，其嚆矢滥觞，则是《乾卦·文言》的"云行雨施，天下平也"。

初九：有厉，利已。

《象》曰："有厉利已"，不犯灾也。

九二：舆说輹。

《象》曰："舆说輹"，中无尤也。

九三：良马逐，利艰贞；曰闲舆卫，利有攸往。

《象》曰："利有攸往"，上合志也。

---

① 〔清〕李道平：《周易集解纂疏》，第275页。

【今注】

已：停止。

舆：车厢。

说：假借为"脱"。

輹：将车身与车轴捆缚连接的绳子。一说同"辐"，辐条，代指车轮。

闲：防止、约束、限制。

【今译】

初九：有危险，停下来比较好。

《象》曰："有厉利已"，就是不要盲目冒险。

九二：车厢与车轮脱离开了。

《象》曰："舆脱輹"，车厢里的人没什么怨尤。

九三：良马拉车，有利占问艰难之事；驾车守卫的工作，有利出行办事。

《象》曰："利有攸往"，符合心中志向。

【今解】

《大畜卦》在《大象》和《彖传》里讲的是政治智慧、道德启示和天道理论与实践，到《小象》则重回占卜语境；《乾卦》阳爻的运动还是一致，这也许就是爻辞围绕"车"展开叙事的原因。

九二《小象》说车厢里的人没有怨尤，一种可能是车子就此停下，不再有冒险的可能；另一种可能就是车厢没有摔坏，人也无恙，不幸之中还算万幸。

六四：童牛之牿，元吉。

《象》曰：六四"元吉"，有喜也。

六五：豮豕之牙，吉。

《象》曰：六五之吉，有庆也。

上九：何天之衢，亨。

《象》曰："何天之衢"，道大行也。

【今注】

童牛：头上无角的牛。

牿：音 gù。加在牛犊头上的横木。

豮：音 fén。阉猪。

何：同"荷"，负荷。

衢：大路。

【今译】

六四：在牛犊头上架木枷，大吉。

《象》曰：六四"大吉"，是喜事。

六五：阉猪的牙齿锋利，吉利。

《象》曰：六五之吉，是有赏赐。

上九：大路朝天，任车驰骋，亨通。

《象》曰："何天之衢"，得天庇佑，通行无阻。

【今解】

牛犊头上架木枷，应该不是让它去干活，而是家里办喜事，为它做装饰以烘托气氛。

阉猪牙齿锋利，但已经没有攻击力，可能本就是一件赏赐品。

大路坦荡，荷天庇佑，车水马龙。

以上卦辞爻辞，均属一个系统，服务于占卜需要。《大象》《象传》自话自说，自成一系。二者之关系，若有若无，或疏或密，却又常常交织在一起。

颐第二十七

《序卦》：物畜然后可养，故受之以《颐》；颐者，养也。

聚天下之人不可以无财，所以，《大畜》之后，物积渐丰，当用以养贤者及万民。前者是物质基础，后者是圣人使命。

䷚ **颐：贞吉。观颐，自求口实。**

【今注】

颐：养也。

【今译】

颐：吉利之占。看看别人都吃些什么，自己也去想办法填饱肚子。

【今解】

颐，故字从口，口的作用是吃与说。这里作"养"解，自然是注重吃的功能。《颐卦》卦形横看竖看都像是一张嘴，但"颐"字作名词，主要是指面颊、下巴。

民以食为天。讲吃，筮得此卦为吉应属正常。看着别人吃，或者看到别人自足之外还能供养他人，能够自己去想办法自养，也算是一种自强吧。

《大象》：山下有雷，颐；君子以慎言语，节饮食。

【今注】

（从略）

【今译】

《大象》：山下有雷，雷有声，山无语，这就是《颐卦》之象；君子观此，当知谨慎言语，节制饮食。

【今解】

山下之雷，声音低沉含蓄——春雷也。艮为山为止，自是岿然不动，雷雨下草木生发。谨慎言语，节制饮食，是修身的基本内容，今天仍然如此。

《彖》曰：颐，贞吉，养正则吉也。"观颐"，观其所养也；"自求口实"，观其自养也。天地养万物，圣人养贤以及万民。颐之时大矣哉！

【今注】

颐之时：指天地养万物、圣人养贤者及万民的时候。

【今译】

《彖传》曰：《颐卦》贞吉，养得其正，自然得吉。"观颐"，是观其所养之人；"自求口实"，则是观察他如何养其自身。天地养万物，圣人养贤者及万民。这真是一项伟大的事业啊！

【今解】

天生，地养，人成，这是儒教思想的基本架构。地养实际从属于天生，从《乾》《坤》二卦的《象传》《文言》可以看得很清楚。"君子自强不息"，"大人者与天地合其德"，就是讲人成的问题。《春秋繁露·深察名号》说："天之所为，有所至而止。止之内谓之天性，止之外谓之人事。事在性外，而性不得不成德。"这里的人事就是圣人之事，就是"天工人其代之"。圣人之养贤及万民，正是要富而教之。"成德为行"，"蒙以养正"，均属此义。

圣人其实是天人中介。《豫卦》的"圣人以顺动"，《观卦》的"圣人以神道设教"，这里的"圣人养贤以及万民"，还有后面《咸》《亨》《鼎》诸卦中的圣人都是如此。《贲卦》的"文明以止"，以及《大畜》的"健止大正"，是孔子之文的主要内容。对于文王建构的自然生命图景，这既是接续，更是升华。生生以德，天有仁心，圣人合天德，体天心，整个系统由天而人、人而天贯通互动，终则有始的生命过程因社会、人文的汇入而具有了德性与精神的品质。天也超越于自然寻常之物，成为文明的核心、心灵的归宿、历史的方向。《周易》也不再只是巫师手中的卜筮手册，而成为与《圣经》《古兰经》《吠陀经》一样的圣典。

卦辞中的"观颐""自求口实"，未必就是如《彖传》所说。但《彖传》此解，是为突出"颐"之"养"义，为后面的引申做铺垫。

初九：舍尔灵龟，观我朵颐，凶。

《象》曰："观我朵颐"，亦不足贵也。

六二：颠颐，拂经于丘颐，征凶。

《象》曰：六二"征凶"，行失类也。

六三：拂颐，贞凶。十年勿用，无攸利。

《象》曰："十年勿用"，道大悖也。

【今注】

颠颐：颠，倒也。颠颐，指上养下。

《周易》义解　　141

拂经：拂，违也。经，常道。拂经，不符合常道。

丘：当为"北"，同"背"，违反的意思。

类：事例、条例。

【今译】

初九：自己的灵龟都不好好喂养，望着我吃东西羡慕不已，筮得此爻，凶。

《象》曰："观我朵颐"，下贱。

六二：上养下，不合下养上之常道，筮得此爻，于征伐之事凶。

《象》曰：六二"征凶"，因为上养下的行为不合条例。

六三：不养，凶险之占。十年不养，也没得到什么好处。

《象》曰："十年勿用"，是因为完全违反了道义。

【今解】

灵龟能够预知事物吉凶祸福，当"舍尔灵龟"被解为不去利用灵龟智慧，而"观我朵颐"也就被理解为听人胡说一气（朵颐是面颊隆起，表示说话）。还有将灵龟视为美德象征，将朵颐视为嚼食食物。这些都是不好的事情，因此都能解释为什么结果会"凶"。

六四：颠颐，吉；虎视眈眈，其欲逐逐，无咎。

《象》曰："颠颐之吉"，上施光也。

六五：拂经；居贞，吉，不可涉大川。

《象》曰："居贞之吉"，顺以从上也。

上九：由颐，厉，吉，利涉大川。

《象》曰："由颐厉吉"，大有庆也。

【今注】

眈眈：注视的样子。

逐逐：奔竞的样子。

由：《尔雅·释诂》：由，自也。

【今译】

六四：上养下，吉；虎视眈眈，欲望驰竞，没什么咎责。

《象》曰："颠颐之吉"，因为是上施惠于下。

六五：不合规矩；贞问居住之事，吉，但不可渡河远行。

《象》曰："居贞之吉"，因为下级对上级很顺从。

上九：自己养自己，虽然困难，但还是吉利，对渡河远行之类也有利。

《象》曰："由颐厉吉"，终将大有可喜。

【今解】

卦辞的吉凶悔吝之性质是由爻之象数性质所决定，文辞组织与解释则尽量依循事理，《小象》尤其如此。不同系统之间的关系可谓剪不断理还乱。可能也是因为这点，作者在对卦名的词性选择上会根据自己的需要方便来做决定。这样的例子前面已经见过很多。这里，在"颐"的面颊、口、吃、养诸义项中主要选择了养之义，相对还是比较顺畅，能够成立的。明白这点，对于卦辞理解很有帮助。

大过第二十八

《序卦》：不养则不可动，故受之以《大过》。

养精蓄锐，然后冲锋陷阵，所谓动也。《颐》之为卦，始于初九之动，终于上九之止，其间则是虚心静养。李道平谓静养已极，动则过厚，所谓"大过"也。但《大过》除了初六、上六，四爻均阳，作涵养饱和、宜有所动解，与《颐卦》承接，似更顺畅。

☰ 大过：栋桡，利有攸往，亨。

【今注】

栋桡：栋，木屋结构之正梁。桡，（木之）弯曲。

【今译】

大过：本卦巽下兑上，巽为木，兑为泽，（象征着湖水没过树梢。）占问

《周易》义解　143

出行有利，亨通顺畅。

【今解】

此卦卦象是湖水淹没树梢，但卦辞是讲房屋正梁弯曲，危房不再宜居。所以，对占问出行来说十分有利，离家即是远祸，自是十分亨通顺畅。

《大象》：泽灭木，大过；君子以独立不惧，遁世无闷。

【今注】

遁：隐也。

【今译】

《大象》：湖水没过树梢，大过；君子观此卦象，当坚定信念，独立而不惧，归隐山林也无郁闷烦忧。

【今解】

水生木，所以岸柳成行。但漫过长堤，没过树梢，无乃太过乎！《大象》作者于此情此景看到的则是树，树的独立不惧，联想到的则是一种隐居山林、不为世所知的"遁"的处境，并要以树为榜样，淡然处之。

《彖》曰："大过"，大者过也。"栋桡"，本末弱也。刚过而中，巽而说行，"利有攸往"，乃亨。"大过"之时大矣哉！

【今注】

大过：大，太的意思。过，超过、越过，非过失之意。

本末弱也：《大过卦》初位、上位均为阴爻；本末，首尾两端，即指卦之初、上二爻，象栋中部坚强，两端柔弱，难胜重压。

【今译】

《彖传》曰："大过"，就是太过分、太过头的意思。"房屋主梁弯曲"，是因为木头两端弱小。刚强的部分在中间，巽德温顺，兑德和悦，一路愉快，所以说"利有攸往"，才是亨通。"大过"之时，大有可为！

【今解】

《彖传》这里的视角跟《大象》不同，而跟卦辞一样，是聚焦于房屋而不是水或树及其关系。房子危险，不宜久待，正好出门办事寻找机会。大过之为大，就是要抓住时机去做适合做的事，否则祸福就难说了。

初六：藉用白茅，无咎。
《象》曰："藉用白茅"，柔在下也。
九二：枯杨生稊，老夫得其女妻，无不利。
《象》曰："老夫女妻"，过以相与也。
九三：栋桡，凶。
《象》曰："栋桡之凶"，不可以有辅也。

【今注】

藉：草席、竹席，此处意为铺垫。
稊：草木初生之芽叶。

【今译】

初六：用白茅垫承（祭品之类），不会有咎责。
《象》曰："藉用白茅"，白茅柔软，铺垫稳当。
九二：枯干的杨树生出新芽，老翁迎娶少妇，无不利。
《象》曰："老夫少妻"，老是老了点，但还是相配。（故无不利。）
九三：屋梁弯了，大事不好。
《象》曰："正梁弯曲"，没法补救。

【今解】

由柔嫩松软之白茅，联想到杨树所生之新芽，再由生出新芽之杨树枯槁，而得出老少配的婚姻，然后是老树枯木为栋为梁之难荷重负，意识的流动十分平顺流畅，每个节点得出的吉凶断占及卦爻蕴含的启示都得到清晰表达。这组爻辞，可谓高明。

九四：栋隆，吉；有它，吝。
《象》曰："栋隆之吉"，不桡乎下也。
九五：枯杨生华，老妇得其士夫，无咎无誉。

《象》曰："枯杨生华"，何可久也；"老妇士夫"，亦可丑也。

上六：过涉灭顶，凶；无咎。

《象》曰："过涉之凶"，不可咎也。

【今注】

隆：隆起。

它：长虫，如蛇之类。

华：花朵。

丑：可厌、可羞，不光彩。

【今译】

九四：正梁中间隆起，吉；有蛇则会有悔吝。

《象》曰："正梁中间隆起之所以吉"，是因为下面就不会弯曲了。

九五：枯杨开出花朵，老妇找到壮男，没什么责怪，也没什么夸赞。

《象》曰："枯杨开花"，怎么能开长久；"妇老男壮"，可厌可羞。

上六：涉水过河，水深过顶，凶；（因为事情正当紧急，）无所咎责。

《象》曰："过河涉险"，不可咎责。（是因为有正当理由。）

【今解】

卦爻象数与卦爻辞的配合，《大过》可能是结合得最好的。初、上爻为阴，二、三、四、五爻为阳，正好是"本末弱"而"中刚"。巽为木，然后有"藉用白茅"，有"枯杨生梯"。兑为折为泽，然后有"栋桡"，有"过涉灭顶"，等等。而这些描述，同时还可以编成故事，讲出一个道理，以便于巫师适应各种情境答疑解惑、教化众人。

坎第二十九

《序卦》：物不可以终过，故受之以《坎》；坎者，陷也。

《大过》阳盛，结果"过涉灭顶"。王弼注云"过而不已，则陷没也"。坎为水为沟渎，可谓陷。其爻四阴二阳，则又有补阴以济之之意。

☵ 习坎：**有孚，维心，亨。行有尚。**

【今注】

孚：信也，诚也。

维：帛书《周易》作"䌛"。《说文》："攜，提也，从手，䌛声。"维，或可解为"携"。

【今译】

二坎相连：二人有信，同心相应，顺畅亨通。行动有共同方向。

【今解】

这里的关键是对"维"的理解问题。论者以为"䌛"与"维"相通，意为维系，解卦辞为"有诚信，才能维系人心"。语义虽通，却与卦体、卦德完全脱离关系，与爻辞作者兼顾卦爻象数与事情物理的创作初衷和风格距离太远。以"维"与"䌛"同，而取䌛之"携"义，手相提牵，同心同德，似乎更接近"习坎"内外卦均以阳爻居中、同心相携而"亨"的意境。

《大象》：**水洊至，习坎；君子以常德行习教事。**

【今注】

洊：音jiàn。一次又一次。

习坎：习字衍，当删。

【今译】

《大象》：水一次又一次流淌过来，这就是《坎卦》之象；君子观此，当以恒常之德行教育之事，（诲人不倦。）

【今解】

八经卦重叠而成之六爻卦都以经卦之名为名，《坎卦》自无例外。不过"水洊至"以"习坎"描述似乎才更为准确。这里保持原文，以注说明，也是一种处理方式。"君子以常德行习教事"，一般断句都是"君子以常德行，习教事"，义亦可通，但析二者为二事，似显繁复而支离。

《彖》曰：**习坎，重险也。水流而不盈，行险而不失其信。"维心亨"，乃**

《周易》义解　147

以刚中也；"行有尚"，往有功也。

天险不可升也，地险山川丘陵也，王公设险以守其国。险之时用大矣哉！

【今注】

盈：溢出。

【今译】

《彖传》曰：坎德险，内外皆坎，可谓二险相重。（坎亦为沟渎，二坎相连，则）秋水时至，一浪接一浪也不会溢出，行于险地彼此依然互相信任。"同心相应，亨通顺畅"，因为刚居中位，心有所定；"目标追求一致"，自然会有成功。

难以攀越的关隘是天造之险，山川丘陵是地利之险，城池壕沟则是王公为保家卫国营造而成的人为之险。险的现实用处真是太大了！

【今解】

此卦以卦象、卦德、卦体释卦名、卦辞，卦之象数规定与辞之叙事贴合无间，较之《大过》又更胜一筹。

《序卦》以坎为陷，《大象》以坎为水，《彖传》落脚于险，前二者也得到兼顾，且有机服务于自己的诠释与论述，堪称六十四卦之典范。

初六：习坎，入于坎窞，凶。

《象》曰："习坎入坎"，失道凶也。

九二：坎有险，求小得。

《象》曰："求小得"，未出中也。

六三：来之坎坎，险且枕，入于坎窞，勿用。

《象》曰："来之坎坎"，终无功也。

【今注】

窞：音 dàn。深坑。

枕：同"沈"，深也。

【今译】

初六：沟渎相连，掉入深坑，凶。

《象》曰:"习坎入坎",迷路导致的危险。

九二:坑里危险,想办法,稍有收效。

《象》曰:"小有得",因为能守中道。

六三:险阻重重,坑多且深,最终掉将进去,筮得此爻,不要有所动作。

《象》曰:"来之坎坎",最终一无所获。

【今解】

坎为险,"险"抽象,所以落实为由沟渎转换过来的"坑"。爻辞基本就是沿着这个意象构建叙事,力图将卦之象数规定(吉凶悔吝)与事之情节象征勾连在一起,从巫术和理性两方面进行解释。分开来说,爻辞更偏于前者,《小象》更偏于后者。

六四:樽酒,簋贰,用缶,纳约自牖,终无咎。

《象》曰:"樽酒簋贰",刚柔际也。

九五:坎不盈,衹既平,无咎。

《象》曰:"坎不盈",中未大也。

上六:系用徽纆,置于丛棘,三岁不得,凶。

《象》曰:上六失道,凶三岁也。

【今注】

樽:一种木制酒器。

簋:盛放煮熟饭食的器皿。

缶:盛放生食如黍稷的器皿。

牖:窗也。

衹:应为"坻",小土丘。

徽纆:一种刑具。纆,音 mò。

【今译】

六四:以樽盛酒,二簋盛熟食,陶盆盛生食,从窗口递进递出,最后没有麻烦。

《象》曰:"樽酒簋贰",(礼器材质有金属有竹木,祭品有生有熟,)刚柔配合，阴阳平衡。（所以终无咎。）

九五：沟渎水不漫出，小土堆也被铲平，没有祸患。

《象》曰："坎不盈"，是因为中间的土堆不是很大，（并被铲平。）

上六：（某人）被绑缚囚禁，放置在丛棘围成的牢房，三年不得解脱，凶。

《象》曰：上六不能持守正道，三年持续凶险。

【今解】

《小象》虽然直接解释爻辞，但主要是从事理出发。这里对"系用徽纆，置于丛棘，三岁不得，凶"的解释值得关注。爻辞是说一个人在监狱服刑三年，筮得此爻自然凶险异常，但《小象》却将此事虚化，认为是此人（应为官员之类）为政失德无道，导致凶险三年。这仿佛是《大象》的负面版本，也是天人感应的思想源头。

离第三十

《序卦》：陷必有所丽，故受之以《离》；离者，丽也。

陷意味着下滑、下落，丽则是系附、附着。《否卦》和《泰卦》已经告诉我们，天地以坎离交，即乾（☰）的二五爻之坤（☷）而成坎（☵），从某种角度可以说是阳"陷于地"；坤（☷）的二五爻之乾（☰）而成离（☲），从某种角度可以说是阴"丽于天"。

☲ 离：利贞，亨；畜牝牛，吉。

【今注】

牝牛：母牛。

【今译】

离：有利之贞，亨通；蓄养母牛，吉。

【今解】

以离为"丽"，是作动词用。"畜牝牛"，牝指雌性动物，雌性为阴，正是阴丽于天之象，所以吉祥如意。

《大象》：明两作，离；大人以继明照于四方。
【今注】
作：起也。
【今译】
《大象》：日月递照，离；大人之家道统相传，抚绥天下四面八方。
【今解】
《大象》仍然以"离"为日月悬照的取象寓意，来体会领悟"明两作"的象征启示。或尧舜让贤，或父子相继，这里主要是以清明的政治治理为本质，即以"明"为前提。

《彖》曰：离，丽也。日月丽乎天，百谷草木丽乎土，重明以丽乎正，乃化成天下。柔丽乎中正，故亨，是以"畜牝牛，吉"也。
【今注】
重明：明君相继之意。
【今译】
《彖传》曰：离，就是附丽。日月依天而行，百谷草木依地而长，一代一代圣王循天地正道，教民成性，化成天下。此卦六二、六五爻居于二阳爻之中，所以亨通无限，所以卦辞说"畜牝牛，大吉"。
【今解】
《彖传》行文，一般都是解释在前，议论引申在后，这里却是相反。或许是要解释的内容太简单，要引申发挥的则太重要。但我们还是先说解释。"畜牝牛，吉"的原因，就是属于前面说的阴爻丽于天的情形。当然，这里说得更抽象，"柔丽乎中正"，适合更多的语境情形。

引申发挥之所以重要，其一是呈现了一幅生机勃勃的世界图景："日月丽乎天，百谷草木丽乎土，重明以丽乎正，乃化成天下。"天生、地长、人成的三才之道，阴阳、刚柔、仁义以生命的形态各得其宜，有机统一，大化流行，生生不息。其二则是"重明以丽乎正,乃化成天下"。离为火,火为光,光为明,明意味着由内隐而外显,由昏冥而清明。"离"从《同人》开始第一次出现,《象传》即以之为"文明",君子据以"通天下之志";然后是《大有》,指出文明之"健",在"应乎天而时行"——天为文明之本;再然后是《贲卦》对天文、人文的分别论述,指出日月星辰为天显之文、诗书礼乐为(圣)人显之文的同时,提出"文明以止""人文化成"的命题。这里,"人文化成"被具体落实于"重明",而"文明以止"的意境则在"天生-地长-人成"的图景里得到充分展现。

如果说"天地以坎离交"表现的是天生万物的机理机制,首之以《乾》,继之以《屯》,终之以《未济》的六十四卦是文王给出的自然生命之世界图景,那么,《象传》及其所属的《文言》以"元亨利贞"为四德,以"天下平"为目标所提供的就是一幅精神生命的世界图景。而它的精神属性与品质,天与人的连结形式,则在离火的文明意象中得到揭示和展开。文王《序卦》,以《坎》《离》这一表现天地交泰内容的两卦为上篇作结;夫子作传,以"日月丽乎天,百谷草木丽乎土"绍述文王之文,以"重明以丽乎正,乃化成天下"而加以点化升华。王充说"文王之文在孔子",朱子说"天不生仲尼,万古如长夜",良有以也。

基督教有所谓光照论(the theory of Divine Illumination),认为"真理是上帝之光在人心镌刻的痕迹"。儒教认为"天命之谓性,率性之谓道"。虽然一个属于"创世论"(creatio ex nihilo),一个属于"生成论"(born to parents),但在强调"真理"和"美德"、"道"和"文"的先天性和神圣性上,二者却是相同的。

初九:履错然,敬之,无咎。
《象》曰:"履错之敬",以辟咎也。
六二:黄离,元吉。
《象》曰:"黄离元吉",得中道也。
九三:日昃之离,不鼓缶而歌,则大耋之嗟,凶。

《象》曰:"日昃之离",何可久也?

【今注】

错然:敬慎之貌。

辟:避也。

离:或谓"螭",一种神兽。

耋:老者。

【今译】

初九:蹑然趋避,心怀警惧,无所咎责。

《象》曰:"履错之敬",因为小心避开了麻烦。

六二:(看见)黄色神兽,筮得此爻,大吉。

《象》曰:"黄离元吉",是因为六二爻位中正。

九三:太阳西斜,如果不击缶而歌,留给老人们的就只有悲叹了,筮得此爻,凶。

《象》曰:"日昃之离",怎么可能长久呢?

【今解】

爻辞中的"离",似乎与附着、维系关系不大。初九讲履,与离的关联就是音相近。六二之离,成为名词。九三的"日昃之离",一半可以理解为附着,另一半则可以理解为离开。从卦爻之象数出发,似乎可以获得解释,但如此则爻辞的独立意义又被消解。

九四:突如其来如,焚如,死如,弃如。

《象》曰:"突如其来如",无所容也。

六五:出涕沱若,戚嗟若,吉。

《象》曰:六五之吉,离王公也。

上九:王用出征,有嘉折首,获匪其丑,无咎。

《象》曰:"王用出征",以正邦也;"获匪其丑",大有功也。

【今注】

突:烟囱。

丑：《说文》："丑，众也。"

【今译】

九四：灶火猛然上窜，强烈燃烧，灶也倒塌，只能弃之。

《象》曰："突如其来如"，是因为（九四之位下离亦为火，上为五之尊位），没有燃烧空间，热难发散。

六五：涕泗滂沱，悲不自胜，吉。

《象》曰：六五之吉，是因为依附于王公之位（得以转危为安）。

上九：大王出兵征伐，胜利可贺，既斩敌首，又俘其众，没有灾祸。

《象》曰："王用出征"，是为维护天下秩序；"获匪其丑"，说明大获成功。

【今解】

此卦内外卦爻辞似乎没有连续性关系，外卦三爻之辞也是如此。

离为火，九四以烟囱为物象。六五悲而后吉，悲、吉均因为五之大位：以阴居之，所行不顺，知所进退，善终为吉。离有兵戈之象，上九即以此立说，《小象》带入道德价值和理性思维进行诠释。

下 经

咸第三十一

《序卦》：有天地，然后有万物。有万物，然后有男女。有男女，然后有夫妇。有夫妇，然后有父子。有父子，然后有君臣。有君臣，然后有上下。有上下，然后礼义有所措。

《咸卦》的出场不是因与《离卦》的关联，而是直接从天地万物之男女的角度加以阐述，可见其地位特殊，堪比《乾》《坤》。其本质，也是如此，即"一阴一阳之谓道"。只是《乾》《坤》两卦中"乾知大始""坤作成物"，天生与地长的那种功能性主辅关系，转换成为了男女有别、长幼有序、君臣有义的伦理尊卑秩序。其实，《说卦》"乾称父，坤称母"的说法本就暗含乾与坤的夫妇关系因素。"人伦之道，莫大乎夫妇"的根本原因，应即在于夫妇既是乾坤生生德能的人间形态，也是其他社会组织的产生基础。

当然，这也说明儒教世界图景的整体性，日月星辰、山川草木、诗书礼乐是一个有机的生命整体，生生不息。"天地君亲师"信仰的原型基座，亦由此奠立。

䷞ 咸：亨，利贞，取女吉。

【今注】

咸：感应。

取：同"娶"。

【今译】

咸：亨通，有利之贞，嫁娶尤其吉利。

【今解】

少年钟情，少女怀春，《咸卦》艮下兑上，艮之象为少男，兑为少女；艮之德为刚，兑之德为柔，阴阳相感，刚柔相应，琴瑟相谐，故利婚配。

《大象》：山上有泽，咸；君子以虚受人。

【今注】

虚：孔洞、空隙。

【今译】

《大象》：山上有湖，《咸卦》之象；君子观此，当以宽阔胸怀接纳世事，包容他人。

【今解】

登泰山而小天下，很容易生出山高人为峰的自豪。但君子登临，却能从山中湖泊得到启示，山高入云，仍有孔洞空谷接纳溪流泉水汇以成湖，进而领悟到自己也应当开阔心胸，包容他人，接纳世事。

《彖》曰：咸，感也。柔上而刚下，二气感应以相与，止而说，男下女，是以"亨，利贞，取女吉"也。天地感而万物化生，圣人感人心而天下和平。观其所感，而天地万物之情可见矣。

【今注】

与：交好、亲近。

情：状况、本性。

【今译】

《彖传》曰：咸，即感。《咸卦》上兑为阴、为柔，取象则为泽、为少女，同时卦名"兑"还有喜悦之义；下艮为阳、为刚，取象则为山、为少男，同时卦名"艮"还有停止之义。因此，《咸卦》蕴含的意义十分丰富：阴阳二气互相感应，互动交好，结果愉快，并且男子低调，尊礼女子。所以卦辞说"亨通，有利之贞，特别对于嫁娶之事十分吉利"。天地相感应而化生万物，圣人感化人心而天下和平。从天地圣人之所感、天地万物的情性本质也就可以看得出来了。

【今解】

此卦可以说是《象传》的标准结构，注释与发挥，二元清晰。

其解释是基于卦体、卦德、卦象解释卦名、卦辞，引申发挥则是将"感"纳入天道理论。在《乾》《坤》两卦的《象传》中只是讲了天地与万物的关系（生），对乾坤二者关系只是讲了乾"云行雨施"、坤"含弘光大"的功能承接与配合，这里，用"感"这个词将这一关系的根据或这一过程的基础揭示出来了。

感是什么？感应。感应又是什么？发生在彼与此之间的一感一应，不虑而知，不学而能。这种超个体性、超社会性的本能、本性只能是根源于天（the Heaven）。天以生生为"道"，人以生生为"德"、为能、为使命。天地相感而万物生，《乾卦·彖辞》之述已备。圣人之心与天下人之心相感而天下和平，则是对《同人》《大有》《观》《贲》诸卦之《象传》以及《文言》相关论述的总结，即圣人与天合德，率性为道而导万民于正轨，成就其天性。"天下和平"就是"人文化成"，就是"文明以止"，就是"重明以丽乎正，乃化成天下"与"日月丽乎天，百谷草木丽乎土"的上下与天地同流，就是生生不息大化流行之生命画卷的证成。

《中庸》的"天地位焉，万物育焉"，《大学》的"止于至善"，都是以此为基础和根据。

初六：咸其拇。

《象》曰："咸其拇"，志在外也。

六二：咸其腓，凶；居吉。

《象》曰：虽凶居吉，顺不害也。

九三：咸其股，执其随，往吝。

《象》曰："咸其股"，亦不处也；志在随人，所执下也。

【今注】

咸：感也。

腓：腿肚。

股：大腿。

随：这里指行走时的后腿；行走迈步时总是一前一后，左右腿相随。执其随，字面意思为捉住后腿，指一意随行。

【今译】

初六：感应在脚趾。

《象》曰："咸其拇"，是想着出外远行。

六二：感应在腿肚，凶；居家之占则吉。

《象》曰：虽凶，居家之占则吉，情势不宜出门，宅在家里则没有妨害。

九三：感应在大腿，执意随行，走下去将会后悔。

《象》曰："咸其股"，说明没有在家安处；执意追随他人，这种想法不高明。

【今解】

《序卦》《彖传》言感都是双向互动的有感有应。爻辞这里则似乎是拟设一种心理意境，以卦体为人，自下而上，单向感触，占断吉凶。

"咸"同"感"，"感"又有"撼"即摇动之义。而"咸"字本身从戌从口，戌为长柄大斧，口为人头，于义为"杀"。不同注家取义不同，对爻辞的理解也各不相同，但训"咸"为"感"是主流。

九四：贞吉，悔亡。憧憧往来，朋从尔思。

《象》曰："贞吉悔亡"，未感害也；"憧憧往来"，未光大也。

九五：咸其脢，无悔。

《象》曰："咸其脢"，志末也。

上六：咸其辅颊舌。

《象》曰："咸其辅颊舌"，滕口说也。

【今注】

憧憧往来：往来不绝貌。

思：语气助词。

脢：音 méi。背部肌肉。

滕：水上涌。

【今译】

九四：吉利之占，没有悔吝。人影憧憧，你的友朋都随你而行。

《象》曰："贞吉悔亡"，没有遭受什么伤害；"憧憧往来"，理念还没有获得广泛接受认同，（还只是友朋追随。）

九五：感应在背，没有悔吝。

《象》曰："感应在背"，志向不大。

上六：感应在颊舌。

《象》曰："感其辅颊舌"，口水腾涌心愉悦。

【今解】

诸家少有以"滕口说也"之"说"为"悦"者，且多从负面而加以否定。"咸"既为"感"，则感在颊舌时应该是一个皆大欢喜的结局才合情合理吧。

恒第三十二

《序卦》：夫妇之道，不可不久，故受之以《恒》；恒者，久也。

这里的夫妇之道究竟是指《咸卦》还是《恒卦》，可以有两说。《咸卦》艮下兑上，艮为少男，兑为少女，主题是少男少女之心意相感，重点在男女之情与生生之意。《恒卦》巽下震上，为长男长女，则是进入夫妇关系的社会角色，才有男女之间的尊卑秩序。《荀子·大略》讲"夫妇之道，不可不正"的"正"，以及这里的"久"，应该都是指《恒卦》。只有将《咸卦》之生生的一般性意义凸显出来与之相区隔，才能获得由《咸卦》之生生到《恒卦》之夫妇关系确立的意义逻辑次第，才能看到文王以《咸卦》为下经之首呼应乾坤之蕴的用心所在。

☳☴ 恒：亨，无咎；利贞，利有攸往。

【今注】

（从略）

【今译】

恒：亨通，无咎；有利之贞，利于出门办事。

【今解】

恒（恆）字的金文从心、从月、从二。月之升降可期，月相之晦朔弦望亦有其序，此循环反复的现象自古而然，亘古不易。《序卦》以"恒"为久，久为时间概念，或本于金文。但《说文》曰："恒，常也。从心从舟，在二之间上下。"段注："从心舟在二之间上下……历久不变，恒之意也。"可见"恒"已经被视为对某种行为的执着、坚持，"常"之义应即由此而来，指某种事物的稳定状态。也就是说，人事中时间的意义得到重视，需要人们停下来去体会思考。

《大象》：雷风，恒；君子以立不易方。

【今注】

立：站立，坚持。

方：学问、道理等。

【今译】

《大象》：雷震于天，风行于地，风雷激荡，相辅相成，恒；观此之象，君子当坚持自己的理念方向，无论什么情况都绝不动摇改变。

【今解】

雷厉风行是局势动荡之象，当此之时，平生所学及初心所向均面临挑战。《大象》作者却告诉王室子弟，《恒卦》卦象与卦名启示于人的是，不管什么条件下，都要有操守有坚持。国于天下必有以立，立于大道，然后有成。

《彖》曰：恒，久也。刚上而柔下，雷风相与，巽而动，刚柔皆应，恒。"恒，亨，无咎，利贞"，久于其道也。天地之道，恒久而不已也。"利有攸往"，终则有始也。

日月得天而能久照，四时变化而能久成，圣人久于其道而天下化成。观其所恒，而天地万物之情可见矣。

【今注】

久：原意为滞留，这里是恒久、坚持之意。

与：互相激发。

【今译】

《彖传》曰：恒就是恒定。《恒卦》上震下巽，震为雷为刚，巽为风为柔，既是雷厉风行，也是柔随刚动，呼应配合，所以为恒。"恒，亨，无咎，利贞"，是因为卦体、卦德、卦象有机一体，能够长期维持其运行。天地之道，正是如此稳定而无有止息。筮得此爻"利有攸往"，是因为这里体现的天道终则有始，生生不息。

因为有天的依托，日月得以恒定发光照耀万物，春夏秋冬能够四季轮回成就万物，圣人也能够坚持以诗书礼乐化成天下。恒即万物的存在方式，其本性就在各种存在方式中得到呈现，留心观察就可以看到生活的本质、生命的奥秘与意义。

【今解】

从《同人》《大有》《观》《贲》《离》诸卦，我们看到《彖传》有一个关于人文的论述系列。它为天生、地长的观念即文王之文补充了人成的思想，使六十四卦的系统成为天、地、人三才有机一体的世界图景。

"圣人化成"的工作仍然是与天生（"日月久照"）、地长（四时行，百物生）相提并论。"圣人久于其道而天下化成"显然是承接"重明丽乎正"而来，但重心转移到了"恒"即坚持的问题。其内涵意义，可以于《中庸》获得理解："至诚无息。不息则久，久则征，征则悠远，悠远则博厚，博厚则高明。薄厚所以载物也，高明所以覆物也，悠久所以成物也。博厚配地，高明配天，悠久无疆。"

更加值得关注的地方是，这里指出了天的基础性与根源性，"日月之照"即刚柔之推、昼夜之替有赖于天。由是而有四时之行、百物之生，然后则是人文之显（《左传·僖公二十七年》"诗书，义之府也"，《孟子·滕文公上》"礼义由贤者出"，《礼记·礼运》"圣人作则，必以天地为本"），以及教化之成。显然，这里的天不只是作为功能承担者的 sky，更是作为意志的绝对主体 the Heaven，它不只是天文、地文、人文的背景，更是其根源、依据。

另外值得一提的是，朱子《周易本义》注"终则有始"云："动静相生，循环之理，然必静为主也。"这显然是基于濂溪《太极通书》的理学思维（根源其实在道家、道教），三句话可谓全错。首先，终始是"终则有始"，是生生不息，一往无前，主词是天，乾德至健，于是才有"君子以自强不息"的领悟，"必静为主"纯属歪曲。其次，天之云行雨施，然后有元亨利贞四季流转，有百物之生根开花结果收藏，以及天人合德致中于和的上下与天地同流，这是生命发育天德流行的过程，"循环之理"从何说起？最后，其"动静相生"的主词是"太极"，《系辞》以其解释"大衍之数"的筮法，只是一种解释或建构，由此引入的宇宙起源论"太一生水"，属于"天官书"的传统，为道家所发扬，与《周易》乾父坤母的生生理论不是同一个系统。朱子这里以动静说终始，实际是将《系辞》用于筮法解释的太极概念移用于《象传》的天道论述，以动静代终始的本质是以太极代天，为其理本论张本。

下面讲《系辞》的"易有太极"时会有进一步讨论。

初六：浚恒，贞凶，无攸利。
《象》曰："浚恒之凶"，始求深也。
九二：悔亡。
《象》曰：九二"悔亡"，能久中也。
九三：不恒其德，或承之羞，贞吝。
《象》曰："不恒其德"，无所容也。

【今注】

浚：深也，深挖等义。这里是过分的意思。

羞：羞辱。

【今译】

初六：过分追求恒定，筮得此爻，将有凶险，没有任何好处。

《象》曰："浚恒之凶"，是因为一开始就过于求深。（极端激进，不知变通。）

九二：悔恨消失。

《象》曰：九二"悔恨消失"，是因为阴爻得位居中，能够持守。

九三：如果不能修养情操维持德性，轻慢而行，很可能承受羞辱，筮得此爻，很可能会有悔吝。

《象》曰："不恒其德"，在哪里也难以容身。

【今解】

"恒"在《序卦》被训释为久，动词义比较薄弱。从卦象、卦德与卦辞、爻辞看，恒指向一种常态，并有维持肯定之意，如反复提到的"恒其德"就是。而"浚恒""振恒"为凶，则说明作者认为"恒"是具有内在内容和品质的恒久，是一种"先天和谐"，人为改变它不会有太好结果。

九四：田，无禽。

《象》曰：久非其位，安得禽也。

六五：恒其德，贞妇人吉，夫子凶。

《象》曰："妇人贞吉"，从一而终也；夫子制义，从妇凶也。

上六：振恒，凶。

《象》曰："振恒"在上，大无功也。

【今注】

田：即"畋"，打猎。

禽：鸟兽之总名，又有擒获之意。无禽，即是一无所获。

振：动也。

【今译】

九四：出行狩猎，一无所获。

《象》曰：长期不在自己的正位上，怎么会有收获。

六五：行为能谨守道德，筮得此爻，对妇人为吉，对男人则凶。（因为这是阴爻居尊位。）

《象》曰："妇人贞吉"，因为她从一而终就可以了；如果是男子，在尊位上却需要创制立教，因时因地制宜，如果还听从妇人之言，自是凶险可知。

上六：动摇持守之心，凶。

《象》曰：上九已是最高处，当思安处，如今却不安分守己，操切冒进，绝不会有什么成功。

【今解】

爻辞是要给出吉凶祸福的占卜结果，其根据则一个是卦爻象数及其内部关系，一个是由此编撰而成之文本故事所蕴含的理性精神。前者是基础，后者是拓展。拓展所依据的主要是儒家价值观和日常经验理性。

遯第三十三

《序卦》：物不可以久居其所，故受之以《遯》；遯者，退也。

农耕文化，安土重迁，这里却言"不可久居其所"，如果不是动静转换逻辑，就完全是出于六十四卦系统连缀考量。遯者，遁也。遁者，退也。应该是从内卦阴爻浸长、阳爻退避而得此卦名。

☰ **遯：亨；小利贞。**

【今注】

遯：同"遁"，退避之义。《序卦》以此释卦名。但爻辞之"遯"，扞格难入。作为"豚"之假借，则字顺文从。

小：小事之类。

【今译】

遯：亨通；筮得此卦，贞问小事，十分有利。

【今解】

遯者遁也，遁者退也。退避处事，在小事上是一种大度，在大事上则属于丧失原则。所以，只是"小利贞"。

《大象》：天下有山，遯；君子以远小人，不恶而严。

【今注】

不恶而严：近似不怒自威。德盛品高，自然令人心生敬畏。

【今译】

《大象》：天下有山，（山峰高耸，欲与天齐，）这就是《遯卦》之象；君子观此，亦当亲君子，远小人，正气凛然，不可干犯。

【今解】

有注家以天为庙堂，以山为贤人，以贤人处江湖之远释卦名之"遯"，说亦可通。不过我们认为，"亲君子，远小人"之"远"包含有比退避更为丰富的意涵，而君子之为君子，主要在见贤思齐，故于"亲君子"之义亦应适当强调。"不恶而严"的正气凛然本身表明在《大象》作者处，"遯"更多意味着在"远"与"亲"之间的平衡处理，因此不宜在"遯"的意义上做过多联想。

《彖》曰："遯，亨"，遯而亨也；刚当位而应，与时行也；"小利贞"，浸而长也。遯之时义大矣哉！

【今注】

浸：逐渐。

【今译】

《彖传》曰："遯，亨"，就是退避而得偿所愿；《遯卦》阴爻阳爻分居内外卦之中位，互相呼应，因此，"遯"也属于与时偕行了；之所以只是"小利贞"，是因为这样一种浸染似的退避行为，最终结果很难说会是怎样。所以，

《周易》义解　165

退避求通需要因时因地、根据事情大小来做决策，这点十分重要。

【今解】

《周易》既强调"天行，健，君子以自强不息"，也强调时中的智慧。《遯·象传》正是如此。不过，就像"自强不息"是作为主旋律与基础，这里对"时中"的强调也是从属于刚健的价值取向。这也是儒家区别于道家的地方，因为道家是一种个体叙事理论，而儒家则是一种共同体叙事理论。君子、先王、大人都是共同体的代表者，对照《老子》《庄子》书中的主角，区别明显。

初六：遯尾，厉，勿用有攸往。

《象》曰："遯尾之厉"，不往何灾也？

六二：执之用黄牛之革，莫之胜说。

《象》曰："执用黄牛"，固志也。

九三：系遯，有疾，厉；畜臣妾，吉。

《象》曰："系遯之厉"，有疾惫也；"畜臣妾吉"，不可大事也。

【今注】

遯：同"豚"，小猪。

执：抓住捆缚。

莫之胜说：难以挣脱。胜，能。说，同"脱"。

系：捆缚。

【今译】

初六：猪尾，筮得此爻，危险，不适合出门办事。

《象》曰："遯尾之厉"，不出门哪有灾祸呢？

六二：抓住小猪，用黄牛皮做的带子捆住，小猪根本没法逃脱。

《象》曰："用牛皮绳捆绑"，是因为它太能折腾（想跑）了。

九三：捆住了小猪，筮得此爻，身若有恙则危险；蓄养家奴，还算吉利。

《象》曰："系遯之厉"，因为体弱疲惫；"畜臣妾吉"，言下之意是做大事就不合适了。

【今解】

照《序卦》以"遯"为遁，代入卦爻辞很难做出诠释。将其视为"豚"之假借，"遯尾""系遯"以及"好遯""肥遯"这些关键词相对而言就好理解多了。也许，卦爻辞的作者也确实就是以"遯"为"豚"，以形近假借或将错就错，然后"远取诸物"，编下这段故事。

九四： 好遯，君子吉，小人否。

《象》曰： "君子好遯"，"小人否"也。

九五： 嘉遯，贞吉。

《象》曰： "嘉遯贞吉"，以正志也。

上九： 肥遯，无不利。

《象》曰： "肥遯无不利"，无所疑也。

【今注】

好：馈赠。（据高亨《周易大传今注》）

否：非，不是。

嘉：美。

【今译】

九四：赠人小猪，筮得此爻，有利君子，不利小人。

《象》曰："君子喜欢小猪"，故君子吉；"小人不喜欢"，故否。

九五：漂亮的小猪，吉利之贞。

《象》曰："嘉遯贞吉"，有助（九五之尊）正心正念的强化。

上九：肥豚，筮得此爻，吉无不利。

《象》曰："肥遯无不利"，因为养尊处优，无所用心，无所事事。

【今解】

本卦完全以"遯"为"豚"解释六条爻辞，个人以为是一种值得一做的尝试，因为以"遯"为"遁"的解释同样存在这样那样的问题。即使这是另一种形式的试错，也有其特殊意义。

《易》无达占，此之谓乎？

大壮第三十四

《序卦》：物不可以终遁，故受之以《大壮》。

《序卦》以"遯"为"遁"，而遁为退，显然不可持久。远小人是因为小人道长，盛极而衰也，形势要发生转换，然后就是《大壮》的阳盛阴衰。

☳ **大壮：利贞。**

【今注】

大壮：大，这里指阳。壮，强盛之意。大壮，即是阳壮、阳盛之意。

【今译】

大壮：阳盛，有利之贞。

【今解】

此卦卦体乾下震上，意味着万物繁荣，茁壮成长。卦辞只有"利贞"二字，为六十四卦字数最少者。为什么？如此景象，一切语言都显得多余。

《遯》与《大壮》颠倒成卦，或谓一主退，一主进。其实，《大壮》内涵远过于《遯》，亦远过于进退之际。

《大象》：雷在天上，大壮；君子以非礼弗履。

【今注】

弗：不。

履：践也。

【今译】

《大象》：高天雷鸣，大壮；君子观此卦象，当心存戒惧，非礼勿行。

【今解】

万物茁壮，当对应"亨者嘉之会"的夏天。春雷沉闷，如出地中，夏季云层对流，常有晴空霹雳。以此情境植入，"雷在天上"，似在提醒"皇矣上帝，临下有赫"，而君子自然会心中凛然有感，以礼为则，约束行为。

《彖》曰：大壮，大者壮也；刚以动，故壮。"大壮，利贞"，大者正也。正大而天地之情可见矣。

【今注】

大者壮也：大为阳，阳者刚健，壮也。

大者正也：大为阳，阳为正。

【今译】

《彖传》曰：大壮，就是阳气强盛；阳气刚健上行，故万物茁壮。"大壮，利贞"，阳气刚正，物无不利。天地之情，既正且大，于斯可见。

【今解】

天生万物，万物出乎震。由乾天震雷组成的《大壮卦》，一言以蔽之：利贞！

初九：壮于趾，征凶，有孚。

《象》曰："壮于趾"，其孚穷也。

九二：贞吉。

《象》曰：九二"贞吉"，以中也。

九三：小人用壮，君子用罔，贞厉；羝羊触藩，羸其角。

《象》曰："小人用壮"，"君子罔"也。

【今注】

用罔：不用。罔，不。

羝：音 dī。公羊。

羸：本义瘦弱。这里通"累"，缠绕，困住。

【今译】

初九：脚趾强壮，操切冒进，筮得此爻，用兵则凶，不过忠心可嘉。

《象》曰："壮于趾"，信任也可能会被耗尽。

九二：吉利之贞。

《象》曰：九二"吉利之贞"，因为居位中正。

九三：小人好勇斗狠，君子不是这样，筮得此爻，危险；公羊撞上篱笆，缠住了羊角。

《象》曰："小人好勇斗狠"，"君子非是"。

【今解】

《大象》寻找德性和智慧，《象传》建构天道叙事，卦辞、爻辞则专注于吉凶悔吝之答案的解读与阐释。《大壮》于卦为阳气强盛，所谓壮也。爻辞之"壮"，不考虑"正"与"大"，而是将其抽象为一种力道与趋势，经由"趾""羝"以及君子、小人表现出来，然后根据情境和事理得出吉凶悔吝之占断。

有了不同系统、不同层次的意识，尊重各自的中心与思想脉络，先分后合，看似了无头绪的卦辞尤其是爻辞，也许就会变得清晰可解。

九四：贞吉，悔亡。藩决不羸，壮于大舆之輹。

《象》曰："藩决不羸"，尚往也。

六五：丧羊于易，无悔。

《象》曰："丧羊于易"，位不当也。

上六：羝羊触藩，不能退，不能遂，无攸利，艰则吉。

《象》曰："不能退不能遂"，不详也；"艰则吉"，咎不长也。

【今注】

决：破裂。

易：古代国名。

遂：前行。

详：同"祥"，吉祥之意。

【今译】

九四：吉利之贞，没有悔吝。篱笆破裂，羊角无恙，可能冲向马车车厢、车轮。

《象》曰："藩决不羸"，意思是公羊还要向前。

六五：在易国这地方丢了羊，筮得此爻，没什么可后悔的事。

《象》曰："丧羊于易"，是因为居位不当。

上六：公羊顶触篱笆，进退两难，筮得此爻，无所利，虽经磨难，但最终结果还行。

《象》曰："不能退不能进"，不祥之兆；"但历经磨难而终于得吉"，灾祸很快就能过去。

【今解】

壮，在《大象》《象传》中都是跟特定主体联系在一起，如天、阳气等。而其爻辞必须适应卦爻象数，与其所决定的占卜结果如吉凶悔吝等相勾连，成为一种解释依据。于是，天、阳气等主词被过滤，只剩下"壮"之强盛特质，与六爻及位势结合，编撰连缀成一个故事。

这里的初、二、三爻，以及下面的四、五、上诸爻，就是如此：初爻在下，自然与"趾"对应，于是由"趾"而引入有蹄之"羝"，进而又由"羝羊触藩"再到"丧羊于易"。如果说"元亨，利贞"，"贞吉，利涉大川"这种直接由卦象、卦体导出的断占之词可以叫作初始卦爻辞，那么，"盥而不荐""丧羊于易"以及"康侯用锡马蕃庶"之类，则属于次生卦爻辞。这表明《周易》文本并非形成于一时一人之手，而其思想也表现出对卦爻的超越。

这种改变意味着新作者群体的出现。新作者群最伟大的代表，就是孔子。

晋第三十五

《序卦》：物不可以终壮，故受之以《晋》；晋者，进也。

壮为强盛，阳爻上行，也是进的气象。晋与进有何差别？进只是退的反义词，而晋则是"日出万物进"，即生长之意。从卦爻看，《大壮》一开始就十分强势，"壮于趾"，而《晋》则是"晋如摧如"。这种内在品质的差别，或许有助于对《大壮》之后"受之以《晋》"的理解。

☷ 晋：康侯用锡马蕃庶，昼日三接。

【今注】

康侯：或谓周代王公，武王之弟。

用：连词，因为。

锡：假借为"赐"。

蕃庶：众多。

【今译】

晋：康侯精心饲养赏赐得来的马匹，使之大大繁衍，君主对此大为赏识，一日之内三次召见。

【今解】

康侯可实可虚，实指可能是武王之弟康叔，虚指则为安国康民之贤相能臣。整个故事也可以视为一种隐喻：臣子忠君之事，君主有识人用人之明，擢拔贤能，赏罚分明。虽然没有断占之词，筮得此卦，肯定是"元亨，利贞"。

《大象》：明出地上，晋；君子以自昭明德。

【今注】

明：大明，指太阳。

昭：显示、彰明。

【今译】

《大象》：太阳从地平线下冉冉升起，晋；君子观此象，当意识到自己也应将内在美德显示出来。（成就自我，造福天下。）

【今解】

大地光亮，万物茁壮，这就是春天的日出。君子与天地合德，自然也要则天而行，将内在美德表达出来，化为嘉言懿行和德政。《中庸》的"成己成物"，《大学》的"明明德"，都可以视为这一思想的接续和发展。

《彖》曰：晋，进也。明出地上，顺而丽乎大明，柔进而上行，是以"康侯用锡马蕃庶，昼日三接"也。

【今注】

顺而丽乎大明：内卦坤，三爻皆阴，依次向上；坤亦为众，趋近于离，离为日。

【今译】

《象传》曰：晋是万物生发长进。太阳从地平线下冉冉升起，众生沐浴着阳光，茁壮向上，天天成长。这就是"康侯用锡马蕃庶，昼日三接"所欲显示的明主在上、能臣在下，上下同心、蒸蒸日上的繁荣景象。

【今解】

旭日，阳光；大地，草木；贤君，能吏。天地间阳光草木的和谐，庙堂上君臣之间的互动，可谓生机勃勃，欣欣向荣。这样一种"晋"，与《大壮》中羝羊触藩的"进"，显然不可同日而语。

初六：晋如摧如，贞吉；罔孚，裕无咎。
《象》曰："晋如摧如"，独行正也；"裕无咎"，未受命也。
六二：晋如愁如，贞吉；受兹介福，于其王母。
《象》曰："受兹介福"，以中正也。
六三：众允，悔亡。
《象》曰："众允"之志，上行也。

【今注】

摧：挫折。
罔孚：不获信任。
裕：宽裕。
介：大也。

【今译】

初六：有时前进，有时后退，吉利之贞；虽不见信于人，仍坦然淡定，没有咎责。

《象》曰："晋如摧如"，因为是按照自己做出的正确决定；"裕无咎"，没有得到上级命令。(但因为方案正确，没有咎责。)

六二：虽然进展顺利，却仍然十分谨慎小心，吉利之贞；将从上级获得嘉奖赏赐。

《象》曰："受兹介福"，因为自己决策正确。

六三：获得众人认同拥戴，曾经的悔恨一扫而尽。

《象》曰："获得认同"，是因为一切都是为了积极向上。

【今解】

"晋"的生长义是由《象传》所提出，甚至由其所注入。在爻辞，它又回到了一般性的"进"之义，与《大壮》的"羝羊触藩"一样。这似乎可以推断，"康侯用锡马蕃庶，昼日三接"的卦辞，是在《象传》主题影响之下由相关人员创作完成。

因为《大壮》是阳气强盛，具有进攻性。这里则是以阴爻为主体的"柔进而上行"，所以，即使是拟用于战争场景，"摧如""愁如"的事态与心态，也使得进攻变得具有节制，表现出一种成熟的智慧。

九四：晋如鼫鼠，贞厉。

《象》曰："鼫鼠贞厉"，位不当也。

六五：悔亡，失得勿恤；往，吉无不利。

《象》曰："失得勿恤"，往有庆也。

上九：晋其角，维用伐邑，厉，吉无咎；贞吝。

《象》曰："维用伐邑"，道未光也。

【今注】

鼫鼠：古书上指鼯鼠一类的动物。鼫，音 shí。孔疏："晋如鼫鼠者，鼫鼠有五能，而不成伎之虫也。"其特征是胆小却又贪婪无能。

恤：忧虑。

维：语气助词。

晋其角：进到最高处的意思。

【今译】

九四：像鼫鼠一样前进，筮得此爻，危险。

《象》曰："鼫鼠贞厉"，因为居位不当（阳爻居阴位）而进退失据。

六五：筮得此爻，悔吝可消，得失无虑；适合出行，吉无不利。

《象》曰:"失得勿恤",到目的地将有吉庆。

上九:进到最后,就是挥师讨伐本邦城邑了,危险,最终转危为安;遗憾之贞。

《象》曰:"军队征伐本邦城邑",说明王化不足,道未大光。

【今解】

虽然六爻从下往上,其叙事的展开似乎应该有一个主题或逻辑,但实际上爻辞首先却需要与卦爻的属性相匹配和对应。因此,作者必须从这一横向关系的吉凶悔吝断占出发来编撰爻辞,在这一前提之下再去考虑故事的完整性。初六、六二都是"贞吉",于是故事主人公给人一种智慧、成熟的想象。到九四、上九,因为"位不当"等,其晋就如鼫鼠之不堪了,甚至刀锋向内,指向本邦城邑。

难能可贵的是,《小象》基本还能从事理出发,给出解释。

明夷第三十六

《序卦》:进必有所伤,故受之以《明夷》;夷者,伤也。

离为日为明,坤为地为暗,《明夷》离下坤上,可谓明之伤也。日月递照,东升西落,在这里被解读为"进"之伤,是为了把《晋卦》和《明夷卦》结合一起,很有想象力。

☷☲ **明夷:利艰贞。**

【今注】

(从略)

【今译】

明夷:太阳沉落,光明受伤。筮得此卦,对艰难事项的占问有利(艰难只是暂时的)。

【今解】

"明夷:利艰贞"的卦辞表明,作者根据日月递照、昼夜交替的生活经验或宇宙模式，并没有将"明之伤"绝对化。这样一种思维和格局气度，值得敬佩和学习。

《大象》：明入地中，明夷；君子以莅众，用晦而明。
【今注】
莅：莅临，引申为治理、统治。
晦：深微之义理。
【今译】
《大象》：太阳沉落地平线下，明夷；君子观此，当亲近民众，以内蕴之德加以教化启蒙。
【今解】
这里的关键处是对"晦"的理解。历代注家从与明之对照中理解晦，但却是以太阳、白昼之明为参照，将"晦"理解为"韬光养晦"之"晦"，或"藏明于内"之"藏"或"内"，总之是当作一种手段、策略或权术。其实，《大象》的视角是超出自然之象的，都是由自然物象寻求道德、政治和文化上的启示。因此，应该从"君子以莅众，用晦而明"之"明"去思考"晦"的内涵，这个能因其使用、运用而能使民得"明"的"晦"究竟是什么？或应该是什么？

从第一个动词"莅"的意义看，《大象》作者强调的是日与土地的趋近。"晦而明"是亲近民众或治理民众的行为措施。从这样一种语境以及"君子以厚德载物"，"君子以辩上下，定民志"的思想脉络来看，这里将"晦"理解为"内蕴之德"，解作深奥的义理，应该是相对更为允当贴切。

《彖》曰：明入地中，明夷。内文明而外柔顺，以蒙大难，文王以之。"利艰贞"，晦其明也。内难而能正其志，箕子以之。
【今注】
蒙：遭受。
晦：潜藏，名词作动词用。

箕子：商纣伯父，有道君子。

【今译】

《象传》曰：太阳没入地平线，这就是《明夷》卦象。文明蕴于内，柔顺现于外，以应对外部的艰难处境，文王就是如此。"利艰贞"，就是说它有一种内敛其锋芒与理念的智慧。遭遇内乱而能维持正义志向，箕子正是这样。

【今解】

"明入地中"，在《象传》都被理解为一种至暗时刻的象征，但又特别强调对光明、文明之火的追求坚持、不变，将光明的内敛视为一种权变智慧。这也是为了对卦辞"利艰贞"做出解释。如果说文王例子的引入是智慧佐证，则箕子的例子属于德性赞美。

初九：明夷于飞，垂其翼；君子于行，三日不食。有攸往，主人有言。

《象》曰："君子于行"，义不食也。

六二：明夷，夷于左股，用拯马壮，吉。

《象》曰：六二之吉，顺以则也。

九三：明夷于南狩，得其大首；不可疾贞。

《象》曰：南狩之志，乃大得也。

【今注】

明夷于飞：明夷，在爻辞中被设定为一种飞鸟。

拯马：骗马。

首：剑之环拊。或指首领。

【今译】

初九：明夷于飞，翼垂缓缓；君子于行，三日不食。孤怀独往，不恤人言。

《象》曰："君子于行"，（既然是君子，）自然不食嗟来之食。

六二：明夷左腿受伤，因为骗马之助，得以安然无恙。

《象》曰：六二之吉，是因为柔顺而不失原则。

九三：明夷巡狩南方，俘获敌酋；筮得此爻，于疾患贞问不利。

《周易》义解　177

《象》曰：南狩之志，收获巨大。

【今解】

离为日、为火，亦为鸟。《说卦》："离为雉。"所以，爻辞作者将卦名"明夷"转换想象为飞鸟，以便建构其叙事。这一转变，主要在于将"明夷"名词化，作为某种人格或行动的主体，以其行为来承担卦爻所指示的吉凶悔吝等贞占结果。然后，则是《小象》的解释。

六四：入于左腹，获明夷之心，于出门庭。

《象》曰："入于左腹"，获心意也。

六五：箕子之明夷，利贞。

《象》曰：箕子之贞，明不可息也。

上六：不明，晦；初登于天，后入于地。

《象》曰："初登于天"，照四国也；"后入于地"，失则也。

【今注】

左腹：幽隐之处。

【今译】

六四：柔顺用事，交往日密，深获明夷赏识，（但意识到不可共事，）出门远遁。

《象》曰："入于左腹"，表明深得明夷之心。

六五：箕子在纣行无道之时，建言不获听，乃披发佯狂，以免灾祸，（这就是《明夷卦》的箕子版本。）筮得此爻，吉利。

《象》曰：箕子这事的意义关键，就是一定要保持内心的阳光。

上六：无所谓明与晦；太阳早上从地平线下升起，晚上又沉落地底，（如是反复。）

《象》曰："太阳升于天"，则照亮四方家国；"沉落于地"，则失去光辉，昼变为夜。

【今解】

《明夷卦》的爻辞因为反复提到箕子而备受关注，整体上也就被想象为一个君子的故事。其实爻辞作者只是借助箕子的故事与《明夷》之君子于至暗时刻而内心不失光明的情境相似性来加以发明，卦爻象数的内在逻辑整体性决定了作为该逻辑整体之附属物的爻辞不可能获得自己的完整性。因此，解读时只能在左顾右盼东拉西扯中得意而忘言。

如果说象数派经由对象数的发掘拟构而使得原生、次生的卦爻辞完全成为卦爻的附属之物，从而将《周易》占卜化，那么，强调卦爻辞的独立意义，聚焦于叙事的历史、道德、政治主内容的义理派则走向了另一极端，其基于事理、逻辑的诠释完全忽视了占卜系统中对神圣之物的设定与信仰，所谓的义理因其零碎无根而失去意义。

从此种意义而言，孔子的《彖传》才是《周易》的精华和核心所在。

家人第三十七

《序卦》：伤于外者，必反于家，故受之以《家人》。

家是人们出生生长的地方，父母兄弟家人是最基础的社会关系，也是人最后的情感慰藉之所在。这应该就是《序卦》"伤于外者，必反于家"的逻辑基础。这显然是一种个体视角，可以方便地串联起此卦与《明夷》的关系："夷者，伤也。"

䷤ 家人：利女贞。

【今注】

（从略）

【今译】

家人：筮得此卦，对女性相关事务的贞问十分有利。

【今解】

本卦离下巽上，离为火，巽为风，下为内，上为外，六二、九五均居正位，与男主外、女主内的分工一致，夫唱妇随，才是风风火火的兴旺之家。男主外，女主内，是传统农业社会家庭分工的基本形态，如男耕女织。因为此卦主要是讲"家"之"人",自然是女为之主,如女主中馈。因此,筮得此卦,对女性问事十分有利。

《大象》：风自火出,家人；君子以言有物,而行有恒。

【今注】

风自火出：离下巽上,离为火,巽为风,火燃生风,升腾而出。

【今译】

《大象》：风自火出,就是《家人卦》；观此卦象,君子当知人应该言之有物,行之有恒。

【今解】

"风自火出"的卦象,所描述的最大可能应该是指炉灶、烟囱之类吧？风与火均为气态,但火相较于风,更有热度、颜色,所谓言有物者,本乎此乎？一日三餐,逢年过节,炉灶、烟囱都会热气腾腾、炊烟袅袅,行有恒者,此之谓乎？

《彖》曰：家人,女正位乎内,男正位乎外。男女正,天地之大义也。家人有严君焉,父母之谓也。父父、子子、兄兄、弟弟、夫夫、妇妇,而家道正。正家而天下定矣。

【今注】

严君：指父亲。

父父：第一个"父"为名词,第二个为动词,意思就是做父亲的要像父亲一样（说话做事）。以下依此类推。

家道：家庭秩序。

【今译】

《彖传》曰：卦名"家人",是因为内卦六二阴居正位,外卦九五阳居正位,正是女主内、男主外的家庭分工结构之体现。男女各安其位,是天地乾坤之大义的要求和体现。父母有如尊严的君主。父如父、子如子、兄如兄、弟如弟、夫如夫、妇如妇,家里的秩序就建立起来了。每个家庭的秩序都如此，天下也就安定了。

【今解】

这里首先是以内卦、外卦阴阳之得位与女主内、男主外的家庭分工相对应解释卦名。接着从乾父坤母的主从关系出发，将这一安排视为天地之大义，然后用家道概念将父父、子子、兄兄、弟弟、夫夫、妇妇这样一种角色定位的伦理秩序加以统摄，最后得出"正家而天下定"的结论。

家以及家人在《序卦》中是天地与礼义之间的中间环节，是大化流行之大生命的直接体现者，其意义与地位十分重要。《大学》与《易传》的联系是多方面的，"齐家、治国、平天下"之思想，可以说就是对《家人》之《彖传》思想的继承、发展和完善。

初九：闲有家，悔亡。

《象》曰："闲有家"，志未变也。

六二：无攸遂，在中馈，贞吉。

《象》曰：六二之吉，顺以巽也。

九三：家人嗃嗃，悔厉，吉；妇子嘻嘻，终吝。

《象》曰："家人嗃嗃"，未失也；"妇子嘻嘻"，失家节也。

【今注】

闲：防也。

有：于，介词。

中馈：家务饮食之类事宜。馈，具饮食以予人。

嗃嗃：严酷貌。

嘻嘻：喜悦貌。

【今译】

初九：采取措施，为家里做好各种防范，防火防盗防败俗，就不会吃后悔药。

《象》曰："闲有家"，就是防患于未然。

六二：（虽居正位，但并）不做什么主观任意之事，只是打理饮食家务，筮得此爻，大吉。

《象》曰：六二爻辞之所以言吉，是因为女主内却不师心自用，而是以柔顺之德操持家务，配合九五之家长。

九三：对家人严厉，似乎不好，其实效果不错；妇女孩童嘻嘻哈哈，迟早会出麻烦。

《象》曰："对家人严厉"，可以防止家人违反规则；"妇女孩童不知收敛"，可能行为脱离规范。

【今解】

此数条爻辞都很有启发意义。首先是重防范，如曲突远薪以防火，筑垣楗户以防盗，分别男女以防乱等等。其次是女主人自我定位清晰，虽有某种权力，却只是操持家务维持家庭，而没有主观任意之事——这是作为母亲角色的要点与亮点。再次是说"严是爱，松是害，不管不教要变坏"。

六四：富家，大吉。

《象》曰："富家大吉"，顺在位也。

九五：王假有家，勿恤，吉。

《象》曰："王假有家"，交相爱也。

上九：有孚，威如，终吉。

《象》曰："威如之吉"，反身之谓也。

【今注】

假：至。

有：于。

家：指自己的臣民。天子以天下为家，诸侯以国为家。

反身：自我要求，反求诸己。

【今译】

六四：发家致富，大吉。

《象》曰："富家大吉"，因为身居臣位，顺从九五之尊。

九五：君主巡视天下，居于尊位而明于家道，吉庆有加，无须忧虑。

《象》曰："王假有家"，是以仁爱之心感格天下。

上九：获信任，有威严，终将受益。

《象》曰："家长获信任有威严"，是因为能够自我约束，以身作则。

【今解】

由卦辞的"利女贞"，到爻辞的"王假有家"，由《彖传》的"天地之大义"，"正家而天下定"，到《小象》的"反身之谓"，《家人》可说是六十四卦中文字统一、思想贯通的难得篇章。其主要原因可能是其卦体结构与家之结构遥相契合，而家与国、与天下在中国历史上又具有同构性。

由这样一种完整体系支撑的相关思想，在《大学》里得到进一步的展开。"不出家而成教于国"的经验描述，发展成为了"修身、齐家、治国、平天下"的思想体系。当然，其基本框架还是《彖传》奠定的。

《大象》的思想似乎与此格格不入。它的作用是结构性的：从人的视角出发，以卦为象，以象代卦，以象喻德性及人之所当行，遮蔽、隔断了《易》的占卜内容，打破了将卦爻辞与卦体、爻位生硬对应的单一性、封闭性，将思考拓展至人与自然之联系，神秘与神圣、智慧与伦理这些世界和生命的主题就此开始生长。《彖传》正是以此为基础，完成实现了其精神方向的转进和超越。

睽第三十八

《序卦》：家道穷必乖，故受之以《睽》；睽者，乖也。

《家人》卦德吉祥，男女当位，"王假有家"，"女主中馈"，并且还有"闲有家""富家"之努力，但仍需戒慎恐惧，如嘻嘻失节，很可能就会使家道中落而穷而乖。《序卦》虽是以此接引《睽卦》出场，但其教化之用心与意义我们也当关注。

䷥ 睽：小事吉。

《周易》义解 183

【今注】

睽：《说文》："目不相视。"表明二人心志不同而相乖离。

【今译】

睽：筮得此卦，就小事而言，还算吉利。

【今解】

人各有志，各有性情志趣，这种差异不仅正常，甚至必要，这说明了人性的丰富，意味着人有不同的可能性。小事因其小而见仁见智，各执一词无伤大雅，但大事上如果价值观不一致，离心离德，就很难合作。这应该就是卦辞说"小事吉"的原因吧。

《大象》：上火下泽，睽；君子以同而异。

【今注】

以同而异：似当作"以异而同"。

【今译】

《大象》：上火下泽，火炎上，泽润下，各行其是，即所谓睽；君子观此象，当在共同目标的基础上去理解事物的差异性，以成就其事业。

【今解】

这里的翻译是按照"以同而异"的理解完成的。但从卦象的直接性以及《彖传》的分析看，"以异而同"似乎联想起来更加合乎情理，思想上更加合乎逻辑，并且，它也可以包含"以同而异"的意义。

《彖》曰：睽，火动而上，泽动而下；二女同居，其志不同行。说而丽乎明，柔进而上行；得中而应乎刚，是以"小事吉"。天地睽而其事同也，男女睽而其志通也，万物睽而其事类也。睽之时用大矣哉！

【今注】

二女同居：内卦兑有少女之象，外卦离有中女之象，《彖传》转换角度，故有此说。

说：同"悦"。

丽：附着。

类：相似。

【今译】

《彖传》曰：睽，火燃向上，水流向下；二女同居，不会互相吸引，很难携手同行。这就是该卦以"睽"命名的原因。卦辞"小事吉"，是因为内卦兑有喜悦之情，向上趋向离所象征的光明之火，柔顺前行；六五阴居尊位虽然不当，但能与九二相应，这于大事虽不利，但小事却无妨。天尊地卑，天覆地载，可谓相睽，但乾知大始，坤作成物，天生地长，生育万物。男女有别，一阴一阳，但相感相吸，心意相通，合成一好，宜室宜家。万物亦复如是，草木繁茂，鱼跃鸢飞，一起组成生生不息的生命图画。同而异，异而同，《睽卦》的启示意义真的很大！

【今解】

《彖传》把《大象》作者所体会的异同之感，纳入其自己一贯的天道论述框架，做了淋漓尽致的表述。《大象》与《彖传》的关系，既相互区别又相互联系，这是典型一例。

初九：悔亡，丧马勿逐，自复；见恶人，无咎。

《象》曰："见恶人"，以辟咎也。

九二：遇主于巷，无咎。

《象》曰："遇主于巷"，未失道也。

六三：见舆曳，其牛掣，其人天且劓；无初有终。

《象》曰："见舆曳"，位不当也；"无初有终"，遇刚也。

【今注】

丧：走失。

辟：同"避"。

曳：牵引。

掣：拉拽。

【今译】

初九：不用后悔，跑丢的马不要去追，自己会回来；筮得此爻，即使遇见恶人，也不会有麻烦。

《象》曰："见恶人"，是为了争取主动，避免更大麻烦。

九二：在巷子里遇见要见的主人，无有咎责。

《象》曰："遇主于巷"，说明路走对了。

六三：看见一辆牛车，车向前拉，牛往后拽，车夫还受过黥刑和劓刑；筮得此爻，开始困窘，结局还不错。

《象》曰："见舆曳"云云，是因为刑余之人不是合适的车夫人选；"无初有终"，是因为后来得到强力援手。

【今解】

三段爻辞都是围绕"睽"拟就，基本都是有惊无险，与《大象》说的同异或异同情况大致相呼应。开始不利，结局尚可，也有某种意料之外睽违反转的效果。

九四：睽孤，遇元夫，交孚；厉，无咎。

《象》曰："交孚无咎"，志行也。

六五：悔亡，厥宗噬肤；往，何咎？

《象》曰："厥宗噬肤"，往有庆也。

上九：睽孤，见豕负涂，载鬼一车；先张之弧，后说之弧，匪寇，婚媾；往，遇雨则吉。

《象》曰："遇雨之吉"，群疑亡也。

【今注】

睽孤：遗腹子。婴儿未曾与父对视相见，故曰"睽孤"。

元夫：大丈夫，良善男子。

厥宗噬肤：厥，帛书《周易》作"登"，可从。宗，宗庙。噬肤，吃肉。

负涂：（背部）抹有泥土。

说：同"脱"。

【今译】

九四：遗腹子遇上仗义男子，互相信任；筮得此爻，似有危险，其实无害。

《象》曰："交孚无咎"，因为二人心志相通。

六五：悔吝尽除，同登宗庙，享宴尽欢；筮得此爻，出门远行有何咎害？

《象》曰："厥宗噬肤"，去到远方，将有吉庆。

上九：遗腹子看到一只猪背上涂满泥巴，一辆车上载着一群戴着面具的人像鬼一样；先是张弓搭箭，然后又收箭入囊，因为发现并非强盗，而是一支迎亲的队伍；筮得此爻，适合出门远行，遇雨尤其吉利。

《象》曰："遇雨之吉"，因为意味着所有疑云全部消散。

【今解】

至此可知，此卦全部爻辞都表现出一种先悲后喜、先忧后乐、先苦后甜、先负后正的情节设置。悲、负、忧、苦都是因为事情的"睽""乖"，喜、乐、甜、正则是因为误解消除，双方志行沟通，然后精诚合作，共襄盛举。

《大象》《彖传》与《爻辞》《小象》可说是共同完成了对"睽"之乖德的思想改造。可见《彖传》的天道论述渊源深厚，具有极大统摄力。

蹇第三十九

《序卦》：**乖必有难，故受之以《蹇》；蹇者，难也。**

乖必有难，合乎逻辑。但《睽》之卦爻辞均是"以异而同"，由相乖而相合，相反而相成。此外，蹇为跛足，跛足行路不易，可谓之难，但《蹇卦》之难在路之坎坷，其人则是遇险而止，十分明智。如此言说，表明《序卦》作者对六十四卦之系统整体性的建构用心良苦，而那种以《序卦》为"目录"的说法，很难成立。

䷦ **蹇：利西南，不利东北；利见大人。贞吉。**

【今注】

蹇：音 jiǎn。跛足。

【今译】

蹇：筮得此卦，（出行办事）对西南方向有利，东北方向不利；利于拜见大人物。是一个吉利之占。

【今解】

根据《说卦》以及所谓文王八卦方位图，西南为坤，东北为艮。坤为地，易行；艮为山，难越。对于跛足之人，尤其如此。"蹇"虽不良于行，但拜见大人，或得其助，所以总是以"贞吉"鼓励。

《大象》：山上有水，蹇；君子以反身修德。

【今注】

山上有水：《蹇卦》艮下坎上，艮为山，坎为水。

【今译】

《大象》：山上有水，路难行；君子观此象，当反身修德，"行稳致远"。

【今解】

《蹇卦》艮下坎上，《咸卦》是艮下兑上，兑为泽，坎为水，泽为湖泊，水为雨水，所以，《咸卦·大象》是"山上有泽，咸；君子以虚受人"，而《蹇卦·大象》则是"山上有水，蹇；君子以反身修德"。山高路滑行不易，但《大象》的君子视角决定了其不可能如卦爻所示以艮为止裹足不前，而必然以反求诸己、行稳致远作为唯一选择。

另，将山上之水理解为泉水，在山泉水清，出山泉水浊，然后得出"君子以反身修德"，似亦可通。

《彖》曰：蹇，难也，险在前也。见险而能止，知矣哉！"蹇，利西南"，往得中也；"不利东北"，其道穷也；"利见大人"，往有功也；当位"贞吉"，以正邦也。蹇之时用大矣哉！

【今注】

知：同"智"。

当位：二、五之位由阴爻、阳爻居之，位得其正。

【今译】

《彖传》曰：蹇之为难，是因为外卦为坎，象征险在前面。内卦为艮，艮为止，象征着见险知止，这是一种智慧！"蹇，利西南"，是因为（阴爻）上行，得其中位；"不利东北"，是因为三爻所成之卦为艮，无路可走；"利见大人"，见了可能获得资源有助于成事；六二、九五阴阳爻各当其位，各尽其职，寓意安邦定国。因此，《蹇卦》的现实意义真是大啊！

【今解】

《大象》只考虑物象，完全无视卦体、卦德与卦辞。《彖传》则从全方位考虑，尽量将其纳入自己的天道话语体系。这里就比较典型：坎之为险、艮之为止，爻与位的意义，人事关系之利害得失，等等，都被作者用于对卦辞的解释。

天道理论在这里没有出场，表现出作者的节制。"当位'贞吉'"四字，透露出对于礼法秩序的重视与关切。

初六：往蹇，来誉。

《象》曰："往蹇来誉"，宜待也。

六二：王臣蹇蹇，匪躬之故。

《象》曰："王臣蹇蹇"，终无尤也。

九三：往蹇，来反。

《象》曰："往蹇来反"，内喜之也。

【今注】

誉：赞誉。

蹇蹇：难之又难。

躬：自身。

【今译】

初六：出门遇险，归来得誉。

《象》曰："往蹇来誉"，是说时机未至，尚需等待。

六二：王与臣都遇到麻烦，但不是由于他们自身的缘故。

《象》曰："王臣蹇蹇"，（因为不是出于自身的缘故，）最终没有怨尤。

九三：出门行路难，回头得心安。

《象》曰："往蹇来反"，因为本就心有所属。

【今解】

蹇，或以之为"謇"，解为正言直谏，尤其"蹇蹇"作"謇謇"，似乎支持此说。但是，从整体来看，爻辞都是跟行走及其艰难联系在一起，与"往""来"相搭配。在这样的结构里，"謇"或"謇謇"的意义就很难安顿。故以"蹇"为"謇"，《说文》段注早已指出其非。

六四：往蹇，来连。

《象》曰："往蹇来连"，当位实也。

九五：大蹇，朋来。

《象》曰："大蹇朋来"，以中节也。

上六：往蹇，来硕。吉，利见大人。

《象》曰："往蹇来硕"，志在内也；"利见大人"，以从贵也。

【今注】

连：辇也。

硕：大也。

【今译】

六四：出门行路艰难，回来车马伺候。

《象》曰："往蹇来连"，因为有才有德且在其职位。

九五：至暗时刻，有朋来助。

《象》曰："大蹇朋来"，因为中正守节，感动友朋。

上六：出门行路难，回来大收获。筮得此爻，大吉，利见大人。

《象》曰："往蹇来硕"，因为本就志向在内；"利见大人"，追随贵人，或得其助。

【今解】

蹇为难，为跛足，但爻辞却是于行走不便中侧重行走之义，次第编撰，构拟叙事，尽量在使吉凶悔吝之断占结果得到表达的同时，为占卜师提供更大的阐释空间与可能。这样一种努力，值得肯定。

解第四十

《序卦》：物不可以终难，故受之以《解》；解者，缓也。

《蹇卦》名"蹇"，其实只是不利远行，只要居家以待或知止回归，都谈不上如何之难。最终一句"往蹇，来硕。吉，利见大人"似可表明一切都会变好，以"缓"为义的《解卦》接踵而出自是毫不违和。《解卦》本身，坎下震上，坎为险，震为动，险中发力，其险可解，应是卦名之根据与来源。

䷧ 解：利西南。无所往，其来复，吉；有攸往，夙吉。

【今注】

解：音xiè。有分剖、散开、解散、解脱诸义。

夙：素有的、旧有的。

【今译】

解：筮得《解卦》，有利西南。不刻意前往，能及时回返，吉；如果去的是曾经到过的地方，亦可得吉。

【今解】

卦名之"解"，《序卦》作"缓"，是为了与《蹇卦》之"难"相衔接。根据《象传》基于天道理论的阐述，"解"应为万物自适其性、条畅抒发之意。从"有天地，然后有万物"可知，《序卦》思想从属于《象传》，旨在将六十四卦整合为一个整体，故文字训释取义，以上下卦之意义勾连为第一考量，其他一切均服从于此，情有可原也。

就卦辞而言，西南为坤，为平地，出行方便，故但凡有所往，西南自是有利。"有攸往，夙吉"之"夙"，有早与素有的、旧有的两义，于文皆可通，注家多取前者，兹取后者，供读者斟酌。

《大象》：雷雨作，解；君子以赦过宥罪。

【今注】

赦：免除或减轻（刑罚）。

宥：音yòu。宽容、原谅（罪过）。

【今译】

《大象》：电闪雷鸣，云化为雨，这就是《解卦》之象；君子观此，当思天地寥廓而开阔心胸，以减轻刑罚，原谅寻常罪过。

【今解】

雷霆与雨露，一例是春风。雷是天地阴阳交接，云雨是天之施与，是生生大德的体现，所以坎震组合，生机勃勃。但这方面的意象已经有很多，君子观象的感触也已很深，如《乾》《坤》《无妄》诸卦。所以，这里取雷雨之后，云开雾散，天地寥廓，生机一片，于此起兴而生赦过宥罪之念。

《彖》曰：解，险以动，动而免乎险，解。"解，利西南"，往得众也；"其来复，吉"，乃得中也；"有攸往，夙吉"，往有功也。天地解而雷雨作，雷雨作而百果草木皆甲坼。解之时大矣哉！

【今注】

甲坼：甲，种子萌芽后所戴之种壳。坼，音chè，土地开裂。甲坼就是种子发芽，破壳而出，拱出地面，绽放生机。

【今译】

《彖传》曰：《解卦》坎下震上，坎为险，震为动，动而险除，此其为《解卦》之名。"解，利西南"，因为在那里能获得众人拥戴；"其来复，吉"，是因为可以居于正位；"有攸往，夙吉"，旧地重来，事必有成。天地阴阳释放生出雷雨，雷雨大作唤醒沉睡的百果草木种子，种子冲破坚壳，拱出地面，生机勃勃。《解卦》之"解"，正是春天万物生长的关键时节。

【今解】

这里的关键词是"甲坼"。《说文》："东方之孟，阳气萌动，从草木戴孚甲之象。"《月令》："孟春之月，天气下降，地气上腾，天地和同，草木萌动。"《解卦》之"解"，正是以种子记录这一生命瞬间。由此视角，"天施地生"，"帝出乎震"，"万物出乎震"以及"天造草昧"等《易传》思想被生动地整合集成一处，构成"元者善之长"的生动画面。而我们在感受这一切的时候，也必须意识到它绝不只是一帧淡雅随性的水墨小品，而是这个生生不息的世界本身，并且，此时此刻我们就身处其间。

这一意义与《屯卦》十分相似而互为补充。《屯卦》承接《乾》《坤》二卦，是在一般性意义上言万物之始生；《解卦》基于春雨雷声之象从具体角度状草木始生之情状。《屯》与《解》都指向草木之生，都是基于先民之生活世界的体验。这是六十四卦的文王之文与《象传》《文言》的孔子之文的共同基础，后者对前者的深化建构，从《屯卦·象传》尤其是这里可以看得很清楚。

初六：无咎。

《象》曰：刚柔之际，义无咎也。

九二：田获三狐，得黄矢，贞吉。

《象》曰：九二"贞吉"，得中道也。

六三：负且乘，致寇至，贞吝。

《象》曰："负且乘"，亦可丑也；自我致戎，又谁咎也？

【今注】

田：同"畋"，打猎。

黄矢：铜箭头的箭。

负且乘：背着包袱，坐在车上。

【今译】

初六：无所咎责。

《象》曰：刚柔初交，自然没什么麻烦。

九二：打猎，收获三只狐狸，还拾得铜箭镞，筮得此爻，吉。

《象》曰：九二"贞吉"，因为阴爻居正位，事得其正。

六三：包袱满满，马车华丽，（富裕又高调，）引来强盗，筮得此爻，会有麻烦。

《象》曰："负且乘"，不是什么好事；自己招来匪徒，还能怨别人？

【今解】

三段爻辞，都跟"解"没有关系。作者似乎是从卦辞"利西南""有攸往"出发，在"行"上做文章。

九四：解而拇，朋至斯孚。

《象》曰："解而拇"，未当位也。

六五：君子维有解，吉，有孚于小人。

《象》曰："君子有解"，小人退也。

上六：公用射隼于高墉之上，获之，无不利。

《象》曰："公用射隼"，以解悖也。

【今注】

而：你。

拇：脚拇指。喻指小人或平民。

隼：鹰，一种猛禽。

墉：城墙。

悖：这里指怀有二心的臣下。

【今译】

九四：宽待你的下民，朋友到来你才会获得信任。

《象》曰："解而拇"，因为你现在的位子还不够高，（尤其需要行仁政、聚民心。）

六五：君子施政宽和，吉，深获民望。

《象》曰："君子有解"，小人自然失去市场。

上六：王公张弓搭箭射中城墙上的猛禽，将其捕获，吉无不利。
《象》曰："公用射隼"，意思是清除了悖逆之臣。

【今解】

此卦内卦三爻辞主要是从"行"上做文章，外卦三爻则回到卦名"解"之义项，在政治治理和运作的领域建构叙事。宽待下民，得到友朋认可，轻徭薄赋，获得民众拥戴；柔不忘刚，对怀有二心的臣下则果断出手收拾。"解"的宽缓，不仅是有道义的，也是有原则和边界的。

损第四十一

《序卦》：缓必有所失，故受之以《损》。

对于"蹇"之难，《解卦》之"解"，仅仅理解为"缓"，将其负面化，目的则是为了引出《损卦》，作为"损"的原因。当然，《解卦》爻辞强调的宽缓导向，如果不注意文质相救、宽严相济，确实也可能会导致某些弊病而有损于行政。

☷ 损：有孚，元吉，无咎，可贞，利有攸往。曷之用？二簋可用享。

【今注】

簋：音 guǐ。祭祀时盛黍稷的器皿，圆口，双耳。

【今译】

损：有诚信，大吉，无咎害，利于贞问，宜于出行。有什么祭品可供奉祀？内心至诚，二簋黍稷就可以取信神灵、获得庇佑了。

【今解】

簋是盛黍稷的器皿，二簋黍稷，作为祭品，可谓简矣薄矣，但从"有孚，元吉"可知，还是获得了神灵的庇佑。无他，诚则灵。

《大象》：山下有泽，损；君子以惩忿窒欲。

【今注】

惩忿窒欲：惩，制止。窒，阻塞。制止愤怒情绪，窒塞不当欲望。

【今译】

《大象》：山下有泽，（湖水兴波，侵蚀山体，）损；君子观此之象，应注意制止愤怒情绪，窒塞不当欲望。

【今解】

由山下有泽之象而起惩忿窒欲之思，意味着以山拟人，而以湖水波澜比喻心底之种种情绪欲望。《大象》的贵族养成教科书特征，以及人之视角及主观投射，可谓典型。

《彖》曰：损，损下益上，其道上行。损而"有孚，元吉，无咎，可贞，利有攸往。曷之用？二簋可用享"。二簋应有时，损刚益柔有时，损益盈虚，与时偕行。

【今注】

偕：共同。

【今译】

《彖传》曰：《损卦》，（兑内为阴，艮外为阳，阴附于阳，初九上行至上九，就是）损下益上。如此而"有诚信，大吉，无咎害，利于贞问，宜于出行。曷之用？二簋可用享"。（应该是特殊情势下举办祭祀的特殊方式，否则就是诚意不足了。）供奉两簋黍稷应合其时，损刚益柔也属于这种情况，损益盈虚，都要因时势的不同而适当调整，使与之相匹配。

【今解】

损是减损，益是增益。一般来说，天尊地卑，损柔益刚；但在特殊情势下，反向操作也可成立，甚至有必要，其前提是"有孚"，即心怀诚信。

这里的"时"，是指四时祭祀的春夏之际，此时很可能青黄不接，难以满足祭祀的一般标准要求。这种情况下，以二簋行礼，供品虽损，诚信不减，故仍能得神之佑，元吉无咎。

初九：已事遄往，无咎；酌损之。

《象》曰："已事遄往"，尚合志也。

九二：利贞，征凶；弗损益之。

《象》曰：九二"利贞"，中以为志也。

六三：三人行，则损一人；一人行，则得其友。

《象》曰：一人行，三则疑也。

【今注】

已：竟，业已完成。

遄：快速。

酌：考虑、度量。

【今译】

初九：事毕尽快离场（不居功），筮得此爻，无所咎责；适当自我减损，以利他人。

《象》曰："已事遄往"，凡事但求从心所愿，无愧于心。

九二：吉利之贞，若兴兵征伐则凶险；筮得此爻，不轻举妄动胡乱损益。

《象》曰：九二"利贞"，但需要居中守正。

六三：三人出行，很可能损失一位；一人出行，则会遇到伴侣。

《象》曰：一人行易得其友，三人行则可能出现二人相好而一人落单的尴尬局面。

【今解】

损，在这三段爻辞中意义各不相同。第一个是自我减损，具体减损什么没明说，从自我约束、低调谦让去理解，应该大致不差。第二个是减损过度的欲望与冲动，根据所在之位把握好尺度。第三个是损失或伤害的意思。也许只有如此，才能在"损"的卦名之下，尽量兼顾所需要表明的占卜结果与卦象卦爻的结构关系。

《系辞下》对六三卦辞的解说，则是以"天地絪缊，万物化醇；男女构精，万物化生"为框架，可见天道理论的地位与意义。

六四：损其疾，使遄有喜，无咎。

《象》曰："损其疾"，亦可喜也。

六五：或益之十朋之龟，弗克违，元吉。

《象》曰：六五"元吉"，自上祐也。

上九：弗损益之，无咎，贞吉；利有攸往，得臣无家。

《象》曰："弗损益之"，大得志也。

【今注】

疾：病也。这里指缺点、弱点等。

或：有人。

十朋之龟：价值十朋的神龟，十分珍贵难得。朋为货币单位，双币为朋。

【今译】

六四：改正缺点，补齐短板，很快就会迎来好消息，筮得此爻，无所咎责。

《象》曰："损其疾"，本身就可喜可贺。

六五：有人送上价值十朋的神龟，但并不能动摇改变他的主意，筮得此爻，大吉。

《象》曰：六五"元吉"，得到了天的佑助。

上九：不轻举妄动胡乱损益，无所咎责，筮得此爻，吉利；利于出行办事，将得一无家室之人为其臣仆。

《象》曰："弗损益之"，因为志得意满，心想事成。

【今解】

损益相对，表现为一种主动的调节行为。"损其疾"，这样的组词搭配，是为了得出吉利之占。"益之十朋之龟"所欲表达的意思，实在没法用"损"来实现，只得借用其反义词"益"来完成。《益卦》是不是也有需要借助"损"来表达意思的爻辞呢？

益第四十二

《序卦》：损而不已必益，故受之以《益》。

损极必益，道理跟物极必反、剥极必复、盛极必衰一样。为什么会有这样一种逻辑或信条？这是基于农耕文明朴素的生活经验，基于生命存在形态的内在领悟。花开花落春去春来，年年岁岁岁岁年年。文王的六十四卦组合安排如此，夫子《象传》《文言》的天道论述亦是如此：终则有始，生生不息。

☳ **益：利有攸往，利涉大川。**

【今注】

（从略）

【今译】

益：筮得此卦，利于外出办事，利于涉水渡江。

【今解】

本卦震下巽上，震为雷、为动，巽为风、为木。卦辞显然取的是"动"与"木"之义：震为动，故利于出门办事；巽为木，故利于涉水渡江。

《大象》：风雷，益；君子以见善则迁，有过则改。

【今注】

迁：向高处迁移。《说文》："迁，登也。"

【今译】

《大象》：《益卦》之益，就是风声与雷电互助其势，相互发明；君子观此之象，当心有所懔，见善则迁，有过则改，完善自身德行。

【今解】

益，风声雷电互助其势，有相互发明的意思。但这种威势似乎并不只是一种纯粹自然的力量，冥冥中似乎也可以理解为一种人为力量和意志的显现。

只有如此理解，君子才可以对此物象懔然有感，而生迁善改过、完善自身之念。

《彖》曰：益，损上益下，民说无疆；自上下下，其道大光。"利有攸往"，中正有庆；"利涉大川"，木道乃行。益动而巽，日进无疆；天施地生，其益无方。凡益之道，与时偕行。

【今注】

说：同"悦"。

【今译】

《彖传》曰：《益卦》震下巽上，巽处上位而顺从于下，即损上益下，处于下位的民众无不欢心喜悦；礼贤下士，以民为本，这样的治理之道大放光彩。"利有攸往"，是因为六二阴爻居正位，所行顺畅；"利涉大川"，是因为巽为木、为风，风正一帆悬。《益卦》震动风助，前程万里；天行云布雨，地含弘光大，养育万物，不分南北西东。此生养百物之道，与四时之序相偕而行。

【今解】

《益卦·彖传》可谓典范文本。先以卦体解释卦名，然后以卦爻之象与位解释卦辞，最后根据天道理论，对一切进行深度阐释，将"益"解读为生养，与乾坤之《彖传》《文言》的天施地生论述结合在一起，互相论证，互相发明。

其实，"损上益下，民说无疆"与"自上下下，其道大光"，也有"大人者，天地合其德"的意思。换言之，这里已经隐隐包含了天生-地长-人成之儒教思想的完整逻辑。

初九：利用为大作，元吉，无咎。

《象》曰："元吉无咎"，下不厚事也。

六二：或益之十朋之龟，弗克违，永贞吉；王用享于帝，吉。

《象》曰："或益之"，自外来也。

六三：益之用凶事，无咎；有孚，中行告公用圭。

《象》曰："益用凶事"，固有之也。

【今注】

大作：大作为，指大事。

厚事：即大事。厚，大。

凶：年成不好。

中行：或为人名。

圭：一种常用作信物凭证的长方形玉器。

【今译】

初九：利于谋划大业，大吉，无咎害。

《象》曰："元吉无咎"，是因为初爻之位一般不宜谋划大事，但既然得到上之助益，也就吉而无咎了。

六二：有人赠送十朋之龟，但不为所动，筮得此爻，对占问长期之事有利；王公以祭品供奉上帝，吉利。

《象》曰："或益之"，十朋之龟是外人所赠。

六三：年成不好，力求有所补益，筮得此爻，无所咎责；深得信任，中行氏以玉圭祷告先祖（以求庇佑）。

《象》曰："益用凶事"，是行其本分之事。

【今解】

益是增益，意味着某种造作努力。初九即开始这一叙事，其实是有点名不正言不顺，但卦体损上益下，可谓得其时而大吉无咎。六二名正言顺，从长计议，有条不紊，包括四时祭飨。六三之益，在凶年救灾——三之位多凶，祷告先祖，其诚可感。

六四：中行告公从，利用为依迁国。

《象》曰："告公从"，以益志也。

九五：有孚，惠心，勿问，元吉；有孚，惠我德。

《象》曰："有孚惠心"，勿问之矣；"惠我德"，大得志也。

上九：莫益之，或击之，立心勿恒，凶。

《周易》义解　201

《象》曰:"莫益之",偏辞也;"或击之",自外来也。

【今注】

为依迁国:依,依据。迁国,迁都。

惠我德:顺从我的意愿。惠,顺也。

偏:遍,普遍。

【今译】

六四:中行氏求告蒙获应允,为国都迁移提供依据,有利。

《象》曰:"告公从",可以更加坚定迁都之心。

九五:获信任,有惠民之心,无须占问,必定大吉;心怀诚信,报答我的恩德。

《象》曰:"有孚惠心",无须再做占问;"惠我德",从心所愿。

上九:无人益助,反加掊击,因其心志无恒,筮得此爻,凶险。

《象》曰:"莫益之",(心志无恒,)无所助益是确定的;"或击之",则是来自外部的一种可能性。

【今解】

谋事以及"中行告公"基本贯穿于六爻爻辞,大致构成一个相对完整的叙事,其主角或视角是治理者或统治者。虽然《淮南子·人间训》载孔子语云:"'益''损'者,其王者之事与?"并将其与《损》《益》二卦相勾连,但实际上指的应该是礼乐制度,即《论语·为政》之"殷因于夏礼,所损益可知也"。当然,这里乃是指向一般的行政,如救灾、迁都之类。其中值得注意的有两点,一是民本原则,二是神灵信仰,从上帝到先王先公都是祷告对象。

有意思的是,这种民本思想并非来自《小象》的阐释,而是在爻辞中即已存在,如"九五:有孚,惠心,勿问,元吉"。由此可知,从卦爻到卦爻辞,从卦爻辞到《小象》《大象》,再由《小象》《大象》到《彖传》,存在一个发展链条或思想脉络,那就是诠释重心的转移。揲蓍所成之数字卦显然完全是基于某种神秘力量(以及人们对这一力量的信仰);卦爻辞虽是对卦爻所透露之神秘主体意志的记录表述,但已经是经由人之解读而成,不免掺入人的主观因素。《小象》开始对作为该意志记录表述的爻辞从事理角度加以诠释，似乎是为便于受众接受；《大象》扬弃这一切，以人为中心，直接从卦象之自然物中寻求道德和政治上的启示；《彖传》则综合二者，既继承《小象》对卦爻系统的尊重，又吸纳《大象》对政治、道德的关怀，进而提炼形成自己的天道论述。正因如此，《周易》才与纯粹的占卜之书《连山》《归藏》相区别，而成为"群经之首""大道之源"。

至于信仰，一方面不仅四时定祀，而且随事开坛，"率民以事神"；另一方面，却又在处事时高度清醒，"有孚，惠心，勿问，元吉"。在这里，理性与信仰和谐共处，既互相渗透，又各守边界，而这正是中国社会或中国宗教之特点。其奥秘，当从文明的特殊发展进路中去分析求解。①

夬第四十三

《序卦》：益而不已必决，故受之以《夬》；夬者，决也。

益者增益，增益必满，满则决而溢矣。夬有多义，决也。《说文》："夬，分决也；从又。"以手分物，可知分为本义。然后有水之分而下流，有疏而使水流出，以及由此而来的决断、决定及绝、缺诸义。这无疑为卦爻辞以及《大象》《彖传》作者提供了诠释上的方便。

☱ 夬：扬于王庭，孚号，有厉；告自邑，不利即戎，利有攸往。

【今注】

夬：音 guài。分决。

扬：挥手。

号：呼号。

【今译】

夬：在朝廷挥动双臂，竭诚呼喊，有危险；邑人来告，筮得此卦，不利于即刻兴兵，利于前往（谈判协商）。

---

① 笔者《宗教讲论——以儒教为方法》（未刊稿）对此有较详细讨论。

【今解】

《夬卦》乾下兑上，乾为天、为王，兑为泽、为口；"夬"本义为以手分物，意味着分歧、断裂。"扬于王庭，孚号，有厉；告自邑"正是这一卦体卦象义蕴的情节化。"不利即戎，利有攸往"，是断占之词，即筮得此卦所获得的建议告诫。贵族自家采邑有事，第一反应很可能就是派兵弹压，但卦辞提供的却是另一种选择，即派人谈判协商。卦辞、爻辞虽然古老，但和为贵的价值观却已经成为不言而喻的优先选项。

作为卦名的"夬"，从卦辞看，似乎更多的是用其本义，即由"分"衍生出来的绝或断绝的意思。

《大象》：泽上于天，夬；君子以施禄及下，居德则忌。

【今注】

居：集聚。

德：升也。

【今译】

《大象》：湖水积蓄高到天上，满满将溢，此即《夬卦》之象；君子观此，当思向下布施德泽疏散资财，切忌有集聚增值之念。（因为已经很满了。）

【今解】

水为雨露为资财。对于有国有家者来说，财资宜散不宜聚，所谓财聚人散，财散人聚。这正是《大象》作者在此的写作背景与用意之所在。

"君子以施禄及下，居德则忌"之"居德则忌"，朱子《周易本义》谓其义"未详"。《周易集解纂疏》载虞翻之解："君子"谓乾，乾为"施禄"。"下"谓《剥》坤，坤为众臣。以乾应坤，故"施禄及下"。乾为"德"，艮为"居"，故"居德则忌"。①

这种象数理路将文辞完全视为象数之投影——变卦、互体诸说于焉以生，表面看貌似字字有来历，句句获定解，但实际却是将周公、孔子《大象》与

---

① 〔清〕李道平：《周易集解纂疏》，第396页。

《彖传》所表达的思想彻底禁锢消解在封闭的卦爻系统之内。而周公、孔子的工作，正是要扬弃这个系统，将其从《易经》之自然宗教提炼升华为《易传》之人文宗教。二者表面上是"经"与"传"的关系，实际上，从文王之文到孔子之文才真正完成其精神发展，达到其理论目标，《周易》"群经之首""大道之源"的地位正是以此为基础和根据。

象数派的诠释可说是反向操作。以"君子以施禄及下，居德则忌"为例，《大象》之"君子"显然是指观象之贵族子弟（现实之人），虞翻却将其解为内卦之"乾"，人与物（自然之象）的关系被转换为文辞与卦爻的关系。其成立与否姑且不论，但主词一改，意义全变，愈是言之凿凿，愈显荒诞不经。

从三爻卦到六爻卦到六十四卦之卦系，从卦爻辞到《大象》《小象》到《彖传》，既是《周易》成书的过程，也是儒教思想发展成形的过程。读《易》心理需求的差异或许可以从对这一发展脉络不同阶段的关注选择来加以定位判断。夫子自道"吾与史巫，同途而殊归者也"（马王堆帛书《要》），已经清楚说明，史巫的筮与数只是基础阶段，天之德与义才是儒者的方向目标。可以说，易学史上所谓的象数派、义理派其实关注的也只是卦爻与文辞，对夫子念兹在兹措意再三的天道、德义，或者视而不见，或者以道释儒，或者以太极代天，甚至前溯至伏羲易图。其所挚乳之六宗——象数、礼祥、图书、义理、儒理、考史，即使所谓儒家者言也掺杂了太极丹道之说，完全背离了夫子天道论述之正。

红紫乱朱，斯文不振。拨乱反正，任重道远。

《彖》曰：夬，决也，刚决柔也。健而说，决而和。"扬于王庭"，柔乘五刚也；"孚号，有厉"，其危乃光也；"告自邑，不利即戎"，所尚乃穷也；"利有攸往"，刚长乃终也。

【今注】

决：决定。

说：同"悦"。

危：艰难困苦。

【今译】

《彖传》曰：卦名"夬"就是决的意思，五阳爻，一阴爻，刚决定柔。内卦乾，其德刚健；外卦兑，其德和悦。"扬于王庭"，是指上六阴爻居于五阳爻之上，涉嫌僭越；"孚号，有厉"，诚心相告，则苦厄可消；"告自邑，不利即戎"，指所偏好的武力手段并不好使；"利有攸往"，刚健的阳爻继续挺进，则阴爻消陨退出舞台。

【今解】

不提天道论述的《彖传》实际跟《小象》真的非常相像，这条就属于《彖传》中只对卦名、卦辞进行解释，而不涉及天道论述的少数情况之一。但其内容之简单平庸，可以反证《彖传》中那些由卦象、卦体及卦辞引申而出的理论之深刻宏阔，意识到那一切才是孔子与《易》关系之本质，是文本更重要、更应重视的方面。

四库馆臣云："圣人之情，见乎词矣。"

初九：壮于前趾，往不胜，为咎。
《象》曰："不胜而往"，咎也。
九二：惕号，莫夜有戎，勿恤。
《象》曰："有戎勿恤"，得中道也。
九三：壮于頄，有凶。君子夬夬独行，遇雨若濡，有愠，无咎。
《象》曰："君子夬夬"，终无咎也。

【今注】

壮：通"戕"，伤也。

惕号：因恐惧而呼号。惕，惧也。

莫：同"暮"。

頄：音 qiú。颧骨，泛指面颊。

夬夬：疾走貌。

【今译】

初九：脚趾受伤，出战难有胜算，筮得此爻，将有罪咎。

《象》曰："不胜而往"，自然难免咎责。

九二：因恐惧而呼号，夜晚将有战事，筮得此爻，无须忧虑。

《象》曰："有战事却无须忧虑"，是因为阳爻居中位，中道而行。

九三：面颊受伤，凶险。君子独行疾走，遇雨湿衣，情绪欠佳，筮得此爻，无所咎责。

《象》曰："君子夬夬"，最终无所咎责。

【今解】

卦名一般都是爻辞作者构思爻辞的基础和元素，但这里的"壮"（伤）却很难与"夬"联系在一起。"夬夬"跟"决"之水流勉强可以勾连，但并不是故事的关键词。

九四：臀无肤，其行次且；牵羊悔亡，闻言不信。

《象》曰："其行次且"，位不当也；"闻言不信"，聪不明也。

九五：苋陆夬夬，中行，无咎。

《象》曰："中行无咎"，中未光也。

上六：无号，终有凶。

《象》曰："无号之凶"，终不可长也。

【今注】

次且：同"趑趄"。

苋：或曰当为"觅"，一种细角山羊。

中行：这里意为中道而行。

【今译】

九四：臀部皮开肉绽，行走艰难；牵羊无悔，不听人言。

《象》曰："其行次且"，是因为处位不当；"闻言不信"，是因为耳朵虽能听到各种话语，但思维不能很好地思考分析有所吸纳。

九五：细角山羊迅即奔跑，走在道路中间，筮得此爻，无咎害。

《象》曰："中行无咎"，（中道而行应为吉利之贞，这里却仅仅是无咎，）是因为行为尚未光大。

《周易》义解　207

上六：无所呼号，筮得此爻，凶不可免。

《象》曰："呼号之声都发不出"，一切都难以为继了。

【今解】

"夬夬"虽不是关键词，其行走义却十分便于拟构故事情节将卦爻所昭示的吉凶悔吝诸断占结果表达出来。于是在"君子夬夬"之后，是臀部伤者的"其行次且"，是细角山羊的中行跳脱。"伤"的线索仍在，甚至"呼号"也与此隐隐相关。

此处没有天道理论，即使故事相对完整，也似乎不够劲道，少了许多可以琢磨的味道和可以想象的空间。

姤第四十四

《序卦》：决必有遇，故受之以《姤》；姤者，遇也。

泽满而决，水流必遇树木泥石。山羊中行，"君子夬夬"，亦难免有所遇者。另外，《夬》与《姤》互为相对之卦，都是五阳一阴，只是《夬卦》一阴将尽，《姤卦》一阴初起，将尽为别，初起为遇，意义内涵完全不同。这一切既体现在卦辞上，更体现在《象传》中。

☰ 姤：女壮，勿用取女。

【今注】

姤：音 gòu。相遇。

壮：大也，健也。本义为人体高大，肌肉结实。

取：同"娶"。

【今译】

姤：女子过于强壮，筮得此卦，不宜娶女为妻。

【今解】

《姤卦》五阳一阴，仿佛以一敌五，可能就是卦辞写成"女壮"的原因。由此可见卦辞作者的观察思考主要是从卦爻的结构关系出发，再结合自己作为卜师接受求卜者咨询的经验和占问内容等进行创作。当然，其中也不可避免地代入了自己的人生经验。

《大象》：天下有风，姤；后以施命诰四方。
【今注】
诰：上告下曰诰。本指帝王颁发的文书命令。
【今译】
《大象》：风行天下，接遇万物；君王观此卦象，当勤政视事，发号施令，昭告四方，励精图治。
【今解】
《大象》关注的是卦象组合形成的寓意及启示。天下有风，风行草偃，而思以德化民，对于先王、君后来说，则是施政治理，君臣相得，政令教化，大行天下。

《彖》曰：姤，遇也，柔遇刚也。"勿用取女"，不可与长也。天地相遇，品物咸章也；刚遇中正，天下大行也。姤之时义大矣哉！
【今注】
品物：万物，各类事物。
咸章：全部得到彰显。
【今译】
《彖传》曰：姤就是遇，特指柔与刚相遇。"勿用取女"，（是因为《姤卦》一阴配五阳，）关系难以维持长久。天地相遇即是阴阳相接，万物生化，各遂其生，各尽其性；上卦为乾，九五正位，下卦为巽，风行天下，生机无限。这就是姤之时的伟大内涵与深远意蕴！
【今解】
姤，在卦辞和《大象》中，都没有被特别关注。《彖传》则以"媾"释姤：由柔与刚之遇，经"勿用取女"过渡到男女阴阳，然后话锋一转，带入乾坤天地的生生语境。天地之遇，即是交，即是通，即是震，即是姤，亦即

"云行雨施"，结果则是"品物咸章"。此前的《乾》《坤》二卦之《彖传》，此后的《系辞》之"天地絪缊""男女构精"，乃至《屯》《震》之意义，就此被勾连起来。生生的天道理论在对卦名、卦辞的解释中获得验证，六十四卦系统的生命整体性也得到强化。

正是这一点，使《周易》与《连山》《归藏》相区别而成为"六经之首""大道之源"。

初六：系于金柅，贞吉；有攸往，见凶。羸豕孚蹢躅。
《象》曰："系于金柅"，柔道牵也。
九二：包有鱼，无咎，不利宾。
《象》曰："包有鱼"，义不及宾也。
九三：臀无肤，其行次且，厉，无大咎。
《象》曰："其行次且"，行未牵也。

【今注】

柅：音 nǐ。车闸片。

见：当为"贞"，形近而误。

羸豕：瘦弱的母猪。

孚：同"孵"，育也。

蹢躅：音 zhí zhú。同"踯躅"，徘徊不前的样子。

包：同"庖"，厨也。

【今译】

初六：固定住大车制动闸片，吉利之贞；强行出门，则不利。瘦弱的母猪匍匐在地，不愿动弹。

《象》曰："系于金柅"，阴柔之道须有所牵制。

九二：厨房有鱼，筮得此爻，无所咎责，但对宾客不利。（因为鱼未烹饪上桌。）

《象》曰："厨房有鱼"，但该宾客无资格享用。

九三：屁股皮开肉绽，行走不便，筮得此爻，危险，但也无大碍。

《象》曰："其行次且"，因为没有人牵扶帮助。

【今解】

姤为遇，同时还兼具美好与丑恶二义。在《彖辞》中，基于天道生生的理论，被肯定歌颂。在爻辞中，没有这一宏大叙事做依托，初六阴爻的出现显然十分负面，首先是要固定车闸，否定行进，甚至还加上一句颇显多余的"羸豕孚蹢躅"，可谓不堪。"包有鱼""臀无肤"，都表现出对不速之客的嘲讽调侃。《小象》作者则尽量疏解，使之情理可通。

九四：包无鱼，起凶。

《象》曰："无鱼之凶"，远民也。

九五：以杞包瓜，含章，有陨自天。

《象》曰：九五"含章"，中正也；"有陨自天"，志不舍命也。

上九：姤其角，吝，无咎。

《象》曰："姤其角"，上穷吝也。

【今注】

起凶：起，作也，起事之意。帛书《周易》作"正凶"，"正"同"征"，征伐之意。

杞：一种树木，叶大，常用于包裹东西。

含章：含，包含。章，花纹、文采。

【今译】

九四：厨房无鱼，粮草不足，兴兵起事，非常凶险。

《象》曰："无鱼之凶"，是因为脱离了民众。

九五：用杞树阔叶包裹瓜果，花纹遮盖，陨石自天而降。

《象》曰：九五"含章"，位居中正，无须文饰铺张；"有陨自天"，除非天革其命，江山世袭罔替。

上九：羊角抵触，困境已近，虽难无咎。

《象》曰："姤其角"，上行已至穷极，悔吝自生。

【今解】

厨房有鱼不上桌，厨房无鱼缺粮草。九五之尊虽低调，陨石自天飞过来。羊角触顶无处去，悔吝将至欲何为？

在《象传》被高度肯定的《姤卦》，卦爻辞却是十分的窘迫不堪。其主要原因在于作者问题意识存在巨大差异。"女壮"不被认可，一阴五阳更是难以接受，即使此卦作为消息卦，与一阳来复相反，阴气的生长意味着走向寒冬。但是，《象传》作者从天道理论出发，将姤之遇与天生地长相勾连，在"天地缊"、"男女构精"的生生之德视野里歌颂肯定"姤"之时义。

《易传》与《易经》是有区别的，"十翼"内部，也是有区别的。

萃第四十五

《序卦》：物相遇而后聚，故受之以《萃》；萃者，聚也。

天地相遇，阴阳相接，缊构精，万物化生。"萃"本义为草盛貌，《屯卦·象传》有"天造草昧"，再加上《姤卦·象传》"姤之时义大矣哉"，萃，显然也很不简单。

䷬ **萃：王假有庙。利见大人，亨，利贞。用大牲，吉。利有攸往。**

【今注】

假：至也。

大牲：祭祀牺牲，以牛为大。

【今译】

萃：王亲至宗庙。筮得此卦，利于拜见大人物，顺畅吉利。祭祀活动以牛为牺牲则吉利。利于出门办事。

【今解】

卦辞结构，一般为取象之辞加断占之词。如"栋桡，凶""豮豕之牙，吉"，"栋桡"与"豮豕之牙"是根据卦象"生成"（杜撰、匹配）的取象之辞，"凶"与"吉"则是由取象之辞得出的表示占卜结果的断占之词。六十四卦虽然并不总是这样结构完整、规范，而不免存在一些缺环或变异偏离，如"乾：元亨利贞"就是以卦爻本身为断占之据而无取象之辞，但循此逻辑分析，即根据取象之辞去把握求解却大致不差。

"王假有庙"就是《萃卦》的取象之辞。"利见大人""亨""利贞"等都是据此做出的断占。"用大牲，吉"以及"利有攸往"，是第二组或第二层次即针对其他事项的断占，也是以"王假有庙"为依据。"王假有庙"有"庙"，故可以勾连祭祀活动，附加"用大牲"的条件而得出"吉"的断占。"王假有庙"又有"假"（至），关乎出行，于是也就有"利有攸往"的断占了。

通行本"王假有庙"前有一"亨"字，疑衍，据帛书《周易》删。

《大象》：泽上于地，萃；君子以除戎器，戒不虞。

【今注】

除：修也。一说当为储，音近而误，亦可通。

戎：兵器。

不虞：意外之事。虞，度也。

【今译】

《大象》：湖水漫出地面，《萃卦》之象；君子观此，当思防微杜渐，修整兵器，以防意外。

【今解】

水聚成泽，聚而不止，终将漫出地面，毁路倒屋，酿成灾害。作为承担治理责任的有道君子，观此之象必须意识到祸因恶积，冰冻三尺非一日之寒，而必须未雨绸缪早做准备。安全问题，最大者就是应对外敌入侵。"除戎器，戒不虞"，居然颇与兵法暗合："无恃其不来，恃吾有以待之；无恃其不攻，恃吾有所不可攻也。""兵圣"孙武或许也曾熟读《周易》。

《彖》曰：萃，聚也。顺以说，刚中而应，故聚也。"王假有庙"，致孝享也；"利见大人，亨"，聚以正也；"用大牲吉，利有攸往"，顺天命也。观其所聚，而天地万物之情可见矣！

【今注】

说：同"悦"。

致孝享：致，表达之意。孝，向先祖供奉财物的祭祀。享，以财物飨神灵。

【今译】

《彖传》曰：萃即聚。《萃卦》坤下兑上，坤德柔顺，兑性和悦，六二、九五均得其正位，聚集成为一个整体。"王假有庙"，是子孙后代向先祖行礼致敬；"利见大人，亨"，是家族聚合行礼祭祀，敬宗收族，天经地义；"用大牲吉，利有攸往"，则是因为祭祀天地，当以隆重之礼，然后得天眷顾，则天而行。聚有各种理由各种形式，据此以观，天地万物的本质内容就可以看得清楚了。

【今解】

《萃卦》的特点是六二、九五刚柔得位，互相呼应，并且《坤卦》之德柔顺，《兑卦》之性和悦。《礼记·乐记》谓"乐者天地之和，礼者天地之序"，在这里可以说得到完美诠释。"王假有庙"，这一取象之辞既显得合情合理，又为"聚以正"提供了生动注脚。

"观其所聚，而天地万物之情可见矣。"将《萃卦》之"聚"纳入天地万物的生命世界，世界的秩序与意义，不言而喻。

初六：有孚不终，乃乱乃萃。若号，一握为笑。勿恤，往，无咎。

《象》曰："乃乱乃萃"，其志乱也。

六二：引吉，无咎，孚乃利用禴。

《象》曰："引吉无咎"，中未变也。

六三：萃如嗟如，无攸利，往无咎，小吝。

《象》曰："往无咎"，上巽也。

【今注】

乱：混乱无序，"聚"的反面。

号：号令，制定秩序。

握：假借为"屋"。

引吉：或谓"引"为"弘"之误。引吉，即弘吉，犹大吉，殷墟卜辞常有之。

禴：音 yuè。四时之祭各有其名：春曰祠，夏曰禴，秋曰尝，冬曰烝。

【今译】

初六：虽有诚信，却未坚持到底，是散是聚，心志不定。如果有人振臂号令，满屋皆欢。筮得此爻，无须忧虑，前行无咎。

《象》曰："乃乱乃萃"，因为心志不定。

六二：大吉，无咎，内心虔敬，俭约的禴祭也能得神灵庇佑。

《象》曰："引吉无咎"，内心之诚没有改变。

六三：聚在一起嗟叹议论，筮得此爻，没什么好处，也没什么灾难，只是小有麻烦。

《象》曰："往无咎"，上面的外卦是巽，巽者顺也。

【今解】

聚集意味着繁庶，繁庶需要组织和教化。这就显出君主和圣贤的重要了，或以王权，或以教权。如果自行讨论，各行其是，则很难成事。

九四：大吉，无咎。

《象》曰："大吉无咎"，位不当也。

九五：萃有位，无咎，匪孚，元（吉），永贞（吉），悔亡。

《象》曰："萃有位"，志未光也。

上六：赍咨，涕洟，无咎。

《象》曰："赍咨涕洟"，未安上也。

【今注】

匪孚：匪同"棐"，"棐孚"即相辅助信任之意。

咨：犹咨嗟、叹息之意。

涕洟：音 tì yí。眼泪和鼻涕，悲叹哭泣貌。

《周易》义解　215

【今译】

九四：筮得此爻，大吉，无咎。

《象》曰："大吉无咎"，是因为九四之爻不当其位。（所以只是大吉无咎，而不是大吉大利。）

九五：聚天下之人而得其位，无所咎责。大家分工合作互相信任，大吉，利于长久事项之占问，没有问题。

《象》曰："萃有位"，志向未能完全实现。（所以断占之词还会有"悔亡"一语。）

上六：叹息哭泣，最终没有咎责。

《象》曰："赍咨涕洟"，还有（上六之位的）老者未能得到安顿。

【今解】

《萃卦》从卦体、卦象言应属完美，但从爻辞看，却一路坎坷，并且最终也不是一切都得到安顿，但并不能就此否定《象传》的描述与肯定。首先，《象传》跟卦爻辞不一样，《象传》关注的是六十四卦整体及其所呈现的世界图景，卦爻辞则是要将卦爻所蕴含的神意天机传达出来为求卜者提供行事指导。其次，"天地万物之情"的现实呈现，原本就不可能尽如人意，作为一种"待成之性"，人经由努力将天命尽可能充分完整地表达出来，乃是一个过程，需要代代传承。只要能者在职，贤者在位，同心同德，法祖敬天，生活就会改变生活，生命就会延续生命——生生不息，就是这样真实而具体。

九五爻爻辞原作"元永贞"，卦辞应有占断之语，九五居上卦之中为阳爻，故吉，据补为"元（吉），永贞（吉）"。

升第四十六

《序卦》：聚而上者谓之升，故受之以《升》。

水聚成泽，泽聚漫堤，是聚而上。"王假有庙""聚以正""顺天命"也是一种"升"。《升卦》巽下坤上，巽为木，坤为地，木生沃土，日见其长；升者生也。

☷ 升：元亨，用见大人。勿恤，南征吉。

【今注】

元亨：大亨。这是元亨作为断占之词的本义或用法。由此可知《文言》对《乾卦》卦辞"元亨利贞"诠解之创造性。

【今译】

升：筮得此卦，大为亨通，利于拜会大人。无须忧虑，向南用兵也很吉利。

【今解】

如前所述，《升卦》巽下坤上，巽为木，坤为地，木生沃土，日见其长；升者生也。卦辞"元亨"是对这一生命气象的肯定。又因为巽为风，风行无阻无碍，所以也利于拜会大人。兴兵征伐，也是如此。为什么要限定"向南"？在八卦方位中，巽为东南，坤为西南，言南则可兼指二者。

《大象》：地中生木，升；君子以顺德积小以高大。

【今注】

顺德：依循内在德性（行事、生长）。德者得也，指得之于天的禀赋或性分。

【今译】

《大象》：草木从地中生长而出，日渐升高；君子观此之象，当体悟内在性分，日新其德，日积月累，成就自己的伟大事业。

【今解】

地中生木，显然是将草木与大地视为一体。这与《乾》《坤》以及《屯》诸卦《象传》的思想是一致的，天生地长，草昧天造，而草木之生长即其内在性分之表达展开。对于人，尤其是对于有道君子来说，将天命之性显发而出，成己成物，止于至善，更是天命所在，义不容辞。《中庸》认为天、地、山、水，都是由小而大，积少成多。"天之所以为天""文王之所以为文"，均在于"为物不贰""纯亦不已"。

《周易》义解　217

从这里可以清晰看出，从《大象》到《象传》，《象传》到《中庸》乃至《大学》（"治国平天下"），思想脉络上的贯通与发展可谓一脉相承。

《彖》曰：柔以时升，巽而顺，刚中而应，是以大亨。"用见大人，勿恤"，有庆也；"南征吉"，志行也。

【今注】

志行：心里所执着的行动目标。

【今译】

《彖传》曰：巽木生长，四季随时，巽风柔顺，九二居位，与六五相呼应，所以亨通顺畅。"用见大人，勿恤"，意味着将有喜庆之事出现；"南征，吉"，因为那是早就计划出兵的方向。

【今解】

柔以时升，可见树木与大地，大地与上天的一体性，可见世界的生命性。如果将作为日之升的"昇"引入，图景就更立体生动了。

初六：允升，大吉。
《象》曰："允升大吉"，上合志也。
九二：孚，乃利用禴，无咎。
《象》曰：九二之孚，有喜也。
九三：升虚邑。
《象》曰："升虚邑"，无所疑也。

【今注】

允：适合，应当。

虚：同"墟"，大丘也。

【今译】

初六：适合升进。筮得此爻，大吉。

《象》曰："允升大吉"，与上面（六四）志同道合。

九二：心怀诚信，适合举办祭祀，祭品俭约也能获得神灵庇佑，筮得此爻，诸事顺利，无有咎责。

《象》曰：九二之孚，将从天之眷顾得享喜庆。

九三：登升大山之邑。

《象》曰："升虚邑"，得民心，孚众望，故无须疑虑担心。

【今解】

升，从《大象》所理解的树木之生，到《彖传》引申的天地之育，都是在一个天道论述的架构之内。卦爻辞呈现的则是一种卜筮语境，由升之"登"义——帛书《周易》即以"登"命名这一巽下坤上之卦，向"行"的方向发展，建构起自己的叙事。升的行走、登进义相对《大象》《彖传》聚焦的生长义，显然更方便组词成句，对卦爻的吉凶悔吝信息做出情节化、情境化的处理编排。这实际也是六十四卦爻创作的基本手法。

六四：王用亨于岐山，吉，无咎。

《象》曰："王用亨于岐山"，顺事也。

六五：贞吉，升阶。

《象》曰："贞吉升阶"，大得志也。

上六：冥升，利于不息之贞。

《象》曰："冥升"在上，消不富也。

【今注】

王用亨于岐山：王指太王，即古公亶父。《诗经·文王之什·绵》载太王避夷狄之难而徙居岐山故事，郑玄言其"一年成邑，二年成都，三年五倍其初，通而王矣"。

升阶：阶，这里指宫殿的台阶，即"陛"。升阶意味着职位晋升。

冥升：冥者夜也。但《小象》中似当解为执着痴迷、昧而不明。

【今译】

六四：太王在岐山行礼祭祀，（奠定周朝基业，）筮得此爻，大吉，无所咎责。

《象》曰："王用亨于岐山"，因为此后太王诸事顺遂。（所以大吉大利。）

六五：升入宫廷，吉利之贞。

《象》曰："贞吉升阶"，志得意满。

上六：努力升进，夜以继日。筮得此爻，对需要持续努力的事十分有利。

《象》曰："冥升"在上，业已在上却仍沉迷升进，可能适得其反，凶多吉少。

【今解】

取象之辞"允升"基于初六与六四的呼应关系。"孚，乃利用禴"，从象数关系说，二五爻位相对，坤被理解为吝啬，于是有薄祭之名"禴"的出现。但是，提出诚信而薄祭因而得福有喜的《小象》显然已经将其带入孔子的祭祀哲学："礼云礼云玉帛云乎哉！乐云乐云钟鼓云乎哉！"（《论语·阳货》）这里不仅可见孔门"天道-伦理"诠释进路与象数派的差别，亦可见其与王弼开创的义理派的差别同样十分明显。王弼于此爻注云："与五为应，往必见任。体夫刚德，进不求宠，闲邪存诚，志在大业，故乃利用纳约于神明矣。"（《周易注》）"与五为应"，与象数派相同；其实《彖传》《小象》也同样如此，即承认卦爻卦象基本的联系原则。但"体夫刚德""志在大业"之类，只是一种政治哲学论域内的事理逻辑，而与孔子的关切、生命理论区以别矣。孔颖达对《大象》"地中生木，升。君子以顺德积小以高大"的解释，也是如此："君子象之，以顺行德，积其小善，以成大名。"德不是内生的天命之性，而是外在的伦理原则；"以成大名"虽然可与《系辞下》解"何校灭耳"的"善不积不足以成名"勾连，但那只是讲"善积""恶积"的事理逻辑。此处的义理，蔽于人而不知天，与"天地合德"的天人论明显不同，非孔门之正脉也。

困第四十七

《序卦》：升而不已必困，故受之以《困》。

"冥升在上"，颇似"亢龙有悔"；"消而不富"，已然途穷之困。困者，困穷，困厄，困难。坎下兑上，居然为六十四卦之人生最低谷？

☷ 困：亨，贞大人吉。无咎，有言不信。

【今注】

有言不信：（他人的）不实谗言。或指（自己的）有口无心之言。

【今译】

困：亨通，筮得此卦，大人君子则吉。有人谗言攻击，但最终无所咎责。

【今解】

卦名为"困"，爻辞也十分悲惨，但从卦辞看，还是十分正面。对于大人君子来说，困境本就是人生之所不免，坦然面对，困不易节改志，最终必然大道朝天。

《大象》：泽无水，困；君子以致命遂志。

【今注】

致：委也，舍弃之意。

遂：实现。

【今译】

《大象》：湖水泄露干涸，就是《困卦》之象；君子观此，当承担责任，坚持自己的目标，哪怕需要付出生命。

【今解】

《论语·学而》的"事君能致其身"，是从"忠人之事"而言。《论语·卫灵公》的"志士仁人，无求生以害仁，有杀身以成仁"，则有命运、使命、天命的意思在内。忠、义、仁的思想，在周代的贵族教育中就已是十分完备。

《彖》曰：困，刚掩也。险以说，困而不失其所亨，其唯君子乎！"贞大人吉"，以刚中也；"有言不信"，尚口乃穷也。

【今注】

说：同"悦"。

尚：推崇、注重。

【今译】

《彖传》曰：《困卦》坎下兑上，九二阳爻为初六、六三所抑制，所谓困也。坎为险，兑为悦，处于险境而心态乐观，遭遇困厄而维持心性一贯，只有君子才能做到这样吧！"大人贞问方为吉祥"，因为二、五正位都为阳爻占据，可谓中正；"有口无心，大言炎炎"，逞口舌之快可能会陷入困境。

【今解】

君子穷且益坚，小人穷则常常失去底线，讲的其实是一个心性问题。对自己的天赋之德、天赋之性是否有清醒自觉，对自己内心追求的目标能否坚定持守，不为一时处境困难而动摇改变，是对一个人信念、意志的检验。《彖传》与《大象》这里高度一致，互相说明补充。

"尚口乃穷"表明，《彖传》对"有言不信"作了自己说话有口无心的理解。

初六：臀困于株木，入于幽谷，三岁不觌，（凶）。

《象》曰："入于幽谷"，幽不明也。

九二：困于酒食，朱绂方来，利用享祀。征凶，无咎。

《象》曰："困于酒食"，中有庆也。

六三：困于石，据于蒺藜，入于其宫，不见其妻，凶。

《象》曰："据于蒺藜"，乘刚也；"入于其宫，不见其妻"，不祥也。

【今注】

困：受困。

株木：无叶树枝。

朱绂：红色官服，上朝、祭祀等重要场合穿用。

蒺藜：一种植物，多刺。

【今译】

初六：屁股被树枝卡住刮坏，进入幽谷，三年不见人。筮得此爻，凶险无比。

《象》曰："入于幽谷"，表明黑暗无光。

九二：给大官接风，肉吃多了，酒喝高了。筮得此爻，对祭祀有利。打仗用兵则凶险，不过最终将会无咎。

《象》曰："困于酒食"，毕竟还是朝中有喜庆之事。

六三：被石头绊倒，手还扑到蒺藜上，进到家里，却看不到妻子在哪里。筮得此爻，凶险。

《象》曰："据于蒺藜"，（阴爻位于阳爻之上）属于碰到了"硬茬"；"入于其宫，不见其妻"，自然凶多吉少。

【今解】

初六爻辞原无最后的断占之词"凶"，结构不完整，今据帛书《周易》补全。

《系辞下》有对"据于蒺藜"的诠释："'困于石，据于蒺藜，入于其宫，不见其妻，凶。'子曰：'非所困而困焉，名必辱；非所据而据焉，身必危。既辱且危，死期将至，妻其可得见耶。'"被石头绊倒，手还被蒺藜刺破，这有偶然性，但也说明不够小心认真。许多的困境，其实一开始都是由小麻烦引发的。

九四：来徐徐，困于金车，吝，有终。

《象》曰："来徐徐"，志在下也。虽不当位，有与也。

九五：劓刖，困于赤绂，乃徐有说。利用祭祀。

《象》曰："劓刖"，志未得也；"乃徐有说"，以中直也；"利用祭祀"，受福也。

上六：困于葛藟，于臲卼，曰动悔有悔，征吉。

《象》曰："困于葛藟"，未当也；"动悔有悔"，吉行也。

【今注】

金车：一般认为指九二之爻，坎有车轮之象。

与：帮助、援助。

劓刖：割鼻之刑与断足之刑。

徐有说：说，同"脱"。

葛藟：葛藤。藟音 lěi。

臲卼：音 niè wù。动摇不安的样子。

【今译】

九四：金车受困，其行缓缓。筮得此爻，艰难不免，但最终结果还行。

《象》曰："来徐徐"，内心喜欢待在基层。虽然位置不合适，但得人之助。（所以最终结果还行。）

九五：为朝中官僚所困，遭受割鼻断足酷刑，不过最终还是脱离危险缓过劲来。筮得此爻，适合行礼祭祀，致敬神灵。

《象》曰："劓刖"，因为志向遭挫；"乃徐有说"，是因为内心正直；"利用祭祀"，因为获得神灵赐福。

上六：被葛藤缠住，受困于动摇不安中。筮得此爻，不宜行事，出远门则可保平安。

《象》曰："困于葛藟"，太不应该；"动悔有悔"，远行则吉。

【今解】

《系辞下》："困，德之辨也。"这点前面已经讲到。这里需要补充或进一步讨论的，是九五爻辞和《小象》所显露的某种信息，那就是苦难与神灵的关系。"徐有说""以中直"和"受福也"，分别讲的是从苦难中恢复，然后因"内心正直"得神之助而"受福"，可与《左传·庄公三十二年》之"神，聪明正直而壹者也"互相印证。

井第四十八

《序卦》：**困乎上者，必反下，故受之以《井》。**

"困于葛藟"，远行则吉，远方或是指"井"。泉涌井底，渊源深远。上无所适，下则得安。大地深处，生命之源。

䷯ 井：**改邑不改井，无丧无得，往来井井。汔至，亦未繘井，羸其瓶，凶。**

【今注】

邑：这里指小村，"十室之邑"。

汔：音 qì。水涸也。

繘：音 jué。汲水井绳。或曰"繘"借为"矞"，疏浚使通之意。

羸：通"缧"，缠绕、捆绑的意思。

【今译】

井：房屋翻新，道路改建，但水井不变，水位也不改，人们往来汲取如常。井水干涸，却无人疏通，水瓶也被打坏。筮得此卦，凶。

【今解】

《井卦》巽下坎上，巽为木，坎为水，木下而水上，似辘轳转动、绳下而水上之象，《井卦》之名或由是。

房子常翻修，水井则不会动。但适时疏通却也非常必要，尤其干涸的时候，需要清除淤泥，以保井泉清澈畅达。现在无人问津，乃至汲水之瓶也无法使用，村民的公共意识、互助精神颇为堪忧。筮得此卦，其兆为凶也就毫不奇怪了。

《大象》：木上有水，井；君子以劳民劝相。

【今注】

劳民：为民劳作，有养民之意。

劝相：劝，勉励。相，帮助他人的人。

【今译】

《大象》：木（辘轳）上有水，就是《井卦》之象；君子观此，当辛劳勤政以养民，奖励助人为乐者。

【今解】

劝相，一般解作"勉励民众互相帮助以自养"。如是，则"劳民"为"他养"而有表率之意。这一切又是来自君子对井水养人之象的领悟：井水天然，由感恩大地而劳身养民；不言之教，足以劝善，自助而相助。《系辞下》曰"井，德之地也"，其此之谓乎？

《象》曰：巽乎水而上水，井。井，养而不穷也。"改邑不改井"，乃以刚中也；"汔至，亦未繘井"，未有功也；"羸其瓶"，是以凶也。

【今注】

养而不穷：指井水汩汩养人，无有尽期。

【今译】

《象传》曰：辘轳木制，垂绳向水又汲水向上，这就是巽下坎上所成之《井卦》。井，以水养人，绵绵不绝。"改邑不改井"，因为二五正位均由阳爻居之；"井水干涸，又无人疏浚"，自然汲不着水；"羸其瓶"，汲水的瓶子也没法用了，当然凶多吉少。

【今解】

《井卦》之《象传》没有关乎天道的宏大叙事，跟《小象》几乎完全一样。首先是以卦象解释卦名，然后是对卦辞的解释，依据则是卦爻之象数关系。如以阳爻居二、五之位释井之"不改"，以"汔至未繘"释"未有功"。盛水之具也坏掉，是凶多吉少的预兆。

或许可以对"羸其瓶"稍作讨论。荀爽注云："井谓二，瓶谓初，初欲应五，今为二所拘羸。"这种象数话语可以给"羸其瓶"的卦辞之产生作出清晰解释，但是，"凶"的断占结论并不能由此得出，而这才是其意义的本质所在。井为众人汲水之地，瓶为汲水之具，瓶坏无法汲水，是人们不愿意看到或接受的，于是而视之为不祥之兆，这才是"羸其瓶，凶"的内在逻辑。

换言之，"羸其瓶"本身就有其作为事占的独立意义，将其与卦爻的关系揭示而出，是象数派的贡献，但这并不足够。义理派从事理角度给出的分析也自有其说服能力，因为具有思维和心理的基础。如果这可以视为象数派与义理派诠释方法与进路的歧异，那么，还必须指出，这其实与《象传》代表的孔子思想本身并非即是同一回事。因为《大象》引入君子视角焦点落在道德修养和政治智慧上，在此基础上拓展而成的天人关系论述已经完全脱离了占卜语境。这些在《乾》《坤》《同人》《观》《贲》《复》《咸》《恒》以及接下来《革卦》的《象传》中都有表现。分别看它们，似乎只是思想火花；整合一处，却是完整的有机体系。

当然，作为对《周易》的全面整理，它并不排斥象数方面的内容。例如，"以刚中"就基于象数，"'羸其瓶'，是以凶"就是基于义理。

初六：井泥不食。旧井无禽。

《象》曰："井泥不食"，下也；"旧井无禽"，时舍也。

九二：井谷射鲋，瓮敝漏。

《象》曰："井谷射鲋"，无与也。

九三：井渫不食，为我心恻。可用汲，王明，并受其福。

《象》曰："井渫不食"，行恻也；求"王明"，受福也。

【今注】

井泥：井水多泥沙。

井谷：指井底泉眼。水注溪曰谷。

鲋：鲫鱼。这里或指蛤蟆。

渫：音 xiè。疏通，淘去污泥。

心恻：内心悲痛。

【今译】

初六：井水多泥不可食。旧井已废，无鸟禽。

《象》曰："井泥不食"，因为水线太低了；"旧井无禽"，因为已经废弃很久了。

九二：几只蛤蟆聚在泉眼附近，以弓箭施射，却打破了盛水的瓦罐。

《象》曰："井谷射鲋"，没人帮忙，忙中出错，弄坏了瓦罐。

九三：井已经疏通，水也回复清澈，仍然喝不下，因为内心悲痛。水清可汲，君主明察，天下俱受其福。(那该多好。)

《象》曰："井渫不食"，因为正处于悲痛之中；求"王明"，希望能够得到福佑。

【今解】

三段爻辞都只有取象之辞，而无断占之语，或可酌补如下：

初六：井泥不食，旧井无禽。（利艰贞。）

九二：井谷射鲋，瓮敝漏。（贞吝。）

九三：井渫不食，为我心恻。可用汲，王明，并受其福。（无咎，贞吉。）

六四：井甃，无咎。

《象》曰："井甃无咎"，修井也。

九五：井洌寒泉，食。

《象》曰："寒泉之食"，中正也。

上六：井收，勿幕。有孚，元吉。

《象》曰："元吉"在上，大成也。

【今注】

甃：音zhòu。以砖瓦砌井壁。

洌：清澈。

幕：覆盖的意思。

【今译】

六四：以砖瓦修砌井壁，没有咎害。

《象》曰："井甃无咎"，修葺旧井，自然有利无弊。

九五：井水清洌，沁凉可口。

《象》曰："寒泉之食"，当季正位。

上六：汲水既毕，不把井口封盖，信任关心他人，大吉。

《象》曰："元吉"在上，旧井得到修整，清泉众人享用，大功告成。

【今解】

外卦三爻之辞不仅结构更完整，色彩更明亮，思想也更温暖。旧井修葺一新，泉水清洌可口，并且众人可得而共享。相对此前的"井泥不食""井谷射鲋""为我心恻"，这是完全不同的生活景象。其变化的关键是什么？是君子大人的"有孚大吉"，不擅其有，不私其利。《大象》所谓"君子以劳民劝相"，追求的也就是这一目标吧。

革第四十九

《序卦》：井道不可不革，故受之以《革》。

前述《井卦》爻辞颇似一邑中旧井经修葺由废弃而新生的故事。韩康伯由此感慨："井久则浊秽，宜革易其故也。"其实，古礼早有"立秋浚井改水"之训，《井卦》而受之以《革》，可谓顺理成章。革者，变也，去故图新也。

☱ 革：巳日乃孚。元亨，利贞，悔亡。

【今注】

巳日：或曰"终日"，《增韵》："阳气生于子，终于巳。"《说文》谓："巳也。四月，阳气巳出，阴气巳藏，万物见，成文章。"

【今译】

革：变革之事，要到巳日才能被人们信服接受。筮得此卦，一切顺畅，利于贞问，没有什么遗憾悔吝。

【今解】

"巳日乃孚"，说的是一个叫人欣慰又多少让人失落的故事或逻辑。事情做成，然后被理解接受，对于一般人来说自然而然，对于当事者却并非如此。因为如果凡事都要做成才能获得认可，那么，该做而未成甚至未必能成的事，做起来是不是会非常辛苦？

孔氏疏此十分精彩："民情可与习常，难与适变；可与乐成，难与虑始。故革命之初，人未信服，所以即日不孚，巳日乃孚也。"（《周易注疏》）

《大象》：泽中有火，革；君子以治历明时。

【今注】

治历：撰制历法，规定正朔，分明时令之变。古代所谓皇历，不仅关乎农事，也有政治治理的意义。

【今译】

《大象》：（离火在下，兑泽在上，）火光在湖中闪烁，意味着变革的发生；君子观此象，当思撰制历法，颁行天下，指明治理方向，安排百姓生活。

【今解】

革者变也，去故也。水火不容而纠结一处，必然因矛盾冲突导致改变发生。泽中有火，表明湖水蒸发近枯，对农事、政治来说都意味着某种变故。君子见微知著，以天下为念，自然应该采取措施，积极应变，掌握主动。

《彖》曰：革，水火相息。二女同居，其志不相得，曰革。"巳日乃孚"，革而信之；文明以说，大亨以正，革而当，其悔乃亡。天地革而四时成，汤武革命顺乎天而应乎人。革之时大矣哉！

【今注】

息：灭息。

二女：兑有少女之象，离有中女之象。

【今译】

《彖传》曰：《革卦》巽下离上，离为火为中女，兑为泽为少女，水火共处相熄灭。二女同居志相违，（因而必须做出改变），这就是《革卦》之名的由来。"巳日乃孚"，是说要到变革完成之时人们才会承认接受改变；离火又象征着文明，兑口也象征着喜悦，六二、九五阴阳爻皆得其正位，大为通顺，意味着变革必然而正当，最初的不愉快也消失殆尽。天地以其阴阳相遇而行四时生百物，商汤王、周武王起兵取代夏桀、商纣建立新的政治秩序也是上顺天意、下应民心。革的意义内涵真是太大了！

【今解】

水火不相容，二女难相得，必须作出改变；这是以卦象、卦体解释卦名。"巳日乃孚"，相对卦辞所暗含的变革过程的艰辛，《彖传》似乎更加看重结果，所以基调也更加乐观，这是有道理的。我们反复强调过离火之文明意义的重要性，这里再次证明其必要性。文明光照带来的是喜悦和乐，是正当的发展。在此基础上，作者进一步发挥：天地革而四时成。商汤、周武革去夏桀、商纣的天命而代之，正是对天意的从顺，对民心的呼应。

就卦本身言，《革》之离、兑无论是水、火还是中女、少女，都是难以兼容并存的二物，革是一种因难以存续而不得不作出的调整。《彖传》并不否定这一点，在解释卦辞时即是如此。但接下来就加以反转：首先是以文明释离火，以喜悦释兑口，变革于是获得积极且深刻的意义。反转之后更进一步转进升华纳入天道话语，水火、二女（中女、少女）的紧张对抗被转换成为天地阴阳的絪缊构精，于是"四时行焉，百物生焉"。思想还并不就此停步，而是再次拉回人间：商汤、周武对夏桀、商纣的替代，也是天意民心的结果。

乾父坤母的宇宙图景，是一个统摄自然和社会、历史和未来之生命形态和过程的有机画面。

初九：巩用黄牛之革。
《象》曰："巩用黄牛"，不可以有为也。
六二：巳日乃革之。征吉，无咎。
《象》曰："巳日革之"，行有嘉也。
九三：征凶，贞厉。革言三就，有孚。
《象》曰："革言三就"，又何之矣？

【今注】

巩：使牢固。繁体作"鞏"，意为用皮革捆东西。

巳：同"祀"，祭神问事。

革言三就：变革的言论再三传播。就，成也。

【今译】

初九：被牛皮绳捆住动弹不得。（筮得此爻，不宜作为。）

《象》曰："巩用黄牛"，不可以轻举妄动。

六二：祭祀择日，再行变革。筮得此爻，利于征伐，无所咎责。

《象》曰："巳日革之"，郑重其事，其事可成，可喜可贺。

九三：凶险之贞，不利征伐。变革之言，再三而至，值得相信。

《象》曰："革言三就"，但究竟如何去做呢？

【今解】

"鞏"是以皮绳捆绑;"黄牛之革"是指黄牛皮做的皮绳;"巳日革之"是变革之义;"革言三就"之"革"可以是变革,也可以说以革为鞫,即审问之义。爻辞编撰,围绕"革"字展开,而彼此之间除了均写作"革",意义却完全不同。这不是牵强,而是作者工作艰难的反映。

九四:悔亡。有孚,改命吉。
《象》曰:"改命之吉",信志也。
九五:大人虎变,未占有孚。
《象》曰:"大人虎变",其文炳也。
上六:君子豹变,小人革面。征凶,居贞吉。
《象》曰:"君子豹变",其文蔚也;"小人革面",顺以从君也。

【今注】

虎变:像老虎换毛一样变化,指新的变化如老虎花纹绚烂彪炳。
豹变:像豹子换毛一样的变化,指新的变化如豹子花纹文采斐然。
革面:内心不知如何,至少面容显得精神焕发。

【今译】

九四:其悔可消。素获信任拥戴,因势利导改弦更张,仍为大吉。
《象》曰:"改命之吉",因为人们相信其品德志向。
九五:大人治理,文采彪炳,变化绚烂可喜。深获拥戴,不用占问,大吉大利。
《象》曰:"大人虎变",文明璀璨。
上六:(大人治理的文明盛世,)君子也光彩熠熠,即使普通民众脸上也呈现出不同以往的表情。筮得此爻,征伐为凶,安居则吉。
《象》曰:"君子豹变",精神面貌焕然一新;"小人革面",受大人、君子感染百姓也容光焕发。

【今解】

都是以"革"为中心,初二三爻爻辞态度谨慎,四五六则明显积极乐观,可能是越来越接近"巳日之孚"吧。值得关注的是，爻辞的"大人虎变""君子豹变"，《小象》都是从"文"的角度理解评点，"其文炳也""其文蔚也"。虎变、豹变是皮毛，是花纹之"纹"，但却是由内而外的显现，即内有所蕴，外有所显，《小象》将其转换为文明之"文"。"小人革面"除言不及心、后知后觉之外，也反衬大人、君子之文根植于内，渊源有自也。由此可知，其与《彖传》似乎一样，也有一个天道论述的基础或前提。

鼎第五十

《序卦》：革物者莫若鼎，故受之以《鼎》。

革去故，鼎取新。鼎之为用，所以革物，变腥为熟，易坚为柔，故云"和齐生物，成新之器也"。

☲ **鼎：元吉亨。**

【今注】

元吉亨：从《彖传》"大亨以养圣贤""是以元亨"看，吉字似为衍，卦辞应为"元亨"二字。

【今译】

鼎：筮得此卦，无限亨通。

【今解】

《鼎卦》巽下离上，以木生火，似鼎烹熟物。甚至六爻之形，初六阴爻如支撑之鼎足，六五阴爻似盛物之鼎腹。《彖传》"鼎，象也"，应亦指此。

《大象》：木上有火，鼎；君子以正位凝命。

【今注】

鼎：烹饪之器，生而使熟者也。

正位凝命：正位指端正身心、明确职分；凝命指将天命、性分转化为行动，成就自己。凝，凝结，如气态转为液态、液态转为固态。

【今译】

《大象》：巽下离上，巽为木为风，离为火为光（日），木上有火，正是鼎烹物使熟之象；君子观此物之由生而熟的转换，当意识到自己应该端正身心、明确职分，领受天命而将内在性分化为行动，成就一个全新的自己。

【今解】

"正位凝命"是这里的关键词，可以结合《中庸》的"至德凝道"和"居易俟命"来加以理解。

《中庸》第二十七章语云："礼仪三百，威仪三千，待其人而后行。故曰苟不至德，至道不凝焉。"至道，指天道；至德，指至德之人。至德凝道则是指圣贤能够领受天命并能以行动将其表达呈现为功业与文章。"正位凝命"，就是这样一个脉络里，作为个体存在之君子的行为选择，即将自己置于天与人的连接关系中，有所体认，有所承担。就其个人体验性而言，《中庸》的"慎独"、《大学》的"格物"也可纳入这一论域解读。

与"至德凝道"与"正位凝命"的形上学色彩相比，"居易俟命"更像是一种形下的行为方式或选择。虽也有一个"命"的信仰在，同属于天这一绝对力量，但其呈现形式是不同的。它主要是命运的意思，关乎事；而"正位凝命"之"命"主要是生生之德，关乎性。胡宏在《释疑孟》中说"形而在上者谓之性，形而在下者谓之物"，可知由"性"到"物"，是从形上到形下的实践与转换。于是而有尧、舜、禹、汤、文王、仲尼这样"立天下之大本"的六大典范。"凝道""凝命"之"凝"，还需要置于这样一种转换与实践去寻求理解。

从周公《大象》的"正位凝命"，孔子《彖传》的"天地合德"，再到《中庸》的"至德凝道"以及胡宏的"性为待成"，可谓一脉相承。其根，则毫无疑问就是《周易》。

《彖》曰：鼎，象也。以木巽火，亨饪也。圣人亨以享上帝，而大亨以养圣贤。巽而耳目聪明，柔进而上行。得中而应乎刚，是以元亨。

【今注】

亨：同"烹"。

【今译】

《象传》曰：《鼎卦》六爻形似鼎，故以鼎为名。内卦为巽，外卦为离，以木生火，象烹饪之事。圣人奉献礼物祭飨上天为天下求福，大灶煮饭大锅炒菜供养贤能为天下储才。巽德柔顺，虚心向学故耳目聪明，积极上进。九二与六五，刚柔应乎正位，所以"大亨"。

【今解】

从《大象》可知《鼎卦》意义深远。也许因其宗教、伦理和政治的意义已经得到揭示，《彖传》在解释卦名、卦辞之外，聚焦鼎之功能本身，即烹饪食物，将其与祭祀勾连，强调其礼器属性，引出上帝即天的信仰。

不妨将其与《颐·彖传》之"天地养万物，圣人养贤以及万民"相勾连。《颐卦》之形似咀嚼之口，吃是为了获取营养，由此而有食物之所从来的问题。"天地养万物，圣人养贤以及万民"则可说是这一问题的终极答案。天地之大德曰生，人是不是也该回报上天的生养之恩？这里的《鼎·彖传》就是回答。鼎作为烹饪之器关联食物，事死如事生，事神如事人，诚挚的情感也需要适当的形式表达，三牲之祭即是"报本反始"。此外，就是"养圣贤"，为什么不似《颐·彖传》的"天地养万物，圣人养贤以及万民"？这是对君主钟鸣鼎食的要求，背后则是渊源久远的养老与养士的制度。而"圣人养贤以及万民"，当是抽象而言，并不直接，否则哪里去找那么多那么大的鼎？

初六：鼎颠趾，利出否；得妾以其子，无咎。

《象》曰："鼎颠趾"，未悖也；"利出否"，以从贵也。

九二：鼎有实，我仇有疾，不我能即，吉。

《象》曰："鼎有实"，慎所之也；"我仇有疾"，终无尤也。

九三：鼎耳革，其行塞。雉膏不食，方雨。亏悔，终吉。

《象》曰："鼎耳革"，失其义也。

《周易》义解　235

【今注】

颠：倒也。

否：不善、无用之物。

实：满也。

仇：配偶。

不我能即：不能接近我。即，接近。

鼎耳：鼎的把手。

雉膏：烹熟的野鸡肉。

义：宜也。

【今译】

初六：鼎足朝上，方便废物倒出；获得女仆及其孩子，筮得此爻，无所咎责。

《象》曰："鼎足倒置"，鼎并没坏掉；"将废物倒掉"，可以装新的好物。

九二：鼎盛满了，我的伴侣生病，不能来我家，筮得此爻，吉利。

《象》曰："鼎盛满了东西"，不要到处走动；"伴侣有病"，无须烦恼，最终不会有问题。

九三：鼎的把手掉了，带着行走很困难。煮熟的野鸡肉没法吃，因为下雨鼎里进了水。筮得此爻，事情开始不顺，结果还行。

《象》曰："鼎耳把手掉了"，用起来自然很不方便。

【今解】

卦爻辞的主要功能是表达卦爻包含的意义，如吉凶悔吝等，要讲得有根有据、有特点、成系统，取象之辞的编撰是关键。《鼎卦》六爻似鼎，自然从鼎足开始，到鼎耳走完一圈。鼎的功能很多，可供想象的空间较大，所以故事相对完整，且显得合情合理。

九四：鼎折足，覆公𫗧，其形渥，凶。

《象》曰"覆公𫗧"，信如何也。

六五：鼎黄耳金铉，利贞。

《象》曰："鼎黄耳"，中以为实也。

上九：鼎玉铉，大吉，无不利。

《象》曰："玉铉"在上，刚柔节也。

【今注】

覆：倾覆。

𫘤：音 sù。菜汤粥汁之类。

渥：湿濡貌。

铉：一种用于提拿鼎的钩状工具。

【今译】

九四：鼎耳折损，碰翻大臣的菜汤，弄脏桌布，筮得此爻，凶。

《象》曰："覆公𫘤。"，小事都出错，大事还能成？

六五：鼎耳饰黄绢、配金铉，筮得此爻，十分吉利。

《象》曰：如此隆重，鼎内装了很多好东西啊。

上九：鼎上挂着玉做的铉，筮得此爻，大吉，没有不利。

《象》曰：挂着玉铉，与青铜大鼎正好刚柔相济。

【今解】

初、二、三爻爻辞围绕鼎本身做文章，四、五、上爻爻辞则由餐桌使用而形式化，金铉、玉铉纷纷出场，然后推导生成出或凶或吉的断占结论。六十四卦都包括卦爻辞、《大象》、《小象》与《彖传》，《鼎卦》相对来说三者都比较规整，可以作为一个典范文本来比较卦爻辞、《大象》、《小象》与《彖传》的特点。

卦爻辞为取象之辞加断占之词。取象之辞根据卦名即卦爻所指及内部属性规定进行组织编排，为断占之词提供依据。《大象》从天人关系出发，以内外卦所像之象的组合关系为对象或基础，寻找政治智慧和伦理启发，提升"君子"的治理水平和道德品质。《彖传》和《小象》在对取象之辞的解释上二者完全一样，只是一个以卦辞为对象，一个以爻辞为对象；根本的不同则在于《彖传》将自己的解释纳入一个天道论述的框架，而《小象》基本就事论事，作者的理性、人文性潜藏于内，只是偶尔显发出来。

《周易》义解　237

不同文本中心焦点不同。由于每一卦作为个体都只是系统之片段，每次阐释都好比管中窥豹，难免挂一漏万，但只要将六十四卦的吉光片羽加以连缀整合，其思想的系统性与深刻性也就呈现出来了。

震第五十一

《序卦》：主器者莫若长子，故受之以《震》；震者，动也。

鼎为厨房烹饪之器，也是宗庙礼器，"圣人烹以享上帝"。古老制度，长子主祭，而震"为长子"，《鼎》与《震》于是相衔接。补一句"震者动也"，则是因为《震卦》的卦爻辞都是以雷之动编撰而成。一词多义，一卦多象，如何取舍，根据作者所需。

☳ **震：亨。震来虩虩，笑言哑哑；震惊百里，不丧匕鬯。**

【今注】

震：雷声。

虩虩：音 xìxì。惊恐貌。

笑言哑哑：说笑的声音都压得较低。

不丧匕鬯：餐具与酒具都没掉落。丧，这里指失落打坏。匕，盛饭舀汤之具。鬯，音 chàng，酒杯，也可代指酒。

【今译】

震：筮得此卦，万事亨通。雷声突然，令人恐惧，说笑之声，顿时压低；晴空霹雳，百里皆惊，但祭祀礼器都稳稳当当，仪式如常。

【今解】

一般来说卦爻辞的格式是取象之辞在前，断占之词在后。但颠倒位置，即断占之词前置也不鲜见，可能是出于行文或文势需要。此处即是先说结果"亨"，然后给出取象之辞，交代原因。为什么筮得此卦则万事亨通？《彖传》有解释。

《大象》：洊雷，震；君子以恐惧修省。

【今注】

洊：音 jiàn。同"荐"，屡次、接连之意。

【今译】

《大象》：雷声连连，《震卦》之象；君子于此时当因为体验到巨大、神秘力量的存在而心生恐惧，并以此反省修身，提升自我。

【今解】

恐惧而可修身，可知这里的恐惧不能理解为一种消极负面情绪，即简单的害怕绝望，而必然是一种可以带来希望的复杂体验。这种积极元素只能来自雷声，来自对发出雷声之天地的神秘领悟。在此前的《大象》文字中可以看到这点："云雷，屯。君子以经纶"；"雷电，噬嗑。先王以明罚敕法"；"天下雷行物与，无妄。先王以茂对时育万物"等等。雷是天的力量显发，与万物的发生、成长联系在一起。"生之育之"的背后是天的意志，这种神性存在正是修身的依据。

《象传》对这一切的阐释更加丰富系统，也更加显豁。例如《复卦》，《大象》只是描述其象"雷在地中"，《象传》则从《震卦》初九之一阳来复看到了"天地之心"。《说卦》的"万物出乎震"如果说基于《屯卦》，那么"帝出乎震"应该则可以说是基于《震卦》。"万物出乎震"是"物"的视角，"帝出乎震"则是"天"的视角。"天"与"物"的统一，是"天命之谓性"的根据和前提。

《彖》曰："震，亨，震来虩虩"，恐致福也；"笑言哑哑"，后有则也；"震惊百里"，惊远而惧迩也。（"不丧匕鬯"，）出可以守宗庙社稷，以为祭主也。

【今注】

迩：近，既指近处，也可指接近。

社稷：土神和谷神，代指江山、国家。

【今译】

《彖传》曰："震，亨，震来虩虩"，因恐惧而知修身乃得福报；"笑言哑哑"，震惊之后体会到绝对力量与规则的威严，言笑之声自加收敛；"震惊百里"，声震天下而君子有感。（"不丧匕鬯"，）（主祭长子）惊雷之下凛然有感却不惊不慌，可见其才德心性足以守宗庙社稷，为一家之主。

【今解】

震为雷，雷为天地相交生育万物的最初震动，意义重大，《大象》和《彖传》都有许多阐发。这里的震兼采雷与长子二象，以雷言天之意志、力量，以祭祀场景中的长子在雷声中的人格表现肯定、歌颂其知敬畏，有定力，足以守宗庙社稷，承担起家国天下的责任使命。

这里的"恐致福也"与《小象》完全一致，究竟是谁影响了谁并不重要，但足可证明《彖传》与《小象》的内在一致性，区别只在《彖传》解释卦辞时注重理论引申，并阐发出了系统的天道论述，而《小象》则主要定位在对爻辞的解释，背后的理性逻辑与天道信仰只是一种隐性存在。更值得重视的是《大象》与《彖传》的传承发展关系：在《大象》只是讲"恐惧修身"，是物对人的启示；《彖传》讲"恐致福"，就不只是物对人的伦理启发，而涉及物（雷）背后的力量对人的主宰性，以及天之"福善祸淫"的意志性。

通行本无"不丧匕鬯"四字，兹据文义依卦辞增补。

初九：震来虩虩，后笑言哑哑，吉。

《象》曰："震来虩虩"，恐致福也；"笑言哑哑"，后有则也。

六二：震来，厉，亿丧贝。跻于九陵，勿逐，七日得。

《象》曰："震来厉"，乘刚也。

六三：震（来）苏苏，震行无眚。

《象》曰："震（来）苏苏"，位不当也。

【今注】

跻：登、上升。

九陵：九重高山。

240　　　　　　　　　　　　　　　　　　　　　　　　　　　　易庸学通义

苏苏：犹"簌簌"，身体发抖的样子。
眚：音 shěng。眼中白翳，指灾祸、过失。

【今译】

初九：雷声炸裂，开始很惊慌，然后则只是压低说笑声，（有所感悟，恢复镇定。）筮得此爻，吉。

《象》曰："震来虩虩"，因恐惧而知修身乃得福报；"笑言哑哑"，震惊之后体会到绝对力量与规则的威严，言笑之声自加收敛。

六二：雷声危险，丢失了很多钱财。登上九重高山，也不要去寻找（丢失的钱财），七日之后，将失而复得。

《象》曰："雷声危险"，是因为六二阴爻居于初九阳爻之上，以柔乘刚的缘故。

六三：雷声响起使人发抖，雷声过后却无灾祸。

《象》曰："震（来）苏苏"，六三为内卦爻位之终，雷声即使声势很大但终只是强弩之末，掀不起大的波澜。

【今解】

初九爻辞"后笑言哑哑"，卦辞只是"笑言哑哑"，象辞为"笑言哑哑，后有则也"。这里在前面增一"后"字，似乎是想强调"虩虩"与"哑哑"的先后连贯，以与"后有则"相契。

《小象》这里虽也继承了《象传》"祸致福"的说法，但整体却是讲雷声对人的影响，并且是从爻位关系进行解释分析。

六三爻原作"震苏苏"，据初九、六二爻辞均有"来"字，补为"震（来）苏苏"。

九四： 震遂泥。

《象》曰："震遂泥"，未光也。

六五： 震往来厉，亿无丧，有事。

《象》曰："震往来厉"，危行也；其事在中，大无丧也。

上六： 震索索，视矍矍，征凶。震不于其躬，于其邻，无咎。婚媾有言。

《象》曰："震索索"，中未得也；"虽凶无咎"，畏邻戒也。

【今注】

遂：同"坠"。

亿：同"臆"，表示测度。

索索：内心不安的样子。

矍矍：同"戄戄"，惊惧貌。

【今译】

九四：雷声震落墙上泥土。

《象》曰："震遂泥"，这是说影响力还不够大。

六五：雷声来来去去很危险，但料想不会有什么大损失，事情则多少会免不了。

《象》曰："震往来厉"，因为属于危险性的；但因为行事不离正道，危险虽大，得失却有限。

上六：雷声叫人发抖，内心不安，筮得此爻，不利兴兵征伐。雷电没伤到自己，却影响到邻居，筮得此爻，无所咎责。谈婚论嫁，则难免口舌。

《象》曰："震索索"，是因为不在中道心虚不稳；"虽凶无咎"，是因为对邻居可能的行为抱有戒备之心。

【今解】

"万物出乎震""帝出乎震"以及震为长男等在《大象》《彖传》以及《说卦》中被讨论、强调的震之意涵，在《震卦》爻辞中则若有若无。在爻辞中，作为纯粹自然现象的雷声成为叙事的中心。然后是人的反应，根据不同处境而得出或吉或凶的断占结论。

爻辞是将上述现象表述为文字，《小象》则是对文字结论的原因再作交代，当然，不免要加上一些自己的理解和观念，例如"恐致福""其文炳"，呼应甚至补充《彖传》的思想理论。

艮第五十二

《序卦》：物不可以终动，止之，故受之以《艮》；艮者，止也。

"万物出乎震""帝出乎震"可知《震卦》内涵深刻丰富，《震卦》爻辞则主要是基于雷声编撰而成。《序卦》突出其"动"的意义，主要是为了与《艮卦》相衔接，上六"征凶"的爻辞则正好为其提供了方便接口。

☶ **艮：艮其背，不获其身；行其庭，不见其人。无咎。**

【今注】

艮：卦名，其象为山，其义为止。

获：得到。

【今译】

艮：控制其背，却没能控制其整个人；进到他庭院内，也没找到他这人。筮得此卦，（谈不上吉凶，只能说是）无所咎责。

【今解】

艮字本身，从目从匕，指两目对视，不相交通之意。《艮卦》之止义当系由此引申而出，卦辞之止或可视为使动用法，即"使……止"的意思，限制之意。

《大象》：兼山，艮；君子以思不出其位。

【今注】

兼：并也。合并、累积、胜过诸义，都以此为基础。"兼山"之"兼"，作"并列"解似更合适。

【今译】

《大象》：山山相连，《艮卦》之象；君子观此，当知职场各有其权能职责，知其所止，向内用心，做出自己的那份精彩，才是最为正确的选择。

【今解】

万水千山，各有精彩，大美不言，但人却难免争胜之心。因此，《大象》提醒贵族子弟"横看成岭侧成峰"时要领悟山的胸怀与团队精神。思不出其位，在个人是一种职业道德，在整体却是效率要求乃至成败关键。知止，既是对共同目标的认同，也是对个人职分的坚守。

从这里也可看出，君子虽有道德意涵，但并不只是一个道德人格概念，而是指同时兼具德行、官职和责任的真实个体。周公时代，这只能是贵族子弟。《论语·宪问》中有曾子"君子思不出其位"语，可见其影响。

《彖》曰：艮，止也。时止则止，时行则行，动静不失其时，其道光明。艮其止，止其所也；上下敌应，不相与也。是以"不获其身，行其庭不见其人，无咎"也。

【今注】

艮其止：止，这里指"背"。王弼注云："易背曰止，以明背即止也。"

【今译】

《彖传》曰：卦名"艮"是止歇的意思。时势不宜做事则要停止行动，时势应有所为则不能静止不动而必须勇往直前。或动或静，依循于时，自然道路坦荡、前途光明。艮其背，就是止其所当止；（《艮卦》六爻之初六与六四、六二与六五都为阴爻不相应，九三与上九都为阳爻也不相应，）所谓敌应而互不相与也。因此，卦辞说"控制其背，却没能控制其整个人。进到他庭院内，也没找到他这人。（人与人没有交集，无得无失，所以）筮得此卦，无所咎责"。

【今解】

《艮卦》以艮为名，意为止歇，止是行之止。或行或止，取决于特定的情境和时势，关键在与时势相匹配对应。做到这点，则前途光明。这是《彖传》的中心思想。《论语·述而》有"用之则行，舍之则藏"的说法，这里的"时止则止，时行则行"意思相近，但更具普遍性，因为将命题重心由"我"转向了"时"。孟子称孔子是"圣之时者"。《中庸》的"时中"以及《大学》的

"于止，知其所止"，都属于时与行止的关系。至于著名的"知止而后定"的"知止"，更有了基础或终极的意义。当然，那已是后话了。

初六：艮其趾，无咎，利永贞。
《象》曰："艮其趾"，未失正也。
六二：艮其腓，不拯其随，其心不快。
《象》曰："不拯其随"，未退听也。
九三：艮其限；列其夤，厉熏心。
《象》曰："艮其限"，危熏心也。

【今注】

腓：小腿。

随：王弼注曰："随，谓趾也。"《小象》理解为追随者。

拯：孔疏："拯，举也。"

限：这里指腰。

列：同"裂"。

夤：同"䚆"，夹脊肉。

熏：同"惛"，意为迷乱糊涂。或曰同"阍"，守门人。

【今译】

初六：限制他的脚趾，筮得此爻，无所咎责，占卜长久之事有利。

《象》曰："艮其趾"，（因为无法行走，所以）不会离开正道。

六二：限制他的小腿，不托举那些赘肉，他心里觉得不爽。

《象》曰："不拯其随"，是指六二爻不愿放弃自己的正位听随他人摆布。

九三：限制他的腰部，不顾背部皮开肉绽，危险，神志也迷乱糊涂。

《象》曰："艮其限"，十分危险以致其神志昏迷。

【今解】

"艮"的山之义、止之义都不适合编撰故事，只有使动用法的"限制"才方便与名词搭配成为叙事的句子。类似转换在六十四卦中非常普遍，《艮卦》与《咸卦》最为典型。"感"因为《咸卦》的少男少女之象为其展开提供了明确语境而毫不违和，而这里的"限制（使……之）"由山而人，转折过渡交代不清，使阅读、理解变得十分辛苦。不求甚解，有时其实是一种智慧。

六四：艮其身，无咎。
《象》曰："艮其身"，止诸躬也。
六五：艮其辅，言有序，悔亡。
《象》曰："艮其辅"，以中正也。
上九：敦艮，吉。
《象》曰："敦艮之吉"，以厚终也。

【今注】

辅：颊腮，即嘴巴。

敦：敦厚。

【今译】

六四：限制其身子，筮得此爻，无所咎责。

《象》曰："艮其身"，只是限制他一人。

六五：控制其嘴巴，使其不能胡言乱语，其悔可亡。

《象》曰："艮其辅"，（六五爻居正位）以中道约束言论，避免麻烦。

上九：以敦厚之心止其所止，筮得此爻，大吉。

《象》曰："敦艮之吉"，是因为以忠厚为归宿。

【今解】

王弼注："艮者，止而不相交通之卦也。"不相交通之"止"、止歇之"止"，与"使……止"之"止"即限制之"止"有联系也有区别。卦爻辞作者选择后者是为了更好地拟构叙事。自下而上，从脚趾到腮颊嘴巴，限制逐步升级，基本能以故事的形式将断占结果呈现出来，并且说出某种道理，虽然读者理解起来多少有些困难。最后的"敦艮"，没有说限制谁，我们将其解为以敦厚之心自我限制，与《小象》的"厚终"相契合，也与《大象》的"思不出其位"相呼应，吉。

渐第五十三

《序卦》：物不可以终止，故受之以《渐》；渐者，进也。

天之行，终则有始。艮之止只是相对而言的阶段性结束，随之而来的必然是新事物的发生、成长。《象传》行止随时的原则本身也包含了这一逻辑。渐之为进指水因积聚而浸染升进，所以，《周易正义》孔疏谓："渐者，不速之名也。"

☶ **渐：女归，吉，利贞。**

【今注】

归：女子出嫁曰归。

【今译】

渐：女子出嫁，筮得此卦，大吉，有利之贞。

【今解】

男大当婚，女大当嫁。女子及笄之年觅得良夫婿而有所归，自然是大好事。求签问卜得此卦，自然也是有利之占。言辞不多，喜悦之情却是溢于言表。

《大象》：山上有木，渐；君子以居贤德善俗。

【今注】

渐：本义为水之积而浸染升进，进而不速之意。

居：《广韵》："安也。"

【今译】

《大象》：木生于山，缓缓生长而日见其高；君子观此之象，亦应以贤德之人为伴，择公序良俗之地安居，（以日进其德。）

【今解】

君子是治理者，但也是真实个体，也有一个进德修业的过程。虽说君子之德风，小人之德草，但作为具体个人，环境影响的正负却是不可不考虑的。这里就是提醒君子要慎重选择朋友和邻居，就像树木植于高岗，要让自己于贤德善俗之中而日进其德。《论语·里仁》中孔子说："里仁为美。择不处仁，焉得知？"说的也是这个意思。《大象》《论语》即使不是影响关系，那也是古圣今圣，心意相通。

来知德将其解为积蓄贤德之人以移风易俗，虽然似乎也可成立，但理学家气味显然太过浓重，与文本语境以及《里仁》所讲的日常情理相去甚远。

《彖》曰：渐之进也，"女归吉"也。进得位，往有功也；进以正，可以正邦也。其位，刚得中也。止而巽，动不穷也。

【今注】

渐之进也：一般认为"之"字为衍宜删。但将其作为结构助词，似也可成立。

【今译】

《彖传》曰：渐作为进，这里是说女子出嫁之事，女有所归之吉就是渐进之吉。（因为初六）进而居二之正位，可以大有作为；（外卦为巽），六四之上是九五，明媒正娶，家正而天下可定。阳爻据五之正位，与六二相应，大局底定。内卦为艮为止，外卦为巽为顺，动静得体相宜，可长可久。

【今解】

《彖传》直接将"渐之进"与"女之归"对应，以爻自下而上的"升进"与女子出嫁、成家、相夫、教子相匹配，并展开叙述和议论。有趣的是，无论纵向发展，还是横向比喻，都严丝合缝，曲尽其妙。

初六：鸿渐于干，小子厉。有言，无咎。

《象》曰："小子之厉"，义无咎也。

六二：鸿渐于磐，饮食衎衎，吉。

《象》曰："饮食衎衎"，不素饱也。

九三：鸿渐于陆，夫征不复，妇孕不育，凶。利御寇。

《象》曰："夫征不复"，离群丑也；"妇孕不育"，失其道也；"利用御寇"，顺相保也。

【今注】

鸿：雁也。

干：河岸。

磐：大石头。

衎衎：音 kàn kàn。和乐的样子。

素饱：犹素餐，白吃白喝的意思。

群丑：伴侣、众人。

【今译】

初六：大雁降落河岸，筮得此爻，占问小孩之事，会有危险。如果有人提醒，就没有麻烦。

《象》曰："小孩子的事有危险"，但有大人教导自然就会好了。

六二：大雁降落石头，喝水吃鱼虾，自在和乐，筮得此爻，大吉。

《象》曰："饮食衎衎"，因为自己找水喝寻鱼虾，自得其乐。

九三：大雁降落陆地，男人打仗未归，女人孕而不产，筮得此爻，凶。但对于戍边御敌，则有利。

《象》曰："夫征不复"，可能是离开了大部队；"妇孕不育"，可能是身体没有调养好；"利用御寇"，因为上卦为巽，其顺德成为九三的护卫。

【今解】

"渐"为动词，可以设计主词，也可以与多种名词搭配构成适合表达自己意思的句子。为了把这种便利用好用尽，爻辞作者将"渐"这个原本表示水之浸染而升进的词，以"鸿"（大雁）与之搭配，在"鸿渐于干""鸿渐于磐"的句子中，作为降落的意思加以使用。显然，这与卦辞、《序卦》的"渐，进也"存在很大距离。但在爻辞，这完全属于正常操作。

六四：鸿渐于木，或得其桷，无咎。

《象》曰："或得其桷"，顺以巽也。

九五：鸿渐于陵，妇三岁不孕，终莫之胜，吉。

《象》曰："终莫之胜吉"，得所愿也。

上九：鸿渐于陆，其羽可用为仪，吉。

《象》曰："其羽可用为仪吉"，不可乱也。

【今注】

桷：音 jué。方形椽子，这里指平直如椽的树枝。

【今译】

六四：大雁降落树上，或许有树枝平直如椽，筮得此爻，无所咎责。

《象》曰："或得其桷"，因为巽卦为木，其德为顺。

九五：大雁降落山丘，妇人三年不受孕，最终也未能逼其就范，筮得此爻，吉。

《象》曰："终莫之胜吉"，因为得遂所愿。

上九：大雁降落陆地，翅羽翩翩，有如仪式道具，筮得此爻，大吉。

《象》曰："其羽可以为仪吉"，因为排列有序、舞动有节，不被扰乱，极富仪式感。

【今解】

以渐为降落，与大雁搭配，从河之干到树之干，从磐石到山丘，都降落过。在象数派看来，这都是卦爻所决定的。如"鸿渐于陆"，虞翻曰："陆谓三也，三坎为平，变而成坤，故称陆也。"（《周易集解》）别的不说，这至少抹杀了爻辞作者花费的苦心。即使"三坎为平，变而成坤，故称陆"，那大雁又是哪来的呢？"离五，鸿"，不知所云。还有"离为鸟，故'其羽可用为仪'"，也没有任何说服力。《小象》的诠释，不弃象数，但十分有节制。这里也可看出汉《易》一切归于象数，一切都只是象数的映射，实际是以象数为《易》之本质和全部。而《易传》的思想正如孔子在帛书《周易》之《要》篇所说，与史巫同途而殊归，"好其德义"。这里的"其"是指天，那个史与巫所同样尊奉，使占卜活动、天象规律得以成立的那个绝对力量。"德义"意味着伦理品质，意味着其意志的理性、可喻性。这一切，就是《象传》天道叙事的内容。

归妹第五十四

《序卦》：进必有所归，故受之以《归妹》。

《渐卦》卦辞"女归吉"，以及《彖传》"渐之进也，女归吉也"，已经将"渐"与"归"的内涵紧密联系到了一起。"归"是"进"的目标归宿，某种程度上甚至可以说，《渐》的意义是在《归妹》中才得到充分的展开和阐释。

☱☳ 归妹：征凶，无攸利。

【今注】

（从略）

【今译】

归妹：筮得此卦，兴兵征伐凶险，没有任何好处。

【今解】

《渐卦》卦辞的"女归"二字是取象之辞，由此得出的断占之词是"吉""利贞"。"女归"与"归妹"相同之处不言而喻，应该注意的是其差别。"女归"是一般而言。"归妹"之"妹"是具体特定之"女"，其特殊性应该从其"兄"或"父"（妹也可指年轻女性）寻求解释。

《泰卦》爻辞有"帝乙归妹"，我们有理由认为这个兄长或父亲应该就是帝乙。帝乙是商朝第二十九任君主，公元前1101年至公元前1076年在位。《殷本纪》说"帝乙立，殷益衰"，可以断定这位纣王的父亲在军事上应该不会很成功。如果在把"归妹"视为卦名的同时也将其视为卦辞，补全为"帝乙归妹，征凶"，是不是就很好理解了？

《大象》：泽上有雷，归妹；君子以永终知敝。

【今注】

永终：长久，这里相当于白头偕老的意思。

敝：弃也。

【今译】

《大象》：泽上有雷，正是谈婚论嫁的春天，这就是《归妹》卦象；君子观此，当慎重思考，如何才能让男女双方白头偕老，而避免休妻弃子的不好结果。

【今解】

泽上有雷，从春天的角度解释谈婚论嫁是一种可以成立的思路。但是不是还可以从纯粹的物象组合去寻找二者联系的原因？前面的今译认可了前人已有的说法，这里不妨尝试提出另一种可能。泽即水，雷与水的联系可以这样梳理：雷声化云为雨，雨水积而成池塘湖泊（泽）。水汽升腾为云，云聚而孕育雷声，如此这般。至于"且为朝云，暮为行雨"的隐喻，无疑也强化了这样一种男女关系的联想。婚姻是人的再生产，也是一种社会结盟，"合两姓之好"。所以，对于贵族阶层来说，"永终知敝"就尤其显得重要了。

《彖》曰：归妹，天地之大义也。天地不交而万物不兴。归妹，人之终始也。说以动，所归妹也。"征凶"，位不当也；"无攸利"，柔乘刚也。

【今注】

说：同"悦"。

【今译】

《彖传》曰：嫁娶之事，是天地大义之所在。天地不相交媾，则不会有万物的生长繁荣。女嫁男，男娶女，男女结合，生出男女，生生相续，即是人之终始。内兑为少女，外震为长男，男欢女爱，两情相悦，则是《归妹卦》的具体内容。卦辞"征凶"，是因为二五之位都不得其正（内部不稳，外战如何得胜？）；"无攸利"则是因为内卦、外卦都是阴爻位于阳爻之上（柔又岂能克刚？）。

【今解】

《归妹卦》兑下震上，长男少女，就已不只是《咸卦》少男少女的朦胧相感，而是明媒正娶、生男育女的成人世界了。"男女交而后人民蕃"的背后或前提，就是《礼记·郊特牲》说的"天地合而后万物兴"。对儒教文明来说，这是最基本的经验事实，也是最根本的文化逻辑。"乾知大始"，"坤作成物"，"天地相遇，品物咸章"，"天地絪缊，万物化醇；男女构精，万物化生"，正是其理论论述的主轴。

对卦辞的解释主要是基于卦爻结构。值得注意的是其原则与道家的差异，道家讲柔弱胜刚强，儒家则是阳刚主导，或者说是一种男性中心立场。《乾》《坤》两卦的《象传》与《文言》已经把这一点阐述得淋漓尽致，这里只能说是一个小小注脚。但《象传》思想的整体性、系统性，则可由此窥知全豹之一斑。

初九：归妹以娣，跛能履，征吉。
《象》曰："归妹以娣"，以恒也；"跛能履吉"，相承也。
九二：眇能视，利幽人之贞。
《象》曰："利幽人之贞"，未变常也。
六三：归妹以须，反归以娣。
《象》曰："归妹以须"，未当也。

【今注】
娣：古代姐姐对妹妹的称呼。
相承：相扶助。
眇：独眼。
幽人：囚徒。
须：同"嬃"，古代楚地妹妹对姐姐的称呼。

【今译】
初九：嫁女，以其妹妹为陪嫁，虽然腿脚有点毛病，但行走无碍，筮得此爻，利于征伐之事。
《象》曰："归妹以娣"，这是风俗习惯的普遍做法；"跛能履吉"，是因为她们互相扶助。
九二：独眼之人也能视物，筮得此爻，对于遭幽禁的人有利。
《象》曰："利幽人之贞"，因为其能守住二之正位。

《周易》义解　253

六三：以姐姐为陪嫁，（不被夫家接受，）新娘自己反而被丈夫遣返回其娘家。

《象》曰："归妹以须"，确实不太合适。

【今解】

《归妹》爻辞就不再考虑与帝乙的关系了，而是从妹妹陪嫁的选择安排来解释吉凶，可谓有趣。只是实在搞不懂，为什么会插入一个"眇能视"的取象之辞得出一个"利幽人之贞"的断占结论？莫非那时就有了婚姻是囚笼一说？

九四：归妹愆期，迟归有时。

《象》曰："愆期"之志，有待而行也。

六五：帝乙归妹，其君之袂，不如其娣之袂良。月几望，吉。

《象》曰："帝乙归妹，不如其娣之袂良"也。其位在中，以贵行也。

上六：女承筐无实，士刲羊无血，无攸利。

《象》曰：上六"无实"，承虚筐也。

【今注】

愆期：失约、误期。

袂：衣袖。

承：以手捧持。

刲：音 kuī。刺、割。

【今译】

九四：嫁女延期，延迟的时间也是确定的。

《象》曰：之所以有"延期"的想法，是因为对对方有所要求。

六五：帝乙嫁女，以小女儿为陪嫁，帝乙的衣服还不如媵女的衣服精美。筮得此爻，在近乎圆月之时可以称吉。

《象》曰："帝乙归妹，不如其娣之袂良"也，是因为大婚之日新娘、媵女才是主角，并且将嫁入夫家。帝乙虽然身居大位，但今天主要是以父亲角色出场，女儿精致着装既是对夫家尊重，也希望能为她们将来的幸福增加保障。

上六：女子以手持空筐，男子以刀刺羊而不见血滴，筮得此爻，十分不利。

《象》曰：上六阴爻，自然"无实"，所以只能是守着空筐。

【今解】

有人说这些爻辞是讲姐妹共侍一夫的婚俗，也有人说是讲帝乙与文王的故事。这些婚俗与历史故事应该都只是作为素材被作者用于爻辞编写，其主要目的还是如何把卦爻透露的吉凶断占呈现出来，为占问者增加说服力，为占卜者拓展阐释空间。

这里比较感人的是，帝乙归妹的着装区别，可见帝乙的父亲情感深沉细腻甚至颇为感人。再就是"承筐无实""刲羊无血"的取象之辞，虽然是婚礼的内容之一，但想想也是真有点吓人。如果这还是发生在帝乙归妹的故事中，那么真可以说殷的悲剧从商纣其父就已经开始了。

丰第五十五

《序卦》：得其所归者必大，故受之以《丰》；丰者，大也。

"之子于归，宜其室家。""宜其室家"就是人丁兴旺，事得其成。《易经·系辞上》："有亲则可久，有功则可大；可久则贤人之德，可大则贤人之业。"《丰卦》接次《归妹卦》，顺理成章。

☳☲ **丰：亨，王假之。勿忧，宜日中。**

【今注】

亨：同"享"，祭祀。

假：同"格"，至。

日中：正午时分。

【今译】

丰：君王亲自来到庙堂参加祭祀。筮得此卦，无须忧虑，日中之事的占问都很适宜。

【今解】

"王假有庙"作为取象之辞在《萃》《升》《涣》等卦中多次出现，这里"亨，王假之"应该意思也差不多。《丰卦》卦象离下震上，用《大象》的话说是"雷电皆至"，应是比较激烈异常的天象，所以，其来参加的可能是临时性的因事而祭，而与四时之祭略有不同。"勿忧，宜日中"，则很可能是他参与祭祀活动所欲传达给众人的信息。

今译如此翻译，是将"勿忧，宜日中"作双关解，作为断占之词使用。卦辞作者很可能就是如此修辞。

《大象》：雷电皆至，丰；君子以折狱致刑。

【今注】

折狱：判断案子。

致刑：实施刑罚。

【今译】

《大象》：雷电交加，就是《丰卦》所示之象；君子观此，可以判案定讼，实施刑罚。

【今解】

雷电意味着天威，是赏善罚恶之天意的显现。君子作为治理者，亦当效法天之所为，判案定讼，实施刑罚，除暴安良，绥理群生。

《彖》曰：丰，大也。明以动，故丰。"王假之"，尚大也；"勿忧，宜日中"，宜照天下也。日中则昃，月盈则食，天地盈虚，与时消息，而况于人乎？况于鬼神乎？

【今注】

丰：草木茂盛，引申出盛、多、大诸义。

尚：尊崇。

【今译】

《彖传》曰：卦名"丰"，大的意思。离为日为明，震为雷为龙，阳光普照，雷雨及时，自然水草丰茂、五谷丰登。"君主亲与祭祀"，也是因为渴望物阜民丰；"安慰大家不应忧虑，日在中天、阳光普照当然好"，但如果发生日食，也属正常。日中则昃，月盈则食，是自然天象，天地如此盈虚也是随时而消息。既然天地都这样，人与鬼神又有什么不能接受这样的变化？

【今解】

《彖传》先是以卦体、卦德解释卦名，然后解释卦辞意义，最后是引申而出的议论——由此以及爻辞内容似乎可以推断，当时发生了日食这一反常天象。这些议论虽然关乎天道，却并没将其勾连天的精神性、意志性与道德性，而表现出对日中则昃、月盈则食的自然表征，以及天地随时运转变化的坦然态度。

是的，儒教之天虽然相对道家、道教有着明显的精神性、伦理性，但却又没有像基督教那样转换为与自然彻底分离的肉身人形。对我们来说，这是一种需要深入体会的丰富传统。从比较宗教学的角度说，则是一种需要注意阐释维护的文化特点。

初九：遇其配主，虽旬无咎。往有尚。

《象》曰："虽旬无咎"，过旬灾也。

六二：丰其蔀，日中见斗。往得疑疾，有孚发若。吉。

《象》曰："有孚发若"，信以发志也。

九三：丰其沛，日中见沫。折其右肱。无咎。

《象》曰："丰其沛"，不可大事也；"折其右肱"，终不可用也。

【今注】

配主：相匹敌的人。这里指初九与九四二爻关系。

旬：十日为旬。

尚：奖赏。

蔀：茅草编成的小席，常用于遮阳盖物。

斗：北斗星。

肱：胳膊。

沛：同"旆"，一种用于减弱光线的幔帐。

沫：指光线较弱的小星星。

【今译】

初九：遇见与自己相匹配的人，势均力敌，筮得此爻，无咎。如果去往对方的地方，可能会获得奖赏。

《象》曰："十天也许没问题"，但过了十天麻烦可就大了。

六二：仿佛席子变大了，（光线暗下来，）居然看得见北斗星。跑去看会得怪病，要相信（日食）很快就会结束。筮得此爻，吉。

《象》曰："有孚发若"，就是相信太阳一定会重新出来。

九三：仿佛帐幔变大了，（光线更暗了，）连微小的星星也能看得见。跑去看的人摔断了右胳膊。筮得此爻，无咎。

《象》曰："丰其旆"，不可干大事；"折其右肱"，这人就不能再使用了。

【今解】

《丰卦》之丰所引申出的"大"义，在爻辞以使动用法与蔀、旆等搭配，是光线暗淡下来以配合日食语境。这个故事应该也是爻辞作者根据卦辞，也许还有《象传》的可能暗示而杜撰拟构起来的。"吉""无咎"这样的断占结果也被相当自然地表达出来，工作态度和想象力叫人十分钦佩。

而《大象》有着完全不同的理解，此处或许可以作为《大象》"扫落象数"的典型例子。王弼的工作无疑从这里吸取了灵感。

九四：**丰其蔀，日中见斗。遇其夷主，吉。**

《象》曰："丰其蔀"，位不当也；"日中见斗"，幽不明也；"遇其夷主"，吉行也。

六五：**来章，有庆誉，吉。**

《象》曰：六五之吉，有庆也。

上六：**丰其屋，蔀其家。窥其户，阒其无人。三岁不觌。凶。**

《象》曰："丰其屋"，天际翔也；"窥其户阒其无人"，自藏也。

【今注】

夷主：齐等之人，与初九爻之配主相若，这里指九四与初九相应。夷，等也，侪也。

来章：指光明重又彰显。

阒：音 qù。空虚、寂静。

觌：音 dí。相见。

【今译】

九四：仿佛草帘在扩大，阴影里能够看到北斗星。筮得此爻，因为其与数九相等相应，吉。

《象》曰："丰其蔀"，位置不得当（四位为阴而阳爻居之）；"日中见斗"，幽暗不清；"遇其夷主"，出行有吉。

六五：太阳光明重现，人们欢呼赞美，筮得此爻，大吉。

《象》曰：六五之吉，光明重现是值得庆贺的事。

上六：房子很大，但被草帘覆盖。从门缝窥视，阒无一人。三年都不得见一人。筮得此爻，凶险。

《象》曰："丰其屋"，大而无当就像空中楼阁；"窥其户阒其无人"，是家里的人自己不知躲到哪里去了。

【今解】

也许可以说，《丰卦》爻辞是六十四卦中最难解的……

不妨保持沉默。

旅第五十六

《序卦》：穷大者必失其居，故受之以《旅》。

"穷大"有一味求大，即知进不知退的嫌疑。于是陷入被动，以致"窥其户，阒其无人"。《小象》说的"自藏"，可能是隐匿出走，于是"失其居"而羁旅于外。二卦相次，也许仅仅是基于一个技术原因，即《丰》之六爻上下倒置而成《旅》，所谓两两相偶，非反即覆。

☲☶ 旅：小亨。旅贞吉。

【今注】

旅：旅人、旅馆、旅行。

【今译】

旅：下艮上离，筮得此卦，小通顺，占问旅行之事，吉。

【今解】

《旅卦》艮下离上，艮为山、为止，离为日、为火。二者组合而成之意象，可以是旭日东升、向山而行，也可以是日暮途穷、望门投止，也可以是小店夜宿、取暖围炉。如此情境，带入特定主角——旅人，情节的发生就很容易了。爻辞正是如此构思。

《大象》：山上有火，旅；君子以明慎用刑而不留狱。

【今注】

不留狱："留狱"指办事拖拉致使案件积压。"不留狱"就是诉讼之事不拖延，不让正义迟到。

【今译】

《大象》：山上有火，乃离卦之象；君子观此，应当明晓用刑须谨慎，讼事当速决之理。

【今解】

离作为光与火，是一种象征、一种意志显现，跟天联系在一起。当其为日之光，它意味着"文之明"，如《贲》《晋》等；当其为雷之火（电），它是"天之威"，如《大有》《噬嗑》等。这里，"山上之火"给人"慎用刑""不留狱"的启示，则似乎有将二者结合的迹象——"礼乐刑政，四达而不悖，则王道备矣"。

另有一说，山上之火，不辨香花毒草，玉石俱焚之，从反面警示君子当明以慎刑，亦可通。

《彖》曰："旅，小亨"，柔得中乎外而顺乎刚。止而丽乎明，是以"小亨，旅贞吉"也。旅之时义大矣哉！

【今注】

柔得中乎外："外"似应为"内"。

【今译】

《彖传》曰：卦辞断占之词为"小亨"，是因为阴爻在内卦得居中位，在外卦虽不当位却能顺从九四、上九阳爻。内卦为艮为止，与外卦之离火相依，系于光明，所以"对于贞问旅途之事十分吉利"。人在旅途，把握时机，明确方向，意义十分重要。

【今解】

按《序卦》说法，"旅"属于"获罪邦家，羁旅于外"。但从卦体而言，却因柔得其为，知所顺，故能"小亨"。就"旅"（旅行、旅次等）而言，艮之止，却是止于"光明"，所以，更是可谓吉利。

比较有意思的是，《彖传》于《离卦》取其光明，于《艮卦》取其附丽，即"止而丽乎明"，可知这一旅次被抽象化，不再只是"羁旅于外"，而是进取超越，有了人生、生命的意义。

初六：旅琐琐，斯其所取灾。

《象》曰："旅琐琐"，志穷灾也。

六二：旅即次，怀其资，得童仆，贞（吉）。

《象》曰："得童仆贞（吉）"，终无尤也。

九三：旅焚其次，丧其童仆，贞厉。

《象》曰："旅焚其次"，亦以伤矣；以旅与下，其义丧也。

【今注】

琐琐：细屑猥鄙貌。

志穷：心志浅狭。

次：旅行所居之处所。

【今译】

初六：住店行为表现猥琐，这将导致灾祸。

《象》曰："旅琐琐"，是因为囊中羞涩、心志浅狭。

六二：住在旅馆，带着自己的盘缠，购得一位男仆，筮得此爻，吉利。

《象》曰："得童仆贞（吉）"，因为没有什么麻烦。

九三：旅馆着火，童仆也不见了，筮得此爻，凶险。

《象》曰："旅焚其次"，令人伤心；与仆人共居一处，有此之丧也不奇怪。

【今解】

六二爻辞"旅即次，怀其资，得童仆，贞"的"贞"字后当脱一"吉"字，兹据文义补。九三爻辞之"丧其童仆，贞厉"支持这一理解。但《小象》似乎倾向以"正"释"贞"，似亦可通。

九四：旅于处，得其资斧，我心不快。

《象》曰："旅于处"，未得位也；"得其资斧"，心未快也。

六五：射雉，一矢亡，终以誉命。

《象》曰："终以誉命"，上逮也。

上九：鸟焚其巢，旅人先笑后号咷，丧牛于易，凶。

《象》曰：以旅在上，其义焚也；"丧牛于易"，终莫之闻也。

【今注】

处：地方。

资斧：指财富。

雉：野鸡。

誉命：受到赞誉，获得名声。《广雅·释诂》："命，名也。"

逮：及也。

号咷：大哭。咷，音 táo。

【今译】

九四：在其旅次，获得财富，但内心并不快乐。

《象》曰："旅于处"，因为还没有回到自己想去的地方；"得其资斧"，财富并不是其心中目标。

六五：射中野鸡，野鸡带着箭矢飞走，但最终还是获得赏赐嘉奖。

《象》曰："终以誉命"，得到上级肯定。

上九：鸟巢（寓意旅馆）起火，旅人开始还笑，接着就是嚎啕大哭，牛也在易国丢失了，筮得此爻，凶。

《象》曰：在离卦最上处旅行，着火很正常；"牛在易国丢失"，意思就是再也没有什么消息了。

【今解】

整个爻辞以人在旅途为线索拟构故事。艮为止为停留，于是有旅馆的场景；离为火为戈兵，于是有鸟焚其巢、箭中野鸡的情节。这些成为导出断占之词的取象之辞，虽然断占之词有时被省略，如九四、六五，但从"我心不快""终以誉命"看，我们完全可以想象断占之词应该是"有悔""无咎"或"终吉"之类。

巽第五十七

《序卦》：旅而无所容，故受之以《巽》；巽者，入也。

旅是人在旅途，"我心不快"。《杂卦》说"亲寡，旅也"，正是说这种江湖漂泊的状态。不如归去，不如归去，归去就是以巽顺之德，入于有人之境。"鸟兽不可与同群，吾非斯人之徒与而谁与？"

䷸　巽：小亨。利有攸往，利见大人。

【今注】

（从略）

【今译】

巽：筮得此卦，小亨通。利于出门办事，利于拜见大人物。

《周易》义解　263

【今解】

《巽卦》是巽下巽上，巽为木为风为进退，而风无所不至，所以利于出门办事、会见人物。但《巽》为阴爻主导之卦，从爻位说，二阳失位，故只是"小亨"。

《大象》：随风，巽；君子以申命行事。

【今注】

随：跟着、接着。

申：重复、一再。

【今译】

《大象》：风相随，就是《巽卦》之象；君子观此，当向百姓反复强调所当行之事。

【今解】

巽为风，二巽重叠，即是风风相随。风行草偃，常被想象比喻为国家政令、君子德行与庶民行为的关系。于是，在贵族子弟的政治教科书中，《巽卦》的启示就是，对于重要的事情，须向百姓反复强调。

虞翻以"风者天之号令"解《大象》的"随风"，出人意表，又合理合情。只是其象数思维，认为"君子，谓遁乾也"，解构否定了《大象》的意蕴宗旨。姑录以备考。

《彖》曰：重巽以申命。刚巽乎中正而志行，柔皆顺乎刚，是以"小亨，利有攸往，利见大人"。

【今注】

重：重叠、重复。

巽：入也。

【今译】

《彖传》曰：三爻之巽重叠为六爻之巽，寓意政令风教之再三重申。阳爻居九五之正位，其志得以施行。虽然巽卦二阳一阴以阴为主导，但却都能柔顺以从阳。这就是为什么"小亨通，利于出门办事，利于拜会人物"的原因。

【今解】

以巽为人，在《序卦》是由旅次回归家庭，在《大象》是将政令落实为行动。《象传》这里从《大象》"申命"出发，对卦体进行分析，然后为卦辞的断占提供解释。这种结构在整个《象传》中，颇为特殊。

初六：进退，利武人之贞。

《象》曰："进退"，志疑也；"利武人之贞"，志治也。

九二：巽在床下，用史巫纷若，吉，无咎。

《象》曰："纷若之吉"，得中也。

九三：频巽，吝。

《象》曰："频巽之吝"，志穷也。

【今注】

进退：《说卦》："巽为进退。"风行循物，可进可退。

纷若：茂盛众多的样子。或曰"纷"当为"衅"之假借，指一种用牲血涂于人身或器物的巫术，冀以祛邪免灾。

频：同"颦"。

【今译】

初六：（风）能进能退。筮得此爻，对于军人武士之事的占问有利。

《象》曰："时进时退"，心有所疑；"利于军人武士"，是因为他们志有所定。

九二：（病人）伏在床下，巫师作法，筮得此爻，吉利，无所咎责。

《象》曰："纷若之吉"，因为内心还能持守中正，尚未为邪魔所控制。

九三：眉头紧锁，闭门不出，筮得此爻，将有悔吝。

《象》曰："颦巽之吝"，因为心中的目标无法实现。

【今解】

风，无所不至，无孔不入。作为名词的"巽"为"风"，作为动词的"巽"为"入"。或以风为主词，或以旅人、病人或常人为主词与"入"相配，爻辞的取象之辞就此编撰而成。

六四：悔亡，田获三品。

《象》曰："田获三品"，有功也。

九五：贞吉，悔亡，无不利。无初有终。先庚三日，后庚三日，吉。

《象》曰：九五之吉，位正中也。

上九：巽在床下，丧其资斧，贞凶。

《象》曰："巽在床下"，上穷也；"丧其资斧"，正乎凶也。

【今注】

田：同"畋"，打猎。

资斧：钱与财物。

【今译】

六四：打猎颇有所获，筮得此爻，不会后悔。

《象》曰："田获三品"，功劳很大。

九五：吉利之贞，没有悔吝，也没有任何不利。即使开始不顺，最终也会大有收获。先庚三日的丁日与后庚三日的癸日尤其大吉。

《象》曰：九五爻的吉庆，都是因为阳爻得其中正之位。

上九：伏在床下，钱财两失，筮得此爻，凶险。

《象》曰："伏在床下"，因为上面已经无处可去；"钱财两失"，就是凶险本身。

【今解】

初六爻辞以风为主词，以其进退为象。六四、九五主词似为贵族官员，打猎获三品，行事择吉日。其他则是各色人等，伏在床下，或有恙不适，或胆小畏葸，或苦脸愁眉……

卦辞"小亨"，《杂卦》说"《巽》，伏"，伏即隐。《系辞下》："《巽》称而隐。"巽者顺也，时势使然吧。

266　　　　　　　　　　　　　　　　　　　　　　　　　　　易庸学通义

兑第五十八

《序卦》：入而后说之，故受之以《兑》；兑者，说也。

"入而后说"之"入"是以"旅"为背景。"入"是"旅"的终结，即是常态的回归，相对于旅次的"如"（往）显然是对家的回归。由此可知，"说"之悦，隐含的逻辑或情感线索乃是对共同体生活的肯定与推崇。

☱ 兑：亨，利贞。

【今注】

兑：或曰当读为"悦"。与"说"同"悦"一样。

【今译】

兑：筮得此卦，亨通，吉利之贞。

【今解】

《序卦》："《兑》者，说也。"《说卦》："说万物者莫说乎泽。"水润泽万物，给万物带来喜悦吉祥，而《兑卦》兑下兑上，可谓喜上加喜；这是卦名的基础、根本。从卦体言，刚中而柔外（二五为阳，三上为阴）；从爻位言，一阴进于二阳之上，喜见乎外。其为"利贞"，必也。

《大象》：丽泽，兑；君子以朋友讲习。

【今注】

丽：成对、附着。

【今译】

《大象》：众口相对为言，是为《兑卦》之象；君子观此，当思汇聚友朋、切磋讲习。

【今解】

据《说卦》，兑为泽，亦为口舌。从"君子以朋友讲习"看，《大象》作者似乎是将"丽泽"理解为众口相与言说。当然，将"丽泽"释为"两泽相连，象润也"，同样可引出学问思想交流的联想，并且古今注本多主此说，但相对来说，以之为"众口相对为言"应该更直接顺畅。由友朋讲习而为悦（兑），正与《论语·学而》相呼应："学而时习之，不亦说乎！有朋自远方来，不亦乐乎！"

《彖》曰：兑，说也。刚中而柔外，说以利贞，是以顺乎天而应乎人。说以先民，民忘其劳；说以犯难，民忘其死。说之大，民劝矣哉！

【今注】

说：同"悦"。也可作使动使用。

先民：先，进也。先民，使民众进以从事也。

犯难：从事艰难之事。

劝：勤勉、努力。

【今译】

《彖传》曰：卦名"兑"是喜悦愉快的意思。兑下兑上，阳爻刚健居中，阴爻柔顺居外，有如君子内心诚恳，外表温和，由此而成"吉利之贞"，是因为内心之诚恳顺乎天，外表之温和应乎人。以此令人心悦诚服的态度驱使民众服事差役，民众不觉劳累；以此令人心悦诚服的态度驱使民众冒险犯难，民众也无所畏惧。与民共情，民亦同其忧乐，自然勤勉工作、不避繁难。

【今解】

《彖传》以兑为悦，以悦为工作方法或治理原则，本质其实是与民共情，同其忧乐。但这又不只是一种工具理性即技巧，它的深层是价值理性即道，因为其前提或基础乃是"顺乎天而应乎民"。

初九：和兑，吉。

《象》曰："和兑之吉"，行未疑也。

九二：孚兑，吉，悔亡。

《象》曰："孚兑之吉"，信志也。

六三：来兑，凶。

《象》曰:"来兑之凶",位不当也。

【今注】

和:和颜悦色。

来:远道奔赴。

【今译】

初九:和颜悦色,筮得此爻,吉。

《象》曰:"和兑之吉",是因为相互间没有疑忌。

九二:诚信喜悦,筮得此爻,吉祥,没有悔恨。

《象》曰:"孚兑之吉",因为内心一直互相信任。

六三:外来之喜,筮得此爻,凶。

《象》曰:"来兑之凶",是因为位置不当(阴爻居阳位)。

【今解】

兑为口舌,有言说之意。六条爻辞的兑如果作言说解,不仅可通,而且更加顺畅。这里三条,"和兑""孚兑"和"来兑",前二者以兑为悦还勉强,第三条"来兑",就很难理解了。如果解为"自外而来言说",如"有朋自远方来"的情境,就顺畅多了。

九四:商兑未宁,介疾有喜。

《象》曰:九四之喜,有庆也。

九五:孚于剥,有厉。

《象》曰:"孚于剥",位正当也。

上六:引兑。

《象》曰:上六"引兑",未光也。

【今注】

商兑:商讨斟酌。

介:同"疥",皮肤瘙痒。

剥:指小人。

【今译】

九四：(治疗方案)商讨斟酌没有结果，癣疥之疾似将自愈。

《象》曰：九四之喜，值得庆贺。

九五：轻信小人，有危险。

《象》曰："轻信小人"，因为自己在位有权（要注意避免这种问题）。

上六：引导人家发言。

《象》曰：上六"引兑"，思想还不够成熟，需要引导。

【今解】

九四和上六之"兑"被理解为言语、言说，不仅因为理解为喜悦更合理方便，更是因为"商兑"一词从来就是被视为一种言语行为。另外，九二、九五"孚兑""孚剥"中的"孚"从何来？为什么是出现在二、五两个中位？是不是因为"位"意味着权力，上下级之间的言说讨论的关系被转换为指挥命令的关系，而这又以信任为前提？颇耐参详。

涣第五十九

《序卦》：说而后散之，故受之以《涣》；涣者，离也。

涣之本义指水之流散，这里解为离，显然指向人之聚散。悦是聚的原因，也是聚的目标。但天下没有不散的筵席，所谓分久必合合久必分也。人事如此，岁月亦如此。

䷺ 涣：亨。王假有庙。利涉大川，利贞。

【今注】

涣：水流散。可引申出分离、洗涤诸义。

假：至也。

【今译】

涣：亨通。国王亲往祖庙祭祀天帝先祖。筮得此卦，利于涉水过河，吉利之贞。

【今解】

亨通的断占之词应该是基于"王假有庙",即取象之辞与断占之词倒装。"利涉大川,利贞"另一组断占之词,基于卦体、卦象。

《涣卦》坎下巽上,坎为水,巽为风。风行水上,冻解冰释,所谓七九河开、八九雁来之象也。王至于庙,祭其祖考,履行职责,敬宗收族,协力同心,自然预示着积极的前景。坎为水,巽又为木,刳木为舟而得舟楫之利,贞问涉水过河之类的事宜,吉利也就不言而喻了。

《大象》:风行水上,涣;先王以享于帝立庙。

【今注】

以享于帝立庙:或当作"以立庙享于帝"。

【今译】

《大象》:风行水上,冻解冰释,涣之象也;君子观此,当立庙以奉先祖,四时祭祀。

【今解】

风行水上,冻解冰释,是卦名"涣"的意涵所在。这一景象即是民谚所谓七九河开,意味着大地回春。农事之前则需要举行禘祭以动员天下,祈求天祖福佑以保丰年。古者天子禘祭,祭所自出之帝于始祖之庙,即属于庙祭。

这里特别强调"立庙",应该理解为"当年""最初"之时,因为不可能每年都需要建一座。

《彖》曰:"涣,亨",刚来而不穷,柔得位乎外而上同。"王假有庙",王乃在中也;"利涉大川",乘木有功也。

【今注】

乘木有功:"木"指木船。"有功"指大川可渡。

【今译】

《彖传》曰:"《涣卦》,亨通",因为阳爻居于二五正位,内为主,外为尊,阴爻与之呼应相配。"王假有庙",亲临主祭,如九五得中;"利涉大川",

《周易》义解　271

坎水巽木，寓意刳木为舟，江河可渡。

【今解】

《彖传》这里完全是用卦之爻位理论解释"亨通"的断占结果。"王假有庙"也是以九五之尊说王之在庙主祭。"利涉大川"则是根据基本卦象，即以坎水巽木展开舟行水上渡江河的联想。

初六：用拯，马壮，吉。

《象》曰：初六之吉，顺也。

九二：涣奔其机，悔亡。

《象》曰："涣奔其机"，得愿也。

六三：涣其躬，无悔。

《象》曰："涣其躬"，志在外也。

【今注】

拯：假借为"騬"。騬为被割去阳具的马，今谓之"骟马"。

机：帛书《周易》作"阶"，指门槛。

躬：身体。

【今译】

初六：骑乘强壮的骟马，吉利。

《象》曰：初六之吉，因为骟马强壮而温驯。

九二：流水般跑回自家庭院，筮得此爻，悔吝消除。

《象》曰："涣奔其机"，因为得其所愿。

六三：以水冲刷身体，筮得此爻，无悔。

《象》曰："涣其躬"，澡身浴德，志在远方。

【今解】

"涣"作为卦之名，以水为性，有离散、奔流以及冲洗诸义。爻辞以此为基础，根据爻之阴阳、位置等因素构思而成。如骟马之骟就关乎阴爻之柔，马则具奔跑之能。九二仍是奔跑，二为中位，于是以"门槛"配之，表示回家。三位为内卦之最上，"涣躬"作为冲洗行为，《小象》将其提升为德行修炼，颇似以修身为本，而治国平天下为最终目标。

六四：涣其群，元吉；涣有丘，匪夷所思。
《象》曰："涣其群元吉"，光大也。
九五：涣汗，其大号。涣王居，无咎。
《象》曰："王居无咎"，正位也。
上九：涣其血，去逖，出无咎。
《象》曰："涣其血"，远害也。

【今注】

有：同"于"。与"王假有庙""王假有家"用法一样。

匪夷所思：不是平常思维可以理解想象。匪，同"非"。夷，平常。

逖：音 tì，远也。

【今译】

六四：流水冲击到人群，大吉；流水冲击到山岗，匪夷所思。

《象》曰："涣其群元吉"，说明政治影响很大。

九五：以水冲洗汗液，大声嚎叫。大水冲到王宫，有惊无险。

《象》曰："王居无咎"，因为以王的身份居九五之正位，（不可动摇。）

上九：以水冲洗血液，去到远方，筮得此爻，出门无咎。

《象》曰："涣其血"，出门可躲避伤害。

【今解】

六四、九五和上九的爻辞格式基本与初六、九二、六三相同。"涣其汗""涣其血"，这里按照"涣躬"的用法解为冲洗，而不同于他人作"流"或"使流"解。

节第六十

《序卦》：物不可以终离，故受之以《节》。

"涣"本指冬去春来，冻解冰释。但《序卦》取其水流离散之意，与

《巽》之入、《兑》之悦相衔接，同时也为《节》的进入埋下伏笔——澫漫无归，伊于胡底？节者，节制、约束。如《杂卦》所云："节，止也。"

☵☱ 节：亨。苦节，不可贞。

【今注】

苦节：过于苛刻的制度。

贞：永久。

【今译】

节：筮得此卦，亨通。但是，制度过于苛刻，人以为苦，则难以长久维持。

【今解】

《节卦》之"节"，指礼仪制度。这里的节之礼仪制度，所谓节文者也。《礼记·坊记》："礼者，因人之情而为之节文，以为民坊者也。"苦节之苦，可以作"令人感觉痛苦"理解。叫人深以为苦的制度显然有失人之常情因而难以长久维持了。

《大象》：泽上有水，节；君子以制数度、议德行。

【今注】

制：创设、制定。

数度：礼仪与法度。

议：批评、评议。

【今译】

《大象》：湖面水波涌动，这是《节卦》之象；君子观此，当思建立制度、评议德行以规范行为、保证秩序。

【今解】

人心似水，起伏不定，如"贫斯约，富斯骄；约斯盗，骄斯乱"。《礼记·坊记》之"坊"就是"防"的意思。"防"写作"坊"，暗含人心似水，汩汩涌动，当修礼如堤以免泛滥。乐者天地之和，礼者天地之序。礼乐制度

274　　　　　　　　　　　　　　　　　　　　　　　　　　　　易庸学通义

与《大象》均出自周公之手，其思想相契相通，于斯可见。

《彖》曰："节，亨"，刚柔分而刚得中。"苦节，不可贞"，其道穷也。说以行险，当位以"节"，中正以通。天地节而四时成，节以制度，不伤财，不害民。

【今注】

道穷：路不通。这里指制度难以施行。

【今译】

《彖传》曰："《节卦》，亨通"，其为卦，兑下坎上，坎为阳卦、为刚，兑为阴卦、为柔；二五位均阳爻居之，可谓刚柔分明，居中得正。"苦节，不可贞"，因为过于苛刻，人以为苦，因而难以长久维持。内卦兑悦，外卦坎险，是以放松愉悦的心情莅临险境，内心知所节制，以中正的态度把握行为，险境终将化为通途。天地因有所节才形成四季规律，圣人体天制度，顺时立教，然后天下物阜财丰，人民安居乐业。

【今解】

《彖传》先是以卦体、卦德解释卦辞之"亨"与"苦节不可贞"。接着从卦体出发，将其比拟为人之行为，悦以行险而化险为夷，说明居中有节乃是卦之所以为"亨"的关键。最后引出天道概念，将四时之成视为天地自我节制规范的产物，暗示创制立教当以天为法，以生生为德，平衡天道人情，于是而可长可久。

初九：不出户庭，无咎。

《象》曰："不出户庭"，知通塞也。

九二：不出门庭，凶。

《象》曰："不出门庭凶"，失时极也。

六三：不节若，则嗟若，无咎。

《象》曰："不节之嗟"，又谁咎也？

【今注】

户：单扇门，院内房间门。

门：双扇门，大门。

嗟若：叹息的样子。嗟，叹息。

【今译】

初九：不出房门，无所咎责。

《象》曰："不出户庭"，因为知道时令不好，道路不通。

九二：不出大门，凶险。

《象》曰："不出门庭凶"，因为把成事的机会耽误了。

六三：不能根据时机对自己行为作出恰当筹划，最终就只能是一声叹息，当然也没有什么大的祸患。

《象》曰：是自己不能根据时机进退出处，又能怨谁？

【今解】

节，在爻辞中被理解为一种根据外部条件对行为作出安排的度。有节就是动静随时，以成事为目的目标及评判标准。当静，房门也不出。该动，大门也要迈出去。不懂得这点，最终就只能是一声叹息，怨不得别人。

六四：安节，亨。

《象》曰："安节之亨"，承上道也。

九五：甘节，吉，往有尚。

《象》曰："甘节之吉"，居位中也。

上六：苦节，贞凶，悔亡。

《象》曰："苦节贞凶"，其道穷也。

【今注】

承：遵奉。

尚：同"赏"。

【今译】

六四：安于制度的名分规定，亨通。

《象》曰:"安节之亨",遵循制度安排,这是职场处世之道。

九五:对于制度的安排规定甘之如饴,吉利,将有赏赐。

《象》曰:"甘节之吉",因为正好在合适的位置上。

上六:对制度规定安排深以为苦,筮得此爻,凶险,最终没有悔吝。

《象》曰:"苦节贞凶",因为制度本身也有问题,大家都反感。

【今解】

内卦三爻爻辞以人为中心,讨论个人的计划安排、行为决策。外卦三爻爻辞则转向人与制度的关系。迈出大门,进入职场,就有一个与制度磨合的问题。"安节""甘节""苦节"三种状态与个人处境有关,也与制度本身是否合理有关。这里有对个人为人处世的启示,也有对创制立教者的提醒,人心似水,当有以节之,但天道不废人情,二者当有机结合取其中道。

中孚第六十一

《序卦》:节而信之,故受之以《中孚》。

天道人情允执其中的制度自然为人所信服接受。《中孚》之"孚"诸家均注以为"信",但对《中孚》之"中"则语焉不详,如《周易集解纂疏》引崔觐语"节以制度,不伤财,不害民",可谓尽其然而未尽其所以然。而将"中"解为天道人情的综合平衡,其或庶几。

☲ 中孚:豚鱼,吉。利涉大川,利贞。

【今注】

豚鱼:泛指水中生物。

【今译】

中孚:豚鱼在水,筮得此卦,吉。对于需要过河办事的,也十分有利,吉利之贞。

【今解】

《中孚卦》兑下巽上,兑为泽,巽为木。因为兑为泽,所以,豚鱼为吉。

因为巽为木，所以"利涉大川"。卦辞主要从内外卦之象及其相互关系取象、断占。至于卦名，《序卦》以孚为信，但从卦辞本身看，似乎是以孚为浮，作一种舟行水上的想象。从爻位分布看，二五之中均为阳爻所居，居"中"有定而为"信"，亦可谓名副其实、言之成理。

《大象》：泽上有风，中孚；君子以议狱缓死。

【今注】

议狱缓死：以生德为念，复议所判案件，缓刑赦死。

【今译】

《大象》：风吹泽上，是即中孚之象；君子当思德政德化，复议已判案件，适当轻缓。

【今解】

《大象》作者有特定的政治、伦理视角，完全无视用于占卜的卦象、卦体、卦爻或卦德，只是将经卦所像之象作为纯粹的自然存在还原于自然世界，在人与自然的德性联系中寻找启示。至于《序卦》《彖传》等，也同样完全不予考虑——周公在孔子之前，是孔子梦中对话的对象。

《彖》曰：中孚，柔在内而刚得中。说而巽，孚乃化邦也。"豚鱼吉"，信及豚鱼也；"利涉大川"，乘木舟虚也。"中孚"以"利贞"，乃应乎天也。

【今注】

说：同"悦"。

【今译】

《彖传》曰：《中孚卦》兑下巽上，二五中位均由阳爻居之，阳刚之性乃立；三四居六爻之中，均为阴爻，又使得全卦不失柔顺之德，可谓刚柔相济，情理交融。兑悦巽顺，诚信足可德化万邦。"豚鱼吉"，说明政教之施，信德及于豚鱼。"利涉大川"，则是因为兑泽巽木，有如舟行水上，江河可渡。《中孚》之"利贞"，正是因为圣人体天制度、顺时立教，上下与天地同流。

【今解】

《象传》释"孚",以信为主。只是在解"利涉大川"时才回归兑泽巽木,取其"浮"义。相对《大象》完全不考虑卦象爻象,《象传》则是尽量利用这一切来阐明德化、教化的所以然之故。在这样的联系和区别中,儒教之天道论述与政治哲学的发生脉络得到清晰呈现。"吾与史巫,同途而殊归"的夫子自道,良有以也。

初九:虞,吉。有它不燕。
《象》曰:初九"虞吉",志未变也。
九二:鸣鹤在阴,其子和之;我有好爵,吾与尔靡之。
《象》曰:"其子和之",中心愿也。
六三:得敌,或鼓或罢,或泣或歌。
《象》曰:"或鼓或罢",位不当也。

【今注】

虞:安也。

它:这里指意外。

燕:同"宴",安闲、安乐。

阴:同"荫"。

靡:共也。

罢:停歇。

【今译】

初九:安则吉。若有意外,则安吉不保。

《象》曰:初九"虞吉",心志不变,安之若素。

九二:白鹤在树荫下鸣唱,鹤仔发声与之对吟;我也手握美爵,希望与你共饮。

《象》曰:"其子和之",情动于衷啊!

六三:遭遇敌军,一会儿击鼓进攻,一会儿鸣金收兵,有人哭泣,有人歌唱。

《象》曰："或鼓或罢"，因为指挥官位置不是很得当。

【今解】

这里的爻辞几乎看不出与卦名或者卦辞的联系，与《大象》就更看不出有什么交集了。安之吉与宴不保、鹤对鸣与人共饮、鼓与罢等等，相关叙事与诚信、舟楫或者政治治理、道德教化都没有什么关系，甚至连断占之词也很少出场，这种情形在六十四卦中颇为少见。

六四：月几望，马匹亡，无咎。

《象》曰："马匹亡"，绝类上也。

九五：有孚挛如，无咎。

《象》曰："有孚挛如"，位正当也。

上九：翰音登于天，贞凶。

《象》曰："翰音登于天"，何可长也？

【今注】

几：将近。

望：月圆之日。

绝：杜绝。

挛如：手脚蜷曲不能展开的样子，也指互相牵连。

翰音：鸡鸣声，也指虚高的声音或名声。

【今译】

六四：望日将近，马匹丢失。筮得此爻，无咎。

《象》曰："马匹亡（无咎）"，因为提高警惕可以杜绝类似事件再次发生。

九五：互相信任的人都关系紧密，无所咎责。

《象》曰："有孚挛如（无咎）"，因为都是工作上的关系（而非私情）。

上九：鸡叫之声升上天，筮得此爻，凶险。

《象》曰："翰音登于天"，（也就是黎明片刻，）怎么能够久长？

【今解】

外卦三爻爻辞跟内卦三爻爻辞一样，与卦名、卦辞的诚信、浮行之义联系十分薄弱。不必牵强附会，因为六十四卦原本就是用于占卜的手册，其文字并非成于一人一时。即使成书过程中存在一些重要节点，但也是表现为在原有基础上新的内容的增加，如文王之《序卦》、周公撰《大象》、孔子作《象传》等等。虽然层层累积，量变质变，但并没有一个特殊机缘让人出来做一个系统整合和清理，如巴比伦之囚使得希伯来先知编撰其《圣经》那样。它的背后，是中华文明发展路径的内生性、常态性。

小过第六十二

《序卦》：有其信者必行之，故受之以《小过》。

《中孚》之"孚"为信。行为守信，或致小过。孟子所云"言不必信，行不必果，惟义所在"，针对的应该就是这种守硁硁之节而不知大体的人，因为守信的深层还有一个所守为何的问题。"翰音登于天"的公鸡报晓虽信其时而其声过亢，作为《小过》接入的气口，或可视为另外一种情形。

䷽ 小过：亨，利贞。可小事，不可大事，飞鸟遗之音，不宜上，宜下。大吉。

【今注】

小过：过之小事谓之小过。

遗：音 wèi。赠与、留下。

【今译】

小过：筮得此卦，亨通，吉利之贞。但只适合于做小事而不适合于做大事，如飞鸟动听啼唱，应该是低飞向人，而不是高飞向上，（那可能招致鹰鹯的攻击。）（如果能做到，则）大吉。

【今解】

《小过卦》艮下震上，艮为止，震为雷——意味着行动与声音。既要有所行动，又要知其所止，可能就是卦辞"可小事，不可大事"的根据。飞鸟之"不宜上，宜下"也可由此获得解释。行动之拿捏，节奏与度的问题，或许是最关键之处。

《大象》：山上有雷，小过；君子以行过乎恭，丧过乎哀，用过乎俭。
【今注】
行：这里指待人接物。
丧：为亲人举办丧事。
用：这里指日常用度。
【今译】
《大象》：山上有雷，小过之象；君子于此当自我警醒：待人不要过于恭敬，居丧不要过于哀伤，用度不要过于节俭。
【今解】
凡事有节，礼即情感行为之节文。待人接物过于恭敬则流于谄媚，居丧过于哀痛则毁伤身体，用度过于节俭则同于吝啬，都是失礼，但仅只是在礼之分寸上把握不好，因而还都只是属于贤人之"小过"。山上有雷，雷表惩戒，则山喻贤人。贤人无大恶，小过小惩矣。

《彖》曰：小过，小者过而亨也。过以利贞，与时行也。柔得中，是以"小事吉"也；刚失位而不中，是以"不可大事"也。有"飞鸟"之象焉，"飞鸟遗之音，不宜上，宜下，大吉"，上逆而下顺也。
【今注】
飞鸟之象：《周易荀氏九家集解》有"震为鹄"。
【今译】
《彖传》曰：小过，说的是小事犯错无伤大体，仍然亨通无碍。犯错而仍然属于吉利之贞，是因为行止随时。六二阴爻居内卦之中位，所以小事能保无虞。阳爻不在外卦之中位，所以大事不能轻举妄动。六爻三、四为阳，如鸟之躯干，初、二、五、上为阴如鸟之双翅；上为震雷，下为艮山，鸣禽自

282　　　　　　　　　　　　　　　　　　　　　　　易庸学通义

然宜下不宜上，如此则此卦为吉。——因为往上是逆天，往下才是顺命。

【今解】

《彖传》首先解释为什么小过而依然能"亨"、依然为"利贞"，前者因为无伤大体，后者因为是行止随时。然后以爻位关系，即二五爻之得位与否解释为什么"可小事"和"不可大事"。最后则是以逆与顺解释为什么"不宜上，宜下"——这句卦辞本身，似乎应该视为对"可小事，不可大事"的补充。有趣的是，作者从六爻结构形式解释飞鸟意象的产生，想象之丰富、思维之开阔，叫人发出赞叹的同时不禁会心一笑。观象制器说，由此发端乎？

初六：飞鸟以凶。

《象》曰："飞鸟以凶"，不可如何也。

六二：过其祖，遇其妣；不及其君，遇其臣，无咎。

《象》曰："不及其君"，臣不可过也。

九三：弗过防之，从或戕之，凶。

《象》曰："从或戕之"，凶如何也？

【今注】

过：探访。

妣：母亲。这里指祖母。

戕：斧头，戕害。

【今译】

初六：鸟飞凶狠。

《象》曰："飞鸟以凶"，那又有什么办法？

六二：探望祖父，（路上）遇到祖母；没见到君主，先遇见其臣属。筮得此爻，无咎。

《象》曰："不及其君"，因为君主不能随便拜访。

九三：没有过错，但仍需小心从事，一旦犯错，或致杀身之祸，筮得此爻，凶。

《象》曰："从或戕之"，凶险之甚啊！

【今解】

爻辞作者以鸟为基础意象建构叙事。鸟只是一个象征，实际是讲人事。或谓"飞鸟以凶"当作"飞鸟以矢，凶"，可从。不仅因为《旅卦》有"射雉一矢亡"，还因为"凶"作为断占之词句式才完整。如果作为鸟飞之状态，那只适于对秃鹫的描述了。

九四：无咎。弗过遇之，往，厉，必戒。勿用，永贞。
《象》曰："弗过遇之"，位不当也；"往厉必戒"，终不可长也。
六五：密云不雨，自我西郊。公弋取彼在穴。
《象》曰："密云不雨"，已上也。
上六：弗遇过之，飞鸟离之。凶，是谓灾眚。
《象》曰："弗遇过之"，已亢也。

【今注】

穴：鸟巢。

灾眚：眚，音 shěng。灾祸。

弗遇过之：遇，遇见。过，探访。这里是倒装句式。

【今译】

九四：没有咎责。不要勉强求遇其人，急于求成将出事，必须谨慎克制。筮得此爻，凶多吉少。

《象》曰："弗过遇之"，因为位不得当（阳爻居阴位，容易躁进）；"往厉必戒"，因为不可长久（名不正言不顺，事终不成）。

六五：云层聚集，自西郊往东，大雨将至。有人在准备弋和弓，射取巢中之鸟。

《象》曰："密云不雨"，但云层聚集，迟早会下不来。

上六：前往拜访却不遇其人，飞鸟也飞往远处。筮得此爻，凶，这就是灾祸啊。

《象》曰："弗遇过之"，属于急躁亢进了。（上六为外卦最上一爻，已经无所前往了。）

284　　　　　　　　　　　　　　　　　　　　　　　易庸学通义

【今解】

鸟的意象仅在六五爻辞中还被保留。人之行显然比鸟之飞更便于编撰故事，表达卦爻内涵，传达断占结果。九四、上九都是讲不要急躁亢进，一个是不要非分觊觎，一个是要知其所止，否则凶多吉少。这属于处世智慧。六五比较不好理解，已在其位，却只是酝酿准备，不见其事之成，原因可能是阴爻居于尊位，德位不配吧！

既济第六十三

《序卦》：有过物者必济，故受之以《既济》。

"过"从词性上说有动词、副词和名词多种用法。"小过"之"过"应属名词；"行过乎恭、丧过乎哀、用过乎俭"应属副词；"过其祖"应属动词。这里"过物者"之"过"应属动词，为超过、经过之意，如此才能有所"济"而成其为"既济"。

䷾ 既济：亨，小利贞。初吉，终乱。

【今注】

亨，小利贞：或谓当为"小亨，利贞"，或者"小亨，小利贞"。

【今译】

既济：筮得此卦，属于小的吉利之贞。事情开始很好，但最后有点乱。

【今解】

毫无疑问，从《易经》的角度说，《乾》《坤》《否》《泰》《坎》《离》《既济》《未济》是六十四卦中最重要的几组卦。这要从《乾》《坤》为"易之门户""易之蕴"，从"生生之谓易"来理解，所谓"天地缊缊，万物化醇；男女构精，万物化生"。表示天地之交的是《泰卦》和《否卦》。天地如何"交"？天地以坎离交，即《乾》之中爻入于《坤》，《坤》之中爻入于《乾》，如此《乾》《坤》二卦中爻交换的结果就是《离卦》和《坎卦》的成形。《既济卦》卦体为离下坎上，以《泰卦》为基础参照，即是其"交"已毕，是为

《既济》。

但这一切在《既济》卦辞中不见痕迹。这里的"济"意思是渡过水流,"既济"则是已经渡过水流到达彼岸。"天地交而万物通",其为"吉"自不待言,可为什么又只是"初吉"还"终乱"?因为既济只能表示某种阶段性结束,而对天之道终则有始的生生不息,没有任何表示。

《大象》:水在火上,既济;君子以思患而豫防之。

【今注】

豫:同"预"。

【今译】

《大象》:水在火上,既济卦之象;君子观此,当思考其可能的祸患而采取措施加以预防。

【今解】

《大象》自成一系,只从八经卦之物象出发,从其组合关系中寻求政治治理和道德修养上的启示。离火坎水,水在火上,或者火把水烧开、烧干,或者水把火浇灭,所谓水火不相容。不管哪一种,都有可能导致祸患。早做预案,自然也就可以防患未然了。

《彖》曰:"既济,亨",小者亨也。"利贞",刚柔正而位当也。"初吉",柔得中也。"终止则乱",其道穷也。

【今注】

穷:路不通也。

【今译】

《彖传》曰:《既济》,筮得此卦,小亨通,也就是小事亨通。贞问之所以吉利,是因为不仅六二、九五柔与刚均居其中,初、三、五与二、四、上也是阳阴之爻各当其位。"初吉",就是内卦阴爻居中位。上六已在九五之上而又进无可进,所以最终不免陷入混乱。

【今解】

"既济"或许可以理解为"事情就这样成了"。确实,不仅二五中位各得其主,其他阴阳爻位也刚柔相济,就一个周期而言,这确实是一个最好的安排。但是,生生之谓易,天之行乃是终则有始,无有尽时。正如《否卦》卦象所昭示的,坤下乾上照说是"天尊地卑"之常态,但其卦却被名之为"否",也就是《大象》所说的"天地不交",卦辞也是"不利君子贞"。反而是乾下坤上之卦被名之为"泰",天地交而为泰,因为"天地交而万物通"。

《否》随《泰》后,是天地交通之后的状态。某种意义上《既济》《未济》可以,甚至完全应该与《否》《泰》综合一处来进行解读。值得深思的是,《否》《泰》二卦《泰卦》在前,是因为先交泰,然后而有所否止,那为什么《既济》《未济》却是《既济》在前而《未济》在后呢?应该是基于六十四卦整体结构的考量吧。

初九:曳其轮,濡其尾,无咎。
《象》曰:"曳其轮",义无咎也。
六二:妇丧其茀,勿逐,七日得。
《象》曰:"七日得",以中道也。
九三:高宗伐鬼方,三年克之。小人勿用。
《象》曰:"三年克之",惫也。

【今注】

曳:拉拽,这里是拉住的意思。

茀:音 fú。车幛,用于遮挡外部视线以保障乘车私密性。这里或同"髢",指女性头饰之类。

高宗:武丁,殷中兴之君。

鬼方:古代国名,在北方。

惫:极为疲倦。

【今译】

初九:(狐狸)拽住船的舵轮(过河),尾巴打湿了,筮得此爻,无所咎责。

《象》曰:"曳其轮",自然不会有什么麻烦了。

六二:妇人丢失了她的首饰,不要急着寻找,七日之内就会失而复得。

《象》曰:"七日得",因为身处中道(六二居位)。

九三:高宗征伐鬼方之国,三年取得胜利。筮得此爻,注意不要任用小人。

《象》曰:"三年克之",双方应该都极为疲惫了。

【今解】

"曳其轮"有的注家认为是人,这里根据《未济卦》卦辞"小狐汔济"确定为狐狸。"茀"指车幨。这里根据"妇丧其茀"的用法,认为应视为"髴"之假借,指妇女首饰。

六四:繻有衣袽,终日戒。

《象》曰:"终日戒",有所疑也。

九五:东邻杀牛,不如西邻之禴祭,实受其福。

《象》曰:"东邻杀牛",不如西邻之时也;"实受其福",吉大来也。

上六:濡其首,厉。

《象》曰:"濡其首厉",何可久也?

【今注】

繻有衣袽:意思是船有渗漏时有破旧衣衫可塞堵之。繻,渗漏,音 rú。袽,破烂衣裳,音 rú。

禴祭:一种简朴的祭祀形式,不用三牲,仅用饭蔬。

不如西邻之时:之,来知德认为当为"知",音同而误。果如是,则"之时"为"知时"。

【今译】

六四:当船渗漏有破旧衣衫可塞堵,因为一直有所戒备。(筮得此爻,无咎。)

《象》曰:"终日戒",说明对危险有警觉。

九五：东邻杀牛举行祭祀，还不如西邻仅仅以饭蔬为祭品的祭祀更能获得神灵的庇佑赐福。(是因为内心虔敬程度有所不同。)

《象》曰："东邻杀牛"，不如西邻懂得守时之义；"实受其福"，是指获得的吉庆更大更多。

上六：头也被打湿。筮得此爻，危险。

《象》曰："头也被打湿"，那还能熬多久？

【今解】

从上六爻辞看，曳轮渡河的还真有可能是人，而不是狐狸。不过这其实并不重要，作为取象之辞，都只是一个象征，重要的是断占之词，即占卜结果。六四爻辞讲的是一个事实，一种状态，可以叫有备无患吧。如果要配上一个断占语句，或许应该是"悔亡"之类吧。九五爻辞讲的是祭祀，祭品、守时以及虔敬，一般来说三者都很重要，虔敬要通过祭品与守时来体现。但这里，似乎更重视守时。

未济第六十四

《序卦》：物不可穷也，故受之以《未济》，终焉。

《既济》位列六十四卦之第六十三，从篇章来说，接下来的第六十四就是最后之终章了。如何既能为卦的系统画上句号，又能将卦系之思想，将"生生之谓易""终则有始"的天之行很好表达出来？以《未济》收尾压轴就是最好安排。《序卦》这里体现的是"孔子之文"对"文王之文"的理解与阐发，表现出二者精神思想上的承接与默契。

☷ **未济：亨。小狐汔济，濡其尾，无攸利。**

【今注】

汔：音 qì。水干涸。

【今译】

未济：筮得此卦，亨通顺畅。小狐狸以为河水干涸可以通过，结果弄湿

《周易》义解　289

了尾巴，没什么好处。

【今解】

跟《既济》一样，《未济》的关键词也是济渡之"济"，也仍然以狐狸为取象——干宝认为"坎为狐"。狐狸体小力弱，只能于河水近涸之时尝试济渡，但即使如此亦濡湿其尾，此其所以为"无攸利"。但为什么基本的断占之词又是"亨"呢？

前文指出，《既济》《未济》二卦当与《否》《泰》二卦等量齐观、互相参照，方得其究竟，不仅对《既济》《未济》如此，对《否》《泰》亦如此。《否》《泰》讲天地交通，通泰是其本质，否止则只是通泰之休歇。"天地交而万物通"，意义至深至大自不待言，但其交其通具体内容和形式如何？于其本身则没有反映、交代。《既济》《未济》正是对这种交通内容和形式之表达。

六十四卦又称别卦，因为是从八个经卦敷衍而来。阳爻组成乾，阴爻组成坤，经卦之《震》《艮》、《坎》《离》、《巽》《兑》又是从《乾》《坤》二卦之阴阳爻之组合而来。① 从天地与万物的关系说，万物生于天，这个生的过程，在《乾》《坤》二卦之《象传》及《文言》中已得到充分阐述。"乾知大始""云行雨施""坤作成物""含弘光大"，这就是"天地交而万物通"。其具体形式，就是《乾卦》之中爻与《坤卦》之中爻交换位置，此即《离》《坎》二卦之所从来，亦即"天地以坎离交"之所本。《否》《泰》二卦与《既济》《未济》二卦的这样一种关系，借用《系辞下》的话"天地絪缊，万物化醇；男女构精，万物化生"来说，《否》《泰》是一般性的讲"天地絪缊"，《既济》《未济》则是比较具体地讲"万物化生"；当然，这是一个整体过程，只是在不同层次上加以表述而已。

从《否》《泰》的角度，坤下乾上为"否止"，乾下坤上为"通泰"，《既济》的离下坎上正如"既济"的字面意义表示"好事已成"；《未济》的坎下离上，其意义亦正如"未济"二字所示，表示不可终止于此，好事待成。当

---

① 《说卦》"震一索而得男……"以乾天为父、坤地为母，则是对乾坤与震艮、坎离、巽兑这一关系的进一步演绎。

290　　　　　　　　　　　　　　　　　　　　　　　　易庸学通义

这种内在有机关系被置于六十四卦之终，与"大明终始"相呼应，整个系统生生不息的动态性和开放性呼之欲出、扑面而来。

"惟天之命，於穆不已"，与此对勘互诠，不仅意义饱满，而且《诗经》的传统以及《中庸》《大学》的补充也彻底贯通。

《大象》：火在水上，未济；君子以慎辨物居方。

【今注】

辨物居方：分辨物类，使各安其所。

【今译】

《大象》：火在水上，这是未济之卦象；君子观此，当谨慎小心，分辨诸物之类别属性，据此对其位置做出安排。

【今解】

《未济卦》坎下离上，坎为水，离为火，二者组合，水在火上，则以水灭火，火在水下则煮水烹茶。火在水上，则不知所谓，一无所成，是曰"未济"。"辨物居方"而曰慎，首先是水火无情，不可不慎；其次则是物各有其性而具其能，治理天下，经纬万端，务使各尽其用、各得其宜。

《彖》曰："未济，亨"，柔得中也。"小狐汔济"，未出中也。"濡其尾，无攸利"，不续终也。虽不当位，刚柔应也。

【今注】

续：继续。

终：完成。

【今译】

《彖传》曰：《未济卦》之所以为亨通，是因为六五柔居中正之位。"小狐狸趁河水近涸而济渡"，也属于中道而行。"尾巴被弄湿而无所利"，只因为狐狸尾大，难以完成渡河行动。六爻阴阳均不当位，但九二与六五却相呼应。（这应该是卦德为"亨"的主要原因吧。）

【今解】

《象传》以卦象、爻象解卦辞，落脚在对卦德之"亨"的说明上。《未济》之卦名，错位之六爻，"不续终"之狐狸，均难以支持"亨"这一断占之词。但六十四卦之殿军，必须是亨通顺畅，《象传》给出了自己的说明。

"文王之文"体现在六十四卦的编排序列，《乾》《坤》《坎》《离》是其关键，其位置（全篇之开端，上下经之收尾）即说明了一切。"孔子之文"体现在《象传》《文言》《序卦》，重点在天之德性、意志性以及人与天的连结。就本卦《未济》而言，《象传》没有多做引申，因为《序卦》的"物不可穷"已经将二者统一贯通起来了。

初六：濡其尾，吝。
《象》曰："濡其尾"，亦不知极也。
九二：曳其轮，贞吉。
《象》曰：九二"贞吉"，中以行正也。
六三：未济，征凶。利涉大川。
《象》曰："未济征凶"，位不当也。

【今注】

极：终点。

【今译】

初六：尾巴被打湿，筮得此爻，遗憾。

《象》曰："尾巴被打湿"，就没法到达终点了。

九二：抓住船的舵轮，吉利之贞。

《象》曰：九二"贞吉"，因为居中行正，（巧妙利用外部条件。）

六三：未能渡至河岸，筮得此爻，行军打仗凶险。但对于涉水渡河还是有利。

《象》曰："未济征凶"，不在其位却谋其事，（所以凶险。）

【今解】

狐狸虽小，尾巴却不小，被弄湿后行动就不方便了，继续过河就变得很困难。二为中位，虽以阳爻居之，不能说得其正位，但利用外部条件达到渡河目标，还是属于中正之行，所以其贞吉利。六三"未济征凶"不难理解，但"利涉大川"又从何说起？可能是因为"济"本身就是说渡河之事，一次不行，再来一次就是。这对于行军打仗虽很凶险、成本太高，但仅就渡河而言，却是勇气可嘉。

九四：贞吉，悔亡。震用伐鬼方，三年有赏于大国。
《象》曰："贞吉悔亡"，志行也。
六五：贞吉，无悔。君子之光有孚，吉。
《象》曰："君子之光"，其晖吉也。
上九：有孚于饮酒，无咎。濡其首，有孚，失是。
《象》曰："饮酒濡首"，亦不知节也。

【今注】
震：或为人名，高宗手下武将之类。
晖：阳光，日光温暖。在"君子之光，其晖吉也"中，指君子的言语承诺能落实兑现。
失是：是，正也。"失"意为行为偏离常态。

【今译】
九四：吉利之贞，悔吝消失。震领兵讨伐鬼方，三年得胜后，获得高宗武丁奖赏。
《象》曰："贞吉悔亡"，其志得行也。
六五：吉利之贞，悔吝消失。君子的允诺得到兑现，筮得此爻，吉。
《象》曰："君子之光"，言而有信，所以为吉。
上九：酒令不违，无咎。头发被打湿，喝得太多导致失态。
《象》曰："饮酒濡首"，太不知节制了。

【今解】
三、四、上三爻爻辞完全脱离了"渡河"的语境，而与《既济》的"高宗伐鬼方"勾连起来了。那里说"小人勿用"，这里说"震用伐鬼方，三年有

《周易》义解　293

赏于大国",可见震是个人才。此事传入宫廷,君子(或指武丁)兑现承诺。然后是行令饮酒,遵守酒令虽然也是一种守信美德,但喝得酩酊大醉以致头发都弄湿,已近于乱了。《小象》批评其不知节制,显然是一种礼的立场。爻辞无关"文王之文",更不知"孔子之文"。《小象》提出节即礼的问题,也可说是为其与"孔子之文"的衔接、展开埋下一个小小的伏笔。

《系辞传》

系辞之"系",其义有二,一为"系挂",如《系辞》之"系辞焉以断其吉凶";二为条理,用孔疏的说法就是"条贯义理,(使)各有纲系",即使《易经》六十四卦之各部分层次清晰、意义分明。朱子《周易本义》认为《系辞》为"通论一经之大体凡例",高亨《周易大传今注》更进一步说"《系辞》上下两篇乃《易经》之通论,以论《易经》之义蕴与功用为主"。由"通论一经之大体凡例"到"论《易经》之义蕴与功用"是一大跳跃,前者是体例介绍,后者是宗旨阐明——两者都意味着以《系辞》为《周易》的理论重点、思想中心。然而,这是不成立的。

《系辞》的主要内容可分为说卦、说象、说辞(卦爻辞)三大块,主要是对六十四卦之卦、象、辞的传解、阐释以及其发生发展的理解分析。这当然是非常重要的,但却只是属于基于一种外部视角对卦(经卦与别卦)、象(卦象与爻象)、辞(卦辞与爻辞)整体上的知识性考察,与《象传》《文言》那样的理论建构完全不同。即使其中偶有亮点,也是由具体材料触发的灵光一闪,如"天地絪缊,万物化醇;男女构精,万物化生"的神来之笔,即是对"三人行,则损一人;一人行,则得其友"的感悟。它的深层,则以《乾》《坤》二卦之《象传》的"云行雨施,品物流行","含弘光大,品物咸亨"的思想为基础依据,可视为其精彩投射或应用。

"散论"而非"通论"才是对《系辞》的准确定位。因为它只是对卦、象、辞的技术性或外部性研究,而《象传》才是对天道,关于世界的发生、归宿，人在其间的位置、使命的正面论述，并且完成了对整个卦系的统摄、升级。如前面解经文字所表明的，作为"文王之文"的《易经》与作为"孔子之文"的《易传》是两个形式和思想相联系但却又存在本质区别的不同系统。从宗教的角度说，以六十四卦为内容的《易经》所呈现的世界是一种自然生命的存在；以《彖传》《文言》《说卦》为中心的《易传》则为其赋予了德性的品质，使之成为一种精神生命的存在。天生、地长、人成的有机系统为世界提供秩序，为人生提供意义，为历史提供方向。正是因此，《汉书·艺文志》才说"五常之道，相须而备，而《易》为之原"。

欧阳修的《易童子问》注意到《系辞》多"繁衍丛脞之言，与夫自相乖戾之说"。《系辞》之"系"确实有"解释凡例"和"条贯义理"的内容，但因为不是出于一人、成于一时，加上卦、象、辞本身的历史复杂性，相关解释和条贯难免仁者见仁、智者见智，一言难尽。在这个过程中，甚至有非儒家的思想被引入进来，如"易有太极"之类，造成理论上的紧张与混乱。所以，《系辞》之"系"作"捆扎"解，《系辞》即意味着将包括"繁衍丛脞之言""自相乖戾之说"在内不便分类、难以归附的文字系缚一体，作为附录单列，供人参详。

这在否定"《系辞》为孔子所作"之传统说法的同时，为我们准确把握以孔子为代表的《易传》思想体系创造了条件。因为《系辞》在将"繁衍丛脞之言""自相乖戾之说"的问题进行技术化处理后，有助于我们准确把握真正的孔子思想，而《彖传》中心说的成立则使得对《系辞》内部层次、脉络的梳理与澄清变得必要和可能。

《系辞》上

第一章

天尊地卑，乾坤定矣。卑高以陈，贵贱位矣。动静有常，刚柔断矣。方以类聚，物以群分，吉凶生矣。在天成象，在地成形，变化见矣。

是故刚柔相摩，八卦相荡。鼓之以雷霆，润之以风雨；日月运行，一寒一暑。乾道成男，坤道成女；乾知大始，坤作成物。

【今注】

尊：高也。

卑：下也。

陈：列也。

位：犹"立"也。

方：当作"人"，形似而误。

大：同"太""泰"，最初。

【今译】

天尊地卑，乾坤于焉以定。尊卑既分，卦爻贵贱斯立。天地四时动静有常，阳爻阴爻刚柔亦判。人以类聚，物以群分，矛盾互动，或吉或凶。天的生命意志在空中显现为日月星辰之象，在地下呈现为山川草木之形，日月递照，冬去春来，生生不息。

有了八卦，也就有了阴阳的冲摩，八卦物象的激荡。雷霆鼓动，风雨滋润；日月运行，寒来暑往。乾之道如男，云行雨施播撒种子开启生命；坤之道如女，含弘光大承天之施育种成物。

【今解】

这里讲卦及其系统的根源与根据：乾坤本于天地，卦爻之位本于天地之尊卑，爻之刚柔本于动静，吉凶源自人物之分及其事业互动。日月星辰、山川草木以及人事行为，是一个有机整体，都是天地大生命的表现形态。

这表面看似乎是对卦之产生的知识性溯源，但实际乃是对其关于卦系之整体之理解的一种论证。因为卦系原本只是由揲蓍而成的一个占卜系统，并不具备这些意义内涵，因此这种理解本质上乃是一种建构活动，而这种建构的基础或根据，则是作者对天地生命的经验和体认。于是，我们可以说这乃是一种双向生成：对天地生命的经验体认借助六十四卦的占卜系统获得了理论文本的形态；六十四卦的系统则因此基于天地生命之经验体认的注入而超越其占卜性质而升华为一种关于世界之发生、存在与意义的文明叙事。

当然，这里我们看到的仅仅只是这样一种关系或逻辑，作为其根据的思想内涵，如前所述，主要表述在《象传》《文言》之中。需要注意的是，"鼓之以雷霆""润之以风雨""日月运行，一寒一暑"，涉及《震》《巽》《坎》《离》诸卦，但本质则归于《乾》与《坤》：震为阴阳之交的表现（"帝出乎震"，如《屯卦》所表明）；坎离为天地之交的内容、形式与结果（同时又有月亮和太阳的取象）。"乾道成男，坤道成女"这样一种自然而朴素的角色、功能想象，则已然确立了万物角度的"乾称乎父，坤称乎母"系统关系，"乾父坤母"的世界图景亦奠基于此。

乾以易知，坤以简能。易则易知，简则易从。易知则有亲，易从则有功。有亲则可久，有功则可大。可久则贤人之德，可大则贤人之业。易简而天下之理得矣，天下之理得而成位乎其中矣。

【今注】

乾以易知：易，变易、不易、简易，重点是变易。知，同"智"，智慧。

坤以简能：简，简单（承受天之施），而"诚"（诚之）、"毕"之义（含弘光大）也包含其内。能，能耐，胜任。

【今译】

乾天以"易"而成其创生之大巧，坤地以"简"而成其育成之大能。"易"则容易领悟，"简"则容易效法。容易领悟则人感其亲切，容易效法则事可获成功。感觉亲切，关系自然维持稳定，可获成功，则事业必然壮大。关系稳定基于贤人之德，事业发展则是贤人心中的志向目标。天地的"易""简"之理，就这样体现在《乾》《坤》二卦，整个卦系就是以此为基础建立而成。

【今解】

"易"与"简"这里都有双关义，简易、简约是表层义，深层则是创生之巧与育成之能，即"变易""不易"与"诚之""毕之"。"知"之为"智"，可参照"成己仁也，成物智也"。"成物之智"不是"成己之仁"的区别，而是其"转进"，即包含"成己之仁"。

显然，这也是《中庸》相关说法之所本。

第二章

圣人设卦观象，系辞焉而明吉凶，刚柔相推而生变化。是故吉凶者，失得之象也。悔吝者，忧虞之象也。变化者，进退之象也。刚柔者，昼夜之象也。六爻之动，三极之道也。

是故君子所居而安者，《易》之序也。所乐而玩者，爻之辞也。是故君子居则观其象而玩其辞，动则观其变而玩其占。是以自天祐之，吉无不利。

【今注】

设卦观象：设，创设。象，卦象与爻象。

刚柔：阳爻和阴爻。阳爻象昼，阴爻象夜。

三极：天、地、人也。

玩：玩味、揣摩、尝试。

【今译】

圣人创设卦系，以观天地万物之象。撰写卦辞爻辞以述说其吉凶启示，这也是刚柔互动、昼夜更替而导致的变化结果。吉凶关系得失。悔吝意味忧虑。变化常指进退。刚柔则指昼夜。六爻异动，都是天、地、人的活动规律。

所以，卦系中的天地之序，就是君子的安处之所。体现天地人活动变化的爻辞，值得君子悠然心会。因此，君子静处则观其象而玩其辞，出行则演卦占问探察变化。如是则得天之佑，吉无不利。

【今解】

在明确卦与天的关系之后，这里进一步讨论人与易的关系。天的意志性、秩序性一定程度上都可经由卦爻系统尤其是圣人的阐释得到领会体悟。如果能够心怀虔敬，戒慎恐惧，自然会得到上天的佑助，所行无不顺。

如何做到这点？作者对"象"的介绍是技术性的，也是指导性的，与人的情感、利益相勾连。

第三章

彖者，言乎象者也。爻者，言乎变者也。吉凶者，言乎其失得也。悔吝者，言乎其小疵也。无咎者，善补过也。是故列贵贱者存乎位，齐小大者存乎卦，辨吉凶者存乎辞，忧悔吝者存乎介，震无咎者存乎悔。是故卦有小大，辞有险易。辞也者，各指其所之。

【今注】

彖：断也，断定吉凶。

齐小大者存乎卦：齐，犹"列"。阳卦大，如《乾》《震》《坎》《艮》；阴卦小，如《坤》《巽》《离》《兑》。

忧悔吝者存乎介：介，纤介（之事）、细节。

【今译】

彖辞是对卦象吉凶的断定。爻是对事情变化的表达。吉凶是就得失而言。悔吝则意味尚有瑕疵。无咎表明过错得到补救。人之贵贱，见乎爻位。人之大小，于卦可知。吉凶分辨，爻辞所述。担心悔吝，须重细节。欲免咎责，当悟前非。卦本身有大有小，卦爻辞则有险有易。卦辞爻辞，各有所指，各有所致。

【今解】

从第三章可以看到《系辞》的"凡例"性质。第一章是讲八卦之所本所象及相互间的关系、功能。第二章讲圣人对卦系的拓展，对卦爻意义的赋予。这里，则指出圣人设卦观象而系辞的目的是"明吉凶"，对断占之词解释介绍。

《系辞》将卦辞称为"彖辞"。《彖传》就其本义而言可说是彖辞（卦辞）之传解，就像《小象》是爻辞之传解一样。我们知道，卦辞有结构上的特点，即取象之辞加断占之词。取象之辞主要是对卦或根据卦之象征而做的翻译，以之作为断占之词的根据，因此可以说断占之词才是卦辞的中心所在。但是，《彖传》虽然以卦辞整体作为解释对象，其真正用心所在却是借助卦象、卦辞（主要是取象之辞）阐述其天生、地长、人成的儒教理论，并据以为断占结论提供新理据。《系辞》显然并不包含这些内容，如果有所涉及，那也只是对《彖传》中的天道论述加以援引应用。像"乾知大始，坤作成物"和"天地絪缊，万物化醇；男女构精，万物化生"式的发挥属于凤毛麟角，充其量只能视为对《彖传》的补充。

第四章

《易》与天地准，故能弥纶天地之道。仰以观于天文，俯以察于地理，是故知幽明之故；原始反终，故知死生之说；精气为物，游魂为变，是故知鬼神之情状。

【今注】

准：以……为基准；与某类事物差不多。

弥纶：统摄，综括。

幽明：指昼夜。也有人认为包括人之贤愚、事之变故等。

《周易》义解　301

原始反终：穷究起点和终极。原，溯源。反，同"返"。

【今译】

《周易》六十四卦及其理论系统是以天地为参照建构而成，故天地之道均统摄其间。因为曾仰观天文，俯察地理，所以从中可知昼夜变化之缘故；追溯原始、返回终点，可以知晓人的死生道理；明白精气聚而成物、物散复归游魂这样的变化，所谓鬼神的情态性状也就清楚了。

【今解】

这里的仰观俯察不同于《系辞下》伏羲的仰观俯察，即所谓"画卦说"。那里的重点是"观鸟兽之文"，"近取诸身"，"远取诸物"，讲的是卦画之形成；这里的重点是将整个卦的系统"与天地准"，讲的是"幽明之故""死生之说"以及"鬼神之情状"，层次差异与立意高低不言而喻。完全可以说，后者的仰观俯察，只是从这里引申拓展的宏大叙事，因为，考古学成果已证明卦并不是谁"画"出来的，而作为一种数字记录，乃是揲蓍活动的结果。

这里还要注意一点，"原始反终，故知死生之说"用的是"死生"而不是"生死"，为什么？因为天之行终则有始，无有尽期。天地之大生命却是生生不息，成己成物，有限的个体立德、立功、立言，亦可与天地参而不朽。张载《正蒙》认为"鬼神者，二气之良能"，就是对这种个体与天地之统一性的一种理解。它的启示就是，要勘破生死，须从天地大生命来理解个体存在之有限性而超越之，"知性知天，则阴阳、鬼神皆吾分内尔"。

与天地相似，故不违；知周乎万物而道济天下，故不过；旁行而不流，乐天知命，故不忧；安土敦乎仁，故能爱。范围天地之化而不过，曲成万物而不遗，通乎昼夜之道而知，故神无方而《易》无体。

【今注】

知：同"智"。

旁行而不流：直道而行，不随波逐流。旁，通"方"。

【今译】

建构这一体系的圣人，其德与天地同，故无所违逆；智慧足以洞悉万物而又深怀救世之心，所以利物而不害；直道而行，乐天知命，故胸怀坦荡、无所忧戚；安居乐业，仁以待人，而爱心满满。正因此，《周易》的系统效法大化流行而毫厘不爽，曲成万物而靡有遗漏，通乎阴阳昼夜之道而圣智大开。正如神无方所却无处不在，《易》虽不见其实体却遍显万象。

【今解】

《周易》卦系曾被称为宇宙代数学，这是个有趣的比喻，但并不到位。因为它并不只是一个单纯的符号系统，而是有包含很多的建构与阐释。前面讲到"易与天地准"，那么是如何做到的？答曰圣人。圣人为什么或如何做到？通过圣智，"大人者与天地合其德，与日月合其明，与四时合其序，与鬼神合其吉凶"。因此，其所建构的这一系统，根本上可说乃是天经由圣人完成的人间显现。《中庸》的"率性之谓道"，显然承接这一逻辑而来。

引入胡宏《知言·好恶》的"天即孔子，孔子即天"，脉络就十分清晰了。

第五章

一阴一阳之谓道，继之者善也，成之者性也。仁者见之谓之仁，知者见之谓之知，百姓日用而不知，故君子之道鲜矣！

显诸仁，藏诸用，鼓万物而不与圣人同忧，盛德大业至矣哉！富有之谓大业，日新之谓盛德。生生之谓易，成象之谓乾，效法之谓坤。极数知来之谓占，通变之谓事，阴阳不测之谓神。

【今注】

善：好的东西。这里指天之所施，《文言》"元者善之长"是也。

知：同"智"。

鲜：稀少。

盛德大业："盛""大"都是使动用法，即"使……盛""使……大"。

【今译】

生生之道就是天地阴阳的互动作用。本于天之所施，育成天赋之性，世界于焉以立。仁者于此看见天地生物之仁心，智者于此看见天地生物之智巧。平民百姓对此虽无所见，却一年三百六十五天天天据此行事。能够领悟天道，既仁且智的君子，真的少之又少！

生生之道在仁爱之心中开显，也在伦常日用中潜藏，鼓动万物生机，但并不像圣人那样忧世伤时（因为天生、地长、人成——人应该承担自己的使命）。丰盛德性、光大功业意义至深且巨！富民即大业，新民即盛德。天地大生命生育万物是《易》之真谛，天以健德行而有四时之象，地以厚德承天之施而含所光大，这就是乾与坤。占卜就是揲蓍得数而成卦以预知未来，根据变化趋吉避凶即为行事，阴阳变化难以预测者则可谓之神。

【今解】

一阴一阳之谓道，是一个特别被重视的命题，并被抽象化、普遍化为矛盾对立统一规律。虽然它似乎确实可以如此解释，但必须指出，命题本身乃是由乾坤之生生德行提炼出来的，就像"天地絪缊，万物化醇；男女构精，万物化生"一样，有确定的语境与意涵，用孔颖达的话说就是"乾坤者阴阳之根本，万物之祖宗"。在这样的脉络里，生生之事基于生生之德，生生之德本于天心之仁，因此，它不应也不能抽象或还原为阴阳之道。"一阴一阳之谓道"的命题在后来的使用中受道家气论的影响，阴阳实体化为阴阳二气，导致对天地生生之德以及仁者天心之孔门天道易学的遮蔽否定而离经叛道，必须严加拒斥。[①]

事实上，阴阳概念本身并不见于卦爻辞以及《象传》《文言》这些经传主体文本；孔子、孟子也从不言阴阳。阴爻、阳爻之阴阳，显然不足以为"一

[①] 这一思想歧出的关键节点也许是周敦颐。他以"一阴一阳之谓道"说太极，将原本用于筮法阐释的太极概念本体化、普遍化了。无论《易经》还是《易传》都是天地本位，天地本就分别为"施-受"主体，为人之"父-母"，不能还原为阴阳，因为这意味着对天的消解。他进一步以动静说终始，以太极代天，以阴阳说天地，完全是基于道家的"天一生水"的宇宙起源论。他的《太极通书》以"天一生水"的范式对整个《周易》进行解释，是对《易传》"天生、地长、人成"之儒家宇宙论及其信仰的改写。朱子的《太极图说解》改"天生"为"天命"，以太极代天，进而以"太极—理"实现以理代天，《易传》"乾父坤母"的世界图景就被彻底解构颠覆了。

阴一阳之谓道"提供支持。《庄子·天下篇》说"易以道阴阳",《则阳篇》又说"阴阳者,气之大者也",将天地理解为"气"。这显示出它是一个道家思想的概念命题,与《周易》经传本旨完全不同。"精气为物"借用道家气论能就具体之物而言,而"乾父坤母"是不能也不应还原为"气",因为那意味着对天地之人格性的解构,陷入虚无。

继善成性,是从万物的角度说其与天的关系,可与《文言》对元、亨、利、贞的诠释参照理解。"元"既属于"天"(一),也属于"物"(多),就像每一个人、每一棵树,既属于一个遥远的过去,有一个终极的起点,又是一个具体的"此在"。

另外,"日新之谓盛德",与《大学》"亲民"的关系,值得重视。

第六章

夫《易》广矣大矣!以言乎远则不御,以言乎迩则静而正,以言乎天地之间则备矣。夫乾,其静也专,其动也直,是以大生焉。夫坤,其静也翕,其动也辟,是以广生焉。广大配天地,变通配四时,阴阳之义配日月,易简之善配至德。

【今注】

御:止也。

迩:近也。

专:同"抟",卷曲。

翕辟:闭合张开。

【今译】

《易》真是至广至大!说远则无边无际,说近则安静贞正,在天地之间可谓无所不备。乾,安静之时卷曲收敛,健动之时挺直雄健,所以能够肇造生命。坤,安静之时闭合安宁,柔动之时张开温顺,所以能够养育生命。《易》之广大是与天地相配,变通是与四时相配,阴阳之义则是与日月相配,易简之善则是配天地之德。

【今解】

乾天坤地，乾父坤母，这种想象其实是普遍性的，因为人是生出来的，自然从生的角度想象世界起源。《创世纪》的"创造说"，应该视为"生"的一种变形，因为上帝也被称为"天上的父"。甚至柏拉图在《蒂迈欧篇》述及世界起源时也仍然脱不开"父母"这一原型。中华文明作为连续性发展的典型形态，对"生"的想象建构也最朴素、接近经验常识——试对照婆罗门教的"原人"想象。《象传》《文言》对乾坤的描述是功能性的，这里"静专动直"与"静翕动辟"的形态描述就直接指向了生殖之器。一阴一阳之谓道，首先是生殖之道。

"配"应是"准"的另一种说法。有必要再加强调的是，这种"配"是系统内容与形式整体性的"与天地准"，与实践中揲蓍所成之卦，或者想象中伏羲所画之卦的那种卦与天或者其他起源性关系，完全不是同一回事。

第七章

子曰："《易》其至矣乎！夫《易》，圣人所以崇德而广业也。知崇礼卑，崇效天，卑法地。天地设位而《易》行乎其中矣！成性存存，道义之门。"

【今注】

崇德广业：提升德性，壮大事业。崇，使……高崇。广，使……广大。

存：生命之在，或曰生存。

【今译】

孔子说："《易》真可说是一种极致啊！圣人以之提升人的德性，壮大人的事业。领悟天之崇高，尊礼地之卑厚，以天为法，向上升进，以地为则，向下沉潜。天地之位设立，易道即运行于其间。将性表达显发出来，呵护其作为生命的成长，这是一切道义的基础和要求。"

【今解】

子曰，一说为孔子曰，一说为假托孔子为言。二者都有可能，但有一点却可由此确定，即《系辞》虽以孔子思想为宗旨，却非一人一时之著述，具有多种谱系与来源。

"成性存存",跟"天地絪缊,万物化醇;男女构精,万物化生"以及"乾知大始,坤作成物"一样,是《系辞》中最重要的命题。从《象传》的角度说,相较后二者主要是某种概括,它还有某种创造性发展,那就是在"天生、地长、人成"的关系架构中,对"人成"作了补充和发挥。"与天地合其德"虽暗含则天而行的意味,但毕竟只是强调以天为法。这里却从"知崇天"出发,从人之行为活动出发,向下落实。

"成性存存"命题本身亦义蕴丰富:人的天命之性乃是一种待成的可能性,需要经由人的努力才能得到表达,成为现实的存在,这种存在需要呵护以条畅抒发、完成自身。这一思想,借用胡宏的话可以得到比较深刻的表述。《释疑孟·辨》语云"形而在上者谓之性,形而在下者谓之物",《知言》语云"心也者……以成性者也"。

另一值得重视的则是这里将"崇德"与"广业"相提并论视为一事。胡宏在"心也者,知天地,宰万物,以成性者也"后说的是:"(尧、舜、禹、汤、文王、仲尼)六君子,尽心者也,故能立天下之大本。"成性就是将天命之性表达出来,就是《中庸》的"致中于和",就是《大学》说的"齐家、治国、平天下"。这就意味着君子要像天之"行四时,生百物"一般自强不息,成己成物。以"成己""成物"对诠"成性""存存",不亦宜乎!

第八章

圣人有以见天下之赜,而拟诸其形容,象其物宜,是故谓之象。圣人有以见天下之动,而观其会通,以行其典礼,系辞焉以断其吉凶,是故谓之爻。

言天下之至赜而不可恶也,言天下之至动而不可乱也。拟之而后言,议之而后动,拟议以成其变化。

【今注】

赜:深奥。朱子以"赜"为"杂乱",亦通。

动:运动、活动。

恶：或曰为"谔"之假借，妄言的意思。

【今译】

圣人洞悉天下深层奥秘，将其以形象表达出来，各尽其宜，所以八卦也可以叫做八卦之象。圣人察知万物的运动变化，根据其互动关系建立行为守则，将相应吉凶变化以文字系属于此，所以叫做爻——效法的意思。

论述天下的深层奥秘不能胡言，论述天下的最高活动也不能乱语。必须先领会、模拟然后才能开口，先进行讨论然后才可以确定其变化规律，如此这般比拟论定，然后才能够建立起六十四卦"与天地准"的整个系统。

【今解】

这里对卦象、爻象的解释也是从易卦系统整体言，应该是以八卦之象为对象。将"至赜""至动"作为卦爻之性的根源及内容，这完全切断了六十四卦系统与巫术的联系，吉凶的预告也就成为规律的要求。但这种规律并不等于自然的科学性规律，而是指一种世界内部的秩序性，既是经验的，也是信念的。

象足以表现天下之至赜，爻足以成为人之所效，是因为建构这一系统的圣人天生圣智，并且是拟之而后言，议之而后动。一个自然宗教的巫术性系统，向伦理性、精神的人文宗教系统的转换在《象传》中就已悄然完成，这里可视为一种强化或明晰化吧。

"鸣鹤在阴，其子和之；我有好爵，吾与尔靡之。"

子曰："君子居其室，出其言善，则千里之外应之，况其迩者乎？居其室，出其言不善则千里之外违之，况其迩者乎？言出乎身，加乎民；行发乎迩，见乎远。言行，君子之枢机，枢机之发，荣辱之主也。言行，君子之所以动天地也，可不慎乎？"

【今注】

枢机：枢，户之枢。机，门之梱。门户开关之具，这里比喻事物的关键。

【今译】

"白鹤鸣树荫，其子轻和应；我今有美酒，期与君共饮。"

孔子说："君子在家说话，如果说得好，则千里之外亦有应和，何况周边？如果说得不好，千里之外也会有人批评，何况左近？言语虽是自己所说，但却要落实到百姓身上；行为也跟言语一样，从你身上发出，却作用于他人。言行，可以说是君子行事的关键，其适当与否，决定着自己的荣辱。言语和行为，是君子鼓动天地万物的关隘，岂可不慎重！"

【今解】

首句为《中孚》九二爻辞。《小象》的解释是"其子和之，中心愿也"，重点是和鸣与邀约是发乎至诚。两相对照，孔子这里主要不再是对爻辞进行解说，而是从政治治理出发，讲言行的重要性。之所以重要，在于言语行为不只是君子个人的风格风度，而是具有指令性和示范性，并因此而会对自身的荣辱产生影响。

"同人，先号咷而后笑。"子曰："君子之道，或出或处，或默或语。二人同心，其利断金。同心之言，其臭如兰。"

"初六，藉用白茅，无咎。"子曰："苟错诸地而可矣，藉之用茅，何咎之有？慎之至也。夫茅之为物薄而用可重也，慎斯术也以往，其无所失矣！"

"劳谦，君子有终，吉。"子曰："劳而不伐，有功而不德，厚之至也。语以其功下人者也，德言盛，礼言恭。谦也者，致恭以存其位者也。"

"亢龙有悔。"子曰："贵而无位，高而无民，贤人在下位而无辅，是以动而有悔也。"

"不出户庭，无咎。"子曰："乱之所生也，则言语以为阶。君不密则失臣，臣不密则失身，几事不密则害成。是以君子慎密而不出也。"

子曰："作《易》者其知盗乎？《易》曰：'负且乘，致寇至。'负也者，小人之事也。乘也者，君子之器也。小人而乘君子之器，盗思夺之矣；上慢下暴，盗思伐之矣。慢藏诲盗，冶容诲淫。《易》曰'负且乘，致寇至'，盗之招也。"

【今注】

其利断金：指同心协力金也可断之。利，锋利。

臭：同"嗅"，气味。

错：同"措"，放置。

伐：自夸。

德：同"得"，自得的意思。

慢：轻忽。

冶：妖冶。

【今译】

"同人，先哭后笑。"孔子说："君子之道，有时出世有时避世，有时言说有时沉默。二人同心，力可断金。同心之言，芬芳如兰。"

"初六，以白茅承垫祭品，无所咎责。"孔子说："如果直接放地上都可以，那么垫一层白茅怎么会有人责怪呢？白茅虽薄，作用却很大。以这种谨慎的态度做事，无事不成。"

"劳谦，君子有终，吉。"孔子说："有辛劳而不自夸，有功劳而不自得，可谓忠厚之至了。这说的是虽有成就却甘居人下之人，功德虽盛大，言语却谦恭。如此之谦，是因为表现谦恭可以保证自己的位置稳固。"

"飞得超过适合自身的高度，（龙的行动）将致悔吝。"孔子说："爵品虽高贵却没有实际权位，礼遇虽尊荣却不统辖民众，即使手下有当位的贤人，却另有职守，不能出手辅助，所以行动起来难免会有悔吝麻烦。"

"不出户庭，无咎。"孔子说："混乱常常是由言语不当导致的。君主言语不密则失其臣，臣子言语不密则可能丢失性命，机密的事不注意保密则会妨害事情的成功。所以，君子行为谨慎，不轻易外出。"

孔子说："作《易》之人对为盗之事应该是很有洞察的吧？《易》说：'负且乘，致寇至。'肩背扛物为小人之事，所乘之车为君子之器。小人乘用君子之器，强盗自然起夺取之心；同样，治理者懒惰平庸，强盗也会想起兵霸占其国。不好好收藏其财物，可能引诱匪徒来盗取，过于妖艳的妆容也会引诱淫徒来骚扰。所以，《易》说'负且乘，致寇至'，招惹盗匪啊。"

【今解】

这是一组孔子对爻辞的阐释或评论。风格与《小象》《彖传》不同，而颇与《大象》相近，即既不重视对爻辞的解释，也没勾连天道话语，而是从政治和伦理的角度讨论君子应世处事的原则和智慧。其中对《谦卦》九三、《节卦》初九和《解卦》六三几条的阐释最为典型。尤其《解卦》六三条，"负且乘"，将车与权位勾连视为"君子之器"，进而引申到"有国有家者"之"懒政、庸政、怠政"，教导之情可谓急切。

"亢龙有悔"是《乾卦》爻辞，却排在《同人》《大过》和《谦卦》诸爻辞后面，并且与《文言》相关内容重复。这两点均可支持我们关于《系辞》为"散论"而非"通论"的判断。

第九章

大衍之数五十，其用四十有九。分而为二以象两，挂一以象三。揲之以四以象四时，归奇于扐以象闰；五岁再闰，故再扐而后挂。

天一，地二；天三，地四；天五，地六；天七，地八；天九，地十。天数五，地数五，五位相得，而各有合。天数二十有五，地数三十，凡天地之数五十有五，此所以成变化而行鬼神也。《乾》之策，二百一十有六；《坤》之策，百四十有四。凡三百有六十，当期之日。二篇之策，万有一千五百二十，当万物之数也。是故四营而成《易》，十有八变而成卦，八卦而小成。引而伸之，触类而长之，天下之能事毕矣。显道神德行，是故可与酬酢，可与佑神矣。

子曰："知变化之道者，其知神之所为乎？"

【今注】

衍：推演。

揲：以手抽点物品数目。这里指数分蓍草以占卜吉凶的行为。

扐：音lè。古代揲蓍占卜时，将剩余那根夹在手指中间叫做"扐"。

【今译】

推演成卦的蓍草数目为五十，（留取一根不用，）使用余下的四十九根。一分为左右两边象征阴阳两仪，又将一根夹在手指中间而为三，象征天、地、

《周易》义解　311

人三才。再每四根分为一份象征春夏秋冬四时，归并之后将剩下的那根夹在手指中间，象征闰月；五年再闰，则再把分取另一堆蓍草的零数放在指间夹上。

天数一，地数二；天数三，地数四；天数五，地数六；天数七，地数八；天数九，地数十。天数地数各五，各得其位，互相配合。天数二十五，地数三十，天地之数总共五十五，万物变化和神灵流动正是由此体现产生。《乾卦》策数为二百一十六，《坤卦》策数为一百四十四，合起来为三百六十，正是一年之期三百六十日。《易经》六十四卦阴爻阳爻共揲之数为一万一千五百二十，比拟万物之数。这样四个步骤（分二、挂一、揲四、归奇）的经营就是求卦设爻的基本方法。引申推广，触类旁通，天下所有事物情理也就涵盖无余了。道由此而显，德以此而行，如是处事应物，自然能得神之佑助。

孔子说："知道这种数字象征的变化道理，大概也就可以知道天地大神创生万物的过程规律了吧？"

【今解】

这一节是讲筮法，即如何通过揲蓍产生出六爻之卦。各种研究很多，聚讼纷纭，莫衷一是。之所以如此，主要是对《易传》即孔子思想主旨是什么没有清晰认知，对明确这一点的意义没有认知，而只有明确这两点，才可以根据主旨对文本尤其是《系辞》中的思想进行分析定位。该思想在体系之中是属于什么层次？不属于天道论述体系的又是出于什么原因被引入？如何限定才不致发展为异端？这里绕开技术环节，谈几点自己的看法。

首先，现在的考古学成果已经证明卦产生于数，阳爻、阴爻分别为七、九和六、八演变而成的记号、符号。数之产生的具体形式因渊源久远已难确知，但神秘而朴素的特质应该可以确定。这里的"大衍之数"或"天地之数"和一种基于天象观察的宇宙演化论联系在一起，因而不大可能是产生出八卦的真正筮法。

其次，这一拟构之筮法，源自《天官书》传统，即星象理论。如五十（一曰五十五）之数而取一根不用，即有象征太极之义。两，被普遍称为两仪，两仪又被称为阴阳，均与"易有太极，是生两仪"紧密相关。其深层，正是《吕氏春秋·大乐》所谓"万物所出，造于太一，化于阴阳"，"道也者至精也，不可为形，不可为名，强之为，谓之太一"。郑注以"天一生水"讲"大衍之数"，进一步为这种关系以及其为道家思想提供了确证。所以这种成卦之法及其背后所依附的理论，不仅与八卦真正的筮法不同，尤其与《彖传》《文言》基于《乾》《坤》二卦建立起来的天道理论不是同一回事，甚至存在根本性的对立紧张。它们一个是基于星象观察的宇宙演化论，① 一个是基于情感信仰的天地生化论。虽然二者也存在某种程度的交集，但发展脉络以及价值导向上的差异难以抹杀，不能混淆。

最后，需要强调，这种对筮法的研究或阐释建构自有其意义，后来的占卜实践中成为主流的操作形式也需给予尊重。但是，其所附着的思想理念与作为"大道之源"的《周易》思想主旨之间的紧张，却是一个必须认真面对并予以分判澄清的重要问题。它在《周易》中的地位变化或许可以这样勾勒：先是作为一种筮法拟构进入体系；然后在汉代成为魏伯阳建构道教丹道理论的跳板，开始了对其内涵拓展并向本体论提升的过程；最后是周敦颐、朱熹借道教炼丹路线图用于儒家价值论证，形成个体化的心性理论，以"太极一理"完成对天的替代，乾父坤母的儒教世界图景被彻底解构。对此，今天必须正本清源，拨乱反正。

"易与天地准"可以从两个层面理解：一个是"数"，易与天地运行之数的一致，因而对人的行为具有指导意义或有效性；一个是"德"，"天地之大德曰生"，而"生生之谓易"，因此人当"与天合德""正位凝命"。前者可以应用于占卜，也可以形塑世界的秩序性与规律性。后者主要是精神性的一致，主要是提供生命意义和目标的导引。二者存在一定交集，但趋向完全不同。孔子在帛书《要》篇中说："赞而不达于数，则其为之巫；数而不达于德，则其为之史……吾与史巫，同途而殊归者也"；"德行焉求福，故祭祀而寡也；仁义焉求吉，故卜筮而希也"。这是孔子的立场，应该也是我们理解整个《周

---

① 郭店楚简《太一生水》："太一生水。水反辅太一，是以成天；天反辅太一，是以成地。天地者，太一之所生也。……下，土也，而谓之地；上，气也，而谓之天。道也，其字也；青昏其名……"太一、天一、太乙、泰一，异名而同指，即北极星。

《周易》义解　313

易》,尤其是处理《系辞》中纷然杂陈之思想材料时所应当坚持的原则。

《系辞》按程颐之说"简编失次",故程、朱皆有调整。此处从高亨本。

第十章

《易》有圣人之道四焉:以言者尚其辞,以动者尚其变,以制器者尚其象,以卜筮尚其占。是以君子将有为也,将有行也,问焉而以言,其受命也如向,无有远近幽深,遂知来物。非天下之至精,其孰能与于此?参伍以变,错综其数。通其变,遂成天地之文;极其数,遂定天下之象。非天下之至变,其孰能与于此?《易》无思也,无为也,寂然不动,感而遂通天下之故。非天下之至神,其孰能与于此?

夫《易》,圣人之所以极深而研几也。唯深也,故能通天下之志;唯几也,故能成天下之务;唯神也,故不疾而速,不行而至。子曰"《易》有圣人之道四焉"者,此之谓也。

【今注】

向:同"响",回声。

遂知来物:物犹事也。

错综其数:错,交错。综,综合。数,指爻之位次。

故:事也。

极深研几:穷究世界深奥之处、几微之理。

【今译】

《易》讲的圣人之道有四个方面内容:究心文辞的注重卦辞、爻辞学习,重视行动的注重卦位爻变分析,志在器物制造的注重卦象领悟,探究吉凶命运的注重揲蓍起卦占卜操作。所以,君子大人做什么筹划或者出门办事总是向《易》问卜求教,蓍草成卦报人吉凶则如响应声,不论远近幽深,都能告知将来之事的信息。如果不是天下至精之物,又如何能够做到这一切?三五小数随时变化,综合交错形成爻位关系。通晓这种变化,就可以明确天下事物的运作轨迹;穷尽数之规律,天下事物的规模大体也就确定了。如果不是天下最善变之物，又如何能够做到这点？《易》无思无为，寂然不动，人以诚感之，则能据以与天下之事相通。如果不是天下至神之物，又如何能够做到这点？

圣人借助《易》以探究天地最深奥最微妙的本质和规律。因为能至其深而能导引天下人之心志；因为能尽其微而能成就天下之事；《易》道神妙，据以行事，无须操切而事亦速成，无须奔竞而行远自至。孔子说"《易》有四种圣人之道"，就是说的这些。

【今解】

这里将《易经》的内容分为四大类，即辞、卦爻、象以及占卜。然后从不同角度对其功用加以说明，并且以"至精""至变""至神"以及圣人的"极深研几"对为什么能具备如此功能做出解释。注意，"至精"正是"太一"理论的概念："道也者至精也，不可为形，不可为名，强之为，谓之太一。"（《吕氏春秋·大乐》）

不过，这种内容划分、功能作用以及原因解释并不很能令人信服。首先"言者尚其辞"就含义不清。"言者"何人？如果是文本中"将有为"的君子，那么"将有为，将有行"而"问焉以言"，这不就是"占"么？不与"以卜筮尚其占"矛盾重复么？孔疏认为这是"发言而施政教"，形式上倒是与占卜区分开了，但得不到文本内容支持。并且，卦爻辞又如何"施政教"？其次，"观象制器"也被作为一类，不知所据为何？《系辞下》中有更多这样的内容，如"盖取诸《离》"之类。虽然《噬嗑》《鼎》诸卦之命名可能与六爻之形及其联想有关，但由六爻之形而启发渔网、渡船的产生，显然夸大了卦符的魔力，扭曲了工具产生的正常逻辑，是对河边生活需要与经验的忽视与贬低。因此，这里的"圣人制作"很可能和《系辞》中的伏羲叙事有关，其作者、背景意义等虽难考证，但不属于孔子一系则可以断定。[①] 孔子清楚知道儒者之

[①] 为什么托名伏羲？《汉书·古今人表》伏羲排第一，闻一多甚至推测"太一许是伏羲的化名"。但是，《论语·泰伯》载孔子语云："惟天为大，惟尧则之。"时间上"人文初祖"伏羲或许在先，但孔子却是有自己的原则，那就是能否以天为则，则天而行。

《易》与卜筮、史官"同途而殊归"的关系,明言自己是"好其德义",整个《彖传》《文言》的思想也是以"生生之德"为主题主线。其对《易经》的基本态度是为我所用,在"德行求福""仁义求吉"的理念中,绝不会以"至精""至变""至神"为其占卜功能提供论证,也不可能将"占卜"作为四大内容之一安排定位——且不说其他三者为何以及是否能够成立。

第十一章

子曰:"夫《易》何为者也?夫《易》开物成务,冒天下之道,如斯而已者也。"是故圣人以通天下之志,以定天下之业,以断天下之疑。是故蓍之德圆而神,卦之德方以知,六爻之义易以贡。圣人以此洗心,退藏于密,吉凶与民同患。神以知来,知以藏往。其孰能与于此哉?古之聪明睿知,神武而不杀者夫!是以明于天之道,而察于民之故,是兴神物以前民用。圣人以此齐戒,以神明其德夫。

是故阖户谓之坤,辟户谓之乾;一阖一辟谓之变,往来不穷谓之通;见乃谓之象,形乃谓之器;制而用之谓之法,利用出入、民咸用之谓之神。

是故《易》有太极,是生两仪,两仪生四象,四象生八卦,八卦定吉凶,吉凶生大业。

【今注】

开物成务:揭示万物本性,成就人类事业。

冒天下之道:冒,覆也,笼罩包含之义。

业:功业。

贡:告也。六爻将不同处境中的变化及结果告诉给人。

齐戒:肃静警惕。

【今译】

孔子说:"《易》是做什么的?它揭示万物本性,成就人类事业,天下道理均包含其中,就是这样。"因此,圣人能够据以开启天下人的心志,建立起天下功业,决断天下疑难。因此,圆圆的蓍草其德通神,方方的卦画智慧流动,六爻也能将不同时空里的千变万化告知人类。圣贤以此陶冶心性,沉潜涵泳,却又与民同其吉凶忧患。蓍草之神可以预知未来,卦画之智则沉淀着历史智慧。谁能参悟做到这一切?只能是古代睿智神武却不嗜杀戮的圣君贤相吧!他们上明天道,下知民情,于是借助蓍草之神、卦画之智,导用于民。他们自己肃静警惕,以确保神明之眷顾庇佑。

所以,天门之闭合叫做坤,天门之张开叫做乾;一合一开叫做变,往来不穷叫做通;可见者为自然物象,成形者为功能器具;立为制度,用于实践叫做法,百姓大众均加使用却又不知其所以然则叫做神。

所以,《易》之系统的最初是太极,太极生阴阳两仪象征天地,阴阳两仪生太阳少阳、老阴少阴之四象象征四时,太阳少阳、太阴少阴四象生八卦(乾兑离震巽坎艮坤),八卦推演,预知吉凶,吉凶既知,大业必成。

【今解】

筮法,属于《易经》之占卜内容。最初的筮法应该是神秘而朴素的。这里的解释,跟"大衍之数"或"天地之数"一样,自然也是一种建构。更大可能是二者之变换,但表现出对二者的超越,即在其基础上进行理论提升,将筮法背后或所包含的理念与卦的内容加以结合,并进行理论概括,为"易与天地准"提供论证,以期提升占卜的神性与灵验性。我们仍然将讨论重点聚焦于这一套话语系统所包含之思想与《易经》以《乾》《坤》、《否》《泰》、《坎》《离》、《既济》《未济》诸卦表示的天地生化以及《彖传》《文言》阐释展开的生命、生活世界的关系,将其进行比较对照,分析二者差异,彰显这种差异的意义及重要性。

前面是描述或感叹,后面是总结或结论,关键词在对乾坤的解释:"阖户谓之坤,辟户谓之乾","一阖一辟谓之变,往来不穷谓之通"。这种新的定义以及由此而来的对世界发生、存在的论述,基于一种宇宙演化理论。这里的"阖户""辟户"初看与"翕""辟"相同,其实不一样。对照第六章的"夫乾,其静也专,其动也直。夫坤,其静也翕,其动也辟",一个是人格性的,一个则是非人格性的。第六章的"翕""辟"属于"坤",是与乾阳"专""直"相对应之阴。而在这里,"翕""辟"不仅不再是作为"坤""阴"与

《周易》义解　317

"乾""阳"的对待性存在（承天之施而含弘光大），而且主词被改造成为了"户"（门户），完全物化了。这一转换之后，思想不再是生化论，而成为了演化论。生化是将天地理解为父母，由此给出世界产生、存在以及意义价值的论述，其表现是"天地之大德曰生"。演化则是以天为自然之物，其结论是"天地不仁，以万物为刍狗；圣人不仁，以百姓为刍狗"——此句就出自《老子·第五章》；此外，再如同章中的"天地之间，其犹橐籥乎"——橐籥就是风箱，风箱抽动出风，正是"辟户"与"阖户"。

　　生化的根据和结论是"乾父坤母"。演化的起点则是某种最初的、不变的绝对之物。于是，最著名的"易有太极"就出场了。太极，虞翻注曰"太极，太一也"，即北极星。《吕氏春秋·大乐》云："万物所出，造于太一，化于阴阳。"张守节《正义》："泰一，天帝之别名也。刘伯庄云：泰一，天神之最尊贵者也。"《鹖冠子·泰鸿》："泰一者，执大同之制，调泰鸿之气，正神明之位者也。"陆佃解："泰一，天皇大帝也。"《史记·封禅书》载武帝"为伐南越，告祷太一"。

　　这一切说明什么？说明"太极"不是一个简单概念，而是"自带系统属性"，而这个系统自成一系，源远流长。这也就同时说明了，它并非《易经》《易传》内部所生、所属之概念——该概念在整个《周易》中仅此一见。应该指出，这一"外来物种"的引入在这里仅仅只是作为对筮法的阐释，以说明"《易》与天地准"，用以说明"夫《易》者何为"或《易》为什么能够"开物成务，冒天下之道"。其所附着的世界论述或曰本体论意义并没彰显打开，因为接下来说的是"是生两仪，两仪生四象，四象生八卦，八卦定吉凶，吉凶生大业"，其使用被限定在八卦之产生这一论域范围内（亦即为什么圣人能够以《易》"通天下之志，定天下之业，断天下之疑"）。换言之，在《易传》中其《天官书》传统背景与道家思想渊源尚只是一种"隐性存在"，因为尚未作为本体论话语登堂入室而与"乾父坤母"形成紧张。

　　汉代流行宇宙生成论主要由道家和阴阳家阐释形成，贯穿秦汉的"东皇太一信仰"如果与《周易》有关系那也只是因为《系辞》借用了隶属于这一传统的"太极"概念，它们是《易传》太极论的原型。这一宇宙论思想因为现实的政治需要和《周易》的占卜实践活动与《周易》的结合变得紧密深刻起来。后者很好理解，占卜导致象数学的繁荣；前者则是因为《周易》与《春秋》之间的联系被董仲舒的《春秋繁露》建构成型后，"天人之际"与"古今之变"被打通，"通三统""五德终始"诸论述以及历法建构（"太初历"）大量吸纳《周易》《春秋》《尚书》的资料元素。这时，太极概念仿佛被唤醒的潜伏者，不仅成为这种结合的跳板，并且其背后的宇宙论思想被彻底打开，被阐释成为整个六十四卦的理论基础。

《彖传》《文言》的思想在哪里？在《春秋繁露》"人之人本于天，天亦人之曾祖父也"；在《白虎通义》"爵所以称天子者何？王者父天母地，为天之子也"；在《孝经》"夫孝，天之经也，地之义也，民之行也。天地之经，而民是则之。则天之明，因地之利，以顺天下"。《彖传》《文言》的思想作为一种价值原则在公私生活中被使用、论证和强调，其理论论述需要从其宗教祭祀的存在形态进行阐述。正是因此，《周易》占据了"群经之首""大道之源"的地位。

虽然生化论与演化论大体分属儒道（严格说或许应该是阴阳家改造后的道家）两家，但总体上二者各行其是，一个解释宇宙（cosmos），一个提供规范（nomos），不仅井水不犯河水，并行不悖，[①] 甚至还颇有点同病相怜。汉代大一统的政治终结后，群雄并起的三国时代，王弼适应门阀政治的时代需求，援用《老子》思想资源提出"道者无之称"的命题，"扫落象数"，在走出卜筮、开出所谓义理派之《周易》诠释路向的同时，将天的绝对性及其相关思想也一并解构清除了。

真正的釜底抽薪来自朱子。朱子为了应对佛老挑战，继承韩愈的"原道"事业，建立起自己的"理本论"，提出"太极一理"的命题，而将整个《周易》定位为卜筮之书而否定《易传》。《周易本义》以伏羲之前的所谓"易图"

[①] 《白虎通义·天地》论天地之始，就是以阴阳五行理论为基础："起先有太初，后有太始。……故《乾凿度》云：'太初者，气之始也。太始者，形兆之始也。太素者，质之始也。阳唱阴和，男行女随也。'"

为《周易》"本原精微之意"，进而割裂文王之《易》、周公之《易》和孔子之《易》的有机联系，所谓"不可便以孔子之说为文王之说"，本质是以"易图"否定文王、周公尤其是孔子之《易》。如此则不仅打破了《象传》《文言》的价值、信仰与象数（物质性、规律性宇宙论）之间曾经相安无事的并行关系，他还以"太极一理"将"天一生水"的宇宙论模式唤醒复活，以阴阳五行解释仁义礼智信的儒家价值系统，导致与《易传》思想的系统性冲突。《周易本义》本质是以卜筮这一初始状态为全书的本质，以"非本义"的理由否定《易传》，因为《象传》《文言》中"天生、地长、人成"的理论架构和"乾父坤母"的儒教世界图景与其理本论的理学体系无法兼容。[①]

是故法象莫大乎天地，变通莫大乎四时，县象著明莫大乎日月，崇高莫大乎富贵。备物致用，立成器以为天下利，莫大乎圣人。探赜索隐，钩深致远，以定天下之吉凶，成天下之亹亹者，莫大乎蓍龟。

是故天生神物，圣人则之；天地变化，圣人效之；天垂象，见吉凶，圣人象之；河出图，洛出书，圣人则之。

《易》有四象，所以示也；系辞焉，所以告也；定之以吉凶，所以断也。

【今注】

县：同"悬"。

探赜索隐：探寻奥秘，求索隐秘。

钩深致远：钓取深沉（之物），推理未来（之事）。

亹亹：音 wěi wěi。水流、行进貌。

【今译】

最大的可像之象是天地，最大的流通变化是四时，最大最亮的光明是日月，最受崇尊推显的则是富贵。备物致用，立功成器，为天下带来最大利益

[①] 张栻的《太极解义》即是对朱熹《太极图说解》的反驳。朱子对张栻坚持"乾父坤母"耿耿于怀，并且以"早年未定之论"的理由将《太极解义》排除在《张栻文集》之外。对此笔者另有专文讨论，兹不赘。

方便的正是圣人的功业。探赜索隐，钩深致远，提供吉凶成败判断，促成天下事业行进，则以蓍占龟卜作用最大。

上天生出蓍龟这种灵验之物，圣人创造蓍占龟卜之法以问事之吉凶；天地变化，圣人以六十四卦之编排加以效仿；上天显出各种形象昭示吉凶，圣人加以模拟而与六十四卦匹配；黄河现出"河图"，洛水现出"洛书"，圣人也以之为则予以取法。

《易》有老阳、少阳和老阴、少阴四种爻象，用以显示事物之阴阳刚柔诸变化；（圣人）以文辞写出卦爻所示之意，给出吉凶判断，以帮助大家做出行动抉择。

【今解】

孔子说自己"与史巫同途而殊归"，"德义"对"筮"与"数"的超越是毋庸置疑的。但这并不意味着对二者的彻底否定与完全弃绝，"德行焉求福，故祭祀而寡也，仁义焉求吉，故卜筮而希也"的措辞拿捏十分微妙，其所确立的与其说是二者的对立不如说是二者的主从结构关系。

这里依然是圣人体天制度，但蓍龟、吉凶已并不只是限于一种"个人性巫术活动"，而是将其导向了"天下"这个公共领域，"立成器以为天下利"，"成天下之亹亹"。《正蒙·大易》说"《易》为君子谋"，此之谓乎！

"河出图，洛出书，圣人则之"一般都认为是指八卦起源，如刘歆认为圣人即伏羲，孔安国以《河图》为八卦、(《洛书》为九畴,）这些充其量只能说是一种神圣性加持，其实未必如此（"河出图"显然与"仰观俯察"自相矛盾）。蓍草之占与八卦的关系已经确立其主体地位，不必旁求。符号数字与五十的"大衍之数"契合，则可说明其与揲蓍成卦的呼应关系，而并不意味太多。

第十一章的七个"是故"，都是对孔子"《易》开物成务，冒天下之道"一句的解释与发挥。

第十二章

《易》曰："自天祐之，吉无不利。"子曰："祐者，助也，天之所助者顺也，人之所助者信也，履信思乎顺，又以尚贤也。是以'自天祐之，吉无不利'也。"

子曰："书不尽言，言不尽意。"然则圣人之意，其不可见乎？子曰："圣人立象以尽意，设卦以尽情伪，系辞焉以尽其言，变而通之以尽利，鼓之舞之以尽神。"

乾坤，其《易》之缊邪？乾坤成列，而《易》立乎其中矣。乾坤毁，则无以见《易》。《易》不可见，则乾坤或几乎息矣。是故形而上者谓之道，形而下者谓之器。化而裁之谓之变，推而行之谓之通，举而错之天下之民谓之事业。

是故夫象，圣人有以见天下之赜，而拟诸其形容，象其物宜，是故谓之象。圣人有以见天下之动，而观其会通，以行其典礼，系辞焉以断其吉凶，是故谓之爻。极天下之赜者存乎卦，鼓天下之动者存乎辞；化而裁之存乎变；推而行之存乎通；神而明之存乎其人；默而成之，不言而信，存乎德行。

【今注】

情伪：事情之真伪。"情"为情实，"伪"为虚假。

缊：所藏，即内涵、本质。

错：同"措"，施也。

【今译】

《大有》上九爻说："自天佑之，吉无不利。"孔子说："佑者助也。天之所助，是因为顺从天意。人之所助，是因为取信于人。行有信义，思顺于天，加之亲近贤德，自然得天庇佑，吉无不利。"

孔子说："文字书写很难记录所有言语，言语也很难完全表达内在心意。"既然这样，那么圣人的心意是不是就不可得而知了？孔子说："圣人通过建立象征符号或图像来表达心中所想所思以及天地之心意，通过设立六十四卦的系统来表达事物的实情与幻象。然后配上卦辞爻辞把它想表达的东西说出来，把它们之间的变化加以联系以成人事之便利，鼓舞天下将其阴阳不测的神化作用表达呈现出来。"

乾坤所象征的天地，是整个六十四卦系统的深层底蕴和最高本质。乾坤二卦甫建，《易》的生生精神就已贯穿其间。如果没有乾坤，生生之易也就无从体现。同样，失去生生之能，乾坤也就近乎死灭了。可以说，世界在成为有形的具体存在之前可以叫做"道"，成为具体之物之后就叫做"器"。对这些具体之物加以改造裁量以供使用就叫做"变"，将其推广付诸使用就叫做"通"，让天下之民全都享受器物带来的便利就叫做"事业"。

所谓象，圣人洞悉天地的奥秘，将其以符号图像的形式模拟其形容特征呈现给大家，就叫做"象"。圣人洞悉天下深层奥秘，将其以形象表达出来，各尽其宜，所以八卦也可以叫做八卦之象。圣人察知万物的运动变化，根据其互动关系建立行为守则，将相应吉凶变化以文字系属于此，所以叫做爻——效法的意思。天下奥妙在卦中，行为动力在卦爻辞中；所谓变就是化而裁之；所谓通就是推广运用；神化之功最终的显明则有赖于人的自强努力；默默地实现这一切，不用言语即得到人们的信任认可，则有赖于天赋之德与后天之行。

【今解】

这里最著名的是"形而上者谓之道，形而下者谓之器"一句。首先需要指出，它的语境是"乾坤其易之缊"的语境，而乾坤的本质就是"生"，即"生生之谓易"。"生生"的第一个"生"是名词，指"天地"这一宇宙大生命；第二个"生"则是动词，指"云行雨施"与"含弘光大"的行为。有此"生生"，才有万物，如《序卦》"有天地，然后万物生焉"所说。

所以，"形而上""形而下"之"形"，显然是就这一"生生"所生之物而言；"上"与"下"则应该是对"所生之物"在这一过程中不同阶段的描述。"器"相对好理解，不妨先说。《说文》："器，皿也。"段注："器乃凡器统称。"可知"器"乃具有特定功用的已成之物。与"物"的区别就在这里，它的功用或本质是"在先"的，即它还没有"成形"之前，其本质、功用已经

《周易》义解　　323

被规定了。规定者谁？当然是天。而"天地之大德曰生"，天是有心的，《复卦·象传》说"复，其见天地之心"，《春秋繁露·俞序》说"仁，天心"。因此，人生于天，则所禀赋之性也只能是天之性。《左传·成公十三年》说"民受天地之中以生"，这个"天地之中"就是"天地之性"，跟《尚书·汤诰》"惟皇上帝，降衷于下民"意思一样。这个"中"和"衷"，就个体之人而言，即是"天命之性"。但是，在这一个体之人尚未成形之前它又是什么？答案只能是"道"——这就是"形而上者谓之道"的意思。"天心"之"仁"，以及被注家"天降衷于民"注为"善"的"衷"，当然可以理解为"道"。① 需要指出的是，这种"善"是生命之善，即以"生为好物"，它是经验中社会伦理原则的基础与标准，并不能化约为伦理本身。"仁"本身就有种子的意义，是生长的意思。"仁统四德"由此可获得更为深刻的理解。

此外，"化而裁之存乎变；推而行之存乎通；神而明之存乎其人；默而成之，不言而信，存乎德行"表现出强烈的实践或行动色彩，可说是对"天生、地长、人成"架构中"人成"的重要论述；三者之中，这原本是论述相对最为薄弱的环节。在这里，"德行"也当从生命的成长性与活动性理解，伦理只是其次生的属性。

"圣人有以见天下之赜"至"是故谓之爻"与第八章相关语句重复，为欧阳修"自相乖戾"的批评以及本文主张的"散论"而非"通论"判断再添证据。

最后，这里讲的"易之缊"是指乾坤，与"太极"没有任何关系，值得深思。

---

① 胡宏《释疑孟》中的"形而在上者谓之性，形而在下者谓之物"可以视为"形而上者谓之道，形而下者谓之器"的微调版。《系辞》这里是从乾坤天地的视角出发，讲万物之生，而五峰主要讲人。理学演绎的道器论实际也是讲人，只是将"道"伦理化了。

《系辞传》下

第一章

　　八卦成列，象在其中矣；因而重之，爻在其中矣。刚柔相推，变在其中矣；系辞焉而命之，动在其中矣。

　　吉凶悔吝者，生乎动者也。刚柔者，立本者也。变通者，趣时者也。吉凶者，贞胜者也。天地之道，贞观者也。日月之道，贞明者也。天下之动，贞夫一者也。

【今注】

重：重叠。

趣：同"趋"，趋向、奔向。

【今译】

　　八卦序列既成，八卦之象也就包含其间了；八卦交相重叠，六爻之位也就结构成形了。阴爻阳爻推移互动，各种变化就此得以呈现展开；以文字将其所示传达出来，这种变化及影响也就为人所知了。

　　吉凶悔吝，是运动变化的产物。阴阳二爻，是变易的根本。变通，是为顺应时势。吉凶，是以正争胜。天地之道，示人以正。日月之光，示人以明。天下之动，则是以"一"为根据和目标。

【今解】

　　《系辞上》开头是以天尊地卑说乾坤定位，这里是讲"八卦成列，象在其中",有联系,也有差异,即是由卦之渊源转向卦之存在即八卦之象、爻及其所示之变化。《乾》《坤》两卦主要解释整个卦系的生生之"缊",这里则从八卦出发,讲重卦而成六十四卦的系统。

爻之刚柔解,是对乾坤取义的效仿,故以刚柔为名——相对阴阳,这显然是一个更贴近人身,跟生殖文化联系更为紧密的概念。《周易》本经和《彖传》《文言》以及《大象》的文本中不见阴阳概念,可见阴爻阳爻之称当属后起,其与阴阳家分属不同思想体系。

贞,这里被普遍解为"正",也许是更值得考虑的选择。如果将"正"的"止于一"以及"征"的义项也考虑进去,理解应该会更全面到位。

夫乾,确然示人易矣;夫坤,隤然示人简矣。爻也者,效此者也;象也者,像此者也。爻象动乎内,吉凶见乎外。功业见乎变,圣人之情见乎辞。

天地之大德曰生,圣人之大宝曰位。何以守位?曰仁。何以聚人?曰财。理财正辞,禁民为非,曰义。

【今注】

确然:坚强貌。

隤然:柔弱貌。隤,音 tuí。

【今译】

乾,以坚强的形象将其变易、进取有为的性格示诸人;坤,则以柔弱的形象将其承受、拣选、育成的能力示诸人。爻之刚与柔,即是仿此而来;八卦之象,也是像此而成。爻象、卦象在卦系之内互动流行,吉凶的征兆随之形成显现。功业也可从卦爻之象在时空情境中的变化可以窥知,圣人的仁者之心则表达在卦辞爻辞的告诫里。

天地以生生为德,圣人以大位为宝。如何才能守住大位?就是法则天地生物之仁心。如何才能将人心聚集一起?那就是提供其生活所需的财物。创造财富,颁布政令,规范行为,是治理者的责任和义务。

【今解】

这里最重要的无疑是"天地之大德曰生",这也可以说是整个《系辞》中最关键的一个命题了，它可以视为对"复见天地之心"所隐含之天德的清晰揭示。从"德"的两个义项可以分解出两个层面的意思。其一，德为中性的"性质"，即天是以"生生"为其本质属性。《易经》所呈现的生命就是这样一种自然性状。其二，德为"恩惠"即德泽之义，即天是出于爱心生育万物，意味着天不只是一种自然性存在，而是有着意志和仁这样的精神品质、伦理属性。《复卦·象传》提出了"天心"概念，那正是一种天对所生之物的"不舍不离"的爱心。"仁者天心"，"仁者天地生物之心"这些儒家思想的核心命题，都是由此而来。

紧随其后的"何以守位曰仁"，显然暗含着有国有家者当效法上天的生生之德，以仁心从事，庶之教之。这无疑为我们对"天地之大德曰生"的阐释提供了坚强支持。天以生生为德，人以生生为性。这一命题的人生和政治内涵，在《中庸》和《大学》里分别得到了充分的阐述展开。

第二章

古者包牺氏之王天下也，仰则观象于天，俯则观法于地，观鸟兽之文，与地之宜，近取诸身，远取诸物，于是始作八卦，以通神明之德，以类万物之情。作结绳而为网罟，以佃以渔，盖取诸《离》。包牺氏没，神农氏作。斫木为耜，揉木为耒，耒耨之利以教天下，盖取诸《益》。日中为市，致天下之民，聚天下之货，交易而退，各得其所，盖取诸《噬嗑》。

【今注】

包栖氏：即伏羲。

地之宜：随地而生的植物。

类：类比、分类之意。

耜：音 sì。用于翻土的农具。

耒：一种耕地农具。

耨：音 nòu。一种除草的农具。

【今译】

上古伏羲为王治理天下，仰观天之星象，下观地上法则，观察鸟兽花纹与随地所生之草木，近取于自身，远取于外物，由此创作出八卦，以会通神明之德性，类比万物之情实。开创编结绳索制成网罟，用来捕捉动物、捕捞鱼虾，可能就是从《离卦》之形获得启发。伏羲死后，神农为王，斫木为耜，揉木为耒，并将耒、耨这些提高耕种效率的农具教与大家使用，可能就是从《益卦》之形获得启发。日中之时开设集市，聚集四方之民，汇聚八方之货，交易物品，各得其所需，然后各回其家，可能就是从《噬嗑卦》之形得到启发。

【今解】

《汉书·艺文志》说《周易》"人更三圣"，孔颖达《八论》说是"伏羲制卦，文王系辞，孔子作《十翼》"。三者均可再议，这里只讲伏羲制卦。既然考古发现卦源于数，那么伏羲画卦就只是一种想象，利用圣人为卦画起源及灵验提供神圣性加持。而如果仰观俯察的八卦起源说不能成立，则仅凭观象制器很难建立起伏羲与《周易》的特殊关系。换言之，伏羲与《易》，尤其是与《周易》的关系问题就需要重新思考——《周易》与《连山》《归藏》在思想上属于完全不同的系统，它将世界表述为一个自然生命的有机系统，而《连山》《归藏》只是纯粹的占卜手册。文王序卦（而非系辞，"箕子之明夷""康侯用锡马蕃庶"均发生在文王之后）是确定的，孔子以"德"为"易之义"也是确定的（但不能说《十翼》尽属夫子），而《大象》在这一过程中的转折或过渡性地位与意义也是确定的，那么，"人更三圣"之三圣当为文王、周公、孔子，即文王序卦定《周易》使其与《连山》《归藏》区别开来；周公编《大象》超越卜筮，注入政治、伦理精神；孔子撰《象传》《文言》等建立天道理论。

《大象》的转折或过渡性可以从这两点理解：首先，以卦为象，认象不认卦，即从天地、水火、风雷、山泽理解八卦，从其组合理解六十四卦。把六十四卦视为世界的呈现，这意味着对卦之卜筮属性的弱化甚至否定。其次，从人的视角寻求政治、伦理的启发与领悟，意味着对物象背后之世界与人的精神品质存在某种一致性的预设，从而超越了卜筮语境中卦系与人的神秘性联系，或者说开启了人与世界之联系形式的新的思考方式。

观象制器是这一节的主要内容。伏羲开始，后来的神农氏，以及黄帝、尧、舜等，均由卦画之形获得启发，创造出了网罟、耒耜等满足渔猎和农耕的生产工具。是否成立，读者可以对照相应卦画、卦象，自己判断。作者自己也是以"盖"字开头以述其事，作为虚词，它是"大概"的意思，仅出于一种推测。这是与《大象》的观象完全不同的路数，两相比较，显然《大象》与《象传》关系更加紧密，有着内在一致性。这应该也就是孔子经常梦见周公的原因吧？

神农氏没，黄帝、尧、舜氏作，通其变，使民不倦；神而化之，使民宜之。《易》，穷则变，变则通，通则久。是以"自天祐之，吉无不利"。黄帝、尧、舜垂衣裳而天下治，盖取诸《乾》《坤》。刳木为舟，剡木为楫，舟楫之利以济不通，致远以利天下，盖取诸《涣》。服牛乘马，引重致远，以利天下，盖取诸《随》。重门击柝，以待暴客，盖取诸《豫》。断木为杵，掘地为臼，臼杵之利，万民以济，盖取诸《小过》。弦木为弧，剡木为矢，弧矢之利，以威天下，盖取诸《睽》。上古穴居而野处，后世圣人易之以宫室；上栋下宇，以待风雨，盖取诸《大壮》。古之葬者，厚衣之以薪，葬之中野，不封不树，丧期无数；后世圣人易之以棺椁，盖取诸《大过》。上古结绳而治，后世圣人易之以书契，百官以治，万民以察，盖取诸《夬》。

【今注】

没：同"殁"。

刳：音 kū。从中间破开再挖空。

剡：音 yǎn。削、刮。

柝：音 tuò。打更用的梆子。

【今译】

神农氏殁，黄帝、尧、舜诸帝王兴起，通过参详《易》领悟变化之道，役使民众而民众不以为劳；巧妙化用其智慧，使民众得其便利。《易》之道本

《周易》义解　329

就注重变易,穷则变,变则通,通则久。这就是"自天佑之,吉无不利"。黄帝、尧、舜垂衣裳而天下治,大概取法于《乾》《坤》两卦的易简之德。刳木为舟,剡木为楫,舟楫之利克服川河阻隔,远道可行,以利天下,大概是从《涣卦》得到启发。驯服牛马,以负重、以远行,给天下带来运输交通的便利,大概是取法于《随卦》。设置多层门户,安排击柝值更,以防暴徒侵扰,可能是取法于《豫卦》。截断木头做成杵杆,平地挖坑做成臼凹,用于舂米、稻谷脱壳,利济万民,大概是取法于《小过卦》。系弦于木以为弓,削尖木竹以为矢,弓箭之利,威行天下,大概是取法于《睽卦》。上古之时,人们在洞穴居住,游荡四野;圣人营造宫室,有屋有檐,屋可居住,檐可游就,这很可能是取法于《大壮卦》。上古之时人死下葬,以柴草为衣,埋在荒野,不起坟堆,也不立标志,服丧也不设期数;后起圣人代以棺椁,这可能就是取法于《大过卦》。上古之时以结绳的方法纪事为治,后起圣人发明文字书于竹帛,百官以之为治,百姓以之从事,效率大大提升,这大概是取法于《夬卦》。

【今解】

《离卦》启发网罟,可以理解,《离卦》卦画可说是中空结构。《涣卦》启发舟楫,则因其卦象,上巽下坎,而巽为木、坎为水,以及《大过卦》卦象之木没水中而引起棺埋土中等等,符合联想逻辑。但《随卦》启发服牛乘马,以及《豫卦》启发重门击柝等等,就有点匪夷所思、难以理解了。《小过卦》上震下艮,震动为杵之动,艮为果蓏,如是则杵臼舂米贴切传神,但前提是《艮卦》的果蓏之象时间上必须出现在木杵舂米之前。这会不会有点太晚?这种联系,或者是为了颂扬君主功业,或者是为了神化卦系奇能。伏羲画卦以及帝王观象制器等内容可说是《系辞》在卜筮、天道以及凡例之外的第四大内容版块。

第三章

是故《易》者象也,象也者像也;彖者材也;爻也者,效天下之动者也。

是故吉凶生而悔吝著也。

【今注】

材：同"裁"。

著：明也。

【今译】

所以，《易》就是"象"，象则是有所像而成之象；象就是裁断吉凶；爻就是效，效仿天下事物的运动状态。吉凶、悔吝这些都是事物运动的结果与反映。

【今解】

这段话以"是故"开头，明显表示与上文存在连接关系，即，由众多"观象制器"例子总结出的一般性结论："《易》者，象也。象也者，像也。"但是，长期以来却被断为两章。说明了什么？说明前人对《系辞》的解读并非定论，新的理解不仅可能，而且必要。契机或突破口也许就是所谓《系辞》"通论说"。因为正是这一定性，使得其明显的经传式结构都被忽略排斥。而一旦《系辞》成为"散论"，那么，谁是《易传》中心就成为问题。本书主张的"《象传》中心说"一旦确立，那么，不仅会导致《周易》理解的整体性改变，也将导致对儒学知识体系本身的重新思考。

当然，我们对此应该乐见其成。

第四章

阳卦多阴，阴卦多阳，其故何也？阳卦奇，阴卦耦。其德行何也？阳一君而二民，君子之道也。阴二君而一民，小人之道也。

【今注】

奇：单数。

耦：同"偶"，双数。

【今译】

阳卦阴爻多，阴卦阳爻多，为什么这样？阳卦阳爻是奇数，阴爻是偶数。

这意味着什么？一阳爻代表君主，二阴爻代表臣民，这才是君子之道。如果两个阴爻为君主，一个阳爻为臣民，那就只能说是小人之道了。

【今解】

和前面一样，类似"凡例"，但又加入了一定解释。卦之阴阳以少的那根爻之阴阳属性决定，最初应该出自巫师经验。这里以君主臣民关系论说，显然属于后起，其流变、建构方式，可见一斑。

第五章

《易》曰："憧憧往来，朋从尔思。"子曰："天下何思何虑？天下同归而殊涂，一致而百虑。天下何思何虑？日往则月来，月往则日来，日月相推而明生焉。寒往则暑来，暑往则寒来，寒暑相推而岁成焉。往者屈也，来者信也，屈信相感而利生焉。尺蠖之屈，以求信也；龙蛇之蛰，以存身也；精义入神，以致用也；利用安身，以崇德也。过此以往，未之或知也。穷神知化，德之盛也。"

【今注】

憧憧：移动、摇晃的样子。

信：同"伸"。

【今译】

《咸》九四爻辞说："人来人往，友朋都追随你的思想。"孔子说："天下何思何虑？天下之人来处虽异，归趋却一样，考虑的东西虽有不同，要达到的目标却没有不同。日往则月来，月往则日来，日月相推，光明就此照亮大地。寒季归去，则暑季前来；暑季归去则寒季前来，寒暑相互推移而年岁形成。'往'是回缩，'来'是伸展，屈伸相感交替，而后有利于物，有利于人。尺蠖之虫回缩身体，是为了伸展前行；龙、蛇之冬眠，是为了保存生命；（君子）精研道义，以至于神妙之境，是为了学有所用；利用所学，安处其身，是为了提高才能。超过上述之事，吾皆不知。穷究事物之神妙，顺从天地之变化，便是德行的最高境界。"

332

【今解】

孔子以"天下何思何虑"开头，引出一番议论，讲的是天道之行已经确立了秩序和意义，人为天地所生，其思想能力，当以此为使用场域，服务于内在性分的发展完成。尺蠖如此，龙蛇如此，人亦如此，但有更高趋向，即致用安身不只是安身而已，而是所以崇德，即穷神知化、与天地参。《中庸》讲圣人"知天""知人"，或本于此。

"朋从尔思"，在《咸卦》中"思"被解为语气词，这里被《系辞》作者解为"思想"。原意是一回事，所建构者又是另一回事。相对《文言》对"元亨利贞"的乾坤大挪移，这只能算是众多"创造性诠释"中的小小个案了。

《易》曰："困于石，据于蒺藜；入于其宫，不见其妻，凶。"子曰："非所困而困焉，名必辱；非所据而据焉，身必危。既辱且危，死期将至，妻其可得见耶？"

《易》曰："公用射隼于高墉之上，获之，无不利。"子曰："隼者，禽也；弓矢者，器也；射之者，人也。君子藏器于身，待时而动，何不利之有？动而不括，是以出而有获，语成器而动者也。"

【今注】

据：依凭。

括：拘束。

成器：这里指准备好工具。

【今译】

《困卦》六三爻辞说："被石头绊倒，手还扑到蒺藜上；进到家里，却看不到妻子在哪里，筮得此爻，凶险。"孔子说："在不该受困的地方受困，名声必被玷污；不该依凭的东西却要依凭，身家必受损害。名声受辱，身陷重危，死期将至，哪还能见得着妻子家人！"

《解卦》上六爻辞说："王公张弓搭箭射中城墙上的猛禽，将其捕获，吉无不利。"孔子说："隼是猛禽；弓箭是武器；射箭的是人。君子藏器于身，待时而动，怎么会不利呢？行动无所拘束，所以出手便有收获，这是肯定那

《周易》义解　333

些早做谋划又能随时付诸实施的人呢。"

【今解】

孔子这里对《困卦》爻辞的解释比《小象》严厉许多，也深刻许多。《小象》只是说"不祥也"，孔子却说"死期将至"。关键也许就是孔子对"据于蒺藜"的解释做了引申，理解为"将不该作为依凭的东西作为依凭"。这里的问题不仅是智慧的，也是道德的，或者说不仅是道德的，也是智慧的。两者皆失，结局必定很惨。

后一段主要是肯定有准备的头脑和能够随时出手的能力。

子曰："小人不耻不仁，不畏不义，不见利不劝，不威不惩。小惩而大诫，此小人之福也。《易》曰：'屦校灭趾，无咎。'此之谓也。"

（子曰：）"善不积不足以成名，恶不积不足以灭身。小人以小善为无益而弗为也，以小恶为无伤而弗去也，故恶积而不可掩，罪大而不可解。《易》曰：'何校灭耳，凶。'"

子曰："危者，安其位者也；亡者，保其存者也；乱者，有其治者也。是故君子安而不忘危，存而不忘亡，治而不忘乱。是以身安而国家可保也。《易》曰：'其亡其亡，系于苞桑。'"

子曰："德薄而位尊，知小而谋大，力小而任重，鲜不及矣。《易》曰：'鼎折足，覆公餗，其形渥，凶。'言不胜其任也。"

子曰："知几其神乎？君子上交不谄，下交不渎，其知几乎？几者，动之微，吉之先见者也。君子见几而作，不俟终日。《易》曰：'介于石，不终日，贞吉。'介如石焉，宁用终日，断可识矣！君子知微知彰，知柔知刚，万夫之望。"

子曰："颜氏之子，其殆庶几乎！有不善未尝不知，知之未尝复行也。《易》曰：'不远复，无祗悔，元吉。'"

（子曰：）"天地絪缊，万物化醇；男女构精，万物化生。《易》曰：'三人行，则损一人；一人行，则得其友。'言致一也。"

子曰："君子安其身而后动，易其心而后语，定其交而后求，君子修此三者故全也。危以动，则民不与也；惧以语，则民不应也；无交而求，则民不与也；莫之与，则伤之者至矣。《易》曰：'莫益之，或击之，立心勿恒，凶。'"

【今注】

鲜不及矣：没有不遭灾罹祸的。鲜，很少；及，罹祸。

絪缊：雾气纷纭混合貌。这里用于描述天地交泰、阴阳交合的状态。

【今译】

孔子说："小人不蒙受羞耻就不会懂得仁爱，不陷入恐惧就不会懂得道义，不看到利益就不会懂得努力，不感到威压就不会懂得惩戒。小受惩戒，然后知道有所戒惧，对小人来说反而是一种福分。《噬嗑》初九爻辞说：'脚被戴上枷锁，脚趾也被剁掉，却没有大的祸患。'就是这个意思。"

（孔子说：）"善行不积累不足以成就其名，恶行不积累不足以毁灭其身。小人以为善小而不为，以为恶小无妨而不知杜绝，终至小恶积为大恶而不可掩盖，罪大恶极而无法开脱。《噬嗑》上九爻辞说：'枷锁加重，已与耳朵齐平，凶多吉少。'"

孔子说："居安思危，其位方得其安；存而思亡，其存方得无虞；治而思乱，其治方得维持。所以，君子安不忘危、存不忘亡、治不忘乱。如是而身安而其国家得以保全。所以，《否》九五爻辞说：'会有什么厄运么？常怀忧惧，则家国之固，树大根深。'"

孔子说："道德浅薄却居于高位，智慧狭小却谋划大事，力量少弱却荷负重担，没有不遭灾罹祸的！《鼎卦》九四爻辞说：'鼎足折损，碰翻大臣的菜汤，弄脏桌布。筮得此爻，凶。'说的就是这种灾祸。"

孔子说："知道事情的几微之妙可以称神了吧？君子为人，对高于自己的人不谄媚，低于自己的人不轻慢，就属于这类。几是事情深处的微妙变化，吉凶之最初萌芽。君子见此而行，一点也不耽误。《豫卦》六二爻辞：'坚定如石，虽难以维持很久，（但能守住中正原则，）筮得此爻，仍然为吉。'就是说君子见微知著、当机立断，所以万人景仰。"

孔子说："颜回大概差不多就是这样吧！有什么错很快就知道，知道就不

《周易》义解　335

会再犯。《复卦》初九爻辞：'迷途速知返，没有大的悔吝，大吉。'"

（孔子说）："天地絪缊，万物化醇；男女构精，万物化生。《损卦》六三爻辞说：'三人行，则损一人；一人行，则得其友。'说的就是阴阳和合，然后生化万物。"

孔子说："君子先要安顿百姓的生计再去谋划别的事，先要让人心情和易再去吩咐工作，先要建立感情、信任的基础再向人提要求，君子能做到这三点，所以得保万全。如果冒险从事，则人民不会配合；心理紧张恐惧，则不会有积极回应；没有情感和信任则不会给予帮助；没有这一切，反面的东西就会纷纷出来了。《益卦》上九爻辞：'如果没人出来帮你，就会有人害你。不要固执己见。筮得此爻，凶。'"

【今解】

和第五章一样，都是孔子（或假托孔子）对一些卦爻辞的议论。不同之处在格式上，这里都是先说自己的评论，最后才导出原文。有几篇没有"孔子曰"，今按照一般格式补上。"善不积不足以成名"条，思想与《文言》"积善之家必有余庆，积不善之家必有余殃"一致；"天地絪缊"条，则可视为《乾》《坤》两卦《彖传》"云行雨施"和"含弘光大"的升级版。这种相关性，从"颜氏之子"条可证，"有不善未尝不知，知之未尝复行"，就与《论语·雍也》的"不贰过"如合符节。

"天地絪缊，万物化醇；男女构精，万物化生"与《乾》《坤》二卦之《彖传》的关系已揭示如前，除此之外，它也可以反证"云行雨施""含弘光大"的生殖内涵。它是由《损卦》六三爻辞"三人行，则损一人；一人行，则得其友"引申出来的议论。天地、男女成双成对，三人则当损之，一人则必配之。"致一"就是"絪缊"，就是"构精"，就是"天地交"，就是阴阳合体，就是"生生"。

十多条爻辞议论，相对《小象》特点十分明显，那就是与《彖传》的天道理论有更多的结合联系。《彖传》解释卦辞也是如此，但《彖传》中更多是阐释论述天道理论，这里则是依托援用这一理论。因此，"天地絪缊，万物化醇；男女构精，万物化生"的精炼提升，阴阳"致一"的深化、反证，就显得特别重要，难能可贵。

第六章

　　子曰："乾坤，其《易》之门邪？"乾，阳物也；坤，阴物也。阴阳合德而刚柔有体，以体天地之撰，以通神明之德。其称名也，杂而不越，于稽其类，其衰世之意邪？夫《易》，彰往而察来，而微显阐幽，开而当名辨物，正言断辞则备矣！其称名也小，其取类也大；其旨远，其辞文；其言曲而中，其事肆而隐。因贰以济民行，以明失得之报。

【今注】

体：体现、模拟。

撰：才能。

稽：考核。

微显阐幽：当作"显微阐幽"。

贰：疑也。

【今译】

　　孔子说："《乾》《坤》两卦应该是整个《周易》的门户吧！"乾代表阳物，坤代表阴物。阴阳之性相结合，生成或刚或柔之万物，天地的生生之能由此得到体现，神明的德性也由此得到彰显。其所命名，似乎庞杂却统绪不乱。稽考其事，似有衰世之意。《周易》彰明以往，察知未来，显微阐幽。乾坤开篇，名正物辨，断占之语，悉皆具备。称名虽小，却能象征一大类；意旨深远，文采斐然；判断训诫，委婉中肯，叙事评陟，视野宏阔，直接允当切当。解人疑惑而成人之事，表明得失报应。

【今解】

　　"乾，阳物也；坤，阴物也"进一步坐实了前文对"天地缊缊""男女构精"之"致一"乃天地交和以"生生"的理解。但是，这绝不意味着对"云行雨施""含弘光大"的理解即止步于此。这一基础内容的升华，才是孔子所好之"德义"的重点与关键。"大德曰生"引入"德"的概念，已经开启了天的精神维度。在"天地之撰"后接一"神明之德",即是表现。① 人与天的联系,亦以此为基础展开,"与天地合其德"成为"天生、地长、人成"之"人成"的主要内容与方向。这不仅意味着"自强不息",更意味着"成己成物",意味着"修齐治平",因为只有如此才能"平成天下",才能"与天地参"。始于"阳物""阴物",立于"乾父坤母",目标则是"止于至善"。

每一个文明都必须对"我们是谁?从哪里来?到哪里去?"形成自己的系统论述。基督教文明认为世界是上帝造的,印度教文明认为世界是"原人"所生,原型都是"父",父的本质则是"精子"。② 生于父母(born to the parents)是原型,儒教文明是其代表;造于神祇(creatio ex nihilo)是其变型,基督教文明是其代表。婆罗门教的"原人"口生婆罗门、臂生刹帝利、腿生吠舍、足生首陀罗,介于二者之间,也属变型。即使"造于神祇",耶和华也是"天上的父"。基督教以基督为中心,其在《约翰福音》最初的存在形式,"太初有道"之道,word 为希腊文 logos 的英文译写。从斯多亚学派的思想脉络以及希腊文的字源追溯,它乃是一种"rudimental, spermatic of logos"。现在所谓圣灵的说法,乃是由"尼西亚信经"阐释、建构而成。耶稣作为此 logos 的全幅实现,象征着神与万物关系的典范形式——"圣父"与"圣子",仍是父与子的关系结构,同气连枝。③

文明有如河流,其源头大同小异,随着发展差异越来越大,形成不同风景和气象。可以以原型生长、转换升格和夸诞变型来表述儒教、犹太教和婆罗门教中"父"的角色形象,其原因在于其文明文本产生的背景或语境。作为占卜之书的《易经》一步步积累升华为"群经之首",表明中华文明发展的内部性与连续性。而《希伯来圣经》成书于犹太王国被尼布甲尼撒二世征服后,被掳往巴比伦的所谓"巴比伦之囚"时期。希伯来先知编撰经书是为了

---

① 《淮南子·泰族训》:"神明接,阴阳和,而万物生矣。"
② 精子可见,卵子不可见,故"母"在"生"这一事件或过程中的地位作用被严重低估,中外皆然。
③ 柏拉图的最高哲学范畴理念,也有 genos 的表述,这意味着生物学意义上的种、属。亚里士多德的种子说,"一粒种子已经包含了一棵参天大树",同样如此。

给自己的苦难提供解释，为未来的成功（"重建大卫的国"）提供承诺。与之相映成趣的是婆罗门教，其基础叙事乃是雅利安人以胜利者的姿态侵入古印度后，为配合对被征服族群的统治即种姓制度而建构起来的……

这一视角不仅有助于理解《周易》作为"大道之源"的意义，还特别有助于理解"乾父坤母"这一世界图景的文明特色。

第七章

《易》之兴也，其于中古乎？作《易》者，其有忧患乎？

是故《履》，德之基也。《谦》，德之柄也。《复》，德之本也。《恒》，德之固也。《损》，德之修也。《益》，德之裕也。《困》，德之辨也。《井》，德之地也。《巽》，德之制也。

《履》，和而至。《谦》，尊而光。《复》，小而辨于物。《恒》，杂而不厌。《损》，先难而后易。《益》，长裕而不设。《困》，穷而通。《井》，居其所而迁。《巽》，称而隐。

《履》以和行。《谦》以制礼。《复》以自知。《恒》以一德。《损》以远害。《益》以兴利。《困》以寡怨。《井》以辩义。《巽》以行权。

【今注】

德之地：高亨氏认为"地"当作"施"，形近而误；可从。

长裕而不设：增益民众利益而不加役使。设，役使。

行权：适时变通。

【今译】

《周易》是在中古之时兴起来的么？作者心里充满忧患吧？

《履卦》之礼，是道德的基础。《谦卦》之谦，是实行道德的方式。《复卦》之复（体会天地生物之心），是立德的根本。《恒卦》之恒，是坚守德性的毅力。《损卦》之损（约束自己的欲望），就是道德修炼。《益卦》之益，则指增益公共利益，也指提升自我德性。《困卦》之困，可考验德性之深厚与浅薄、意志之坚定与脆弱。《井卦》之井，是说德当施惠于人。《巽卦》之顺，是说德化之为制，民众于不知不觉接受教化如风行草偃。

《履卦》之礼，以和谐为至善。《谦卦》之谦，低调而得尊显。《复卦》之复，一阳虽弱却开启万物新生命。《恒卦》之恒，（震为长男，巽为长女，）阴阳错综，可长可久。《损卦》之损，自我克制虽难，无欲之刚则带来自由无限。《益卦》之益，增益民众利益而不加役使。《困卦》之困，穷而求变，乃得其通。《井卦》之井，居其位而施惠于众。《巽卦》之顺，虽有所称，却属顺时而为，志不求显。

《履卦》之礼，以和行之。《谦卦》之谦，于礼为则。《复卦》之复，体认本心。《恒卦》之恒，坚守一德。《损卦》之损，自制远祸。《益卦》之益，促进公益。《困卦》之困，寡怨为上。《井卦》之井，可知公义。《巽卦》之顺，权变随时。

【今解】

文王与《周易》的关系是相对明确的，所以这里以之为起点，以"忧患意识"为背景讨论"德"的问题。商纣失德，天下动荡，人民痛苦，圣人忧患之所在也。"九卦三解"，其实只有第一节是立论，从道德、人格的角度讲礼，礼的实行，礼的个人意义与社会意义，勾画的是一个理想的君子或治理者的形象。这是从六十四卦中抽绎出来的，可以说是这一系统的第一次"牛刀小试"。

前面提到《系辞》中的许多文字存在经传式的结构关系，这里没有"是故"的连接词，但似乎也可归入此类。第二节主要是对第一节内容的诠释，第三节则可视为在对第二节之诠释的基础上，对第二节的补充以及对第一节的发展。三节作者似乎不是同一人。

"《复》，德之本"，是说"天地之心"为德之根本。显然，这是最重要的。

第八章

《易》之为书也不可远，为道也屡迁。变动不居，周流六虚，上下无常，刚柔相易，不可为典要，唯变所适。其出入以度，外内使知惧。又明于忧患与故，无有师保，如临父母。初率其辞而揆其方，既有典常。苟非其人，道不虚行。

【今注】

远：离开。

六虚：指六爻之位。

典要：恒定不变的准则。

率：循、沿着。

揆：估量、掌握。

【今译】

《周易》这书不可不读，其中的道理经六爻在六位的运动中体现出来。变动不居，不可拘泥执着，或上或下，刚柔变化，完全根据整体情况而定，只有在这种运动中才能把握其妙谛宗旨。其出入以节度而行，内外上下或吉或凶使人知所戒惧。又能昭示忧患及其所以然，虽无师保之官关照，却如父母在侧呵护尽心。开始沿着文辞指引的门径进入，琢磨寻找其方法规律。但即便如此，如果没有合适的悟道之人，道也不会凭空就呈现出来。

【今解】

《易》与天地准，自然开卷有益。这里不仅指示了阅读方法，尤其重要的是指出了道的真正呈现有赖于体道、悟道之人。《乾》《坤》两卦的《彖传》与《文言》对《益卦·彖传》所说的"天生地长"有系统论述，但"人成"却显得零散。将《乾卦·文言》的"君子以成德为行，……大人者与天地合其德"，《同人卦·彖传》的"唯君子为能通天下之志"，还有《鼎卦·大象》说"君子以正位凝命"，以及《系辞》本身的"神而明之，存乎其人"结合来看，我们可以看到"人成"实际也是论述十分充分的，与"天生-地长"构成一个完整体系。

由此，"苟非其人，道不虚行"，以及《周易》系统的中介意义也十分清楚了。《论语·卫灵公》的"人能弘道，非道弘人"，以及《中庸》的"苟非至德，至道不凝"，自然也是一脉相通。

第九章

　　《易》之为书也，原始要终以为质也。六爻相杂，唯其时物也。其初难知，其上易知，本末也。初辞拟之，卒成之终。若夫杂物撰德，辨是与非，则非其中爻不备。噫！亦要存亡吉凶，则居可知矣。知者观其彖辞则思过半矣。

　　二与四同功而异位，其善不同。二多誉，四多惧，近也。柔之为道，不利远者，其要无咎，其用柔中也。三与五同功而异位。三多凶，五多功，贵贱之等也。其柔危，其刚胜邪？

【今注】

　　原始要终：追溯本源，探求终极。原，追究。要，同"徼"，探求、求取。

【今译】

　　《易》这本书的本质内容就是追溯起点本源、探究目标终极。六爻错综，只是表示物体在特定时空中的存在运动。初爻作为开端，难做判断，上爻已是终结，容易了解，有如本末。但初爻爻辞比拟事物起点，预示可能，上爻爻辞则已成事实而为终结。至于事物分类、德能表现以及是非分辨，就得根据二、三、四、五诸爻才能体现表达。是的，要了解确定存亡吉凶，通过分析其所处位置就可以知道了。智者阅读相关彖辞，就可以明白六七成了。

　　二爻与四爻功能作用相同（均属阴位），位置有所不同，代表的好坏就不一样。二爻多被赞与肯定，四爻则常显得忧虑恐惧。这是因为阴柔的性质就是不适合在外远处，二爻属内卦，比四爻位置要近一些，何况二爻之所求无可厚非，处于中位亦得其正用。三爻与五爻也是功用相同而位置有异（均属阳位），因此三爻的爻辞很多凶险，五爻的爻辞则总能立业建功，这是因为五爻所居之五位为至尊之位，二者存在贵贱等级的差别。三、五均为阳位，阴爻居之自然危险，阳爻居之吉无不利，或许是因为这个吧？

【今解】

《系辞》多有"《易》之为书"这样的句式，似乎带有总结的意思，但实际基本都是就某一项具体的内容作解释和描述，跟"大哉乾元，万物资始"不可同日而语。

这里主要讲六爻，但实际是讲的从初到上的六个位置，是这种结构关系决定了六爻的功能、象征以及吉凶差异。这也许是通过对爻辞之断占之词统计出来的大概结论吧？作为简易、不易和变易有机统一的《易》唯变所适，本无达占，无论从占卜还是天道来说，都应是如此。

第十章

《易》之为书也，广大悉备。有天道焉，有人道焉，有地道焉。兼三材而两之，故六。六者，非它也，三材之道也。道有变动，故曰爻。爻有等，故曰物。物相杂，故曰文。文不当，故吉凶生焉。

【今注】

材：同"才"。

杂：错综交会。

【今译】

《易》这本书在内容上可说是既广且大，天道、地道、人道无所不包。经卦三爻象征天地人三才，加以重叠，成为六爻别卦，但仍属于关乎天地人的三才之道。天地人之道是生生不息的生命存在形式，它日新月异，表现、描述这一变化的叫做"爻"。爻有阴阳或刚柔两类，所以也可以叫做"物"。物相错杂而各具色彩，由此而形成"文"。错杂交会或当或否，于是就有了吉与凶。

【今解】

"《易》之为书也，有天道焉，有地道焉，有人道焉"，某种意义上可以说是"天生-地长-人成"之儒教思想架构的无意识总结。《春秋繁露·王道通三》"古之造文者三画而连其中，谓之王。三画者，天、地与人"，应即本于此。《说文》以"一贯三为王"为孔子语，亦是。《说文》释"一"云："惟初太始，道立于一。造分天地，化成万物。"这显然与"易有太极"维持一致，说明道家或阴阳家的宇宙论与《周易》的生化论在汉代和谐共生，共同支撑着汉代的宇宙论述与社会论述。

第十一章

《易》之兴也，其当殷之末世，周之盛德邪？当文王与纣之事邪？是故其辞危。危者使平，易者使倾。其道甚大，百物不废。惧以终始，其要无咎。此之谓《易》之道也。

【今注】

周之盛德：指周王朝开始崛起。

危：这里是忧惧的意思。

【今译】

《周易》的兴起是在殷商天命渐衰、周朝德祚已盛之时么？就是在文王被纣王囚禁于羑里这一事件当中么？所以，整个文辞显得充满忧患（以配天命，以救民瘼）。有危机感就能化险为夷，轻忽傲慢则阴沟翻船（所谓生于忧患死于安乐）。念兹在兹，诸事无外。忧惧终始，但求无咎。这就是《周易》的基本作用啊。

【今解】

从这里可知，《系辞》所谓《易》专指《周易》。《周易》与《连山》《归藏》的主要区别就是卦序。由此可知文王的工作不是"演卦"或"系辞"，而是"序卦"，即对六十四卦的组合秩序重新加以编排，如首之以《乾》，以《屯》承接《乾》《坤》，以《否》《泰》、《坎》《离》表达天地之关系内容与形式，以《坎》《离》、《既济》《未济》表述系统的生命属性及其生生不息。其所象征的自然生命体系内容是《连山》《归藏》所不具备的。

前文已有"易之兴也，其于中古乎？作《易》者其有忧患乎"的句子，该句以德为中心展开论述，主要是从人的角度理解"忧患"与"中古"的关系。虽然句式似乎相同，但实际意义完全不一样，"殷之末世""周之盛德"背后，天（天命转移）是关键词或语境规定者。所以，它是以"忧惧"（"危""惧以终始"）为中心展开讨论。个人因于羑里、商纣失德、天下无道这些困境之外，还有一个周德已盛，文王如何才能与天合德、配享天命的问题——这才是深层本质。

第十二章

　　夫乾，天下之至健也，德行恒易以知险；夫坤，天下之至顺也，德行恒简以知阻。能说诸心，能研诸侯之虑，定天下之吉凶，成天下之亹亹者。

　　是故变化云为，吉事有祥；象事知器，占事知来；天地设位，圣人成能；人谋鬼谋，百姓与能。八卦以象告，爻彖以情言，刚柔杂居而吉凶可见矣。变动以利言，吉凶以情迁。

　　是故爱恶相攻而吉凶生，远近相取而悔吝生，情伪相感而利害生。凡《易》之情，近而不相得则凶，或害之，悔且吝。将叛者其辞惭，中心疑者其辞枝。吉人之辞寡，躁人之辞多。诬善之人其辞游，失其守者其辞屈。

【今注】

云为：指言与行。

鬼谋：指以卜筮断事。

枝：枝蔓，指言语纷乱，莫衷一是。

屈：理亏、屈服。

【今译】

"乾"乃天下至健，其性平易，但险难亦由乾而生而定（如风雨雷电旱涝诸灾）；"坤"乃天下至顺，其性简便，但阻隔亦由坤而生而定（如崇山峻岭、巨泽大川）。(细心研读)可养心怡情，可研悉诸侯之所思所想，能定诸事之吉凶，成就修身、齐家、治国、平天下之大业。

所以，事情变化，吉凶有兆；观象制器，占物知来；天地尊卑之位立，圣人之权能亦定；人有智慧，蓍龟灵验，百姓亦参与其间。八卦以卦象显示

《周易》义解　345

其基本义蕴，爻辞卦辞则反映处境情实，刚柔杂处，吉凶自见。变动产生于利害关系，吉凶则视具体情形而定。

所以，事物或相爱相求，或相恶相敌，而吉与凶就在这类矛盾中产生；远近相资取，悔吝于是而生；真情假意互动相感，爱恨情仇自是纷争不断。《易》的基本情况就是，近处而不相得则为凶，甚至相伤害，结局就是悔与吝。心已远人将叛，其言辞必定惭怍；心有所想而主意不定，其言辞必定枝蔓。吉人不多言，躁人话操切。捏造诬陷之辞总是游移不定，失节无守之人其言必然随声应和无所坚持。

【今解】

前文"探赜索隐，钩深致远，以定天下之吉凶，成天下之亹亹者，莫大乎蓍龟"是作为结论，而这里则将其归属在《乾》《坤》两卦的德能之下，解释其所以然，如知吉凶、可制器、定秩序、尊圣王等等。

两个"是故"都是传注性质，但第一节名副其实，第二节则有点不知所云。作为总结，"天地设位"的定秩序，"圣人成能"的尊圣王，加上知吉凶、可制器已足够到位，就此终篇可谓岳峙渊渟，却不料又来一段以言观人的生活智慧，画蛇添足，狗尾续貂。这说明《系辞》确实是诸辞汇总的"散论"，而非成于一人一时，更非夫子手订之"通论"。

《说卦传》

第一章

昔者圣人之作《易》也，幽赞于神明而生蓍，参天两地而倚数，观变于阴阳而立卦，发挥于刚柔而生爻，和顺于道德而理于义，穷理尽性以至于命。

【今注】

幽赞：字面是于幽深中得其所见之意，可作获得启示解。幽，深也。赞，见也。

神明：神灵，以及天地生化万物的机制。

倚：立也。

【今译】

当初圣人创造《易》这一体系，是从神明的启示里找到蓍草这种灵验之物作为占卜工具，基于天地奇偶数字关系设计揲蓍之法，根据日月昼夜的阴阳变化建立卦象系统，从刚柔互动启发而生出阴阳之爻，从道之赋予与德之承受这一关系出发确定人所当顺应之义理，准此以行，实现自我性分，达成与生命之根本的合一。

【今解】

《说卦传》是对八卦之象的解说，包括产生依据、目的、功用，内部互动关系，及象征系统、使用情况与特点等。

这段文字格局大，立意深，识见高远，颇有"通论"的气象。蓍、数、卦、爻以及义与命，由经到传，要言不烦，点化精准，轮廓勾勒，大气磅礴。以下《说卦》的全部篇幅，某种程度都可以视为对这段文字的注释或阐发。

"圣人"这里不再指向伏羲，因为它显然不属于"取象""画卦""制器"的话语类型。圣人成为虚指之后，被凸显的是整个《周易》系统与天地、与世界的关系，即在这种关系中说明《周易》之功用。如果说"和顺于道德而理于义"是指基于天生万物确定人之所当行，那么"穷理尽性以至于命"则是指人经由内在性分的实现而向生命本质回归。"天生-地长-人成"之"人成"并非独立于天地之外，而是"天工人代"，本于天而归于天。三重架构不仅形式更为完整，内容逻辑也有机贯通，浑然一体。

《中庸》从"天命之谓性"到"成己成物"而"与天地参"，《大学》从"明明德""亲民"而"止于至善"，均可视为这一理论的进一步展开。

第二章

昔者圣人之作《易》也，将以顺性命之理。是以立天之道，曰阴与阳；立地之道，曰柔与刚；立人之道，曰仁与义。兼三才而两之，故《易》六画而成卦；分阴分阳，迭用柔刚，故《易》六位而成章。

【今注】

兼：统合。

六画：指六爻。

【今译】

圣人创作《易》，是为了顺应天地生化万物而形成的性命之理。因此，以阴阳为天之道，以柔刚为地之道，再以仁义为人之道。统和天地人三才而加倍，就成为了《易》六画之卦；分别阴爻阳爻，再加以重叠，六爻于六位交错运行，《易》之文章也就呈现出来了。

【今解】

这里对圣人作《易》原因解释是目的论的，即不是从知识角度进行历史追寻，如揲蓍说、画卦说之类，而是从功用意义加以论定。尤其重要的是，它是以《易传》思想为基础，将"大哉乾元，万物资始"贯穿至起源，而天与人的"性-命"关系也就自然而然地被建构起来。

何谓"性命之理"？天赋之性，人得之以为命，据此以行而成其一生。这是一个生命成长的过程，也是一个天命展开完成的过程。注意，因为是基于"生"，而不是太极的演化论或理学理本论的理气论，这一生命过程是实践性的成己成物，其重心和目标乃是立德立功立言，即所谓"吉凶生大业"，而不是个体肉身保全或道德完善。阴阳生变化，柔刚体物情，仁义主生长。天地人三才的这种统一，正是《易》的形成基础和运转内容。

第三章

天地定位，山泽通气，雷风相薄，水火相射，八卦相错。
数往者顺，知来者逆，是故《易》逆数也。

【今注】

薄：同"搏"。

水火相射：原作"水火不相射"，"不"字衍，今删。

逆：预先，如逆料。

【今译】

天与地尊卑定位，山与泽气息相通，雷与风互相搏击，水与火彼此施射，乾坤、艮兑、震巽、坎离就这样鼓摩激荡，相反相成。

言说过去，是按照时间顺序由远及近的追溯；言说未来，则是由近而远朝向未来的预测；所以，《易》既包含过去，也包含未来，它是一个生命整体。

【今解】

"逆数"一般都解为"预测"，仔细推敲似难成立。这里是讲八卦互动，生化万物，一切均孕育于其中，如《系辞上》的"刚柔相摩，八卦相荡"。邵雍据此而成所谓"先天八卦图"，将两两成对的《乾》《坤》、《坎》《离》诸关系清楚呈现。后人仅仅从方位的角度理解，实际方位只是其衍生物，其根本意义是在生生机制的表达上。

《易》之卦、爻，尽其变化，用何楷的话说就是"言乎天下之间则事物之理具备矣"（《古周易订诂》）。并且，所谓顺逆，一种解释是六爻解读之自下而上与自上而下，与这里"《易》既包含过去，也包含未来"的理解不仅不矛盾，还可提供支持。

"水火相射"原作"水火不相射"，"不"或为后人妄加。

第四章

雷以动之，风以散之，雨以润之，日以烜之，艮以止之，兑以说之，乾以君之，坤以藏之。

【今注】

烜：音 xuān。火盛大貌，引申为晒干、光明诸义。

说：同"悦"。

君：这里是治理之义。

【今译】

动之以雷霆，散之以清风，润之以雨露，晒之以日光，止之以高山，悦之以大泽，主之以苍天，藏之以大地。

【今解】

这段文字讲八卦所象与世间万物的关系，其在"天生万物"过程中各自的功能作用。如果与上文合并，作为对八卦两两相对之互动关系的进一步说明，不仅对双方有利，而且也能使下文的展开根基深厚、意义饱满。也可以将它视为《系辞》开篇"刚柔相摩，八卦相荡"的具体化。

当然，这里"天生万物"的天，不是与 earth 相对的 sky，而是作为最高存在的 the Heaven，即下文所说的"帝"。

第五章

帝出乎震，齐乎巽，相见乎离，致役乎坤，说言乎兑，战乎乾，劳乎坎，成言乎艮。

万物出乎震，震，东方也。齐乎巽，巽，东南也。齐也者，言万物之洁齐也。离也者，明也，万物皆相见，南方之卦也，圣人南面而听天下，向明而治，盖取诸此也。坤也者，地也，万物皆致养焉，故曰致役乎坤。兑正秋也，万物之所说也，故曰说言乎兑。战乎乾，乾，西北之卦也，言阴阳相薄也。坎者水也，正北方之卦也，劳卦也，万物之所归也，故曰劳乎坎。艮，东北之卦也，万物之所成终而所成始也，故曰成言乎艮。

【今注】

出：生也。

齐：修整。

役：服务帮助之义。

洁齐：洁净齐整。

【今译】

昊天上帝的生生之德，最先从震之雷声呈现出来；到巽之风调雨顺，万物茁壮就满目生机了；坤地顺承天，以厚德载物；兑之喜悦，为天、地、人所共享；到乾之时，阳气渐衰，阴气渐起，阴阳交战；坎水流无止息，劳而不倦；艮之止，表明一个生命周期业已完成。

万物出乎震雷之声，则震为东方。于巽风而得其洁净齐整，则巽为东南。所谓齐，就是说万物洁净齐整。离为光明，阳光之下，万物相见，可知其为南方之卦。圣人以此为法，南面称治，表示追求正大光明。坤为地，万物皆从其厚德获取滋养，因此说"致役于坤"。兑卦为秋，收获季节，上下欢喜，所以说"悦言于兑"。乾之战，指阴阳二气于西北交汇而相摩荡搏击。坎为水，正北方向，万物所归宿，所以为劳也。艮乃东北之卦，万物之所终，亦万物之所始，所以说"成言于艮"。

【今解】

首先要指出,"帝出乎震",是对我们从"the Heaven"和"sky"两个层次去理解天之正确性最直接的支持。陈祥道的《礼书·天帝之辨》指出:"言昊天上帝,则统乎天者。"甚至朱熹《周易本义》亦于此注云:"帝者,天之主宰。"

其次,"帝出乎震",是从天的仁德、意志之显现而言;所谓"天地之大德曰生"。"万物出乎震",则是从物的生命形态之产生而言。崔憬认为"帝者天之王气",虽不究竟,却可为我们从两个层面理解"帝"与"万物"之关系带来启发,那就是"万物"与"帝"是同一关系,作为具体存在的"万物",是作为最高存在之"帝"的一种显现形式,正如"大哉乾元"和"元者善之长"所描述者。

"万物出乎震",与八方相配,可视为《文言》从植物生长的角度诠解元、亨、利、贞,并以之与四时相配这一思路的拓展——两段文字结构上颇似经与传,只是后者对前者的解释因为角度不同而自成一思想风景。它带来的收获,就是时间和空间在生命存在的基础上获得统一。

最后,邵雍据此所作之"先天八卦方位图"与"后天八卦方位图",虽影响巨大,但从《易传》主旨看可谓似是而非。因为《系辞》意在建构其统一性,形上与形下、八卦与六十四卦、"帝出乎震"与"万物出乎震"都是如此。由《震》而《艮》,确实是一个周期,但主要却不是关乎方位,更不是宇宙规律,而是生命历程。这其实也是文王序卦的理念:以《屯卦》为起点,以《未济》终篇。至于基于所谓伏羲、文王之易图而来的所谓先天学、后天学,道家、道教的色彩十分浓厚。其对"元"的追寻落实在"数"上,不仅与夫子所好的天之"德义"旨趣相反,而且宇宙的数字化彻底消解了生生之仁心以及乾父坤母的人格性与情感性。"大哉乾元"是叹美,是崇拜。不可思议而强为之思,是一种理性的僭妄。

第六章

　　神也者，妙万物而为言者也。动万物者莫疾乎雷，桡万物者莫疾乎风，燥万物者莫熯乎火，说万物者莫说乎泽，润万物者莫润乎水，终万物始万物者莫盛乎艮。故水火相逮，雷风相悖，山泽通气，然后能变化，既成万物也。

【今注】

　　桡：音 ráo。吹拂。

　　熯：音 hàn。使干燥。

　　雷风相悖：原文作"雷风不相悖"，据第三章"雷风相薄"改。悖，冲突。薄，同"搏"，亦为相抗之义。

【今译】

　　神这个词讲的是天地生化万物之妙用。鼓动万物雷最迅疾，吹拂万物风最和煦，烘燥万物火最炽热，愉悦万物湖泊最旖旎，滋润万物水最津浸，终始万物山最宏盛。所以，水火互相追逐，雷风相互击搏，山泽气息相通，然后生出变化，万物于焉以成。

【今解】

　　《震》雷、《巽》风、《离》火、《兑》泽、《坎》水、《艮》山为八卦中除《乾》《坤》二卦之外的六卦。以它们的功用言说"妙万物"之"神"，可见它们都是天地造化机制的承担者，与《乾》《坤》并非并列关系。这种关系也不是"六子"关系可以统摄包含。

　　此章与第四章内容近似，或许可以视为从八卦之象角度对"天地缊绌"进行的阐释。

第七章

　　乾，健也；坤，顺也；震，动也；巽，入也；坎，陷也；离，丽也；艮，止也；兑，说也。

【今注】

(从略)

【今译】

(从略)

【今解】

八卦的基本属性、情态。《乾》《坤》二卦是基础与根源，而《乾》又是"第一推动"。乾者健，坤者顺，即"顺承天"。其余"六子"与《乾》《坤》的关系，前面已有许多论述。文王将《乾》《坤》列为众卦之首，从而使《周易》区别于《连山》《归藏》，即不再只是一个占卜记录或使用手册，而成为一个表达周人关于世界整体理解或想象的思想典籍。它的发展、成熟经孔子之手，最终在《象传》《文言》中完成。《说卦》也许是"十翼"中与《象传》《文言》思想联系最紧密的文本，"乾父坤母"的世界图景就是在这里初具雏形。《论衡·超奇》的"文王之文在孔子"是最好的理解线索和根据。

但是，它也跟《系辞》一样存在"繁衍丛脞"的问题。可能的原因，它原本就是巫师的工作手册，孔子或门下弟子以其为基础，阐述了一些自己的思考。

第八章

乾为马，坤为牛，震为龙，巽为鸡，坎为豕，离为雉，艮为狗，兑为羊。

【今注】

(从略)

【今译】

(从略)

【今解】

这是对八卦所像之象的介绍。它可能是基于《乾》《坤》二卦基本属性、情态而做的演绎，也可能是对巫师在占卜实践中所取之象的归纳总结。

第九章

乾为首，坤为腹，震为足，巽为股，坎为耳，离为目，艮为手，兑为口。

【今注】

（从略）

【今译】

（从略）

【今解】

同前。

第十章

乾，天也，故称乎父；坤，地也，故称乎母；震一索而得男，故谓之长男；巽一索而得女，故谓之长女；坎再索而得男，故谓之中男；离再索而得女，故谓之中女；艮三索而得男，故谓之少男；兑三索而得女，故谓之少女。

【今注】

索：求也，所求也。乾坤为父母，阳求阴则得子，阴求阳则得女。这实际是对揲蓍得爻成卦之过程的一种想象性描述。初爻为阳，则为长子，震卦卦画如是，故谓之长男；初爻为阴，则为长女，巽卦卦画如是，故谓之长女。

【今译】

乾为天，（天生万物）故称为父亲；坤为地，（地长养万物）故称为母亲；震卦一索所得之爻为阳爻，故谓之长男；巽卦一索所得之爻为阴爻，故谓之长女；坎卦再索所得之爻为阳爻，故谓之中男；离卦再索所得之爻为阴爻，故谓之中女；艮卦三索所得之爻为阳爻，故谓之少男；兑卦三索所得之爻为阴爻，故谓之少女。

【今解】

乾为天，故称父。天生万物的朴素经验，在《周易》中被表述为"大哉乾元，万物资始"，意味着理论化和系统化，"至哉坤元，万物资生"就是证明。乾"云行雨施"，坤"含弘光大"。然后是"元者善之长""亨者嘉之会""利者义之和""贞者事之干"，以及"大人者，与天地合其德"等等。这种基本理解也被用于《乾》《坤》与《震》《巽》、《坎》《离》、《艮》《兑》六经卦的关系，即为父母与子女的关系，这对将《乾》《坤》定位为"本经"的做法显然也是一种支持。

第一章、第五章和本章，是最精彩的点化升华。开始是要对卦之整体提出论说；第五章是要对天地与万物关系做出说明；这里则是要在此基础上对《乾》《坤》地位做出意义总结。

第十一章

乾为天、为圜、为君、为父、为玉、为金、为寒、为冰、为大赤、为良马、为老马、为瘠马、为驳马、为木果。

坤为地、为母、为布、为釜、为吝啬、为均、为子母牛、为大舆、为文、为众、为柄、其于地也为黑。

震为雷、为龙、为玄黄、为旉、为大涂、为长子、为决躁、为苍筤竹、为萑苇、其于马也为善鸣、为馵足、为作足、为的颡、其于稼也为反生、其究为健、为蕃鲜。

巽为木、为风、为长女、为绳直、为工、为白、为长、为高、为进退、为不果、为臭、其于人也为寡发、为广颡、为多白眼、为近利市三倍、其究为躁卦。

坎为水、为沟渎、为隐伏、为矫輮、为弓轮、其于人也为加忧、为心病、为耳痛、为血卦、为赤、其于马也为美脊、为亟心、为下首、为薄蹄、为曳、其于舆也为多眚、为通、为月、为盗、其于木也为坚多心。

离为火、为日、为电、为中女、为甲胄、为戈兵、其于人也为大腹、为乾卦、为鳖、为蟹、为蠃、为蚌、为龟、其于木也为科上槁。

艮为山、为径路、为小石、为门阙、为果蓏、为阍寺、为指、为狗、为鼠、为黔喙之属、其于木也为坚多节。

兑为泽、为少女、为巫、为口舌、为毁折、为附决、其于地也为刚卤、为妾、为羊。

【今注】

圜：同"圆"。

【今译】

（从略）

【今解】

不可解或不可理喻者甚多，所幸无关宏旨，付之阙如可也。从第一、第五和第十章看，《说卦》不仅与《象传》《文言》思想贯通，而且许多发挥极为精彩。

这已经喜出望外了！但跟《系辞》一样"多繁衍丛脞之言"。所以，也与《系辞》一样，需要根据《象传》《文言》的夫子宗旨加以考辨澄清。

《杂卦传》

《乾》刚《坤》柔，《比》乐《师》忧；《临》《观》之义，或与或求。《屯》见而不失其居，《蒙》杂而著。《震》，起也；《艮》，止也。《损》《益》，盛衰之始也。《大畜》，时也；《无妄》，灾也。《萃》聚而《升》不来也，《谦》轻而《豫》怠也。《噬嗑》，食也；《贲》，无色也。《兑》见而《巽》伏也。《随》，无故也；《蛊》，则饬也。《剥》，烂也；《复》，反也。《晋》，昼也；《明夷》，诛也。《井》通而《困》相遇也。《咸》，速也；《恒》，久也。《涣》，离也；《节》，止也。《解》，缓也；《蹇》，难也。《睽》，外也；《家人》，内也。《否》《泰》，反其类也。《大壮》则止，《遁》则退也。《大有》，众也；《同人》，亲也。《革》，去故也；《鼎》，取新也。《小过》，过也；《中孚》，信也。《丰》，多故也；亲寡，《旅》也。《离》上而《坎》下也。《小畜》，寡也；《履》，不处也。《需》，不进也；《讼》，不亲也。《大过》，颠也；《姤》，遇也，柔遇刚也。《渐》，女归待男行也。《颐》，养正也；《既济》，定也。《归妹》，女之终也；《未济》，男之穷也。《夬》，决也，刚决柔也；君子道长，小人道忧也。

【今注】

杂：乱也。

【今译】

（从略）

【今解】

《杂卦》对卦德即每一卦的基本属性给出描述，同时也给出了一种六十四卦的排序。《序卦》以"有天地然后万物生焉"开头，以《彖传》《文言》的思想为基础和原则对文王编订的六十四卦顺序进行梳理贯通，呈现其整体性、有机性。《杂卦》则几乎完全是在这一原则之外，韩康伯谓其"杂糅众卦，错综其义，或以同相类，或以异相明"，可见其所关注者在卦之个体意义及其关系。因此，其所谓卦德既不同于《大象》所蕴含之政治智慧与社会道德启示，也不同于文王、孔子对生命意义之把握与体认，而属于占卜实践中形成并使用之占卜手册的高级版。

《中庸》义解

《中庸》

《易传》以"大哉乾元,万物资始"为中心建立了天道理论,建构了"乾父坤母"的世界图景,对"我们是谁?从哪里来?到哪里去?"提供了系统论述。但是,从"天生-地长-人成"的整体架构来说,"人成"尚未充分展开。而这正是《中庸》《大学》的内容。

"《易》与《中庸》,一以贯之矣。"[①]《中庸》以《易传》的天道论述为基础和前提阐释人的性分、使命和目标。在这样的脉络下,我们可以看到,"慎独"乃个体对自己禀性于天的自觉体认、践履承担;"中"即"性","中和"即"致中于和";"诚"为"成",含"成己成物"两个层次或阶段;"参赞化育""与天地参"则是回归于天。四库馆臣"是书以阐天人之奥"者,即此之谓也。这不仅与《易传》的"天地之大德曰生""大人者与天地合其德"相衔接,而且为《大学》"明明德,亲民,止于至善"的论述开辟了道路。

《汉书·艺文志》载"《中庸说》二篇",颜师古注曰:"今《礼记》有《中庸》一篇,亦非本《礼经》,盖此之流。"可注意者,一是其与《礼经》无

---

① 《周易集解纂疏》,第66页。

关，而会不会与《周易》有关？① 二是曾有"二篇"。《中庸》主题，正好前半部分以"中"或"致中于和"为中心，后半部分以"诚"或"成己成物"为中心，② 颇堪玩味。

中庸二字，《说文》："中，内也。上下通也"，"庸，用也"。郑玄解释篇名："曰《中庸》者，以其记中和之用也。庸，用也。"将"中庸"解为记"中和之用"，显然是以"中"为"中和"。这应该是根据文本中"致中和"而来。但是，虽然"中和"连用，但二者的区分也是清楚明确的。从语境脉络看，"中"主"和"辅，或"中"体"和"用，宋儒谓之"未发""已发"关系，胡宏即认为"未发为性，已发为心"。如是，则中即性，而和为性之呈现形态。程颐说："不偏之谓中，不易之谓庸。中者，天下之正道；庸者，天下之定理。"朱子作《中庸章句》沿用此解。另根据《尔雅》"庸，常也"，程朱将"庸"定义为"平常"。我们这里的阐释，以郑注为基础而加以引申。

庸，用也。但不能只是简单地从动词之使用或名词之功用求解。借助《庄子·齐物论》对"庸"的解释，"庸也者，用也。用也者，通也。通也者，得也"。我们可以看到，"中之用"实际可以理解为一个由"通"（表达）而"得"（实现）的过程。结合"中"的内涵，这种理解的合理性以及整个"中庸"的意义脉络和理论层次可以看得更加清楚具体。

---

① 熊十力认为"《中庸》本演《易》之书"。（《原儒》下卷，第1页，长沙：岳麓书社，2013年）冯友兰也指出"《中庸》的主要意思与《易传》的意思，有许多相同之处"。（《中国哲学史新编》第三册，第119页，北京：人民出版社，2007年）二者具体关系，周敦颐有一套说法："诚者，圣人之本。大哉乾元，万物资始，诚之源也……元、亨，诚之通；利、贞，诚之复。"参见《通书》"诚""圣"诸篇。

② 梁涛的《郭店楚简与〈中庸〉公案》一文认为今本《中庸》包括原本独立的两篇：《中庸》和《诚明》。《中庸》应包括第二章到第二十章上半段至"所以行之者，一也"，这一部分主要记述孔子的言论，涉及内容较为广泛，应属于杂记性质；《诚明》包括第一章以及第二十章"凡事豫则立"以下。这一部分主要记述作者的相关议论，是一篇内容完整、逻辑严谨的议论文。（http://www.chinakongzi.org/rw/rxyjgdrc/lt/201703/t20170322_126820.html）本书同意梁涛关于该书包含两个主题以及应将朱子所定之第二十章加以切割的看法，但在解释和建构旨趣上存在文献学和宗教学的差异。

中，性也。"内"（the innerness）作为天命之性，从天道本体论看，首先有一个自外（天）而入诸"内"（人）的设定，因此它才得以成为"成己成物"的根据，成为所谓"天下之大本"。① 然后，在经验人生论层面，它才在由内而外、由隐而显、由可能而现实的过程中与"节"相应，成为合内外之道的结果"和"，进而获得其"中道""得体""合适"等意义（不偏不倚、无过无不及就是立基于此）。

《易》曰："天地之大德曰生"，"生生之谓易"。"中"作为人所"得以生谓之德"的"德"，也必然显发为活泼泼的生命存在样态。"中"本就有"上下通"之意，换言之，"通"乃是其内在要求。天以"生生"为德，人自然以"生生"为性。用今天的概念表述，它是某种意志和能量，意味着爱与创造，因而意味着生活、生命的无限可能性——这是"中"自身的内涵本质和意义功能。② 它是大化流行之宇宙生命的一种存在样式，三才之一的人的存在样式。孟子、荀子等根据某种原则标准在对行为进行评估的基础上做出的人性善恶推定，反映的是他们的经验论思维和伦理学视野，均不足以言之。③ 因为，那些原则标准本身也只是这一生命形式在经由圣贤的人格生命之显发中创造制定出来的，其目的是"化民成性""与天下共遂其生"，亦即"参赞化育""止于至善""各正性命，保合太和"。

清代胡旭《周易函书约存》卷五谓："大化由中而出，是即《周易》之大原乎！"④ 以"大化"说"中"，将"中"与《周易》勾连起来，道出了《中庸》与《周易》尤其是《易传》根本性的逻辑关系。但需要指出的是，"乾

---

① "中"与"得"古代同音义通。《周礼·师氏》："掌国中失之事。"杜子春谓"中当为得。"另，《庄子·秋水》："物得以生谓之德。"《管子·心术上》："德者，得也；得也者，其谓所得以然也。"

② 梁漱溟曾用本能、情感、直觉说仁，认为仁就是"敏锐的直觉"，而他用于描述生命、生活的"寂"与"感"两个概念即是出自《易传》。参见氏著《东西文化及其哲学》第131、133页，北京：商务印书馆，1999年。

③ 《胡宏集》"知言疑义"："性也者，天地鬼神之奥也，善不足以言之，况恶乎！"（《胡宏集》，吴华人点校，第333页，北京：中华书局，1987年）

④ 陈赟：《中庸的思想》，第33页，杭州：浙江大学出版社，2017年。

元"与"万物"的关系是整体性的,即贯通于"帝"与"物"。而《中庸》所谓"中"之为天下之本则是从人对世界的参与,生命在这种参与中所成就之"大业"而言,既是"人成"之中心,亦为大化流行之环节。

一

1.1 天命之谓性
【今注】
天:指作为最高主宰的昊天上帝,而非与"地"对言之"天"(sky)。
命:赋予。生命的化育意味着性分的赋予,一而二二而一。与《诗经·周颂·维天之命》"维天之命,於穆不已"用法相同。

【今译】
天以生德生万物,人亦禀此生德为己之性。

【今解】
"惟皇上帝,降衷于下民"(《尚书·汤诰》),"民受天地之中以生,所谓命也"(《左传·成公十三年》),这一天人关系框架及其思想或许可以作为我们讨论"天命之谓性"的起点。在《左传》里,刘康公是从人的视角进入论题,故"命"为名词形式,它的成立显然应该是以天(或"惟皇上帝")"有所命"为前提。《中庸》所引《诗经·周颂·维天之命》"维天之命,於穆不已"里的"命",就是动词。"命有如生,是一种创造。"① 如此,天的意义内涵,根据"天地之大德曰生"可以表述为"生生"。第一个"生"是名词,指天,即天本身就是一个大化流行的生命;第二个"生"是动词,是孕育生化、长养万物的意思。董仲舒《春秋繁露·王道通》:"人之受命于天也,取仁于天而仁也。"仁既是"天心",也是天德,生生之德。康有为《中庸注》亦以"乾道变化,各正性命",释解"天命之谓性"。

明确天的内涵之后,就是要确立天之本体论的奠基地位和作用。《序卦》

---

① 成中英:《易学本体论》,第202页,北京:北京大学出版社,2006年。

"有天地然后有万物"是对天的这一地位的确立,而新出土的文献郭店楚简《性自命出》"性自命出,命自天降"则是对这一天人关系格局的佐证和强化。总而言之,个体的生命来自一个超越性的根源——天,是天这个"大生命"的一部分。

朱子《中庸章句》跳过句首"天"的概念,直接从"命犹令也"落笔,训"命"为"令",从名词性的"命"去讲人之"性",便将各种经验层面的道德原则作为"理"植入人心,进而定义为性,"以理为性",实现其理本论的本体论与人性论的衔接,从而把文章的解读导入个体论视域里的心性论思维模式。他的思维背景是,"理也者,形而上之道也,生物之本也。气也者,形而下之器也,生物之具也。是以人物之生必禀此理,然后有性……天地之间所谓命者,理也"。(《答黄道夫》,《朱文公文集》卷五十八)

离天言理,以理代天(天理概念中的"天"只具有抽象的绝对性意义,仅仅作为"理"的形容词而存在),《中庸》源于《周易》的天人关系架构就这样被解构于无形。而失去天之生命创造者这一根源和依据,人便裂解成为"理"与"气"的二元复合物。其间的理论难题姑置不论,[①]"致中和""成己成物""参赞化育"等一系列内涵丰富、别开生面的论题也就此被塞入心性论的封闭平台,生命的展开表达或者被道德化为"已发未发"的修养论(或曰

[①] 《礼记·礼运》说:"人者其天地之德,阴阳之交,鬼神之会,五行之秀气也。"因为本于天地,德与气是统一的。朱子的理不过是将经验层面的道德伦理擢升至本体的地位,在这些道德原则得到强化的同时,作为最高存在和世界统一根据的天则被放逐虚化。"圣人作则,必以天地为本。"朱子"以理代天"问题多多:"先有是理",则气从何来?理不生气、气不生理,二者又如何"挂搭"?故陆九渊讥其"支离"。牟宗三指其"别子为宗"根源也在这里。牟宗三认为朱子一系的问题,是将《中庸》《易传》与《大学》合,而以《大学》为主。于孔子之仁只视为理,于孟子之本心则转为实然的心气之心。(参见氏著《心体与性体》上,第43页,上海:上海古籍出版社,1999年)虽然牟氏对《大学》的理解受四书学影响,将其划归所谓"横摄的系统"属于误解(本书将在相关章节讨论),但对朱子思想问题的揭示却十分深刻到位。需要补充的是,朱子的《周易本义》完全否定《易传》之意义。这既是症状,也是病因。

"心法"），或者被概念化为一种体用关系问题，① 其本身所具有的丰富内在义蕴与严密逻辑结构被严重窒息遮蔽。

可见，表面上的训诂学问题，实际潜藏着巨大的理论分野。因此，本书首先根据《周易》中孔子的天道论述，重置天人关系架构，作为整个《中庸》的解读基础与开端。

率性之谓道

【今注】

率：循也。

道：路可通达者也。引申为规则、范导。

【今译】

循此本性立身处世，是即人生正道（并足以成为范导世人的标杆）。

【今解】

此句指涉圣贤一类的人物，如《孟子·尽心下》所谓"尧舜性之也"，以及《中庸》后面所说的"自诚明谓之性"者。《左传·僖公二十七年》："《诗》《书》，义之府也；《礼》《乐》，德之则也。"郭店楚简《性自命出》认为，这些"诗书礼乐，其始出皆生于人"。什么人？即尧、舜、孔子这样的圣人。圣人为何能够如此，因为他们是"至德凝道"（《中庸》："苟不至德，至道不凝焉。"）。这种思想之所本，则是《易传·大象传》的"君子以正位凝命"以及《易传·文言》的"夫大人者，与天地合其德"。君子之所以能够"正位凝命""与天合德"直至"率性为道"，是因为其能够"协于上下，以承天休"（《左传·宣公三年》）。

---

① 陈赟也注意到了这些问题，认为"要获得对中庸的更为本源性的理解，就必须超越宋明理学系统中形成的、作为一种特定的历史-文化现象的'中庸'观念。"（陈赟：《中庸的思想》，第 31 页）

修道之谓教

【今注】

修：治也。

教：教化之意。

【今译】

确立圣贤垂示的人生正道，以之范导庶众就叫作"教"。

【今解】

诗书礼乐作为德则义府，功用即在教化民众，"以生德于中"。所以，"修道之谓教"的意思便是，把圣贤人物创造的诗书礼乐确立为规范准则，教化民众，培养其道德情感和实现其意义目标。

"富之教之"，是孔子在《论语·子路》里提出的政治主张。这样的圣贤事业正是《易传》"观乎人文，以化成天下"之社会治理原则的落实。"圣人之化，成乎文章"，晋干宝注《易传·贲卦·彖》语，用于此处也非常合适。《礼记·仲尼燕居》提及"夫礼，所以制中也"，则礼又有作为"节"的约束规范行为之作用。

需要强调的是，这种教化之"教"基于天命之性，因此是具有神圣性的，那种将教化之教等同于一般的知识教育之教是不全面的。

1.2 道也者，不可须臾离也，可离非道也。是故君子戒慎乎其所不睹，恐惧乎其所不闻。莫见乎隐，莫显乎微，故君子慎其独也。

【今注】

君子：指有心向道之人。

独：与……合一。

【今译】

人文之道本乎天而关乎性与命，不可须臾离之。所以，向道君子总是戒慎恐惧，大事小事做工夫。天性在心，隐微难见，君子总是谨加持守，与其同一。

【今解】

"莫见乎隐，莫显乎微，故君子慎其独也"是此节的难点也是要点，而"慎独"一词，尤其"独"的概念如何索解尤为关键。郑玄解为"独处闲居"；朱子解为"人所不知而己所独知之处"，即独处之时或独处之地。刘宗周则反对。他认为，"独即天命之性所藏精处，而慎独即尽性之学"，并以此在思想史留名。"藏精处"应该就是心，只是刘强调其所藏，断言"独之外别无本体，慎独之外别无工夫"。① 刘宗周实际是以"性"解"独"、以"中"解"独"，虽然扭转了郑玄、朱熹的诠释方向，但与《中庸》思想内部义理结构并不兼容。

近代以来，学者根据新出土材料把"慎独"之"独"解为"意"② 或"心"③，可视为文献学对思想史的某种修正。《礼记·少仪》"军旅思险，隐情以虞"，注曰："隐，意也，思也。"《尔雅·释诂》："隐，微也。"据此，文中之"隐"与"微"或可分别理解为"隐情"和"微念"，为释"独"为"心"或"意"铺平道路。但"慎独"就是"珍重内心"吗？是不是稍显空洞、太过简单了点？刘宗周的"藏精处"倒是沉甸甸，但心学背景的他不会考虑到"精"应有上天的根据。"心之官则思"，笔者认为所思者正是"天命之谓性"的天。换言之，即是以"所不睹""所不闻"为不可须臾离的"道"。从出土文献《五行》看，"独"跟"一"联系在一起，"独然后一"。④ 如果"慎独"可解为"为一"，而"独"可解为"心"，那么，慎独就可以理解为一种为求取"（与道）合一"而做的"信仰努力"，进而表征为一种"合一的状

---

① 分见《刘子全书》卷五《圣学宗要·阳明王子》、《刘子全书》卷八《中庸首章说》。

② 刘信芳认为"《中庸》之'慎独'与《五行》之'慎独'可谓一脉相承，谈的都是群体意识中的自我意识问题"。[刘信芳：《简帛〈五行〉慎独及其相关问题》，《湖北师范学院学报》（哲学社会科学版），2001年第2期］

③ 廖名春认为"慎独"就是"珍重内心"。(廖名春：《"慎独"本义新证》，《学术月刊》，2004年第8期)

④ "慎其独也者，言舍夫五而慎其心之谓也。独然后一。"（帛书《五行》）

态"——"独"原本就可以假借为"专壹之称"。①

于是，刘宗周的直觉可与《中庸》之说达成某种交集而互相印证。不妨从"独"与"意"的关系略加解说。"心"是"能思"；"意"则是"所思"，是"慎独"努力之后所获得的"意念""理念"或"信念"。这样，我们就可以把"慎独"表述为：一种追求生命自觉的内省体悟，一种对自己生命及其性分本之于天的自觉，以及对由此自觉而确立之生活意义和目标的持守与承担。

《荀子·不苟》"不诚则不独，不独则不形"，有"诚"以为"独"，"独"以为"形"（形之于外）之意。把"诚"（专心致志于……）的对象设置为"道"，这样对"慎独"的理解就贴切允当了。有论者把《大学》的"诚意"与"慎独"结合起来解释，"诚意"作为"格物致知"后"正心"的结果，与此确实存在某种程度的可比性。《玉篇·壹部》中的"壹，诚也"，似乎也提示着这一点。

这一章是全书的理论前提。第一节提出三个命题，明确性、道、教的神圣性和基础性。第二节以"慎独"转换论述方向，实现由人向天人的"再结合"（re-ligion）。

二

2.1 喜怒哀乐之未发，谓之中；

【今注】

喜怒哀乐：指四种情绪。但这是一种比喻修辞，即以喜怒哀乐表述人的生命（本质、性）及其存在形式。

【今译】

表现为喜怒哀乐的情感、意志及本性潜存于内心时，叫作"中"。

---

① 《说文》段注。"专"有聚集、合一之义。《左传·文公三年》："君子是以知秦穆公之为君也，举人之周也，与人之壹也。"杜注："壹，无二心。"

【今解】

以中言性，包含几个层次的内容。就"民受天地之中""性自命出，命自天降"的根源性意义而言，"中"是内在于"心"的所谓"性"（天之所赋）；就现实性意义而言，"中"则是作为某具体存在之人的意志、能量（生长的根据与可能）等。《中庸》之"中"是兼指二者而言，就像《易传》之乾元，既居于天，也居于物一样。

首先要强调，即使以喜怒哀乐四种情绪或情感作为生命的显现形态，也不能就此简单地把生命表达、实现的问题窄化为"已发""未发"的人格修养问题。我们应该把"喜怒哀乐"当作一种借代或隐喻，用于比拟生命的表达展开。事实上，此处真正要说的和处理的，本就是生命之呈现表达、实现完成的问题——这意味着一种在现实中展开的"成己成物"的实践过程。郭店楚简《性自命出》有"始者近情，终者近义"句，暗示我们不能执着于"喜怒哀乐"的情感性或情绪性。《性自命出》把"喜怒哀悲"说成"气"，相对宋儒理解的"情"完全不同："喜怒哀悲之气，性也，及其见于外，则物取之也。"解为"气"是从"性"的"质料"说的，解为"情"则意味着个体性行为的情绪或对情感"已发""未发"之考察。

显然，《性自命出》是基于一个与"未发""已发"之内部心性关系所完全不同的"人-物"的外部关系维度立论。

以质料说"性"、说"中"，是荀子的思路，有人谓之"性朴论"。[①] 相对而言，《礼记·乐记》"人生而静，天之性也；感于物而动，性之欲也。物至知知，然后好恶形焉"更能帮助我们理解《中庸》的生命论话语：这里的"性"是"即存有即活动"的，"静"与"动"是其不同的存在样态；它与物之互动而形成好恶情感（喜怒哀乐）是生命表达或显现形式，是"人-物"的关系及其表现，而不应化约为性与情的内部关系。明道所言"会得时活泼泼的，不会得时只是弄精神"，[②] 便是要明白这一点。宋明理学之所以"偏枯"，

[①] 成中英：《易学本体论》，第202页。
[②] 《朱子语类》卷六十三引明道语。

就是因为在个体性、道德性的狭窄论域里纠缠纠结，上下接天道，下不通社会，只在伦理化的情绪管控上"弄精神"。

董仲舒的《春秋繁露》则更上一层楼，把"人-物"关系镶嵌在"天-人"关系的架构里。如：

《王道通三》曰："夫喜怒哀乐之发，与清暖寒暑，其实一贯也……春气爱，秋气严，夏气乐，冬气哀；爱气以生物，严气以成功，乐气以养生，哀气以丧终。天之志也。"

《天辨在人》曰："……春，爱志也；夏，乐志也；秋，严志也；冬，哀志也。"

《如天之为》曰："阴阳之气，在上天，亦在人。在人者为好恶喜怒，在天者为暖清寒暑，出入上下左右前后，平行而不止，未尝有所稽留滞郁也。其在人者，亦宜行而无留，若四时之条条然也。夫喜怒哀乐之止动也，此天之所为人性命者，临其时而欲发，其应亦天应也……人有喜怒哀乐，犹天之有春夏秋冬也。喜怒哀乐之至其时而欲发也，若春夏秋冬之至其时而欲出也。"

这种天与人的同构性，首先是生命存在性的，即作为一种生命的存在与表达形式（志）①。其次这种存在性的呈现和展开，对人来说是一种使命，由此形成的人与外部世界的关系因而具有神圣的意义。《中庸》正是在这二者统一的架构里展开自己的论述，海阔天空、光风霁月。儒教理论，应该也是这样一片大而化之之谓圣的天地气象。《论衡·超奇》那句"文王之文在孔子"的后面还有一句，"孔子之文在董仲舒"。即使不去深究《中庸》的内在逻辑，不去考虑其与"天命之谓性"的前提，不去考虑《易传》"元亨利贞即四时"

---

① 在董仲舒的理解里，"志为质，物为文。文著于质，质不居文"（《春秋繁露·玉杯》）。换言之，"物"是"志"的显现。与胡宏"形而在上者谓之性，形而在下者谓之物"完全一致。

《中庸》义解 373

的理论渊源,[1] 仅仅就文本的解释而言,董仲舒为我们指明的天人架构也确实是一个更能说得通顺、讲得清楚的框架。

发而皆中节,谓之和;中也者,天下之大本也;和也者,天下之达道也。致中和,天地位焉,万物育焉。

【今注】

节:《说文》谓"竹节也",引申而有"时节""节制""和谐"(《尔雅·释乐》:"和乐谓之节。")诸义。"中节"之"节"为名词,应取"时节""节制"义。

致:《说文》段注:"送而必至其处也。"动词,使……达之、至之、成之。

位:得其正位。《广韵》:"正也。"

育:得到好的养育,即繁荣茁壮之意。

【今译】

(喜怒哀乐)合乎天之时与物之宜的表达,就叫做"和";"中"作为"天命之性"之在人者,作为生命根本,它是意志、动力,以及成就一切的根据,故为天下大本;"和"意味着唯有遵循内在之节律、协调好客观之处境,意志才能实现,可能才能变成现实,生命才能"得其正以周行",故为天下达道。如此致中于和,则天地得其正位,生生不息,鸢飞鱼跃,上下与天地同流。

【今解】

"中"为"大本","始则近情,终则近义"(《性自命出》)。《易传·文言》:"君子以成德为行","大人……与天地合德",这种表达就天人关系而言乃是使命和义务。《春秋繁露·循天之道》所言"成于和,生必和也;始于

---

[1] 《朱子语类》卷一"天有春夏秋冬,地有金木水火,人有仁义礼智,皆以四者相为用也",也是结合天地人立论,但其只是以数字"四"为纽带而淡化弱化天的中心地位,并且根本上乃是以春夏秋冬、金木水火为自己将仁义礼智绝对化做论证。对照《春秋繁露·如天之为》"圣人承之以治,是故春修仁而求善,秋修义而求恶,冬修刑而致清,夏修德而致宽,此所以顺天地",以喜怒哀乐对应春夏秋冬,区别十分清楚。

中，止必中也。中者，天地之所终始也；而和者，天地之所生成也"，不仅点出了中与和的生命特性以及彰显完成的关系，而且揭示了个体经验层面的中、和概念存在天地大生命的根据或神圣性基础。

于圣人，不仅可率性而行，而且"行为世范"。普通人等则需心力发动，所谓"致"之而后"和"，而"慎独"则是这种心力发动的前提与保证。[①] 所以，"致中和"的意思是"致中于和"（通过"成己成物"的实践达到"参赞化育"的理想目标）。由于"和"是与"节"相应，"致中于和"内在地包含有"致中以和"（根据天时与物宜的原则和条件去追求这一理想目标）的要求或原则。[②] 一般对"中庸"的理解，所谓不偏不倚、无过无不及、中道或折中等等，即被包含于此。[③] 但这样的说法才更究竟、周全："致中于和"是目标，"致中以和"是方法；二者均以"慎独"为基础，即对天的体认。

"中"有待于"致"，"和"则是"致"的某种结果，这说明"致"的主体"人"在《中庸》的理论结构中占有非常重要的位置。"致"不仅需要"心"的功能，也跟实践活动及能力联系在一起，而"诚论"的"成物"命题可视为"致中于和"的某种具体论述。"致中和"就是打开自己的生命，就是通过对人文世界的创造，将自己的个体生命融汇于天这个生生不息的大生命。"人能弘道，非道弘人"（《论语·卫灵公》），这种对人之作用的重视可谓儒教区别于其他宗教的最大特殊之处。"心也者，知天地，宰万物，以成性者也"，五峰此语中"知""宰""成"三个字，用于"致中和"句，不仅深中肯綮，而且能够解释人文世界的成立。他说："天命之谓性。性，天下之大本也。尧、舜、禹、汤、文王、仲尼六君子先后相诏，……尽心者也，故能立天下

---

① 《大学》"格物"与"正心诚意"可与"慎独"对勘，可理解为"个体与天之连结"以及由此而来的"意向性执定"——美国心灵哲学家塞尔把精神状态的"指向"（direct at）或"关于"（care about）叫作"意向性"（intentionality）。参见约翰·塞尔：《意向性——论心灵哲学》，上海：世纪出版集团，2005年。

② 船山认为"中和"之中与"时中"之中"均一而无二矣"。（王夫之：《读四书大全说·中庸》"名篇大旨"）

③ 柳宗元实开其端："当也者，大中道也。"（《断刑论下》）"应之常宜，谓之时中。"（《答杨诲之第二书》）

之大本。"① 结合五峰所言"中者道之体，和者道之用"（《胡宏集·知言》），以"知""宰""成"三字解"致中和"更显妥帖。

"正位"不是静态的，而是"乾知大始，坤作成物"，亦即"天生地养"。"万物育焉"则是"鸢飞鱼跃""飞龙在天"。这样一幅"上下与天地同流"的"化境"（大化流行之境），是"致中和"以及整个《中庸》的宗旨和目标。在"易-庸-学"的整体结构中，思想上与《易传》的"保合太和"、《大学》的"止于至善"相对应，逻辑上则构成"本体论"经"人生论"而"政治学"的重要环节。

此节可谓《中庸》之"中论"的"经部"。以下各章都是从各个方面对它的阐述，从德行、职位、处境等讨论"致中于和"和"致中以时"的情形、道理和要求。

2.1.1 仲尼曰："君子中庸，小人反中庸。君子之中庸也，君子而时中；小人之反中庸也，小人而无忌惮也。"

【今注】

中庸：第一、第二两个"中庸"同义，是考虑到"节"的约束和限制之"致中以和"的意思。第三、第四两个"中庸"则是"用中"，即单指打开生命实现自我。

【今译】

仲尼说："君子合乎中庸，小人违背中庸。君子的中庸体现在君子之生活规划与展开，都是以内在性分之要求和外在时宜之约束为原则；小人的反中庸体现在他们肆无忌惮，不畏天命，不守规矩，不知分寸。"

【今解】

此节以上部分是《中庸》第一个主题的正面表述。换言之，可说"致中

---

① 《胡宏集》"知言疑义"朱子引五峰语。

和"乃"中论"之主题。① 下面的文字可以视为围绕这一主题的讨论，重点主要是"致中以和"，所谓"知之非艰，行之维艰"也。

前面总纲式的论述虽然出自子思之手，但思想却是本于孔子，可以视为七十子后学对老师思想反复咀嚼、系统整理后的综合表达。②《大学》的情况也是如此。夫子第一次出场用"仲尼曰"，表示老师是孔子，后面则简化为"子曰"。

这段关于君子和小人之"中庸"的讨论，提出了"时中"的概念。"时中"原则本于《艮卦·象传》："时止则止，时行则行。动静不失其时，其道光明。"但也有变化。中之用，和为贵，和则是由是否"中节"决定的。所以，时中之所中与否，必须引出"节"的概念才能得到清晰论述，而节在这里也是广义上的天之性分、时之顺逆、人之定数、礼之名分、事之情势等等，这些都是在"致中于和"的过程中需要体察考量的。

"中庸"所谓的智慧义，基础在此。

2.1.2 子曰："中庸其至矣乎！民鲜能久矣！"

【今注】

至：极致。

鲜：很少。

【今译】

孔子说："致中以和真是太高妙了！人们不知道怎么做已经很久很久了！"

---

① 前揭梁涛文章即将《中庸》分为上下两篇，"中和论"和"诚明论"。本书定为"中论"和"诚论"，因为"和"为"中"所包含，"明"则与"诚"完全不足以匹配。兹不赘。

② 是不是可以推测，《中庸》的"经部"出自孔子，子思、曾子只是作传注解释阐明呢？因为这些传解对"天命之谓性""致中于和"以及"成己成物"的理解，与孔子思想之义蕴尚有一尘之隔。朱子《大学章句》认为《大学》之"三纲八目"为"孔子之言，而曾子述之"，则《中庸》同样可将"中论""诚论"视为"孔子之言，而子思述之"。

【今解】

《论语·子罕》："可与共学，未可与适道；可与适道，未可与立；可与立，未可与权。""致中以和"蕴含的符合时宜的"时中"义，也许就是这里的"权"吧？其难可知。

2.1.3 子曰："道之不行也，我知之矣：知者过之，愚者不及也。道之不明也，我知之矣：贤者过之，不肖者不及也。人莫不饮食也，鲜能知味也。"

【今注】

（从略）

【今译】

孔子说："天道得不到实行的原因我大概知道了：聪明的人做过了头，愚昧的人又差得有些远。天道的真谛得不到阐述的原因我也大概知道了：贤良的人讲过了头，缺德的人又理解不了。人天天都要吃喝，能品出滋味的却很少。"

【今解】

天道得不到实行，与对天道的认识不到位有关，与"时中"不好把握有关。孔子曾称赞林放问"礼之义"是"大哉问"，有将"礼义"置于"礼仪""礼数"之上的意思。但高明易启流弊，此其所以为难也欤？

2.1.4 子曰："道其不行矣夫！"

【今注】

其：语气词，表推测。

【今译】

孔子说："天道莫非得不到实行了么？"

【今解】

夫子一生为道奔走，周游列国却壮志未酬。失望之余，退而著述，《周易》《春秋》即为晚年定论。可见，夫子的悲观只是感时伤世，其内心的苍生之念、守道之诚，未尝稍减。

2.1.5 子曰:"舜其大知也与！舜好问而好察迩言,隐恶而扬善,执其两端,用其中于民,其斯以为舜乎！"

【今注】

知：同"智"。

迩言：浅近之言。

【今译】

孔子说："舜应该真是大智慧了吧！不耻下问,听到的东西都细加琢磨,隐恶扬善行教化。但治理天下,善恶两端虽掌握,政策规范制定实施还是取中道以为之。这就是舜之为舜的原因吧！"

【今解】

行中道是一种政治智慧：期之以善,则失之宽；料之以恶,则失之酷。

"执其两端,用其中于民"常常被作为"中庸"理解的根据,其实,从语境看,二者只是字句相通,谈不上什么理论上的关系。因为,这里的"中"是指善与恶的"中间",讨论的也是治理问题。当然,将这种"行中道"附义于"中庸",从语用的角度说十分正常,也并非坏事,只是专业人士不要因此而影响到对"中庸"概念深刻内涵的理解才好。

2.1.6 子曰:"人皆曰予知,驱而纳诸罟擭陷阱之中,而莫之知辟也。人皆曰予知,择乎中庸,而不能期月守也。"

【今注】

予：我,指人自己,非指孔子。

知：通"智"。

纳：进入、落入。

罟：音 gǔ。捉鸟、捕鱼的网。

擭：音 huò。古时用于捕兽的笼子,设有机关。

陷阱：捕兽时挖的暗坑。

《中庸》义解　379

【今译】

孔子说:"人都自以为聪明,被往各种陷阱里撵也不知道避开。人都自以为聪明,知道中庸的智慧却一个月也守不住。"

【今解】

这里讲的是,不能克服利益的诱惑,不会有真正的智慧;"致中以时"还需要毅力坚持才能"致中于和"。

2.1.7 子曰:"回之为人也,择乎中庸,得一善,则拳拳服膺而弗失之矣。"

【今注】

拳拳:诚恳貌。

服膺:衷心信奉。

【今译】

孔子说:"颜回之为人,是明白了中庸的道理,每得一善都能心悦诚服、谨守不失。"

【今解】

孔子门下,子路是勇者型人格,子贡是智者型人格,颜回是仁者型人格——特点是敦厚有毅力。"不贰过",以及这里说的,都是例证。

2.1.8 子曰:"天下国家可均也,爵禄可辞也,白刃可蹈也,中庸不可能也。"

【今注】

均:平治、治理。

蹈:踩、踏。

【今译】

孔子说:"实现国治天下平的政治目标,推辞高官厚禄,踏利刃这些事情都相对容易做到,但是中庸却似乎难以企及。"

【今解】

这里的"中庸"应该是指"致中于和"的最高境界,"天地位焉,万物育焉"而"与天地参",很难企及。而辞爵禄、蹈白刃这些个体层面的抉择,甚至国治天下平的现实政治目标都相对容易做到,因为"致中于和"还有个天道、修道(爱与敬)的维度,涉及超越性精神价值的取向和意涵。

2.1.9 子路问强。子曰:"南方之强与?北方之强与?抑而强与?宽柔以教,不报无道,南方之强也,君子居之。衽金革,死而不厌,北方之强也,而强者居之。故君子和而不流,强哉矫!中立而不倚,强哉矫!国有道,不变塞焉,强哉矫!国无道,至死不变,强哉矫!"

【今注】

衽:衣襟。这里作动词用,以铠甲为衣的意思。

矫:勇武矫健的样子。

【今译】

子路向孔子请教何为强。孔子说:"你想问的是南方人的强?还是北方人的强?亦或是你想的强?以宽厚、柔和为教化之道,对蛮横无理之人或事,暂时忍耐而不立刻报复,此为南方人之强韧,所谓的君子便是如此。枕戈着甲,争斗不止,不惧死亡,此乃北方人之刚强,所谓强者便是如此。二者均属于气性之好勇斗狠,以胜人为强。真正君子的强大是为人和顺却不无原则的随波逐流,中正独立而不偏颇。国家政治清平时,不变初心志向;国家政治黑暗时,坚持操守,至死不渝。"

【今解】

"致中以和"既需要对天道有体认,也需要有智、仁、勇三达德。前面提到的舜是智的楷模,颜回是仁的典范,子路这里应该是作为勇者出场。

子路问强。孔子首先区分南方之强与北方之强,而从地域说强,意味着从地理环境对气质的塑造理解评估所谓强。一柔韧,一刚猛,都属于气性之好勇斗狠,以胜人为强。孔子认可的强是"和而不流","中立而不倚","国有道,不变塞","国无道,至死不变",这样一种对内心价值的坚守,对独立

《中庸》义解 381

人格的追求，是自己生命的性分所在。

《礼记·儒行》："儒有忠信以为甲胄，礼义以为干橹；戴仁而行，抱义而处；虽有暴政，不更其所。其自立有如此者。"据此，孔子推崇的"强"应指儒者之强。

2.1.10 子曰："素隐行怪，后世有述焉，吾弗为之矣。君子遵道而行，半涂而废，吾弗能已矣。君子依乎中庸，遯世不见知而不悔，唯圣者能之。"

【今注】

素：《汉书·艺文志》作"索"，探求之义。

隐：隐暗之事。

涂：同"途"。

【今译】

孔子说："故作高深，好为怪异，虽入载籍，何足道哉！君子任重道远，一旦做出选择，即当一往无前，绝不半途而废。君子致中以和，自尽性分，即使远离尘嚣，不为世所知也无所郁闷怨悔。这是圣贤才能做到的吧。"

【今解】

本章主要讲"致中以和"，进退出处，当各尽其性。《易传·文言》释"潜龙勿用"有"不易乎世，不成乎名。遯世无闷，不见是而无闷"句，即"持守"与"时中"当结合统一。

2.1.11 君子之道，费而隐。夫妇之愚，可以与知焉，及其至也，虽圣人亦有所不知焉。夫妇之不肖，可以能行焉，及其至也，虽圣人亦有所不能焉。天地之大也，人犹有所憾。故君子语大，天下莫能载焉；语小，天下莫能破焉。《诗》云："鸢飞戾天，鱼跃于渊。"言其上下察也。君子之道，造端乎夫妇，及其至也，察乎天地。

【今注】

费：被使用。

察：昭著显明。

【今译】

　　生生之德,造化之机,既呈现于宇宙,也渗透于精微。其道理,智商平平的男女也朦胧可感,但其究竟,即使圣贤亦未必能够穷尽。德行一般的男女也多少能践履一点,但其最高境界,即使圣贤也很难做到。这其实是正常的。天地至大,无不覆载,人尚有所憾恨,如月有阴晴圆缺人有悲欢离合,又岂能求全责备于圣贤?所以,关于天地生命,往大了说无远弗届,往小了说无微不至。《诗经·大雅·旱麓》"鸢飞戾天,鱼跃于渊"的句子,就是这种大化流行的写照吧。君子之道,从阴阳造化开始,发越开展,直至彰显于整个宇宙天地。

【今解】

　　《诗经》以"关雎"开篇,汉儒认为"所以风天下而正夫妇",与此相关而又有所不同,其理论逻辑是正人伦以正天下("夫妇为人伦之始")。《中庸》的逻辑来自《周易》,《家人·彖传》有"正家而天下定"句,《系辞》更有"天地絪缊,万物化醇;男女构精,万物化生"句,发展与提升,于斯可见。

　　生机遍在,惟人自得。

2.1.12 子曰:"道不远人。人之为道而远人,不可以为道。《诗》云:'伐柯伐柯,其则不远。'执柯以伐柯,睨而视之,犹以为远。故君子以人治人,改而止。忠恕违道不远,施诸己而不愿,亦勿施于人。君子之道四,丘未能一焉,所求乎子,以事父,未能也;所求乎臣,以事君,未能也;所求乎弟,以事兄,未能也;所求乎朋友,先施之,未能也。庸德之行,庸言之谨;有所不足,不敢不勉,有余,不敢尽;言顾行,行顾言,君子胡不慥慥尔!"

【今注】

　　睨:斜视。

　　慥慥:音 zào zào。笃实貌。

　　庸德:平常德目。

　　庸言:平常言论。

《中庸》义解

【今译】

孔子说:"道不远人。人之为道却不与人相处,从何谈起!《诗经·豳风·伐柯》说:'伐柯伐柯,其则不远。'以手中的斧柄为标准砍树,斜一眼就能看到,都觉得难把握。所以,君子化民成性,以身示范。尽己之性分为忠,推己及人为恕;这是为道之方。不愿意别人对你做的事,你也不要对别人做。君子的这四个标准,我自己做得都很不够:对父亲,按照自己对儿子的要求要求自己;对上级,按照自己对下级的要求要求自己;对兄长,按照自己对弟弟的要求要求自己;对朋友,有求于朋友的自己先做到。庸德庸言,不敢懈怠。德行不足,勉力为之;言语分寸,常留余地。做到言行一致,也可以说是笃实近道了吧!"

【今解】

诗书礼义是圣贤所创之道,自然不会与人相隔,此为理论基础。《论语·子路》"其身正,不令而行。其身不正,虽令不从",此为实践经验。夫子之道,忠恕而已。从这里可以看出,夫子自己是一以贯之的。

《易传·文言》有"庸言之信,庸行之谨",当为此"庸德之行,庸言之谨"出处。

2.1.13 君子素其位而行,不愿乎其外。素富贵,行乎富贵;素贫贱,行乎贫贱;素夷狄,行乎夷狄;素患难,行乎患难,君子无入而不自得焉。在上位不陵下,在下位不援上,正己而不求于人,则无怨。上不怨天,下不尤人。故君子居易以俟命,小人行险以徼幸。

【今注】

素:本色。这里有维持本色的意思。这也是"致中以和"的题中应有之义。

陵:同"凌",欺负。

援:攀附、巴结。

徼:同"侥"。徼幸,希望得到不应该获得的东西。

【今译】

君子本色行事，无非分之念。富贵则富贵，贫贱则贫贱；居夷狄之群则按夷狄风俗行事；处患难之境则应付患难之境，因事因地制宜而无不自得。在上位不骄傲霸凌，在下位不谄媚攀附，严于律己，宽以待人，所以无怨责。上不怨天，下不尤人。大人君子素位而行，乐天知命，小人则总爱为非分之想冒险赌命。

【今解】

《艮·大象》曰："兼山，艮；君子以思不出其位。"《四书大义·中庸大义》即将"素其位"与此勾连。不过，这里的"位"有更宽泛的意义，不仅指职位，还指处境，譬如"素夷狄，行乎夷狄"。这样解，是因为后面有"君子无入而不自得焉"，主词似乎应该是"君子"。但从《论语·子罕》"君子居之，何陋之有"看，子居夷狄似乎又应该是以诸夏之礼行事。如何取舍，有待诸君明察。

2.1.14 子曰："射有似乎君子，失诸正鹄，反求诸其身。"君子之道，辟如行远必自迩，辟如登高必自卑。《诗》曰："妻子好合，如鼓瑟琴。兄弟既翕，和乐且耽。宜尔室家，乐尔妻帑。"子曰："父母其顺矣乎！"

【今注】

鹄：鹄的，箭靶。

迩：近处。

卑：低处。

妻帑：妻子、儿女。帑，当作"孥"，形近而误。

【今译】

孔子说："射箭这事与君子行事之风颇为相似，射不中鹄的，总是会反思自己错在哪里。"致中于和，譬如像行路总是由近而远，又像登高总是由低而高。《诗经·小雅·常棣》说："妻儿感情深厚，好比鼓瑟弹琴。兄弟团结和睦，融洽快乐无比。使你家庭美满，使你妻儿幸福。"如此，父母自然也就顺心开怀了！

《中庸》义解　385

【今解】

修齐治平，在《大学》里有系统论述，此处则以亲切生动见长。两点启示：一是"反求诸己"；一是"行远自迩""登高自卑"，治国平天下，从齐家开始。

2.1.15 子曰："鬼神之为德，其盛矣乎？视之而弗见，听之而弗闻，体物而不可遗，使天下之人齐明盛服，以承祭祀。洋洋乎如在其上，如在其左右。《诗》曰：'神之格思，不可度思！矧可射思！'夫微之显，诚之不可掩如此夫。"

【今注】

矧：音 shěn。况且。

射：音 yì。《诗经》中作"斁"，厌恶。

【今译】

孔子说："乾元大化，阴阳不测，盛德无限！视之无形无相，感之却无处不在，民众斋戒行礼，虔诚奉祀。《诗经·大雅·抑》说：'神之感格，不可思议，哪能厌倦懈怠！'由隐微而开显，生生之德，就是这样沛然莫之能御。"

【今解】

鬼神，虞翻注《易传·文言》"与鬼神合其吉凶"云："乾阳，故为神；坤阴，故为鬼。"《易传·系辞上》："阴阳不测之谓神。"

体物之"体"，有"赋予……形状"之意，与《易传·乾·彖》"云行雨施，品物流形"相契合。加上"祭祀"二字，天与人的内在关系在这段文字里生动呈现。陈柱《中庸通义》谓："造物者，即孔子所谓体物之鬼神也。"

《系辞上》"圣人以此齐戒，以神明其德"，与这里表述的人之虔诚崇敬一样，并且，"民咸用之谓之神"为这种虔敬提供了基础或解释。

2.1.16 子曰："舜其大孝也与！德为圣人，尊为天子，富有四海之内。宗庙飨之，子孙保之。故大德必得其位，必得其禄，必得其名，必得其寿。故天之生物，必因其材而笃焉。故栽者培之，倾者覆之。《诗》曰：'嘉乐君子，宪宪令德。宜民宜人，受禄于天，保佑命之，自天申之。'故大德者必受命。"

【今注】

飨：音 xiǎng。祭祀之一种。此处作动词用。

笃：同"毒"，厚也，长养培植之意。《师卦·象传》有"以此毒天下，而民从之"。《老子》也有"亭之毒之"语。

【今译】

孔子说："舜以孝著称。有圣人之德，有天子之位，四海归顺，宗庙得享，子孙承业永保。所以，大德必得其位，必得其禄，必得其名，必得其寿。上天生物，总是根据其内在德性长养培植。向上者加持，歧出者覆盖。《诗经·大雅·假乐》说：'周王可赞，令德垂范。治民化民，得享天禄。使命自天，佑护自天。'大德必受命！"

【今解】

有人以此处为神道设教的例证，有人以此处为"素富贵，行乎富贵"的例证。将其视为《系辞上》"自天祐之，吉无不利"的例证亦无不可，前提则是人要有德性和德行，并且将其充分表达出来，"致中于和"。

此节重点在"大德必受命"，即接受天的嘱托，继天理物。船山《读四书大全说》认为"《中庸》之名，其所自立，则以圣人继天理物，修之于上，治之于下，皇建有极，而锡民之极者言也"，诚哉斯言！

2.1.17 子曰："无忧者，其惟文王乎！以王季为父，以武王为子，父作之，子述之。武王缵大王、王季、文王之绪，壹戎衣而有天下。身不失天下之显名，尊为天子，富有四海之内。宗庙飨之，子孙保之。武王末受命，周公成文、武之德，追王大王、王季，上祀先公以天子之礼。斯礼也，达乎诸侯大夫，及士庶人。父为大夫，子为士，葬以大夫，祭以士。父为士，子为大夫，葬以士，祭以大夫。期之丧，达乎大夫。三年之丧，达乎天子。父母之丧无贵贱，一也。"

【今注】

缵：音 zuǎn。继承。

《中庸》义解　387

大王：指王季的父亲，古公亶父，周武王追谥为"大王"。

绪：统绪，这里指大王、王季开创的事业。

斯：此。

期：音 jī。一月。

【今译】

孔子说："文王应该是最可欣慰而无所忧的了！因为文王缵大王、王季之绪，开辟周朝基业；其子武王继承先祖事业，兴兵伐纣灭商，获得天下最显贵的名声，被尊崇为天子，拥有天下之财富。在宗庙中获得祭祀，并有子孙继承国祚。武王最终接受天命，周公又辅助成王，建立起适用于诸侯、大夫、士和平民的礼乐制度。这种礼乐制度，贯彻落实到诸侯大夫，直到士庶人。如果父亲的身份是大夫，子的身份为士，那么父亲亡故之时应以大夫之礼下葬，而以士之礼祭典。反之亦然。为期一年的丧礼，通行到大夫。为期三年的丧礼，通行于天子。父母的丧礼没有贵贱，都是一样。"

【今解】

此段话除了讲文王，还讲了周公制礼作乐的事，其中又特别强调"父母之丧无贵贱"，引出下面关于孝的文字；虽稍显突兀，但这样编排还是有一定脉络可寻。

2.1.18 子曰："武王、周公，其达孝矣乎！夫孝者，善继人之志，善述人之事者也。春秋修其祖庙，陈其宗器，设其裳衣，荐其时食。宗庙之礼，所以序昭穆也。序爵，所以辨贵贱也。序事，所以辨贤也。旅酬下为上，所以逮贱也。燕毛，所以序齿也。践其位，行其礼，奏其乐，敬其所尊，爱其所亲，事死如事生，事亡如事存，孝之至也。郊社之礼，所以事上帝也。宗庙之礼，所以祀乎其先也。明乎郊社之礼、禘尝之义，治国其如示诸掌乎！"

【今注】

达孝：通达孝道奥义。

燕毛：宴飨白发老者。

【今译】

孔子说:"武王、周公真是深通孝道真谛啊!继承(文王)志向,绍述其事业,这应该是尽孝的最好形式。(当然,祭之以礼也很重要。这些礼仪不只是向先人表达情感,现实中也有诸多意义功能。)在春秋两季,修缮祖庙,陈列祭祀器具,摆设祭祀服饰,贡献应时祭品。宗庙之礼可以严昭穆秩序。按爵位参祭,可以区别官职强化荣誉感。按贤能分配祭祀司职,可以督促人们上进。旅酬之礼重在参与,可以把所有人都整合起来培养认同。饮宴长者,可以重申长幼之序。站在合适位置,行先王所传之祭礼,演奏先王之音乐,尊敬先王所尊敬的,亲爱先王所亲爱的,侍奉死者如侍奉其尚活着之时,这就是最高境界之孝。祭祀祖先的宗庙之礼外,还有祭祀上帝的郊社之礼,这都是为政的国家大典。明白这些道理,做好相关事项,治理国家的秘诀就尽在掌握了吧!"

【今解】

"国之大事,在祀与戎。"(《左传·成公十三年》)

农耕社会,家族为主,"不出家而成教于国"。把社会组织系统调理好了,情感、人心安顿好了,内部事务基本就完成大半了。所谓"修道之谓教",社会和政治的内容都包含在内。

2.1.19 哀公问政。子曰:"文武之政,布在方策。其人存,则其政举;其人亡,则其政息。人道敏政,地道敏树。夫政也者,蒲卢也。故为政在人,取人以身,修身以道,修道以仁。仁者人也,亲亲为大;义者宜也,尊贤为大。亲亲之杀,尊贤之等,礼所生也。在下位不获乎上,民不可得而治矣!故君子不可以不修身;思修身,不可以不事亲;思事亲,不可以不知人;思知人,不可以不知天。

【今注】

布在方策:布,记载。方策,简牍。

蒲卢:即螟蠃,一种寄生蜂。螟蠃繁殖是通过产卵于螟蛉体内,以作为幼虫的食物而传宗接代。

《中庸》义解　389

思：句首语气词。

【今译】

哀公问政。孔子告诉他："文武周公之道，文献都有。关键在于得人，有人做，很快见效；没人做，则徒具空文。人对政治敏感，树对土地敏感。政治就像蜾蠃一样，不能自举自振，所以关键要把人才选出来才能达到自己的目标。人才选拔，关键在于自己要有正确的标准，这就要以道修身，以仁修道。仁者爱人，亲亲为大；义者应事，尊贤为大。爱有差等，贤有高低，以礼区别。所以，贤才得不到提拔，基层不可能治理得好。要做一个好的治理者不可以不修身；修身，不可以不事亲；事亲，不可以不知人；知人，不可以不知天。

【今解】

论述由近及远：修身—事亲—知人—知天。逻辑前提或理论基础则是自本体到经验：天—身（个体）—事（知人、治理社会国家甚至天下）。逆向倒推是先秦文献中常见的修辞手法，① 《大学》所谓"八条目"就是如此推出"修身"为本，又由何以修身推出"格物"是起点。这里则是用这种手法得出"知天"为根据，从而回到"天命之谓性"的大前提。实际其他内容也可以视为"率性之谓道"和"修道之谓教"的展开。修己治人是古典政治的特点，可贵的是这被纳入到了一个天人之学的框架，有着系统的论述。

天下之达道五，所以行之者三。曰：君臣也，父子也，夫妇也，昆弟也，朋友之交也，五者天下之达道也。知、仁、勇，三者天下之达德也，所以行之者，一也。或生而知之，或学而知之，或困而知之，及其知之，一也。或

---

① 但《孟子·尽心上》的"尽心知性知天"在修辞和意义上都不属于这一种情况。孟子的尽心是发挥"心之官则思"的功能，向内体会"四端"，因为孟子认为"仁义内在"（以及"万物皆备于我"），天在这里主要是为说明仁义礼智的绝对性，客观属性与意义并不明显。"天"在《孟子》文本中既有德性义、主宰义，也有必然、盲目之义，如《万章上》"莫之为而为者天也"。总之，缺乏统一性或整合性。而《中庸》承接《易传》，天是位格在上的根源性存在，并以"天命之谓性"，"维天之命，於穆不已"贯彻始终。

安而行之，或利而行之，或勉强而行之，及其成功，一也。"

【今注】

达道：普遍之道。

达德：普遍之德。

【今译】

君臣、父子、夫妇、昆弟、朋友这五伦是天下共同遵循的大道，智、仁、勇三种德性则是行此大道的根据、保障。智以知之，仁以守之，勇以勉之。先知后知、学知困知，最后能知道，也就都一样了。有的人是行此道以安心，有的人则是图利，还有的则是不得已而为之，但如果最后能做到，也就都一样了。"

【今解】

个人气质不同，德性不同，生命形态、精神境界也各不相同，但是，只要各自用力，根据各自性分"致中于和"，则都可以获得某种统一或同一性。从这个角度看，夫子也是非常通达之人，而非偏执的本质主义者。

子曰："好学近乎知，力行近乎仁，知耻近乎勇。知斯三者，则知所以修身；知所以修身，则知所以治人；知所以治人，则知所以治天下国家矣。凡为天下国家有九经，曰：修身也，尊贤也，亲亲也，敬大臣也，体群臣也，子庶民也，来百工也，柔远人也，怀诸侯也。修身则道立，尊贤则不惑，亲亲则诸父昆弟不怨，敬大臣则不眩，体群臣则士之报礼重，子庶民则百姓劝，来百工则财用足，柔远人则四方归之，怀诸侯则天下畏之。齐明盛服，非礼不动，所以修身也；去谗远色，贱货而贵德，所以劝贤也；尊其位，重其禄，同其好恶，所以劝亲亲也；官盛任使，所以劝大臣也；忠信重禄，所以劝士也；时使薄敛，所以劝百姓也；日省月试，既禀称事，所以劝百工也；送往迎来，嘉善而矜不能，所以柔远人也；继绝世，举废国，治乱持危，朝聘以时，厚往而薄来，所以怀诸侯也。凡为天下国家有九经，所以行之者，一也。"①

【今注】

昆弟：兄弟。

眩：迷惑。

子庶民：以庶民为子。

来：使动用法。

【今译】

孔子说："好学近乎知，力行近乎仁，知耻近乎勇。懂得这三点，就懂得了怎么修身；懂得了怎么修身，就懂得了怎么治人；懂得了怎么治人，也就懂得怎么治理国家天下了。治理天下国家有九大原则。分别是：修身，尊贤，亲亲，尊敬大臣，体恤群臣，爱民如子，招徕专业工匠，善待化外远人，怀柔番邦诸侯。修身则道立，尊贤则不惑于理，亲亲则诸父昆弟不怨，敬大臣则不迷于事，体群臣则士尽忠报效，子庶民则百姓勤勉，来百工则财用足，柔远人则四方归之，怀诸侯则天下畏之。祭祀守礼，则可修身；摒弃谗佞远离美色，则可劝贤；高位厚禄，同其好恶，则可亲亲；配备僚属，足任驱使，则可劝勉大臣；待以忠信，饷以高薪，则可精进百官；使民以时，轻徭薄赋，则可调度百姓；按时考核，按劳付酬，则可激励百工；往来尽礼，嘉奖善行，体恤弱势，则可怀柔远人；续其世系，复其灭国，救危弥乱，朝聘以时，薄其贡纳，厚其赏赐，则可使诸侯敬畏八方来朝。不论谁治理天下国家都要遵循上述九大原则，奉行的基础则是一个'诚'字。"

【今解】

"九经"即君主应尽的本分，即他的"中之用"或"用中"，即他的"致中于和"与"致中以和"。

这个"诚"字如何理解至关重要。朱子也是把"所以行之者一也"的"一"解作"诚"，但却是以"信"解之，即诚实、诚信的意思，所谓"一有

---

① 为了强调第二个主题"诚"的结构性地位，从这里把朱子所定之第二十章切割为两部分。

不诚，则是九者皆为虚文矣"。其实，"一"之为"诚"，从训诂学来说，有个"一"之为"壹"，而"壹"又原自包含"诚"的意蕴。由"壹"与"诚"的关系，可以看到"诚"这里作"信"解并不允当，而"本体论"的理解才是索解的正确方向。① 此外，"壹"还蕴含"天地絪缊"之义，"天地絪缊，万物化醇"，"万物化醇"就是生生，就是"成"，也就是"诚"。所以，"诚者天之道也"。

其实，朱子自己也曾意识到"信不足尽诚"（《朱子语类》卷九），只是他终于没有走出自己编织的迷宫。我们将在随后的章节给出自己的解释。这里，只是指出，在"本体论"的论域里，"九经"就是君主应尽的本分，就是他的"中之用"或"用中"——"致中于和"与"致中以和"。

三

3.1 凡事豫则立，不豫则废。言前定则不跲，事前定则不困，行前定则不疚，道前定则不穷。在下位不获乎上，民不可得而治矣。获乎上有道，不信乎朋友，不获乎上矣；信乎朋友有道，不顺乎亲，不信乎朋友矣；顺乎亲有道，反诸身不诚，不顺乎亲矣；**诚身有道，不明乎善，不诚乎身矣。**

---

① "诚源自春秋时期壹的观念。壹具有宇宙本体论和道德论的双重内涵，在思想史上它先于诚而频繁出现……壹和诚具有共同的思维基点和思维模式，记录了同样的观念。在《中庸》的语境中，壹和诚可以直接沟通。《中庸》：'其为物不贰，则其生物不测。'郑注：'言至诚无贰，乃能生万物多无数也。'《集注》：'不贰，所以诚也。'不贰即是壹，这是《中庸》中沟通壹与诚的关系的内证。""信和诚都有诚信之义，它们的词汇意义是相同的，但词源意义（即词义特点）不同。信与申、伸同源，《邶风·击鼓》：'不我信兮。'《释文》：'信音申，按信即古申字也。'其词源意象是延伸、引申，话语的延伸即是行为。因此，尽管'信'可以引申出诚信之义，但延伸、引申和宇宙本体之间不存在隐喻关系，故'信'无法引申出本体论的内涵。"（孟琢：《对〈中庸〉中"诚"的文化内涵的历史阐释——兼论训诂学在历史文化研究中的独特价值》，《社会科学论坛》，2011年第2期）

【今注】

豫：《玉篇》："早也，逆备也。"朱子："素定也。"跟文中"前定"意思相近。

跲：音jiá。绊倒，引申为不顺畅。

诚：自尽其性。具体内容形式，因时因地而有不同表现。如为人父则表现为慈，为人臣则表现为忠。而天道之诚，则自然是"云行雨施天下平"了。

【今译】

无论做什么事，都要找到能够决定或影响它的前提条件，打好基础，这样才可以顺当长久。说话、做事、作判断、做规划都是如此。欲治其民，先得乎其上；欲得其上，先信乎其友；欲信乎其友，先顺乎其亲；欲顺乎其亲，先诚乎其身；欲诚其身，先明乎其善。

【今解】

"前定"之"前"是"事之前件"而不是"人预先（筹划）"。换言之，在《中庸》文本中，"所前定者"才是关键。"前定"不是预判将来可能出现的后果而做预案，而是推究事情的因果前提以理顺关系创造条件确保成功。因此，这一段可以视为引出"诚者天之道"的结构性铺垫。孝、悌、忠、信诸德目几乎都被一种链条串联到一起了，这既是发生的次序，也是情感的逻辑。而作为起点的善，应该即孟子所言之"四心"："恻隐之心，仁也；羞恶之心，义也；恭敬之心，礼也；是非之心，智也。仁义礼智，非由外铄我也，我固有之也，弗思耳矣。"（《孟子·告子上》）

此外，值得讨论的还是"诚"。在《孔子家语·哀公问政》随后的"诚者，天之至道也。诚之者，人之道也"，以及《孟子·离娄上》的"是故诚者，天之道也；思诚者，人之道也。至诚而不动者，未之有也；不诚，未有能动者也"中，"诚"是作为动词与"身"搭配，意为一心专注于内在自身（体会到内在的"四心"或"四端"，所以才能明乎善进而据以修身、顺亲、信友、获上、治民等等）。从《孟子·尽心上》"万物皆备于我矣。反身而诚，乐莫大焉"可以看得很清楚，这是一个属于心性论框架里的"内圣外王"似的逻辑或命题。"天"的《易传》之传统、《中庸》的"天命之谓性"的前提，

394　　　　　　　　　　　　　　　　　　　　　　　　　　　　　易庸学通义

在这里即便不是完全没有影响，其地位作用也是虚无缥缈、无足轻重。

作为《中庸》全书第二个主题，"诚论"其对"诚者天之道"必然会有全新阐述和展开。这里就将朱子划定的第二十章切分，并在释义过程中加以论证阐释。

3.2 诚者，天之道也；诚之者，人之道也。

【今注】

诚：成也。成也者，生生也。

诚之：以天道之"诚"为自身之德。

【今译】

天之道就是生生不息，成万物；人之道则是以此生生之德为其内在性分，成己成物、参赞化育。

【今解】

郑玄："诚者，天性也。"孔颖达："诚者，实也。"朱子："诚者，真实无妄，天理之本然。"

《玉篇·壹部》："壹，诚也。"即使以"信"说"诚"，也需要从其与"壹"的关联才可以说得透彻。《说文》："壹，专一。从壶，吉声。""壹"作为动词，与"诚身""反身而诚"以及"自诚明"相勾连可谓十分贴切（"专"，纺锤，有向内聚合之意）。而其意傍"壶"这个圆形器，更是被先民赋予了元气浑然孕育万物的意象和想象。[①] 壹、诚互训，不仅可有"壹"而包含"信"（诚实）之意，还因其由"壶"而"一"进而上遂天道。如此这般，不仅贴近《中庸》"诚"这一主题的丰富内涵，也使这一主题内涵与《易传》"彖"及"系辞"乃至《中庸》之"慎独"的思想遥相承接。因此，没有理由

[①] 王夫之《说文广义》释"缊"说："《易》曰'天地缊缊'，本作'壹壹'，其作'缊'者，皆传写失之。"许慎《说文解字》释"壹"："壹，壹也。从凶从壶。不得泄，凶也。《易》曰：'天地壹壹。'"《说文》段注："今《周易》作'缊缊'，他书作'烟煴''氤氲'。蔡邕注《典引》曰：'烟烟、煴煴，阴阳和一相扶貌也。'张载注《鲁灵光殿赋》曰：'烟煴，天地之蒸气也。'"

不以之取代过于朴素浅陋且明显为个人意见的"诚者真实无妄，天理之本然"的解释。

前人以道德善性解"诚"也许是受到了《孔子家语》和《孟子·离娄上》的影响，然后不自觉地将其带入《中庸》。① 但从思想脉络说，认为"真实无妄即是天道"或"天道就是真实无妄"，且不说与《易传》"天地之大德曰生"的信仰相去甚远，与《中庸》的"致中和，天地位焉，万物育焉"以及"成己成物"的活泼雄健毫不相干，即使朱子自己，也曾在特定场合把"诚"解作"太极"，② 不自觉地回到这一理解脉络。所以，《中庸》中作为天道的"诚"首先只能从天道论或本体论层面理解，而不能像在《孔子家语》中那样作为"诚身"之善的确立，作修养论理解。③ 天人并举，正是《中庸》特征，天人之际也。天道是《易传》的主题，而《中庸》则是在天人架构里从人和情境的角度讲"致中于和"和"成己成物"。

就像"天命之谓性"虽至关重要却只是作为前提奠基一样，在"诚论"部分，④ "诚者天之道"也是前提性的存在。对天道的赞美虽然不少，"诚之者人之道"，作为人之道的"性命之正"，则占有更多的篇幅。作为动词的"诚"，其"向内体悟"或"专一心志"的意义实际跟"壹"也存在勾连。《说文》"壹，专一"，"专"是纺锤，其功能是将线条聚合成圈。向内体悟这个建构个体与天（天道）关系的心理过程，值得仔细参详。朱子从"思勉"解，

---

① 其实，《荀子·哀公》记载的孔子在对哀公问时曾说"大道者，所以变化遂成万物也"，与《易传》和《中庸》思想若合符节。李泽厚在《中国古代思想史论》（北京：三联书店，2008年）中就将"荀易庸"合而论之。兹不赘述。

② 朱子之著作《通书注·诚几德第三》。这至少说明朱子认为在周敦颐那里"诚"具有"太极"的地位和意义。王夫之则明确指出，"无伪""无欺""无妄"不足以言诚。参见陈赟：《中庸的思想》，第215页。

③ 如果一定要将二者结合，则应该追问，"诚"作为天道究竟意味着什么？为什么可以作为善的根源和根据？这实际正是《易传》和《中庸》所回答的问题，但却是在建立全新的天道理论之后。

④ 宋人王柏认为："中庸二字为道之目，未可为纲；诚明二字可以为纲，不可为目。"（转引自张心澂：《伪书通考》上册，第448页，上海：商务印书馆，1939年）虽然对"中庸"理解有局限，对"诚论"的理解却很到位。

则包含"思"与"择善固执之"诸义,① 这实际是把"诚"理解为某种追求价值理念内化于心的认知-意志活动,跟他的理本论以及以"诚"为"信"的道德化理解相关。此外,也有的人就将它理解为一种情感或情感活动。② 笔者认为,《中庸》的诚作为天道其意为"生生",而世界亦因此呈现为大化流行的生命形态,对此的体会和认同作为心理过程乃是知、情、意的综合作用之过程和结果,既需要敬畏的情感,也需要认理念的执定,还需要经验感受的激活调动。要之,即是天以生生为德,人自当以生生为性。当然,这一层意义从感通、领悟来理解应该更准确合适。天人之间的连接,犹太教是通过"约",基督教强调"信",道教注重"修",佛教讲"慧",儒教则是讲"感通"。《中庸》的"诚之"和"慎独"以及《大学》的"格物"(下面会讲到)可视为其主要表现形式。

跟《大学》呈现为"经-传"的结构("三纲八目"为经,其他为传)一样,《中庸》整体也同样呈现为"经-传"的结构(虽不像《大学》那样严整)。第一部分"中论"如此,"喜怒哀乐之未发"至"万物育焉"为经,其余为各种解释展开。"诚论"亦如此,但表现为"经-传、经-传"的复合形态。"诚论"的经部共有二段:第一段从"诚者天之道,诚之者人之道"到"则可以与天地参矣";第二段从"诚者自成也"到"其为物不贰,则其生物不测"。

《易传·系辞下》"天地之大德曰生"、《易传·系辞上》"成性存存,道义之门"和《易传·乾·象》"乾道变化,各正性命",是"诚论"这两大核心命题的思想依据和意义来源。由此,《易传》的天道论实现向人道论的转折落实。在理论叙述上,《易传》主要以天的视角下贯,《中庸》则是从人的视角展开。

---

① 朱子《中庸章句》释"诚者天之道,诚之者人之道"谓:"诚之者,未能真实无妄而欲其真实无妄之谓……未能不思而得,则必择善,……必固执,然后可以诚身。"
② 谢文郁就认为,"诚作为一种直接面对自己的情感倾向是人的生存的原始情感"。参见谢文郁:《〈中庸〉君子论:困境和出路》,《文史哲》,2011 年第 4 期。

自诚明谓之性，自明诚谓之教。诚则明矣，明则诚矣。唯天下至诚，为能尽其性；能尽其性，则能尽人之性；能尽人之性，则能尽物之性；能尽物之性，则可以赞天地之化育；可以赞天地之化育，则可以与天地参矣。

【今注】

诚：单纯作为动词为心志专一的意思。[①]

明：《礼记·乐记》："作者之谓圣，述者之谓明。"孔疏："明者，辨说是非也。"

至诚：这里指体会天道到了很高境界的圣贤。

赞：佐也。

参：音sān。古同"叁"。朱熹谓人与天、地并立而为三。

【今译】

（经由某种途径）从内心体悟而感通天道、则天而行，叫作"性"；是为圣人之德。由知识和经验的积累察知天之所以为，然后明白人之所当为，叫作"教"；是为贤人之学。天道感通自可由是之焉，实现世事洞明、任烦理乱；由任烦理乱、世事洞明亦可识得天道，提升境界。至诚之圣，与天合德，能够自尽其性，亦能助人尽其性分；能帮人尽其性分，也就可以助天下万物尽其性分；如此者即是襄赞天地之化育，而襄赞天地之化育，就可以在乾元大化中与天地并立为三了！

【今解】

"自诚明"，与"率性之谓道"大致相同，但也不完全一样："圣人性之"是不假任何思虑和外力的"随缘任运，触处皆真"；"诚"在这里则意味着某种意念和行为。《中庸》的"慎独"，以及《大学》的"格物"则是行为或途径（下面将讲到）。

因为，"（生生之）性不能不动"，"尽性"必然表现为"成德"的行为。

[①] 《玉篇·壹部》："壹，诚也。"壹、诚互训。《左传·庄公三十二年》："神，聪明正直而壹者也。"《说文》："壹，专一。"有向内聚合、同一诸义。其与"诚者天之道""诚者自成也"的意义勾连，前文已有分析。

《易传·文言》"君子以成德为行"，自是"己欲立而立人，己欲达而达人"（《论语·雍也》）。而"乾称父，坤称母"，各人也应以"诚成天下之性，性立天下之有"（《知言·事物》）。这也就是《系辞》所说的"崇德广业"，"穷神知化，德之盛也"。

"诚者自成也"暗含的前提是"诚者成也"，如"诚者天之道"之所云者。就像"大哉乾元，万物资始"构成继善成性的前提一样，"成己"与"成物"都是循此展开。

3.2.1 诚者不勉而中，不思而得，从容中道，圣人也。

【今注】

诚者："自诚而明"的人。

不勉：勉，勉强。无须勉强，率性即为道。

【今译】

从心所欲不逾矩，不思而得，发而皆中节，这就是圣人。

【今解】

圣人与天合德。

这一句原本接在"诚者天之道"后，这也是《孔子家语·哀公问政》里的顺序。既然整段被认为是戴圣所加，则很有可能同时按照《孔子家语》里的顺序做了某种替代或改动。[①] 可以合理推断，他之所以做此添加，很可能是因为看到《中庸》有大量与"诚"相关的文字，甚至就有"诚者天之道"（如果原本没有，而是由戴圣带来，则戴氏功莫大焉）。但无论如何，《中庸》"诚论"自身系统性的存在应该是确定无疑的。

从这种内在逻辑出发，"诚者天之道，诚之者人之道"后面，应该是"自诚明谓之性"的延伸论述。因此，作为对"经"进行传注释解的"诚者不勉

[①] 胡适认为，《大学》《中庸》"这两部书大概是前四纪的书，但是其中也不能全无后人加入的材料。《中庸》更为驳杂"。（胡适：《中国哲学史大纲》卷上，第281页，上海：商务印书馆，1947年）

《中庸》义解

而中",自然不应仍像在《孔子家语》中那样横亘其间。其正确位置,应该是在同为"传",并以"其次"开头的"其次致曲"前面。

3.2.2 诚之者,择善而固执之者也。博学之,审问之,慎思之,明辨之,笃行之。有弗学,学之弗能,弗措也;有弗问,问之弗知,弗措也;有弗思,思之弗得,弗措也;有弗辨,辨之弗明,弗措也;有弗行,行之弗笃,弗措也。人一能之己百之,人十能之己千之。果能此道矣,虽愚必明,虽柔必强。

【今注】

诚之者:指向道君子。

审:详细。

措:放弃。

【今译】

普通人"自明诚",就有待于"学习"与"修行"了。择善固执,就是渐悟天道后,信而不疑,守而不失。诗书礼乐、德则义府,经博学审问、慎思明辨、知行合一、人一己百,必能磨砖成镜、变化气质、踵事增华。

【今解】

圣人与天合德,"自诚明",率性为道,却能"不勉而中"。一般向道君子则须经由一番努力功夫,如追随圣人、阅读诗书,并付诸实践。

3.2.3 其次致曲。曲能有诚,诚则形,形则著,著则明,明则动,动则变,变则化。唯天下至诚为能化。

【今注】

致曲:事上磨练。曲,细小之事。

【今译】

其次,接着博学审问而来的就是在具体事情上磨炼体会,积累心得感悟。动心忍性,变化气质。情见乎外,即会在行事上产生效果,改变周遭环境,成己而成物,直至"存神过化,上下与天地同流"。这跟圣人的境界也就差不太远了。

【今解】

显然，体道、证道、行道，是一个综合的循环往复的过程。朱子《中庸章句》也认为"致曲"就是于具体之事上体会积累，"积而至于能化，则其至诚之妙，亦不异于圣人矣"。但解"致"为"推知"，将实践问题书本化了。《礼记·乐记》有："致乐以治心。"注云："致，犹审也。"作"审"，以"深究"与"曲，小事"搭配，似乎更顺。

3.2.4 至诚之道，可以前知。国家将兴，必有祯祥；国家将亡，必有妖孽。见乎蓍龟，动乎四体。祸福将至，善必先知之；不善必先知之。故至诚如神。

【今注】

前知：预知未来。

祯祥：吉祥的征兆。

妖孽：古怪反常的事物。

【今译】

默契天道，见微知著而预知未来。因为国家将兴，必有祯祥；国家将亡，必有妖孽。蓍龟可卜，身体可感。祸福善恶，亦能先于人知，尽在掌握，如有神助。

【今解】

"前知"不是预测，而是一种直觉、感悟的能力。其实天下大势，有其规律，可意会而不可言传，《易传·文言》的"夫'大人'者，与天地合其德，与日月合其明，与四时合其序，与鬼神合其吉凶。先天而天弗违，后天而奉天时"就是这种境界。虽有点神秘，但绝不怪异。

3.3 诚者，自成也。而道，自道也。诚者物之终始，不诚无物。是故君子诚之为贵。诚者非自成己而已也，所以成物也。成己仁也，成物知也。性之德也，合外内之道也，故时措之宜也。

《中庸》义解　401

【今注】

诚：由"成"引申孳乳而来，先秦文献中二字多通用。① 所以，"诚"还具有"成"的意义。成，《广韵》："毕也。凡功卒业就谓之成。"

自成：无论是上天之生生，还是凡人的生命活动，都是其内在"德性"或"性分"的驱动、表达或展开。

【今译】

天以生生为德，其生命自然显现为行四时生百物。圣人与天同德，率性为道，外化为人文世界，示人以典则。天的云行雨施创造世界，化育万物，没有这一点便没有世界一切。所以，君子则天而行，自强不息。但是，生命的实现完成并不只是成就自我一人，毋宁说完成一己之自我乃是立功立德必要的前提准备。确立自我之德性人格是"仁"，由此出发成就他人、建立大业，这就需要更多的智慧了。这既是天命之性的本质规定、"参赞化育""与天地参"的必然之道，自然需要人在世间的种种努力，因时因地、因势制宜，方得成功。

【今解】

从"诚者天之道"的"天"来说，"自成"跟"成"是一个意思，因为天以整个宇宙为其生命形态。这里的"自成"，可以理解为在这一前提下个体生命之形态与完成的问题，或对作为个体的我们来说，"自成"是诚的第一个要求。"而道自道"，可结合"率性之谓道"来分析。正如"诚者天之道"是天德的自然流行发用，圣人率性而为，所成者为道而范导世人，也是一个自然的过程，是天道经由圣人的显现，因而也都是一个由性分决定的过程。

《易传》《乾卦》和《蛊卦》分别有"大明终始""终则有始，天行也"句。"终始"者，周而复始，无有尽时也。所以，"不诚无物""诚者物之终始"并不是指具体事物，也不是一个认识论上的命题，而是说，没有"维天

---

① 王念孙《读书杂志·逸周书》曰："诚古通作成，不烦改字。《大戴记·文王官人篇》'非诚质者也'，《周书》诚作成。《小戴记·经解篇》'衡诚悬'，注：诚或作成。《墨子·贵义篇》'子之言则成善矣'，成即诚字。"

之命，於穆不已"就没有这个自然大生命；没有圣人君子的以及每个人对自己生命的负责，也就没有这个世界的勃勃生机和茁壮繁荣。

"成己，仁也。成物，知也"，这里的修辞应该视为互文见义。仁与智是统一的，这里显然有强调智的意思，因为"成物"不是仁即足够，"时措之宜""致中以时"的"合内外之道"，需要更多的智慧。

这一思想与"中论"的"致中和"以及"中也者天下之大本"虽然理论重心不同，但承转启合中理论逻辑的一致性却一脉相承。据此，可知宋儒讨论的"未发""已发"问题应该只是"成己"范畴内之事。① 而"成己所以成物"则清楚表明，生命只有在"天-人"的前提下，在"人-物"的关系中，即在人文世界的构建中，才有可能充分展开，对天的参赞回归也只有在此关系和活动中才能实现完成。

此外，还有一点尤为重要，虽然天生万物，但礼义却是出于圣贤。天虽是根源与根据，但毕竟需要圣人"至德凝道"，"天工人其代之"（《尚书·皋陶谟》）。"志为质，物为文"，由"志"而"物"，既是向天体认的"诚"，也是事上发用的"成"。儒家之圣无他，只是"博施广济"，只是"修己以安百

---

① 心法是佛教用语，常被用来定义《中庸》。从意思上说，心法或者可以从两个角度理解，一是心传之法，一是修心之法。《尚书·虞书·皋陶谟》的十六字箴言，"人心惟危，道心惟微。惟精惟一，允执厥中"，似乎更接近修心之法。它要求人体会把握"道心"，防止"人心"偏失，方法则是"执中"。朱子主要把它与《中庸》联系起来，实际是把《中庸》纳入这样一个框架，建立儒教心性论，与佛老争夺"文化霸权"，以维护儒教在社会的影响权重。虽用心良苦，作用巨大，影响深远，但这一系统在对文本的理解尊重，对当今现实问题应对的有效性等方面，问题也十分明显，需要修正和调整。佛老从心性角度对个体生命和生活做出系统阐述，儒门针锋相对没有错，但佛老心性论后面都是有本体论（"空""无"）的支撑。朱子以理对治，沿用程颐的"天理"概念，不仅没有厘清概念"天"与"理"关系不清的问题，反而进一步"以理代天"，彻底改写了整个儒家思想系统，《易传》不再成其为《易传》，《中庸》也不再成其为《中庸》。实际上程颐也曾说"受于天之谓性"，并不是受于"理"或"天理"。（《河南程氏粹言》卷二）应该说，心性论的个体视角对于儒家来说是一大贡献。孟子"尽心知性知天"就是以人为中心的，理学尤其是朱子引入张载的"心统性情"对这一关系做了深度拓展，为其注入丰富内容。这对于日益个体化的社会，具有实践意义。至于"心传之法"，如果说《中庸》系孔子心传口授于曾子、再经曾子而子思结集成书，则不妨以一说存之备考。

姓",只是把"天之志"以各种形式向他人和世间呈现、落实和展开。这也许是儒教区别于佛教、道教的关键处。① 也正是在这一过程中个体的生命融入整体,获得永恒价值而不朽,这应该就是儒教区别于其他救赎宗教的特征所在。

故至诚无息,不息则久,久则征;征则悠远,悠远则博厚,博厚则高明。博厚,所以载物也;高明,所以覆物也;悠久,所以成物也。博厚配地,高明配天,悠久无疆。如此者不见而章,不动而变,无为而成。天地之道,可一言而尽也:其为物不贰,则其生物不测。

【今注】

征:验证、征兆。

章:同"彰",彰明。

贰:背离。

【今译】

昊天上帝,生生不息。不息则恒常久远,恒常久远则有征有验;有征有验则传扬四方,传扬四方则博大浑厚,博大浑厚则高大明亮。博大浑厚就可以像大地一样承载万物;高大明亮就可以像苍天一样覆庇万物;恒久悠远就可以"化成天下"。博厚、高明、悠久之德业与天地相配,传诸久远,就像地之春夏秋冬,天之列星递照,诗书礼乐之教民成性。这样,不表现也会显著,不行动也有改变,不过多做也会成功。天地生生之道,一言以蔽之,就是阴阳合德,神妙万物。

【今解】

"至诚"在《中庸》多次出现,前面指与天同德之圣人,而这里是以人写天,并且是统摄天地的"昊天上帝"。如《说卦》"帝出乎震"的"帝"一样,它是不可见的,但却可以产生天与地,显现于万物,即"不见而章",亦即"万物出乎震"。最后一句"其为物不贰,则其生物不测",是说"天地之道",但前面又提及"博厚配地,高明配天",胡宏所谓"天即孔子,孔子即天"便

---

① 程颐说:"圣人本天,释氏本心。"或可仿此补充:"老氏主静,吾儒主动。"

是以此为据吧。

"至诚无息"的"无息",即"不勉而中""择善固执",即"维天之命,於穆不已"的"不已",即"终则有始"的"天行"。《恒卦·象传》说"日月得天而能久照,四时变化而能久成,圣人久于其道而天下化成",以其为"博厚、高明、悠久"之所本,应该成立。

以"阴阳合德,神妙万物"诠释"为物不贰,则其生物不测"是根据《系辞下》而来,不仅不违和,而且还可与"诚论"之"诚"的"壹"之内涵互相发明。"不贰"即是"贰"而"壹"之,阴阳交感,构精化醇。① 生生之德与生生之机,于此可窥其一斑。

3.3.1 天地之道,博也,厚也,高也,明也,悠也,久也。今夫天,斯昭昭之多,及其无穷也,日月星辰系焉,万物覆焉。今夫地,一撮土之多,及其广厚,载华岳而不重,振河海而不泄,万物载焉。今夫山,一卷石之多,及其广大,草木生之,禽兽居之,宝藏兴焉。今夫水,一勺之多,及其不测,鼋鼍、蛟龙、鱼鳖生焉,货财殖焉。《诗》云:"维天之命,於穆不已!"盖曰天之所以为天也。"於乎不显,文王之德之纯!"盖曰文王之所以为文也,纯亦不已。

【今注】

昭昭:光明。

一撮:三指抓捏为一撮。

一卷石:拳头大小的石头。卷,同"拳"。

鼋鼍:扬子鳄。

【今译】

天地之道,生生不息,博厚,高明,悠久。如天,即使光亮微茫,只要

---

① 王夫之《读四书大全说·中庸》第二十六章谓:"一、二者数也。壹、贰者非数也。壹,专壹也。贰,闲贰也。"船山虽然注意到了"壹"这个概念才是关键,但并未尽其所以然。

极目苍穹，日月星辰点缀，覆帱万物。如地，即使黄土一抔，待其绵延累积，载华岳而拢河海，生长万物。如山，即使巴掌大石块，只要堆垒广大，就会有草木生之、禽兽居之、宝藏蕴之。如水，即使只有一勺之量，待其汇聚深不可测，鱼龙鼋鼍及各种财富应运生焉。《诗经·周颂·维天之命》说："上天的造化，幽微莫测，精进不已！"说的就是上天之所以为上天啊。又说："圣洁光明，文王德行纯美！"这是说文王之为文王，是因其德配上天，同样无有止息！

【今解】

博厚、高明、悠久，前面对至诚的表述，这里说成"天地之道"，可见圣、天同德，至诚确实既可指圣人也可指天。

"维天之命，於穆不已"的"命"作动词（动名词）生化（flouring）、创造（creating）解，才可与两个"不已"相搭配，才契合文本"至诚无息"的内容，才符合《易传》以降的天道内涵。[①]

《大学》的修齐治平、止于至善已经隐然包含在此。

3.3.2 大哉，圣人之道！洋洋乎，发育万物，峻极于天。优优大哉！礼仪三百，威仪三千，待其人而后行。故曰苟不至德，至道不凝焉。故君子尊德性而道问学，致广大而尽精微，极高明而道中庸。温故而知新，敦厚以崇礼。是故居上不骄，为下不倍；国有道，其言足以兴；国无道，其默足以容。《诗》曰"既明且哲，以保其身"，其此之谓与！

【今注】

倍：同"悖"。

【今译】

伟大啊，圣人的事业！浩浩汤汤，发育万物，峻极于天。是如此雍容华美！礼仪三百，威仪三千，待其人而后行。天道在人间的显现，就是这样通

[①] 朱子《中庸章句》引程子曰："天道不已，文王纯于天道，亦不已。"天道者，生生之道也。

过圣贤的纯亦不已才得以实现完成。因此，君子总是既尊崇德性，又重视知识；既体天地之广，又察百事之微；既追求日月之高明，又谨守时中之睿智。学习善于温故而知新，行事注意修德以崇礼。因此，居上位而不骄，在下位则不悖；国家有道，能进兴邦之策；国家无道，亦可静默全身。《诗经·大雅·烝民》说"既明且哲，以保其身"，说的就是这种情况吧。

【今解】

人希贤，贤希圣，圣希天。这里的叙述层次则是由天道、圣人之道再到君子之道，既是对经部文字的诠释，也是自己感想、感慨的抒发。

"苟不至德，至道不凝"，一般注家都指出其出自《大学》，可能是根据子思为曾子学生，而《大学》为曾子所作。其实，它与《易传·系辞下》"苟非其人，道不虚行"语意和修辞如出一辙，其共同的源头显然应追溯至《易传·鼎卦·大象传》的"君子以正位凝命"。《鼎卦》之象是"木上有火"，烹物使熟也。君子会心，由生转熟，而成己之德，而化民之性（董仲舒认为教化民众，好比谷而为米）。如此致思的内在逻辑，是将物之潜在可能转化为现实。至德凝道，天工人代而天意著，正是如此。[①]

曾子、子思关系虽然为师生，但其作品应该都属于孔子思想之整理发扬，故其在儒家文化系统中的位置，应当根据其内在逻辑结构来安排确定。

3.3.3 子曰："愚而好自用，贱而好自专，生乎今之世，反古之道，如此者，灾及其身者也。"非天子，不议礼，不制度，不考文。今天下车同轨，书同文，行同伦。虽有其位，苟无其德，不敢作礼乐焉；虽有其德，苟无其位，亦不敢作礼乐焉。

【今注】

不制度：不制定制度。

[①] 明儒王启元说："圣人以至德凝道，先成其为圣人之身，然后出为君为相为师为士，以分任天下。"（王启元：《清署经谈》，第149页，北京：京华出版社，2005年）

【今译】

孔子说："愚暗而师心自用，位卑而独断专行，不识时务，一心复古，注定惹祸上身。"没有天子之位就不要议论礼仪，不要制定法度，不要考订文字。如今已是车同轨、书同文、行同伦。即使有其位，如果无其德，也不应制礼作乐；有其德而无其位，同样如此。

【今解】

制礼作乐当然是大功德，但"致中以和"，既需要位，也需要德，否则就是"愚而好自用，贱而好自专"，终将"灾及其身"。

有论者据"车同轨、书同文、行同伦"认为《中庸》晚出，也有人从六国也有这样的政策反驳。笔者认为，《中庸》思想整体显然不似秦以后的风格，或许从文本形成过程中的变动错乱解释更好一点。

此节讲的是"致中以时"的重要性。德与位，都不能僭越，所谓"不在其位，不谋其政"。

3.3.4 子曰："吾说夏礼，杞不足征也。吾学殷礼，有宋存焉。吾学周礼，今用之，吾从周。"王天下有三重焉，其寡过矣乎！上焉者虽善无征，无征不信，不信民弗从；下焉者虽善不尊，不尊不信，不信民弗从。故君子之道本诸身，征诸庶民，考诸三王而不缪，建诸天地而不悖，质诸鬼神而无疑，百世以俟圣人而不惑。质诸鬼神而无疑，知天也；百世以俟圣人而不惑，知人也。是故君子动而世为天下道，行而世为天下法，言而世为天下则。远之则有望，近之则不厌。《诗》曰："在彼无恶，在此无射。庶几夙夜，以永终誉！"君子未有不如此，而蚤有誉于天下者也。

【今注】

征：验证。

缪：同"谬"，错误。

射：通"斁"，见 2.1.15。

庶几夙夜：常常早起晚睡。

蚤：同"早"。

【今译】

孔子说:"要说夏礼,杞国已没有什么文献足资验证了。学殷礼,宋国还多少有些保存。学周礼,现在还在发挥作用,我服膺认同。"治理天下有夏、商、周三王之礼,应该治民有效,少犯错误了吧。夏代之礼,虽然不错,但已无所证验,无所证验便不能使人信服,不能使人信服百姓便不会服从;周代之礼虽然不错,可"亲而不尊",不尊便同样不能使人信服,不能使人信服百姓便不会服从。① 所以,今天建立理想制度的方法应该是:从自己的真实感受出发,考察百姓的反映,参照三王之制而无错谬,建立在天地之间而不与其秩序相违背,求证于鬼神而无疑虑,面对百世以后的圣人也无困惑。求证于鬼神而无疑虑是知天,面对百世以后的圣人也无困惑是知人。知天又知人,其所作堪为天下范导,其所行堪为天下法度,其所言堪为天下轨则。望之无限景仰,近之亲切自然。《诗经·周颂·振鹭》有云:"在那里无人不喜,在这里备受称赞。谨慎勤勉昼复夜,美名令誉永传扬。"被广为传颂的贤人君子,无不如此!

【今解】

"本诸身"三个字最为关键,因为圣人与天地合德。"本诸身"就是"诚";就是"成己",就是"成物";就能参赞化育,与天地参。

3.3.5 仲尼祖述尧舜,宪章文武;上律天时,下袭水土。辟如天地之无不持载,无不覆帱;辟如四时之错行,如日月之代明。万物并育而不相害,道并行而不相悖。小德川流,大德敦化,此天地之所以为大也。

【今注】

祖述:遵循。

宪章:效法。

帱:音 dào。覆盖。

---

① 关于"王天下有三重",郑玄、朱子各有解释。这里以郑玄为主而对"上焉者""下焉者"做了修改调整。

【今译】

孔子远宗尧舜之道，近效文武之政；上则天时，下因水土。就像天地一样无不覆帱，无不承载；就像四时流转，日月递照。万物并育其间而不相妨害，众德并行而不相悖乱。小德如川溪滋润一方，大德哺育众生与化为体，此天地之所以为大也！

【今解】

此节歌颂孔子思想有所本，有所宗，最终落实于天。因为，天工人代，圣人是"天生-地长-人成"之"人成"环节的主体支撑。

3.3.6 唯天下至圣为能聪明睿知，足以有临也；宽裕温柔，足以有容也；发强刚毅，足以有执也；齐庄中正，足以有敬也；文理密察，足以有别也。溥博渊泉，而时出之。溥博如天，渊泉如渊。见而民莫不敬，言而民莫不信，行而民莫不说。是以声名洋溢乎中国，施及蛮貊。舟车所至，人力所通，天之所覆，地之所载，日月所照，霜露所队，凡有血气者，莫不尊亲，故曰配天。

【今注】

溥：音 pǔ。周遍。

蛮貊：南蛮北貊，古代对边远地区少数民族之称。貊，音 mò。

队：同"坠"。

【今译】

天下之至圣，耳聪目明，足以君临庶众；宽裕温柔，足以包容万物；发强刚毅，足以坚持目标；整齐恭敬，庄重正直，足以事天以敬；文章条理周密、洞察时事，足以明辨是非。如天广博，如泉渊深，适时而出。见之而民无不敬，言之而民莫不信，所行民莫不悦。声名洋溢中国而远播四方蛮貊。舟车所至，人力所通，天之所覆，地之所载，日月所照，霜露所坠，只要是人类，莫不尊而亲之，这就是德侔天地。

【今解】

"至圣"当即至诚之人，应为圣王之属。歌颂孔子之后，再歌颂尧、舜、

410　　　　　　　　　　　　　　　　　　　　　　　　　　　　　易庸学通义

禹、汤、文、武、周公很有必要。因为,"大哉乾元,万物资始",最终达成"太和"是体现在政治治理上,即"首出庶物,万国咸宁"。

3.3.7 唯天下至诚,为能经纶天下之大经,立天下之大本,知天地之化育。夫焉有所倚?肫肫其仁!渊渊其渊!浩浩其天!苟不固聪明圣知达天德者,其孰能知之?

【今注】

肫肫:音 zhūn zhūn。恳切貌。

【今译】

天下之至诚,才能够经纶六艺,立天下之大本,化育天下之性命。何所倚重?其仁恳切,宁静如渊,刚健如天。如果不是同样聪明智慧通达天德之人,又哪能明白这些道理做好这一切?

【今解】

郑玄:"至诚,性至诚,谓孔子也。大经,谓六艺。"

马其昶:"化育天下之性命也。姚永朴谓即《周易》是矣。"[①]

郑玄、朱子以及众多注家都认为这里的至圣是指孔子,明儒王启元亦指出:"经至孔子而后全,道至孔子而后名,品至孔子而后神,教至孔子而后定。"(《清署经谈》)其实,孔子只是素王,未曾做到这一切,他的工作是把尧、舜、禹、汤、文、武、周公的思想经验整理提升成为了一个完整的系统。宋儒有云:"尧舜治天下,夫子又推其道以垂教万世。尧舜之道,非得孔子,则后世亦何所据哉!"

3.3.8《诗》曰:"衣锦尚䌹。"恶其文之著也。故君子之道,暗然而日章;小人之道,的然而日亡。君子之道:淡而不厌,简而文,温而理,知远之近,知风之自,知微之显,可与入德矣。《诗》云:"潜虽伏矣,亦孔之昭!"故君子内省不疚,无恶于志。君子之所不可及者,其唯人之所不见乎!

---

① 陈柱:《中庸通义 中庸注参》,第123页,上海:华东师范大学出版社,2011年。

《诗》云："相在尔室，尚不愧于屋漏。"故君子不动而敬，不言而信。《诗》曰："奏假无言，时靡有争。"是故君子不赏而民劝，不怒而民威于铁钺。《诗》曰："不显惟德！百辟其刑之。"是故君子笃恭而天下平。《诗》云："予怀明德，不大声以色。"子曰："声色之于以化民，末也。"《诗》曰："德𬨎如毛。"毛犹有伦，"上天之载，无声无臭"，至矣！

【今注】

绐：音 jiǒng。罩在外面的单衣。

暗：晦暗。

厌：《正韵》："恶也。"《论语·雍也》："天厌之。"

理：《玉篇》："正也。"

假：音 gé。同"格"，感通。

铁钺：音 fū yuè。古时军中用于行刑的斧子，又称"斧钺"。

百辟：众多诸侯。辟，音 bì。

𬨎：音 yóu。轻。

【今译】

《诗经》说："锦衣上身，外加罩衫。"这是因为不希望锦绣色彩过于显耀。君子的风格，是晦暗中渐显光彩；小人的表现，则是乍见光鲜却日趋寡淡。君子之道，素淡而不惹人嫌恶，简单而有文采，温和而又严正。睹末而察本，探端而知绪，可入圣人之德矣。《诗经·小雅·正月》云："虽潜伏于水，视之亦清晰。"所以君子但求内省不疚，无愧于心。其过于常人者，就在于人之所不见处吧。《诗经·大雅·抑》云："看你独处，无愧屋漏。"所以，君子甚至不用做什么就能够获得别人敬重，不用说什么就能得到别人信任。《诗经·商颂·烈祖》云："庙堂乐声起，众口息其争。"君子神道设教，不赏而民劝，不怒而民畏。《诗经·周颂·烈文》云："文德显明，四方来效。"所以，君子笃实恭敬而天下太平。《诗经·大雅·皇矣》云："疾言厉色不为大，明德在怀才重要。"孔子说："教化民众，疾言厉色只是末技而已。"《诗经·大雅·烝民》云："德行轻如鸿毛。"鸿毛犹有可比——还是《诗经·大雅·文王》"天德流行，无声无臭"，可谓至高境界矣！

【今解】

《中庸》引《诗经》一般都是用作总结。这是最后一章,从方方面面归纳概括圣贤君子之德。其中,最后一句,以"生生之德"呼应开头的"天命之谓性",将一切融汇于大化生命之中。"上天之载,无声无臭",是体悟,是感恩;是赞叹,是向往;是心念合一。

《大学》义解

《大学》

　　《大学》是《礼记》的一篇，但和《中庸》一样，其内容与"礼"没有关系。如果说《中庸》是"演《易》之书"，那么《大学》则是对《中庸》由"天命之谓性"之"中"到"成己成物"之"诚"这一理论逻辑的进一步拓展，将其落实为"明明德""亲民""止于至善"的政治操作，并描绘出"格物致知""正心诚意""修齐治平"的系统方案。《周易》言天道，《中庸》言天性，《大学》言天道、天性经由人之实践活动在现实中的展开，以及由此实现的个体、共同体之生命存在与大化流行之天地大生命的连接汇通。"天生-地长-人成"的儒教思想拼图于焉以成。

　　关于《大学》的内容性质，郑玄认为："《大学》者，以其记博学，可以为政。"孔疏本此："《大学》之篇，论学成之事，能治其国，章明其德于天下，却本明德所由，先从诚意为始。"朱熹《大学章句序》认为"《大学》之书，古之大学所以教人之法也……教之以穷理、正心、修己、治人之道"，"复其性"三字是其所理解的宗旨。从郑注到孔疏再到朱序，"学"的主题虽一直维持，内容与目的则发生了从家国天下到个体人格、由政治事务到道德修养的改变。

　　有趣的是，朱子将《大学》放置在伏羲、神农、黄帝的思想脉络中，视为司徒之官的传承，虽也提到了尧、舜，却没有列出文王、武王以及周公、孔子，似乎刻意弱化其与《周易》以及特定政治实践的联系。因为，"文王之文"与"孔子之文"的连接便在于《易经》与《易传》的关联，而"明明德"

《大学》义解　417

的历史出处，就是《左传·定公四年》所载"昔武王克商，成王定之，选建明德，以藩屏周。故周公相王室，以尹天下"，而《尚书·虞书·尧典》的"克明俊德，以亲九族。九族既睦，平章百姓。百姓昭明，协和万邦"更是与"明明德"和"亲民"乃至"止于至善"整体若合符节。由此可知，这不可能是一个"为学次第"或"初学入德之门"，而是因圣王安顿天下之成功谋划而成的施政模式。若离开《周易》之"乾元性海"的"复其性"，则必然游荡无归，最终堕入佛老的空虚寂灭之说而不自知。

《中庸》在"天命之谓性"的前提下讲讲"中"，讲"诚"，讲"尽性"，不仅有"尽己之性"，还有"尽人之性"与"尽物之性"，这是本于《系辞》的"成性存存，道义之门"。"复性"之说，始自李翱。为对治佛老，建构个体叙事，李翱将"性"与"情"对举，以"情昏则性匿"，提主静以复性。二者虽一字之差，却有系统之别："成性""尽性"是种子的成长、生命的完成，"复性"则是情欲的控制、情绪的管理，属于人格修养。朱子将这一思想带入《中庸》《大学》的诠释，结果就是两部经典与《周易》"生生"理论之思想的一贯性和整体性被切断、遮蔽。

当然，这种改变一定程度也可以从积极的角度理解为儒家思想在不同处境里以不同形式发挥功用的记录反映。因此，如果说正确的态度意味着要从这种互动变化中理解古圣先贤的用心与经典自身的开放性，意味着要从自己时代的问题出发对其意义空间做出新的开拓，那么，在方法和心态上就需要作出调整，将我们的研究由知识考索转换为思想行动，前人关于《大学》的各种诠释不能也不应作为认知真理而固定化、终极化——里程碑只是曾经走过的记录，目标永远在前方。

返本才能开新。所谓返本，对于《大学》而言，便是将其与《易传》和《中庸》贯通，置于"天生-地长-人成"的儒教思想架构里，对"明明德、亲民、止于至善"和"格物致知、正心诚意、修齐治平"做出全新的解释。

第一章

大学之道,在明明德,在亲民,在止于至善。知止而后有定,定而后能静,静而后能安,安而后能虑,虑而后能得。物有本末,事有终始。知所先后,则近道矣。

【今注】

大学:大人之学。大人之学指国家治理的目标、方法、条件等。"大人"指贵族子弟。

明明德:任用有才德的人。第一个"明"为动词,使……明,即提拔、擢用之意。"明德"指有才德的人。

亲民:亲近民众。

止:本义为脚趾,这里指到达、追求。

至善:最高的善,这里指天下平成,即"天下平"。

【今译】

治国安邦的大人之学,关键要点就是:选拔任用有才德的贤明人士,亲近民众,以天下平成作为最高价值目标。这个目标明确后,内心就有所贞定了;有所贞定,会带来安静的感觉;安静下来,就可以开始思考筹划了;思考筹划,自然就会有所得。所有事物都有本末终始,知道孰先孰后,按部就班,可说就已经上道了。

【今解】

"明明德"是一种安邦定国的行政操作,即拔擢任用文官武将诸贤能人士,建立起天下秩序。民为邦本,建立秩序是为了绥理群生,所以亲近民众是根本的工作方法与原则。九族和睦、百姓平章、万邦协和意味着天下一家,这则是最高目标。目标、方法与用人原则的有机统一,这是历史上真正实现过的事情。典型代表是帝尧和周公。

朱子说"此三者,《大学》之纲领也",此观点被广泛接受。何谓纲领?从内容上说是概要,从结构上说是主体——即必然还有一组论述作为其附属

《大学》义解　419

物存在。二者必须同时成立这一定位方成立。从内容看，按照朱子的"经传结构"，即从"大学之道"到"未之有也"为经，余下各章则分别是对"明明德""亲民""止于至善"和"格物致知""正心诚意""修身齐家治国平天下"的传注，全书篇幅比例显然后者高于前者。从结构看，朱子将"明明德""亲民""止于至善"视为"纲领"，将"止于至善"和"格物致知""正心诚意""修身齐家治国平天下"视为"条目"，明显以前者为"纲"，后者为"目"（由纲举目张可知其主从关系）。

为什么这样说？或者说，他是怎样为自己提供论证的？很简单，他对"明明德""亲民"以及"止于至善"都做出了自己的解释。首先，将"明明德""亲民""止于至善"从句子简化为概念，无视"明明德"之"明"、"亲民"之"亲"和"止于至善"之"止"的语法地位，即是无视或消解这些句子所包含的政治行动意义。其次，对相关概念名词做出自己的解释，即将"明德"理解为德性，"明德者，人之所得乎天而虚灵不昧，以具众理而应万事者也"；将"亲民"理解成"新民"，"新者，革其旧之谓也"；将"至善"理解为"事理当然之极"。对照《尚书·虞书·尧典》和《左传·定公四年》的语境背景，朱子这种理学化解读的结果便是将文本主题从历史政治改造成了道德心性。与此相应，文本性质也从一个共同体叙事转换成了个体叙事。

朱子的工作当然自有其价值，但从文本的角度是不成立的。首先，"明明德"的历史背景十分清楚，下文中"古之欲明明德于天下者"的"古之"二字明确肯定了其与历史的关联。其次，更重要的是，以这种被片面理解和改造的"明明德""亲民"和"止于至善"作为"三纲领"来统摄"格物致知"等"八条目"，严重扭曲了二者间的真实关系，使整个文本原本具有的理论层次与思想内涵被彻底破坏、遮蔽。因为，弱化作为动词的"明""亲"和"止"，将其道德化以统摄"格物致知""正心诚意""修齐治平"等，不仅遮蔽了"明明德""亲民"和"止于至善"的政治内涵，也使后者作为"条目"在"纲领"的统摄下，其自身的意义层次不仅无法展现，甚至可说几乎被消解殆尽。

此文本由"古之欲明明德于天下者"导引出"格物致知"的系列论述，

明确表明二者是一种历史与阐释的关系，是"事"与"人"的关系，因此是一种表里内外的复合结构。在这种依托《易传》为模板展开的阐释建构中，历史事实获得了思想的意义，思想逻辑也得到了历史的支撑。并且，在这种"事"与"人"的内外表里关系中，朱子所讲的德性内容依然可以被包含在内，甚至可以得到更加清晰的说明，因为天人之学的框架本就有心性论的环节，上与"天"通，下与"事"接。如此，才可说是真正的"纲举目张"。

"定""静""安""虑""得"这组文字，讲述的是在目标信仰确定之后，形态、情感、意志方面带来的改变。何谓"至善"？即《易传》的"（云行雨施）天下平也"。《大学》"格物致知""正心诚意""修齐治平"的"平"，就是"平天下"。程颐说《中庸》是"孔门心法"，朱子以"人心惟危，道心惟微。惟精惟一，允执厥中"补而充之。其实，如果真要说"心法"，唯此"定、静、安、虑、得"五字足以当之。当然，这一"心法"是以对天（至善）的"贞定"为前提的。

古之欲明明德于天下者，先治其国；欲治其国者，先齐其家；欲齐其家者，先修其身；欲修其身者，先正其心；欲正其心者，先诚其意；欲诚其意者，先致其知。致知在格物。物格而后知至，知至而后意诚，意诚而后心正，心正而后身修，身修而后家齐，家齐而后国治，国治而后天下平。自天子以至于庶人，壹是皆以修身为本。其本乱，而末治者否矣。其所厚者薄，而其所薄者厚，未之有也。

【今注】

天下：作为政治概念，指天子权力所及的范围，所谓"溥天之下，莫非王土"。

国：诸侯领有的政治单位。

家：大夫领有的政治单位。

格物：于物上体会感悟。格，感通之意。

【今译】

古代要想在整个天下封侯建国进行治理的国君，总是首先把自己的诸侯国内部治理好；想要治理一个诸侯国的大夫，则首先要把自己的封地治理好；而要把封地治理好，则先要把自身修养好；要修养好自身，先要端正心的状态；要端正心的状态，先需要做到意念虔诚；要做到意念虔诚，先要获得真知慧觉。如何才能获得真知慧觉？到物上去体悟感通。因此，上至天子，下到庶人，全都以修身为本。根本溷乱不堪却希望末端能做到齐整有序，绝无可能。竭尽其诚却没有效验，或者不加重视却回报丰厚，这样的情况也不会存在。

【今解】

这一段经文是对"明明德、亲民、止于至善"这一政治"事件-模式"从人的角度展开的阐释，包括实施条件、路线次第、意义目标等。

"明明德于天下"乃天子之事，岂是诸侯可逾制妄想？例如"克明俊德"的帝尧就是"帝"。但是，也有例外，那就是天子失德，如"当文王与纣之事"时，"皇天无亲，惟德是辅"，"王不待大"的观念就应运而生，小邦周克大邑商，周公乃"封建亲戚，以藩屏周"。这正是《大学》理念产生的直接背景。

从人才以"俊德""明德"代指，到周公行天子之事"封建亲戚"，"明明德"确实包含有德性的意义维度。但必须明确，"明明德"的第一个"明"字才是关键，作为动词，表征的是一个权力行使的政治行为。或许可以这样理解，"明"的政治行为作为"冰山的水上部分"是可见的，所明之"明德"则是事件的"水下部分"，是需要加以阐释的。如此或可较好说明"明明德"的不同意义维度，将事件行为的政治属性和道德维度分别厘清。像王阳明的《大学问》说"明明德者，立其天地万物之一体也；亲民者，达其天地万物一体之用也"，就属于极有见地，但因没有分立"明明德""亲民""止于至善"与"格物致知""正心诚意""修齐治平"的二层架构而导致无法梳理清楚文本的结构，反失却天的本源信仰而只能内卷于一心，令人扼腕。

这里有两条路径或两个阶段。显性的是：修身—齐家—治国—平天下。隐性的则是：格物—致知—正心—诚意—修身。"修身为本"的"修身"则是二者的交汇处或转折点，既是显性路径或阶段的起点（条件），又是隐性路径或阶段的终点（成果）。因为隐性路径时间或逻辑均在先，所以，作为其起点的"格物"才是理解这一切的真正关键。

那么，什么是格物？格物就是于物上体会感通上天生生之德、万物一体之仁，就此建立起个体与上天以及万物的生命连接。只有这样的领悟才成其为足以正心诚意的所谓之"知"，才能成为修身、齐家、治国、平天下的依据并导向这样的目标。将由此格物所致之知，内化于心而据以正心诚意，与《中庸》的"慎独"功能、内容颇为相近相通。这是《易传》"大人者与天地合其德""君子以正位凝命"的实践落实与理论系统化。而"物"之可"格"，"格"而能"知"，则这是因为"物"与"人"皆为天之所生，如《易传》所论者。

胡宏《知言·大学》写道："学为君子者，莫大于致知。彼夫随众人耳目闻见而知者，君子不谓之知也。"张载《正蒙·大心篇》讲得更为系统透彻，他说："大其心则能体天下之物。圣人尽性，不以见闻梏其心，其视天下无一物非我。成吾身者，天之神也。""格物"所成之知不是生于耳目的"见闻之知"，而是天启一般的"德性之知"。因此，"格物致知"等绝非"明明德"附属之条目，而是其基础、根源与本质。"惟天为大，惟尧则之"，"皇天无亲，惟德是辅"，表明帝尧、周公与天的内在关系早就是一种自觉与共识。

所以，"修身"所意味着的"远"并不是一些欲望念头或行为举止的约束，而是基于天之体认的与世界关系的重组。它的最佳描述就是"仁者与物同体"，就是"圣人耐以天下为一家，以中国为一人"；其所依托者，就是"乾父坤母"的儒教世界图景。完全可以认为，"立乎其大者"的"修身"首先是宗教性的，其次才是伦理性的。

与此相应，作为最高目标的"天下平"，其意义内涵也远远超出政治范畴，而具有文明的意义。无独有偶，《易传·文言》有"'云行雨施'，天下平也"之句。孔疏认为这句是说"天下普得其利而均平不偏陂"，并不准确。《释诂》："平，成也。"《文言》起首讲的元亨利贞便是一个生命的生长过程，文本紧接此句的是"君子以成德为行"。按五峰的说法，"格物"所致之知的内涵应是"乾之行"。内化"修身"之后，一步步落实，最后就是"天下平"。

不仅其内部一气贯通，而且与《文言》遥遥相契，在"天生-地长-人成"的理论框架里，"止于至善"的意义得到充分揭示和彰显。

第二章

《康诰》曰："克明德。"《太甲》曰："顾諟天之明命。"《帝典》曰："克明峻德。"皆自明也。

【今注】

克：可以、能够。

顾：眷顾、反思的意思。

諟：音 shì。同"是"，这个。

峻：大，崇高美好的意思。

【今译】

《尚书·周书·康诰》说："要明德（慎罚）。"《尚书·商书·太甲》说："要敬顺上天的明命。"《尚书·虞书·尧典》说："能将德才兼备的人选拔任用。"这都是自己能做到的。

【今解】

朱子《中庸章句》《大学章句》的最大贡献就是"发现"并确立了文本的"经传"结构。第一章，即从"大学之道"到"未之有也"为"经"，余下各章为"传"。这一区分的意义不只是文献学上的，也具有思想史的意义。

朱子认为，"经""为孔子之言，而曾子述之。其传十章，则曾子之意而门人记之"。此处文本就是根据这一结构逻辑而调整至此，其原位置在"此以没世不忘也"之后。这些姑置不论。既然存在孔子之经意与曾子之传意的二分，那么二者是可能存在某种不同的。这种情况如果出现，如何取舍？答案当然是从经而舍传。

譬如"传"之首章，朱子认为是对"明明德"的解释。但曾子实际只解释了"明德"，并且对典籍的引用与解释十分主观。"克明德"，出自《尚书·周书·康诰》。原文是："惟乃丕显考文王，克明德慎罚；不敢侮鳏寡，庸庸，祇祇，威威，显民，用肇造我区夏。"这里的"明德"与"慎罚"对举，应该是重文教的意思。虽然重文教的施政方式与文王的德行相关，虽然不同于"选建明德"，但属于一种施政方式或行为却毋庸置疑。曾子这里仅仅摘取"克明德"三字而删去后面的"慎刑"，就是要证明其"明明德"乃"皆自明（其德）"的结论，就是要将政治行为道德化、公共行为个体化。显然，这一"传意"与"经意"可谓张力不小。

再看"顾諟天之明命"。它出自《尚书·商书·太甲》，原文为："先王顾諟天之明命，以承上下神祇。社稷宗庙，罔不祇肃。天监厥德，用集大命，抚绥万方。"如果"明命"可以与"明德"对应，那么，"明德"显然是一种源于天的"禀赋"，如"天降衷于民"之"衷"，或"天命之谓性"的"性"。从"先王顾諟天之明命，以承上下神祇"来看，它应该是指一种能够据以沟通神祇的"神性"品质，而不能简单理解为伦理道德意义上的品德。"天监厥德"则表明，它很难用于"自明（其德）"的论证。

"克明峻德"出自《尚书·虞书·尧典》："（帝尧）光被四表，格于上下。克明俊德，以亲九族。九族既睦，平章百姓。百姓昭明，协和万邦。"这里的"克明俊德"究竟是自明其德还是选拔各族贤能（应是选拔各族贤能，因为是要收拢九族人心）已经不是特别重要，因为它是"格于上下"（即感通天地），而结果又是"亲九族"，即使蕴含道德元素，那也是渗透在政治操作和信仰背景之内，其内容意义绝非个体道德行为所能限定。

正视三条材料的原始语境和完整语义，可以看到关键词首先是天和政治，然后才是作为天命之性的"德"，"自明"的意思几乎无从谈起。所以，曾子"皆自明（其德）也"的结论，显得勉强偏颇。相反，将"明明德"理解为一种正当的施政活动，则不仅与本文前述之显性路径环环相扣，而且为隐性路径埋下伏笔。胡宏《知言·复义》："王者，法天以行其政者也。法天之道，必先知天。知天之道，必先识心。识心之道，必先识心之性情。欲识心之性情，察诸乾行而已矣。""乾"就是天，"乾行"就是"终则有始"，就是"生生不息"。

明乎此，不仅有助于理解《大学》本身层次明明德、亲民、止于至善与

《大学》义解　　425

格物致知、正心诚意、修齐治平的关系，也有助于理解儒学整体与《易传》的关系——"天下平""人成"，以及与《中庸》的关系——"成己成物""与天地参"，并且有助于在天人关系架构中开出原本就具有的心性论论述。

第三章

汤之《盘铭》曰："苟日新，日日新，又日新。"《康诰》曰："作新民。"《诗》曰："周虽旧邦，其命维新。"是故君子无所不用其极。

【今注】

盘：盥洗盆。

铭：铭文。

苟：表假设，假如、如果。

作：培育、造就、成为。（朱子解为"振作"。）

命：这里指国祚、天命。

【今译】

商汤在盥洗铜盆铭上的文字："若今天盥洗能够使自己焕然一新，那就天天都要这样，使自己不断更新。"《尚书·周书·康诰》说："造就吾周的新子民。"《诗经·大雅·文王》说："吾周作为邦国虽已存在了很久，但是作为天下宗主的国祚天命却刚刚开始！"所以，君子会想尽一切办法去达到这个崇高目标。

【今解】

这段文字是对"新民"的解释。笔者的翻译与传统很不一样，一是基于对"亲民"的理解，另一个就是基于对文本历史语境与完整文义的还原与研读。

"亲""新"通假。从这三条材料看，"亲"却是都接近"新"。但是，《大学》的"明明德，亲民，止于至善"整个文本都是与《尧典》的"克明俊德，以亲九族"契合，"以亲九族"的"亲"是不能理解为"新"的。所以，这三条材料为"新",与"亲民"是否或应当为"新"是完全不相干的两回事。①

即使是这些文本中的"新",也不便可如《大学章句》那样解为"振起其自新之民"。《盘铭》中的句子采用的是比喻的手法,而《康诰》较为完整的句子是:"汝惟小子,乃服惟弘王。应保殷民,亦惟助王宅天命,作新民。"意思告诫被征服的殷遗民,你们要服从我们的统治,我们将保护你们的利益,你们则要服从天命,做我大周的新子民。这里的"新"是指向观念,即尊重天命转移,认同神授君权。在"王室未安,殷民未服"之时,当务之急是"经营洛邑,以迁殷民",后来还有纣王之子武庚的叛乱,个体论述的"自新新民"以及"振作"云云又从何说起?至于《诗经》的"周虽旧邦,其命维新",则和《康诰》那段话有颇多交集。"新"与"旧"相对,意思是刚刚开始,生气勃勃,前程远大。

可见,程颐以亲为新的根据只是曾子的"传"。而曾子之说"新"可能还只是望文生义、联想为主,到伊川、朱子,则已有了明确的道德伦理考量,二者彼一时,此一时,问题意识相差甚远,意义就仅限于郢书燕说了。因为,天命、天性虽然可说是道德的根源与标准,但并不能等同于道德自身。

此外,还有一种说法,认为"亲民"是统治者叙事,"新民"则是平民叙事。若由此而建构出孔子与曾子(或朱子)两个版本,那么问题也就变得比较容易解释了。此处的阐释或许可以理解为就是要彰显出二者的差异,发出回到孔子的呼声吧。

第四章

《诗》云:"邦畿千里,惟民所止。"《诗》云:"缗蛮黄鸟,止于丘隅。"子曰:"于止,知其所止,可以人而不如鸟乎?"《诗》云:"穆穆文王,於缉熙敬止!"为人君,止于仁;为人臣,止于敬;为人子,止于孝;为人父,止于慈;与国人交,止于信。

---

① 《传习录》中王阳明与徐爱的相关讨论结论与此相近。

《大学》义解　427

【今注】

邦畿：天子所在之京城及周围所辖之地，也泛指国境疆域。

缗蛮：鸟鸣声。缗，音 mín。原诗作"绵"。

穆穆：端庄深沉貌。

於：叹词。

缉熙：光明。

【今译】

《诗经·商颂·玄鸟》说："天子京都方圆千百里，是人民最安定的栖息地。"《诗经·小雅·绵蛮》说："绵蛮鸣叫的黄鸟，栖息在山丘的树枝上。"孔子感叹："唉，进退出处真是很重要啊。黄鸟都知道要停在什么地方，难道人还会不如黄鸟么？"《诗经·大雅·文王》说："文王端庄深沉，既光明又恭敬。"（知其所止）就是说为人君要定位在行仁政；为人臣要定位在敬畏君主；为人子要笃行孝道；为人父要慈爱子女；平民百姓朋友论交则要以诚信为首要原则。

【今解】

这一节解释"止于至善"。无论从哪个角度，"止于至善"都是一个目标崇高、内涵深影响深远的命题，但这里的传解限定在"止"之一词，完全没有表达出"至善"的意义。邦畿之于民居、丘隅之于鸟栖，虽然均可曰"善"，但与"至善"绝非同一回事。

传解的贡献在于最后对君、臣、父、子、友五种角色之伦理规定：仁、敬、孝、慈、信。但是，这种角色伦理应有一作为共同根源的天。《序卦》明确指出："有天地然后有万物，有万物然后有男女，有男女然后有夫妇，有夫妇然后有父子，有父子然后有君臣，有君臣然后有上下，有上下然后礼义有所错。"因为无视"至善"，一切失去根基。曾子仅仅从个体的角度思考"至善"的问题，虽能罗列出五种角色伦理，却无所统归。这也多少解释了为什么三段传解都显得零散，且无法达到"大人之学"的论域及高度。

"大人之学"是一个关乎家国天下的问题，并且是在乾父坤母的世界图景内。

第五章

子曰："听讼，吾犹人也。必也使无讼乎！"无情者不得尽其辞。大畏民志，此谓知本。

【今注】

听讼：审案。

无情：这里指没有冤情或理由可申说的人。

【今译】

孔子说："审案断狱，我跟别人没有什么不同。我的不同之处在于，尽量将矛盾纠纷解决在告官兴讼之前。"隐瞒实情的人，绝不任其夸夸其谈。使百姓从心里就知道什么是善恶羞耻而有所畏惧，就叫"知本"。

【今解】

这一节讲"本末"。《大学》文本关于"知本"的议论，语义十分明确，是在"止于至善"之后，从"知止而后有定"引申出来的，与"止于至善"相勾连，与"定、静、安、虑、得"之所得相勾连，因此，必须结合天这个本体才能说得清楚究竟。然而，传解却只是停留在"听讼"之事。将矛盾化解于兴讼之前，虽也属于"治本"思维，但对"知本"来说，距离十分遥远。前面提及曾子之传解"止于至善"等失之浅陋，这里解"知本"也同样如此，以致让人怀疑这究竟是否真的出自曾子之手。

"此谓知本"后原有一句"此谓知本，此谓知之至也"，朱子认为当系解说"格物致知"传文之已阙失者，并据程颐之意而酌补之。朱子的判断大致成立，但是其所补文字是从理学思维出发，与其所谓"三纲八目"说一样，并非夫子原意。

第六章

所谓致知在格物者，言欲致吾之知，当于物上感悟天地生生之德，万物一体之仁。乾父坤母、民胞物与，见诸草木，形诸物情，心领神会，持而谨守。此谓物格，此谓知之致也。

【今注】

民胞物与：民为同胞，物亦同类。张载语，而渊源于《易》。

【今译】

所谓致知在格物，是说要获得真知慧觉，当于万事万物感悟天地生生之德、万物一体之仁。乾天为父，坤地为母；民乃同胞，物亦同类。此皆事上可见，物上可知。感而通之，有所领会即持而谨守。这就是物之格、知之致。

【今解】

朱子根据《大学》义理内容和经传结构形式，推断当有专章传解"格物致知"，可谓言之成理，持之有故，但其对"格物致知"的理解有误。原文"格物"是方法，"致知"是目的，即获得某种"德性之知"。但朱子却将"格物"解为"即物"，将有着特定内涵的"格"（感通）理解为一般意义的动词"靠近"；"致知"之"致"是"求取""获得"的意思。"知"乃是能够据以"正心诚意"的特殊"知识"（张载、胡宏所谓"德性之知"），而朱子却直接以自己体系中的"理"取而代之。从"止于至善"和"天下平"可知，这一"知"与天相关，因此，"格物"应是一种天人关系架构中的"人-天关系"建构，与《中庸》的"慎独"一样。

由朱子"格物致知"解释而来的所谓"即物穷理"工夫论，不仅转向了道德，同时因为否定了天的至上性（以理代天，理与万物无法连结，物之理与人之理更是断为两橛），导致其在试图经由"格物"路径来证成此理时陷入困境。王阳明在"格竹子"失败后痛感外在之理不能生成内在之德，朱子处预设的"物之表里精粗"与"心之全体大用"的统一无法证成，不得不另立所谓心本论，从而建立"致良知"之说来解决朱子工夫论的问题。[①] 当然，工夫论问题的解决方案仍然属于工夫论性质，其"良知本体"跟朱子的以理代

---

① 王阳明《传习录》卷下："先儒解格物为格天下之物，天下之物如何格得？且谓'一草一木亦有理'，今如何去格？纵格得草木来，如何反来诚得自家意？"

天一样，只是转换了"理"的存在形式，天的问题依然没有得到正视。其以"格物"为内心之"格杀物欲"，与朱子的"即物穷理"一样，与《大学》自身所论完全不是一回事。

因此，笔者根据"明明德，亲民，止于至善"和"格物致知""正心诚意""修齐治平"的内在脉络，根据《大学》与《中庸》尤其是与《周易》的系统关系，根据"天生-地长-人成"的儒教思想架构，尝试完成这一替代增补。

朱子所补原文附录于下，以便比较参照：

"所谓致知在格物者，言欲致吾之知，在即物而穷其理也。盖人心之灵莫不有知，而天下之物莫不有理。惟于理有未穷，故其知有不尽也。是以《大学》始教，必使学者即凡天下之物，莫不因其已知之理而益穷之，以求至乎其极。至于用力之久，而一旦豁然贯通焉，则众物之表里精粗无不到，而吾心之全体大用无不明矣。此谓物格，此谓知之至矣。"

第七章

所谓诚其意者，毋自欺也。如恶恶臭，如好好色，此之谓自谦。故君子必慎其独也。小人闲居为不善，无所不至。见君子而后厌然，掩其不善，而著其善。人之视己，如见其肺肝然，则何益矣。此谓诚于中，形于外，故君子必慎其独也。曾子曰："十目所视，十手所指，其严乎！"富润屋，德润身，心广体胖，故君子必诚其意。

【今注】

诚其意：使意志真实。意念、意志可以产生行动目标，可以成为判断标准。但是，并非所有意念都是真实的或良善的。"诚意"就是要使意念、意志在正确的轨则上运行。

毋：勿也。

自谦："谦"当作"慊"，满足、满意的意思，音 qiè。

闲居：无事居家。

《大学》义解　431

厌然：隐蔽的样子。厌，压，掩盖，音yā。

著：显示。

胖：音pán。舒泰安乐。

【今译】

所谓诚意就是不自欺，就像厌恶难闻的气味，喜欢好看的颜色，是自得其乐、自适其意。所以，君子必须坚守自己内心的完整。小人在家无所事事，就胡思乱想，无所不为。见到正人君子却遮遮掩掩，人模人样。实际内心不善，外人洞若观火，无所隐遁。因为有什么意念形成于内心，自然也就会有什么行为情态显现于外表。所以，君子总是注意坚守自己内心的完整。曾子说："不要以为别人不知道，无数双眼正看着你，无数双手正指着你，多么严厉啊！"财富能装饰房屋，德性可滋润身心。胸怀宽阔，身体舒泰。所以，君子十分注意维持内心的完整，与天合一。

【今解】

此节讲的是内心意念与外表情态的关系，即内有意念生于心，必然会以某种情态现形于外。慎独，就是保持内心的完整性，即意念与本心保持合一状态。出土文献郭店楚简说得好："性自命出，命自天降。"

慎独，一般解为独处时维持行为谨慎。刘宗周以"独者，本心之谓，良知是也"，将慎独视为一种修养功夫，甚至说："《大学》之道，一言以蔽之，曰慎独而已矣。《大学》言慎独，《中庸》亦言慎独。慎独之外，别无学也。"刘氏打破传统以"独"为"独处"的解释，将其拉回内心，极富洞见。只是从其心学视角将《中庸》《大学》都心学化，过犹不及，也不能成立。

"天命之谓性"，离天而言性、言心、言知或者言理，终难究竟。

第八章

所谓修身在正其心者，身有所忿懥，则不得其正；有所恐惧，则不得其正；有所好乐，则不得其正；有所忧患，则不得其正。心不在焉，视而不见，听而不闻，食而不知其味。此谓修身在正其心。

【今注】

修身：修心。身心一如，身以心为主。

忿懥：愤怒。懥，音 zhì。

好乐：爱好、悦乐。

焉：代词，这里。

【今译】

所谓修身在正其心，因为人心容易受情绪、欲念影响干扰，有愤怒的情绪不得其正用；有恐惧的心理也得不其正用；有爱好悦乐的情绪不得其正用；有所忧患也不得其正用。心如果不在状态，看什么东西也看不见，听什么东西也听不清，吃什么东西也吃不出味。这说的就是修身其关键就在修心。

【今解】

修身的实质是修心。修心的实质是调整心的状态，使之成为情绪、感觉的主体，而不被其干扰或主导。心之官则思。人是思想动物，心是思维器官。思什么？为何思？就变得很重要了。《中庸》说"思知人，不可以不知天"，因为天生万物，"天命之谓性"，所以，天自然就是思的终极对象。在"知至而后意诚""意诚而后心正""心正而后身修"的逻辑环节里，所致之知来自格物，但物上显现者、内心所感悟者，却是上天生生之德以及作为其呈现形式的"万物一体之仁"。

如前所述，"修身"根本上说乃是基于天之体认的与世界关系的重组。但在这一点确立之后，欲望念头的掌控，行为举止的约束就变得十分重要了。

《诗》云："瞻彼淇澳，菉竹猗猗。有斐君子，如切如磋，如琢如磨。瑟兮僴兮，赫兮喧兮。有斐君子，终不可諠兮！""如切如磋"者，道学也。"如琢如磨"者，自修也。"瑟兮僴兮"者，恂栗也。"赫兮喧兮"者，威仪也。"有斐君子，终不可諠兮"者，道盛德至善，民之不能忘也。《诗》云："於戏，前王不忘！"君子贤其贤而亲其亲，小人乐其乐而利其利，此以没世不忘也。

《大学》义解　433

【今注】

瞻彼淇澳：瞻，看。淇，水名，卫国境内。澳，河岸弯曲处。

菉竹：绿色的竹子。菉，同"绿"。

瑟兮：矜持端庄的样子。

僩兮：武毅雄浑的样子。僩，音 xiàn。

諠：朱子谓"忘也"，可从。

恂栗：惶恐、颤栗，这里指谦恭谨慎。

於戏：叹词。

【今译】

《诗经·卫风·淇澳》说：看那淇水河畔，绿竹郁郁葱葱。卫武公啊文采风流，如经切磋的宝石，如经琢磨的美玉。神情庄重仪态威严，光明磊落品德崇高。文采风流的卫武公，叫人永远也难忘。""如切如磋"，是指治学十分严谨。"如琢如磨"，是指修身一丝不苟。"瑟兮僩兮"，是指严谨谦恭。"赫兮喧兮"，是指威仪凛然。"有斐君子，终不可諠兮"，是指卫武公体天之道而盛德至善，百姓敬仰难忘。《诗经·周颂·烈文》说："啊！文王武王，民所难忘。"君子作为先王的后人继承其事业，以其为榜样，庶民则从先王的功业里享受到了自己的快乐和利益，这就是先王难忘的原因。

【今解】

这里引《诗经·卫风·淇澳》对卫武公赞美的文字，用于描绘修身典范。有斐君子的形象，允文允武，既为卫国贤君，又是周室贤卿。如切如磋、如琢如磨，本指宝石珠玉加工，这里用于修身立德，又纳入问学论道的内容，可说是赞美之中指出了修身方法。

这段文字本身也是"经传结构"，即下面一段是对上面一段的解释。但是在一些文句的理解上二者间似乎存在一些偏差。兹不赘。此外，朱子认为这一节是对"止于至善"的说明，而将其随"邦畿章"一起前移。笔者细研文义，认为更适"修身"主题而迁回原处。

第九章

所谓齐其家在修其身者，人之其所亲爱而辟焉，之其所贱恶而辟焉，之其所畏敬而辟焉，之其所哀矜而辟焉，之其所敖惰而辟焉。故好而知其恶，恶而知其美者，天下鲜矣。故谚有之曰："人莫知其子之恶，莫知其苗之硕。"此谓身不修不可以齐其家。

【今注】

齐：使……齐整。家如国，父母为严君，家国同构。《周易·家人》："父父、子子、兄兄、弟弟、夫夫、妇妇，而家道正。"天是根据："男女正，天地之大义也。"

辟：偏向、偏见。

之：之于。

敖惰：傲慢懒惰。敖，同"傲"。

鲜：稀少。

【今译】

所谓齐其家在修身，是因为人对自己所亲爱的人会有偏心，对自己所轻贱的人会有偏见，对自己所敬畏的人会有偏向，对自己所同情的人会有偏向，对自己认为傲慢懒惰的人也会有偏见。那种喜欢一个人同时也清楚其缺点、厌恶一个人也能看到其优点的人，天下真的少之又少。所以有句谚语："因为溺爱，人们很难看到自己孩子的毛病；因为期望太高，人们很难看到自己孩子的优点。"这说的也是如果不修身，心就难以正确进行思考和认知。

【今解】

修身主要是修心，此节结合家庭这一特定场景加以讨论。此处以及前面相关章节，是从心的认知功能之正常发挥这一角度进入，没有引入形上形下的宏大叙事，清晰明白、简单易懂。

《大学》义解 435

第十章

　　所谓治国必先齐其家者，其家不可教而能教人者，无之。故君子不出家而成教于国。孝者，所以事君也；弟者，所以事长也；慈者，所以使众也。《康诰》曰："如保赤子。"心诚求之，虽不中不远矣。未有学养子而后嫁者也。一家仁，一国兴仁；一家让，一国兴让；一人贪戾，一国作乱。其机如此！此谓一言偾事，一人定国。尧、舜帅天下以仁，而民从之；桀、纣帅天下以暴，而民从之；其所令反其所好，而民不从。是故君子有诸己而后求诸人，无诸己而后非诸人。所藏乎身不恕，而能喻诸人者，未之有也。故治国在齐其家。《诗》云："桃之夭夭，其叶蓁蓁。之子于归，宜其家人。"宜其家人，而后可以教国人。《诗》云："宜兄宜弟。"宜兄宜弟，而后可以教国人。《诗》云："其仪不忒，正是四国。"其为父子兄弟足法，而后民法之也。此谓治国在齐其家。

【今注】

事君：服务国君。

弟：同"悌"，顺从长上。

赤子：婴儿。

贪戾：贪婪乖戾。

偾事：败事。偾，败坏，音 fèn。

夭夭：（花）娇艳的样子。

蓁蓁：（叶）茂盛的样子。

【今译】

要治国必先齐家，是因为自家人都不能教好却能教好别人这事从来就没有。所以说君子是把自己一家先教好，作出示范，然后教化整个国家；孝，不仅是孝敬老人，还可以移用于服务国君；悌，不只是尊敬兄长，还可以移用于顺从上级；慈，则可以用于集合众人协力工作。《尚书·周书·康诰》说："就像爱护婴儿一样。"诚心诚意去做，即使不能完全做到，差得也不会太远。没有谁是先学带小孩然后再嫁作人妇的。一家做到了仁义，一国都会学习而崇尚仁义；一家做到了礼让，一国都会学习而崇尚礼让；一人贪戾，一国都会被搞乱。作用就有这么大！这是说一言乱邦、一人定邦。尧舜以仁义统帅天下，天下就跟着追求仁义；夏桀商纣以暴虐统治天下，民众也就随之施暴；如果国君颁布的政令与自己的本性不相符合，百姓就不会遵从。正人君子总是自己先做到什么（优点、义务等），然后再要求别人去做；总是自己没有什么（缺点之类），然后才会去批评人家。自己内心恕道缺乏，却能晓喻他人，没有可能。所以，要治理好一个国，先必须把自己的家整好。《诗经·周南·桃夭》说："桃花鲜艳，叶也茂盛。这位女子出嫁了，将使夫家和睦兴旺。"一家人和睦相亲，才可教化国人也像这样。《诗经·小雅·蓼萧》说："家中兄弟，和睦友爱。"兄弟和睦，友爱相处，就是国人的最好榜样。《诗经·曹风·鳲鸠》说："他的仪表庄重，言行一致，足为天下垂范。"父慈子孝，兄友弟恭，这样的和谐关系足以为法式，以作为天下之民的效法对象。这就是治理国家关键在于整顿家庭的原因。

【今解】

一种说法认为，曾子是《孝经》的作者，此处许多思想都与《孝经》相通，如"孝者，所以事君也；弟者，所以事长也"等。但是，更基础的东西，如"君子不出家而成教于国"，显然是本于《易传》。这种家国同构、孝忠相辅的思想，尤其是像"夫孝，天之经也，地之义也，民之行也"这种包含"天生-地长-人成"观念的思想，应该不是曾子所能够创发。不妨将《家人·象传》照引于此："男女正，天地之大义也。家人有严君焉，父母之谓也。父父、子子、兄兄、弟弟、夫夫、妇妇，而家道正。正家而天下定。"相对那些《诗经》中的文字，这样的架构与曾子的"传意"更能互相发明，相得益彰。

第十一章

所谓平天下在治其国者，上老老而民兴孝，上长长而民兴悌，上恤孤而民不倍，是以君子有絜矩之道也。所恶于上，毋以使下；所恶于下，毋以事上；所恶于前，毋以先后；所恶于后，毋以从前；所恶于右，毋以交于左；所恶于左，毋以交于右；此之谓絜矩之道。《诗》云："乐只君子，民之父母。"民之所好好之，民之所恶恶之，此之谓民之父母。《诗》云："节彼南山，维石岩岩。赫赫师尹，民具尔瞻。"有国者不可以不慎，辟，则为天下僇矣。《诗》云："殷之未丧师，克配上帝。仪监于殷，峻命不易。"道得众则得国，失众则失国。

【今注】

倍：同"悖"。

絜矩之道：推己度人的恕道。絜，度量。矩，角尺。

只：语气词。

节：高峻貌。

岩岩：层叠貌。

赫赫：光明显耀的样子。

辟：偏颇、差失。

僇：同"戮"，杀戮，这里借喻为收回天命推翻政权。

仪监：原诗作"宜鉴"。

【今译】

所谓平成天下便要先把自己国家治理好，是说国君敬老，百姓就会兴孝；国君尊长，百姓就会兴悌；国君体恤孤寡，百姓也就不会有悖逆；正人君子都知道和奉行同理共情的絜矩之道。《诗经·小雅·南山有台》说："快乐的君子啊，是人民的好父母！"与百姓同好恶，就是百姓喜欢什么自己就喜欢什么，百姓憎恶什么自己也就憎恶什么，这就叫民之父母。《诗经·小雅·节南山》说："高峻的南山，岩石磊磊。太师声赫赫，众人共瞻仰。"治理国家的人不可不慎啊，错谬多了将遭天谴天杀。《诗经·大雅·文王》说："殷商没有丧失民心的时候，还是能够配享天命做天下共主。应该以此为鉴，懂得天命维持并不容易。"治理之道能得民心，就可得享国祚；失去民心，也就失去国祚。

【今解】

这一节解释"治国"。中华文明基本是在一种内部环境中演进成型的,这种内部性表现在一是外部族群的冲击有限,二是内部的生产方式、文化模式维持着连续性。如"殷之未丧师,克配上帝",说明"上帝"为商周二族所共同尊奉信仰。这就使得中国社会的发展呈现出一种与其他文明不太一样的特征,主要表现就是国是家的放大、王权是父权的升级。这点从《易传》和《大学》都可以清楚看出,甚至可以说正是这种社会发展形式为这些论点论题提供了历史基础。不仅家国一体,整个天下也被视同一家,并成为文化的政治理想。明乎此,对此处观点立论以及《诗经》讴歌的事实,也就能很好理解了。

是故君子先慎乎德。有德此有人,有人此有土,有土此有财,有财此有用。德者本也,财者末也。外本内末,争民施夺。是故财聚则民散,财散则民聚。是故言悖而出者,亦悖而入;货悖而入者,亦悖而出。《康诰》曰:"惟命不于常。"道善则得之,不善则失之矣。《楚书》曰:"楚国无以为宝,惟善以为宝。"舅犯曰:"亡人无以为宝,仁亲以为宝。"《秦誓》曰:"若有一个臣,断断兮无他技,其心休休焉,其如有容焉。人之有技,若己有之;人之彦圣,其心好之,不啻若自其口出。实能容之,以能保我子孙黎民,尚亦有利哉!人之有技,媢嫉以恶之;人之彦圣,而违之俾不通,实不能容,以不能保我子孙黎民,亦曰殆哉!"唯仁人放流之,迸诸四夷,不与同中国。此谓唯仁人为能爱人,能恶人。见贤而不能举,举而不能先,命也;见不善而不能退,退而不能远,过也。好人之所恶,恶人之所好,是谓拂人之性,菑必逮夫身。

【今注】

慎:谨也,诚也。

此:副词,则。

亡人:这里指流亡之人。

断断兮:老实专一的样子。

休休：平易宽广的样子。

彦圣：才德之士。

实：同"是"。

媢疾：嫉妒。媢，音mào。

迸：同"摒"，驱逐、排除。

先：重视。

命：同"慢"。怠慢之意。

拂：违逆。

菑：同"灾"。

【今译】

所以，治理者先要忠诚于自己的内在德性。有德则有人拥戴追随，有人拥戴追随就会有土地，有了土地，就能生长出财富。因此，德为本，财为末。重末轻本，则内争外夺。所以说财聚则民散，财散则民聚。违情背理的话怎么言说出口，就会怎么听闻入耳；财货以反常的方式弄进来，就会以反常的方式丢出去。《尚书·周书·康诰》说："只有天命是不恒常的。"治理得好就能得其眷顾，治理得不好，很快就会丧失。《国语·楚语》说："我们楚国没什么宝贝，只是把善良当做宝贝。"晋文公的舅舅子犯说："流亡者没什么宝贝，只是把仁爱当做宝贝。"《尚书·周书·秦誓》说："如果有一个这样的臣子，只是忠诚老实却别无所长，但却胸怀宽广，品德高尚。见别人有才，就跟自己有才一样高兴；见别人有德，也跟自己有德一样欢喜。就以这种容人之量也要留用，不仅能保我家子孙，黎民百姓也能从中得益。另外也有一个人，人家有才能就心生嫉妒；人就有美德就刁难压制，使得他的才德没法让国君知道，这种人是不能重用的，既不能保护我家子孙，也不能造福黎民百姓，还可能坏大事！"英明的君主会将其驱逐至四夷蛮荒之地，不让这种人待在中国。这就是只有仁者才能爱人，只有仁者才能恶人。见贤不能举，举而不能重用，那就是对贤才的怠慢。看到恶人不能斥退，或虽斥退却不能放逐边远，就是一种过错。如果好恶不与人同，那就是拂逆人的本性，很快就将灾及其身。

【今解】

此段仍然讲治国，重点是用人原则、才与德的关系问题，主张以德为先。例子很有意思，一个德高于才甚至可说是有德缺才甚至无才，一个则是有才无德。文中对二者的褒贬不仅十分分明，甚至可说特别严厉。这个观点为什么能够成立？答案在于家国同构，"家和万事兴"，无才之人另有别才，即，能够促进国之和谐。这实际是一个母亲的工作或功能，因此文中说"能保我子孙黎民尚亦有利"，而那种有才无德的人则正好相反。请注意，这里所谓无德是指嫉贤妒能，这对国家而言，不仅仅是破坏和谐的氛围与团队精神，更是扼杀人才损害国家治理效率和竞争能力。换言之，"慎德"并不完全只是个道德问题。"唯仁人为能爱人，能恶人"，这里的仁者意味着仁爱，也意味着智慧，因为"仁统众德"。从"保我子孙"可知，《大学》叙事主体当为"统治者"，其为"大人之学"确定无疑。与曾子关系同样紧密的《孝经》才是"平民视角"，是《大学》或"成己成物"之"人成"的平民版。

是故君子有大道，必忠信以得之，骄泰以失之。生财有大道，生之者众，食之者寡，为之者疾，用之者舒，则财恒足矣。仁者以财发身，不仁者以身发财。未有上好仁而下不好义者也，未有好义其事不终者也，未有府库财非其财者也。孟献子曰："畜马乘不察于鸡豚，伐冰之家不畜牛羊，百乘之家不畜聚敛之臣。与其有聚敛之臣，宁有盗臣。"此谓国不以利为利，以义为利也。长国家而务财用者，必自小人矣。彼为善之，小人之使为国家，菑害并至。虽有善者，亦无如之何矣！此谓国不以利为利，以义为利也。

【今注】

骄泰：骄纵恣肆。

发身：发展一生的事业。身，指自己的一生或生命。

终：完成。

府库：国库。

孟献子：鲁国大夫。

马乘：四匹马拉的马车，大夫标配。

察：关注。

伐冰之家：指卿大夫之家。丧祭用冰需卿大夫级别。

百乘之家：有采邑的卿大夫。

臣：家臣。

【今译】

君子深知治理之道，忠信保国保家保子孙，骄纵恣肆则败国败家贻害子孙。理财亦有其道：生产的人多，消费的人少，生产的效率高，消费的节奏缓，财富自然总能丰足。仁人志士总是用钱财来成就自己一生的事业，没有悟道的人则只是将自己的生命消耗在赚钱赚钱再赚钱上。没有上级行仁而下级不报之以义者，没有以义行事而事有不成者，也没有国库充盈而国君自己却财富短缺者。孟献子说："已经成为大夫的人，不会关心鸡和猪的多少。已经成为卿大夫，自然也就不再积蓄牛与羊。有了自己的采邑，自然不会再安排家臣去聚敛财富。与其有这种聚敛之臣，宁愿出些盗窃之臣。"为什么？因为诸侯大夫已经不能以财富本身的积累为自己的最大利益目标，正义才是其最高利益之所在。政府主管若只知道谋取财富，绝对是小人。这种小人治国，天灾人祸会一起到来。即使有些善人善治，也难以挽救。这就是国不以利为利，以义为利者也！

【今解】

这一节仍然讲治国，讲的是国家或政府的职能，核心观点是，"国不以利为利，以义为利也"。义，是正义，秩序和正义是政府应该且能够为社会提供的最主要的公共品。《国语·周语》："夫义，所以生利也。祥，所以事神也。仁，所以保民也。……古之明王，不失此三德，故能光有天下而宁和百姓。"

不难看出，"义"首先是一个政治学或政治哲学概念，而不是一个如宋儒那样与"利"捆绑而与之对立的道德或伦理学概念。其实，在《易传》中它们就是统一的，"利者义之和也"。与《周书》的"义以生利"一样，"国不以利为利，以义为利者"正是这种义利统一之"义"。这种能够"生利"之义，不可能是道德原则（moral），只能是正义（justice）。正义是一种公共物品，是维持社会运转，使得一切活动（包括经济民生活动）得以开展的前提和保障，而提供这一公共物品则是政府的责任，是其存在的合法性基础。这就是"义以生利"的逻辑。这一逻辑明确了，"国不以利为利，以义为利者也"的意义也就明确了。

"明明德""亲民""止于至善"以及"格物致知""正心诚意""修身""齐家"和"治国"都有了传解，那么，"天下平"又在哪里？没有，因为这已是《大学》全文之终章。没有"天下平"，为什么？因为"天下"是国的共同体。"天下平"的"平"，并非"平定"之意，而是"平者成也"的意思。与"修""齐""治"三个动词搭配的"身""家""国"，都是一种具有内在有机性的存在，都是"待成"而"可成"的；"天下"自然更是如此。就像《序卦》说的那样，"平天下"是在"有天地然后有万物"的生化序列里产生形成的。"成己""成物"，都是天地大生命呈现、展开和完成的产物，是这一大化流行过程的"历史-现实"形态。

因此，也就不再存在一个"平定者"，或如《旧约圣经》所谓的"万王之王"亚伯拉罕了。"平天下"用现代政治哲学概念可以说这是一种共和主义的政治理想，但更好的表述乃是《乾·小象传》的爻辞："见群龙无首，吉。"《尧典》的"协和万邦"已经透露此意，不过当时还只是一个政治视角的平面描述，到这里，在"乾父坤母"的世界图景中，"平天下"已经成为具有丰富价值内涵的文化理想或文明范式。

《大学》义解　　443

附　录

埶："势"还是"艺"？
——《易传·坤·大象传》"地埶坤"新释

"天行健，君子以自强不息"与"地势坤，君子以厚德载物"，几乎是整个《周易》中最广为人知的语句了。但似乎很少有人注意到，这与六十四卦中其他各卦之《大象传》的句读方式有所不同。这两句，高亨、廖名春以及《周易集解纂疏》等都如此标点，[①] 而其他各卦则有所不同。如《蒙》《离》《咸》《鼎》《未济》五卦：

"山下出泉，《蒙》。君子以果行育德。"/"山下出泉，蒙；君子以果行育德。"/"山下出泉，《蒙》。君子以果行育德。"

"明两作，《离》。大人以继明照于四方。"/"明两作，离；大人以继明照于四方。"/"明两作，《离》。大人以继明照于四方。"

"山上有泽，《咸》。君子以虚受人。"/"山上有泽，《咸》；君子以虚受人。"/"山上有泽，《咸》。君子以虚受人。"

"木上有火，《鼎》。君子以正位凝命。"/"木上有火，《鼎》；君子以正位凝命。"/"木上有火，《鼎》。君子以正位凝命。"

[①] 高亨：《周易大传今注》，北京：清华大学出版社，2010 年。〔宋〕朱熹：《周易本义》，廖名春点校，北京：中华书局，2009 年。〔清〕李道平：《周易集解纂疏》，潘雨廷点校，北京：中华书局，1994 年。文中引文凡出自《周易集解纂疏》者，不另标注。另，廖名春《周易经传十五讲》的标点是"地势，坤；君子以厚德载物"，第 295 页，北京：北京大学出版社，2012 年。

"火在水上，《未济》。君子以慎辨物居方。"/"火在水上，未济；君子以慎辨物居方。"/"火在水上，《未济》。君子以慎辨物居方。"

《大象传》作为贵族子弟的政治、伦理教科书，本就是"以物象名人事"，故表现为从治事和修身这一角度对物象及其关系的政治、道德意义进行解读，所以表现为对物象关系的描述（A）以及对其意蕴进行政治、道德的联想（B）这样一种A+B结构。两相对照，可以发现对内外二卦取象之物所成的结构关系描述与命名解读的A中，《乾》《坤》两卦是没有断开的（"天行健""地势顺"）①，而其余各卦则基本都是《需》《离》《咸》《未济》这样的格式，相关描述与命名解读则被以逗号分开（两个句子的分隔或以句号或以分号，大同小异）。

为何如此？因为"地势"与"坤"没法断句分读。"云上于天""明两作""山上有泽""火在水上"，均是以句子或短语的形式，构成对由内外两卦所成之《需》《离》《咸》《未济》诸卦物象结构关系的描述。"天行健"的"行"是一个动词，"天行"二字在这里并非一个主谓结构的词或词组，而是一个动宾结构的句子，描述《乾卦》内外皆乾、六爻纯阳的结构和意义，所谓"终则有始，天行也"（《蛊·象传》）。而"地势顺"的"势"则是一个名词，作为一个偏正词组，"地势"无法像一个句子那样对内外皆坤、六爻纯阴之《坤卦》的结构和意义给出描述。这就是"地势，顺"读来佶屈聱牙，而必须去掉逗号，以"地势顺"缀接为句的直接原因。

可与对照的首先是《震》《巽》《艮》《兑》《离》《坎》诸卦之《大象传》："洊雷，震；君子以恐惧修省。""随风，巽；君子以申命行事。""兼山，艮；君子以思不出其位。""丽泽，兑；君子以朋友讲习。""明两作，离；大人以继明照于四方。""水洊至，习坎；君子以常德行习教事。"首先，与《乾》《坤》一样，它们都是由八经卦重叠而成，名字也基本与经卦保持一致。只有"习坎"卦名多一"习"字，疑衍。其次，其《大象传》，分别以洊（再至）、

---

① "地势顺"，原作"地势坤"，《说卦》："坤，顺也。"《说文》："从土从申，土位在申。"《集韵》："坤古作巛，象坤画六断也。"故后文直接作"地势顺"或"地埶顺"。

随（跟从）、兼（兼并）、丽（附着）等包含重复、叠加、合并、连续诸义涵的动词，与卦名所像之象构成一动词短语，对由经卦叠加而成之卦的结构和意义给出描述。又是只有《坎卦》相关文字存在例外，"水洊至"之"洊"本就有再至之义，按"洊雷"例改作"洊水"亦无不可。

另外则是《屯》《噬嗑》《恒》《益》四卦，分别以云与雷、雷与电、雷与风、风与雷组合为象。《屯·大象传》"云雷，屯；君子以经纶"，可以理解为云雷两个名词为动名词。震下坎上之卦象，意为虽云翻雷鸣却密云未雨，此其为屯（难）。对照《解卦》震上坎下的雷雨倾盆，其《大象传》为"雷雨作，解；君子以赦过宥罪"也就不奇怪了。"雷风，恒；君子以立不易方"，"风雷，益；君子以见善则迁、有过则改"，均同于《屯》而异于《解》，归于一类。唯有"雷电，噬嗑；先王以明罚敕法"殊不可解，可能是"噬嗑"之得名另有原则，卦的形状本身仿佛饕餮啖食。

回到《坤卦》，关键在于"地势顺"的"势"。《说文》："势，盛力权也。从力埶声。经典通用埶。"《说文》段注："《说文》无势字，盖古用埶为之。"即"埶"同"势"，假借埶以表此义。而"埶"，《说文》："种也。鱼祭切。"段注："唐人树埶字作蓺（即园艺之"艺"），六埶字作藝（艺术之"艺"）。周时六藝字盖亦作埶，儒者之于礼乐射御书数，犹农者之树埶也。"由此可知，"埶"字原义为艺（园艺之"艺"），种植的意思。由于"势"字在古代经典中都写作"埶"，因此古代经典文本中的"埶"字就有了"艺"与"势"两种用法和意义。换言之，可以说"地势顺"的问题乃是来自注家对《易传》文本中"地埶顺"中"埶"之二义即"势"与"艺"（蓺）所做出的取舍。

第一个将"坤"与"地势"结合起来的是班固（32—92）。在《汉书·叙传》中，班固以"坤作地势，高下九则"作为《地理志》的写作依据。"九则"的"九"是指九州，"高下"讨论的则是其地形、地力与贡赋等级；"坤作地势"则只能算是修辞，引出下文。"高下九则"与地理相关，决定了他在"地埶"中取"势"而弃"艺"（蓺）。毕竟他是在延续《尚书·禹贡》的主题写《地理志》，而不是以经学家的身份注解《周易》，其思考焦点不可能落在与乾相对的《坤卦》之坤，而只会落在作为《坤卦》所取之象——地的上面。

在此之前,《淮南子·诠言训》"后稷播种树谷,因地也",以及《泰族训》"后稷垦草发菑,粪土树谷,使五种各得其宜,因地之势也",对班固的训解或许有影响。但是,这里农事的播种树谷、垦草发菑是指人因地制宜,而《大象传》的"地埶,顺"却是在《乾》《坤》二卦的语境里,讲的是地顺承天的"云行雨施"而"含弘光大"之,其语境逻辑和意义焦点并不相同。当然,指出这点,明确《易传》的"顺天"与承认《淮南子》的"顺地"并不矛盾,并且可以从这里看到,"埶"字作"蓺"即种植、培育之解完全可通。

但这一毫厘之失影响了时代比他晚出一百多年的易学大家虞翻(164—233)。虞翻在注"地埶顺"时,沿用班固的"地势"组合,将这一选择带到了对《周易》的注解之中。有意思的是,他却是训"势"为"力",即以"地势"为"地力":"势,力也。"班固《地理志》讨论的"地势",当然是以地形与地貌为主,但与贡赋有关,因此也可说关乎地力("地之肥瘠")。与之约略同时或稍晚的宋衷即如此附和:"地有上下九等之差,故以形势言其性也。"

虞翻解卦自成一系而常有穿凿附会,此即显例。他首先是根据《易传·说卦》"坤为大舆"将坤之象确立为车,然后根据《礼记·礼运》"天子以德为车",再借助《老子》"胜人者有力"一语,最后得出"势,力也",并且是"君子谓乾,阳为德,动在坤下"。这确实将"地势"从《地理志》的语境里解救了出来,"厚德载物"也确实有一个"载"字可与车相勾连。但是,这一乾坤大挪移后,整个《坤·大象传》的内容也就转变成讲车与君子的关系了。"车"之"力"又如何能作为"地势顺,君子以厚德载物"的究竟义?也许有鉴于此,疏引《鬼谷子》语"以阳求阴,苞以德也。以阴结阳,施以力也",谓虞翻"'势'训'力'者,言地以势力凝乾也",显然有将其从《地理志》的九州之"地"以及虞翻处跑偏之"车"往《坤·大象传》的语义拉回以资补救之意。"地"凝乾之所施虽与《坤卦》"含弘光大"之顺承天诸说相吻合,但以"势"为"力"而凝之,仍然曲折牵绕远,非允当贴切。颜师古注《汉书》"坤作地势,高下九则"语云:"高下谓地形也。一曰,地之肥瘠。"可知

附录 447

到唐代,"地势"到底是指"地形"还是"地力"即地之肥瘠,还是两说并存。这从一个侧面说明,班固将"地埶"写作"地势",距《尚书》很近而离《周易》很远,有着很大的误导性。

在此方向上进一步努力的是王弼(226－249)。也许觉得按照班固以"形"说"势"无关乎《易》,虞翻、宋衷等以"力"说"势"又欠简洁清通,王弼直接从"势"字入手。《坎·象传》语云"地险,山川丘陵也","地势"又如何能以"顺"言之?不过玄学家正以思维空灵见长,他潇洒地将"势"由地形、地貌的具体之"势"抽象化为"态势"之"势",轻描淡写的一句"地形不顺,其势顺",各种窒碍转瞬消解于无形。孔颖达心领神会,《正义》曰:"地形方直,是不顺也。其势承天,是其顺也。"随着《五经正义》颁行,这一说法就此成为"地势顺,君子以厚德载物"的正解定本,延续至今。

"承天"以"势",语意是疏通了。但"地势顺,君子以厚德载物"的训读成立不成立,还有一个思想的衡量标准,那就是:一、它与《大象传》整个段落即上下句结构与意义能否贯通一体?二、与《坤·文言》中对《坤卦·象传》的阐释能否衔接吻合?三、能否与《乾卦》匹配协调,以其意义构成整个系统的底蕴与门户?

先看第一点。

按照《大象传》句法通例,"地埶,顺;君子以厚德载物",作为对卦象义蕴进行描述的"地埶"应该是一个句子或短语,它的主词或主语必然或必须是作为该卦所取之物象及其组合。故"地势顺,君子以厚德载物"整句,应该按照"天行,健;君子以自强不息"的体例,解读为:大地承天之施厚育百物,顺。君子也当法此柔顺含弘之德,成己成物。《坤卦》所取之象是"地",但在王弼、虞翻那里,主语或主词却成了作为地之形貌态势的"势"或作为"车"之功能属性的"力"。由"势"或"力"之"顺",如何得出"君子以厚德载物"的道德联想或智慧领悟?如果说"地势顺"有歧义,那么,"君子以厚德载物",即君子当法地之德,敦厚其德、成己成物则应无异议。王弼将"地势"解为地形走势,其所说的君子恐怕多半近似玄学清谈家。孔疏"据形势以言其性",被李道平由玄虚拉回地面,再次具体化为中国地形

"由西北而趋东南"这样一种西高东低之走势，可谓来回折腾。至于虞翻，他根据《说卦》中的"乾为君""坤为大舆"，将乾说成君子，坤说成车；"势"，则依《老子》中"胜人者有力"而解为"胜人之力"。于是，"厚德"就成为车之载人功能。其实，"载"除了"承载"之义外，还有"成"这一义项。《白虎通·四时》曰："载之言成也，载成万物，终始言之也。"《释名·释天》曰："载，生物也。"毫厘之失，千里之谬，莫此为甚。

再看第二点。

《屯》至《离》为上经，《咸》至《未济》为下经，《乾》《坤》两卦则为其统领基础，所谓"其余诸卦及爻，皆从乾坤出"。"文饰乾坤两卦之言"的《文言》不仅是对其奥义的阐释，也是对这一地位以及二者有机关系的证明。因此，"地势顺，君子以厚德载物"的解读不仅要结合《坤卦》的《文言》与《象传》，也要将《坤卦》的《文言》《象传》与《乾卦》之《文言》《象传》视为一个整体来考察其意义宗旨与逻辑关系。

《乾·象传》："大哉乾元，万物资始，乃统天。云行雨施，品物流形。大明终始，六位时成，时乘六龙以御天。乾道变化，各正性命，保合太和，乃利贞。"《坤卦·象传》："至哉坤元，万物资生，乃顺承天。坤厚载物，德合无疆。含弘光大，品物咸亨。""顺承天"不是在天之后或天之外独立发挥什么作用，而是在天"云行雨施"的过程中出现，并发挥功能，即"含弘光大，品物咸亨"。

从男女构精生子想象为天地合气生物，是古代文明的普遍现象，只是在儒教里表现得最典型充分。[①]"天地絪缊，万物化醇。男女构精，万物化生。"（《系辞下》）絪缊即阴阳二气交会和合，构精则是同一过程的人类版。这也正是《否卦》和《泰卦》、《坎卦》和《离卦》的写照：天地之通如男女之交，取坎填离，阴阳相济。"乾，阳物也。坤，阴物也。"由此又有《说卦》的"乾，天也，故称乎父。坤，地也，故称乎母。"乾"云行雨施"，坤"含弘光

[①] 参见笔者《乾父坤母：儒教文明的世界图景——基于比较宗教学的考察》，《北京大学学报（哲学社会科学版）》，2021年第5期。

大",这就是"乾知大始,坤作成物",而"万物资始"与"万物资生"也是由此而来。

《文言》可视为对《彖传》所述的《乾》《坤》二卦之义蕴的引申和发挥。《乾卦·文言》主要讨论的是元、亨、利、贞四德及其对人的启示,因为这本就是"乾道变化,各正性命"的过程。① 坤的作用是从属性的,所以《坤卦·文言》在这一过程或框架内对坤的特定功能做进一步的阐释:"坤至柔而动也刚,至静而德方。后得主而有常,含万物而化光。坤道其顺乎,承天而时行。""后得主而有常,含万物而化光"是关键。"得主"即乾有所施而坤有所受,然后含而养之,使其生长("含育万物为弘,光华万物为大")。可见,坤之"顺承天"是有具体明确的功能作用的。

最后看第三点。

"太极"之"太"即是"否泰"之"泰",即天地、阴阳之通也。如果说"太极生两仪"是从起点上说,② 那么"保合太和"则是将这一过程当作不是终点的终点,需要永远的生生不息。《未济卦》之坎离相交即是《泰卦》天地相交的形式内容——《既济卦》与《否卦》则可以理解为这种互动的暂时休歇。文王以之为六十四卦的系统作结,孔子以"保合太和"揭示其用意宗旨。

"乾坤其《易》之缊邪?乾坤成列,而《易》立乎其中矣。乾坤毁,则无以见《易》。《易》不可见,则乾坤或几乎息矣。"(《系辞上》)乾坤取象天地,只是一个"能指"。当作为"所指"的天地以乾坤之名呈现于文本,则意味着文本对此二者之经验直接性的某种解构与疏离,意味着对某种特殊性的强调以及由此而赋予的神圣性。"大哉乾元""至哉坤元"歌颂的正是这种生

---

① 以元亨利贞为卦辞,在六十四卦中仅《乾卦》一例,并且这些占卜之辞被赋予了完全不同于其他卦辞的意义。这很可能是来自孔子或其后学的改造,用于表征四时之行、百物之生这一由乾坤开始的大化流行。这样一种生命论其实不能理解为四德说,因为四德乃是君子对四时之序的生命历程的一种领悟。这也可以将其与穆姜有关四德之言区别开来。兹不赘述。

② 朱子"太极一理"的理本论对理学是一种奠基,对《易》的系统却是彻底的解构和颠覆,笔者将另文专论。

养之能、造化之德。《蛊·彖传》所谓"终则有始，天行也"，《复·彖传》所谓"复，其见天地之心"，则是从人的视角对这一生生之天的形象理解、精神领会和情感依归。

综上所述，可以说三点都是不能成立的。如果说《彖传》"含弘光大"、《文言》"含万物而化光"以及《系辞》"坤作成物"等是"地埶顺，君子以厚德载物"之"埶"的内涵、"顺"的根本，那么可以说，虞翻以车说坤固然失之千里，班固以地说坤亦是其"势"难成。无论王弼如何奇思妙想，地之势终究只属于地，以势承天完全是外在形式上的，无法勾连或表达这一切。

那么，以"艺"解"埶"又如何呢？

《说文》："埶，从坴丮，持亟种之。"《中华大字典》："埶种互训。"而种，植也，持种种植于土。《集韵》："藝，古作秇。"而种植，显然有持而种之，使生长之义。如《诗经·小雅·楚茨》"我埶稷黍"，《康熙字典》"蓺，与种植之种通"。辞书之外，《大戴礼记·天圆》语云："吐气者施，而含气者化。……是以阳施而阴化也。"清王聘珍解诂："施，予也。化，生也。谓化其所施也。"古人知道男性施精，未必知道女性排卵，因此只把怀胎孕育理解为一个"化生所施"的过程。《益·彖传》："天施地生。""天施"是"云行雨施""乾知大始"，"地生"是"含弘光大""坤作成物"。《周易程氏传》云："万物资乾以始，资坤以生，父母之道也。顺承天施，以成其功，坤之厚德。"试问，能与此"天行，健"相应的，除了"地埶，顺"，还有什么更合适的呢？如此，参照"天行"即天"云行雨施"，则可将"地埶"理解为地"含弘光大"，整句"地埶，顺"可理解为大地含弘光大发育万物，是为顺承上天。"云行雨施"的天之"健"与"含弘光大"的地之"顺"是对应而互相联系的，所谓天生地成。而与"自强不息"相对应的"厚德载物"之"载"作"承载"之解虽亦可通，但从"地埶，顺"的语脉、《系辞》"坤作成物"的思想以及《释名·释天》"载，生物也"来看，作"成"之解在词与义上扣合得更加贴切工稳，才是究竟解。

此外，陈鼓应也曾指出"地势坤"当为"地势，顺"。他先是将"势"所借之"埶"视为"執"之讹写，进而将"執"解为"蛰伏"之"蛰"，再依据

附录　451

《释诂》"蛰，静也"，"地埶"就成为"地埶"，意思变成了《乐记》里的"地静"，也就成为了道家守静的思想。[①] 应该说陈氏看到了传统"地势顺，君子以厚德载物"的问题。至于"地埶，顺；君子以厚德载物"与本文的"地埶，顺；君子以厚德载物"谁更切合文本思想，就有待读者自行判断了。

(此文原载《周易研究》2022 年第 2 期)

---

① 陈鼓应：《周易今注今译》，第 42 页，北京：商务印书馆，2005 年。

后　　记

《周易》于我有特殊的意义。

因为在山东大学读研，跟刘大均教授上课，我的第一篇学术文章就是写《周易》，题目叫"象占：原始思维与传统文化"，发表在《哲学研究》。

因为这篇文章，我得到了余敦康先生的肯定，被他招为博士弟子，毕业后留在他任主任的中国社会科学院世界宗教研究所儒教研究室工作，虽然我的观点是强调《易传》与《易经》之间的联系，而他强调前者对后者的超越。

人生轨迹和思考方向就此改变，那就是从宗教而非哲学的角度理解儒学，并一直围绕《周易》为中心进行论证。余老师并不赞成儒教说，但他还是对我"寄予厚望"，催促我早点动笔。尤其让我感动的是，晚年的他有次突然冒出一句"陈明你是对的"，我知道指的就是这个。记得1987年的冬天，他在济南的《周易》研讨会上发言呼吁超越义理与象数之争，我觉得这本书就用我自己的方式做到了，但却是以否定义理与象数的二分及其主体性而以孔子天道论述为本旨的方式实现。依稀中老师笑容浮现，有赞许，也有几分提醒，还有湖北口音的普通话，"陈明，你不要这样感觉良好"，一如既往。

其次要感谢首都师范大学，感谢邱运华和社科处支持我成立儒教文化研究中心，感谢政法学院将我指定为宗教学学科带头人。每年的学科经费分配我总是把"活钱"优先安排给他人，出版补助则自己消化——这本书的补助就是当年的"呆账"！

所以，还要感谢福建教育出版社的孙汉生总编辑，是他主动问起我"《易庸学通义》还出不出?"我问合同还管用么。在首师就不知是哪年的事儿,现在回到湘潭大学也三四年了,连当年联系的编辑也早断了音讯。得到"管用"的肯定,有点欢喜又有点惭愧的我便吭哧吭哧伏案赶稿。虽然拖延,但仍然得到理解。汉生之外,还有责编凌风。如果没有他们的催促和包容,述而不作的拖延症真不知会将这事拖到哪个猴年马月。

最后要感谢我的几个学生,尤其是李先义和贾弋人,他们帮我做了很多零碎事,查资料之外还时常提问讨论。我曾说陈门的独门暗器其实是《周易》,他们似懂非懂,但一个个头都点得很坚定。

书出来后打算做视频开网课,把自认最重要的东西与大家分享,有兴趣的读者可以到B站搜"儒者陈明"留言。我把那里的谢谢也先写在这里吧。